S. Micucci, H. Würtz

Deutsch A2/B1 in der Pflege

Sarah Micucci, Helga Würtz

Deutsch A2/B1 in der Pflege

ELSEVIER

Elsevier GmbH, Bernhard-Wicki-Str. 5, 80636 München, Deutschland
Wir freuen uns über Ihr Feedback und Ihre Anregungen an kundendienst@elsevier.com

ISBN 978-3-437-25302-7
eISBN 978-3-437-06273-5

1. Auflage 2021

Wichtiger Hinweis für Benutzer:
Die medizinischen Wissenschaften unterliegen einem sehr schnellen Wissenszuwachs. Der stetige Wandel von Methoden, Wirkstoffen und Erkenntnissen ist allen an diesem Werk Beteiligten bewusst. Sowohl der Verlag als auch die Autorinnen und Autoren und alle, die an der Entstehung dieses Werkes beteiligt waren, haben große Sorgfalt darauf verwandt, dass die Angaben zu Methoden, Anweisungen, Produkten, Anwendungen oder Konzepten dem aktuellen Wissensstand zum Zeitpunkt der Fertigstellung des Werkes entsprechen.
Der Verlag kann jedoch keine Gewähr für Angaben zu Dosierung und Applikationsformen übernehmen. Es sollte stets eine unabhängige und sorgfältige Überprüfung von Diagnosen und Arzneimitteldosierungen sowie möglicher Kontraindikationen erfolgen. Jede Dosierung oder Applikation liegt in der Verantwortung der Anwenderin oder des Anwenders. Die Elsevier GmbH, die Autorinnen und Autoren und alle, die an der Entstehung des Werkes mitgewirkt haben, können keinerlei Haftung in Bezug auf jegliche Verletzung und/oder Schäden an Personen oder Eigentum, im Rahmen von Produkthaftung, Fahrlässigkeit oder anderweitig übernehmen.

Für die Vollständigkeit und Auswahl der aufgeführten Medikamente übernimmt der Verlag keine Gewähr.
Geschützte Warennamen (Warenzeichen) werden in der Regel besonders kenntlich gemacht (®). Aus dem Fehlen eines solchen Hinweises kann jedoch nicht automatisch geschlossen werden, dass es sich um einen freien Warennamen handelt.

Bibliografische Information der Deutschen Nationalbibliothek
Die Deutsche Nationalbibliothek verzeichnet diese Publikation in der Deutschen Nationalbibliografie; detaillierte bibliografische Daten sind im Internet über https://www.dnb.de abrufbar.

26 27 28 29 5 4 3 2

In ihren Veröffentlichungen verfolgt die Elsevier GmbH das Ziel, genderneutrale Formulierungen für Personengruppen zu verwenden. Um jedoch den Textfluss nicht zu stören sowie die gestalterische Freiheit nicht einzuschränken, wurden bisweilen Kompromisse eingegangen. Selbstverständlich sind **immer alle Geschlechter** gemeint.

Planung: Regina Papadopoulos
Projektmanagement: Cornelia von Saint Paul
Redaktion und Herstellung: Hildegard Graf, Germering
Bildredaktion und Rechteklärung: Marlene Meier, München
Satz: SPi Global, Puducherry, India
Druck und Bindung: Rodona Industria Gráfica, S.L. Pamplona/Spanien
Umschlaggestaltung: SpieszDesign, Neu-Ulm
Titelfotografie: © istockphoto.com
Aktuelle Informationen finden Sie im Internet unter www.elsevier.de.

Inhaltsverzeichnis

Wo finde ich was?

Die Autorinnen

Sarah Micucci

- Studium der Pflegepädagogik B.A.
- Langjährige Tätigkeit in der stationären wie auch ambulanten Pflege
- Autorin diverser Bücher für Auszubildende in der Pflege

Helga Würtz

- Studium Deutsch als Fremdsprache, Judaistik und Linguistik (MA)
- Dozentin und Fortbildnerin für Deutsch als Fremdsprache
- Autorin und Lektorin verschiedener Lehrmaterialien DaF
- Zertifizierte Trainerin für interkulturelle Kompetenz
- telc-Prüferlizenz für Medizin u. a.

Benutzerhinweise

Alle 14 Kapitel des Buches sind jeweils in sechs Module unterteilt:

1 **Wortschatz:** Hier werden die Hauptthemen des Kapitels behandelt und der dazugehörige Wortschatz erarbeitet.

2 **Pflegesituation:** Stellt eine typische Pflegesituation aus dem angesprochenen Themenbereich in Form von Lesetexten, Dialogen und Hörtexten vor.

3 **Kommunikation:** Übt das Sprechen zum Thema mithilfe von vielseitigen Aufgaben und Hörtexten.

4 **Lernen durch Ankreuzen:** Ein kurzer Test zum Themenbereich.

5 **Grammatik:** Elementares der deutschen Grammatik wird erklärt – immer eingebettet in das Thema des Kapitels. Und dazu finden Sie viele Übungen!

6 **Quiz:** Ein Quiz mit Fragen zum gesamten Kapitel - alleine und mit Partner.

In Kapitel 15 finden Sie die Lösungen zu den Übungen.

in der Randspalte des Buches: Dieses Symbol weist auf die **Online-Inhalte:**

- Audio-Dateien der Hörtexte (im mp3-Format)
- Transkripte der Hörtexte: Alle gesprochenen Texte zum Mitlesen
- Formulare

So finden Sie die Online-Inhalte:

Rubbeln Sie den Code auf der Innenseite des Buchumschlags frei.

Gehen Sie entweder auf www.plus-im-web.de

oder benutzen Sie dafür nebenstehenden QR-Code.

Sie werden dann aufgefordert, sich mit dem Rubbelcode zu registrieren.

https://else4.de/p1d

Sie finden dort

- zum Download aller Materialien des Buches einen Zip-Ordner „Micucci_Deutsch_f_Pflege". (Nach dem Download auf Ihren PC bzw. Tablet bitte den Zip-Ordner entpacken.)
- die einzelnen Zusatzmaterialien zum direkten Anhören (Dafür müssen Sie online sein.)

Nun wünschen wir Ihnen viel Erfolg und auch viel Spaß mit diesem Buch!

Fehler gefunden?

An unsere Inhalte haben wir sehr hohe Ansprüche. Trotz aller Sorgfalt kann es jedoch passieren, dass sich ein Fehler einschleicht oder fachlich-inhaltliche Aktualisierungen notwendig geworden sind.

Sobald ein relevanter Fehler entdeckt wird, stellen wir eine Korrektur zur Verfügung. Mit diesem QR-Code gelingt der schnelle Zugriff.

Wir sind dankbar für jeden Hinweis, der uns hilft, dieses Werk zu verbessern. Bitte richten Sie Ihre Anregungen, Lob und Kritik an folgende E-Mailadresse: kundendienst@elsevier.com

https://else4.de/978-3-437-25302-7

Abbildungsnachweis

S. 1 Von li. o. nach re. u.: Colourbox.com; Colourbox.com; Colourbox.com; Jacob Hein, Buch am Buchrain; Wolfgang Krüper, Steinhagen; Wolfgang Krüper, Steinhagen; Andreas Walle, Hamburg; Andreas Walle, Hamburg; Andreas Rumpf, Adelsdorf
S. 2 Von o. nach u.: Colourbox.com; Colourbox.com; Colourbox.com; AdobeStock/Daniel Ernst; Mindmap: Sarah Micucci, Geltendorf/Helga Würtz, Berlin
S. 5 Von li. o. nach re. u.: Colourbox.com; Andreas Rumpf, Adelsdorf; Andreas Rumpf, Adelsdorf; Colourbox.com; Colourbox.com; Colourbox.com; Colourbox.com; Colourbox.com; Colourbox.com; Colourbox.com
S. 8 A. Helmut Tusch, Innsbruck; B. Colourbox.com; C. Colourbox.com; D. Colourbox.com; E. Wolfgang Krüper, Steinhagen; F. Colourbox.com; G. Colourbox.com; H. Wolfgang Krüper, Steinhagen; I. Martha Kosthorst, Borken; J. Colourbox.com; K. Colourbox.com; L. Colourbox.com
S. 11 Colourbox.com
S. 12 1.–6. Heike Hübner, Berlin
S. 19 Andreas Walle, Hamburg
S. 20 Colourbox.com
S. 21 Heike Hübner, Berlin
S. 22 Von li. o. nach re. u.: Andreas Walle, Hamburg; Colourbox.com; Andreas Walle, Hamburg; Andreas Walle, Hamburg; Colourbox.com; Colourbox.com; Colourbox.com; Colourbox.com; Andreas Walle, Hamburg
S. 25 Andreas Walle, Hamburg
S. 28 Andreas Walle, Hamburg
S. 33 Andreas Walle, Hamburg
S. 34 Sarah Micucci, Geltendorf/Helga Würtz, Berlin
S. 36 Deutsche Gesellschaft für Ernährung e. V., Bonn
S. 37 Von li. o. nach re. u.: AdobeStock/Halfpoint; Fa. Meyra GmbH, Kalletal-Kalldorf; Colourbox.com; Thomashilfen für Körperbehinderte GmbH & Co. Medico KG, Bremervörde; Thomashilfen für Körperbehinderte GmbH & Co. Medico KG, Bremervörde; Andreas Walle, Hamburg; BestCon Food GmbH, Osnabrück; Andreas Walle, Hamburg; Wolfgang Krüper, Steinhagen; AdobeStock/kasto
S. 40 Andreas Walle, Hamburg
S. 43 A. Colourbox.com; B. Colourbox.com; C. Colourbox.com; D. Colourbox.com
S. 51 Andreas Walle, Hamburg
S. 52 Smileys: Heike Hübner, Berlin
S. 53 Post-Its: Colourbox.com
S. 54 Von li. o. nach re. u.: Andreas Rumpf, Adelsdorf; Andreas Rumpf, Adelsdorf; Eckhard Weimer, Würselen, Würselen; Meiko Maschinenbau GmbH & Co. KG, Offenburg; AdobeStock/gladophoto; Eckhard Weimer, Würselen; Andreas Walle, Hamburg; Colourbox.com; AdobeStock/kues1
S. 56 1. Andreas Walle, Hamburg; 2. Paul Hartmann AG, Heidenheim; 3. Andreas Walle, Hamburg; 4. Colourbox.com; 5. Eckhard Weimer, Würselen; 6. Russka® Ludwig Bertram GmbH, Laatzen
S. 57 1.–3. Paul Hartmann AG, Heidenheim; 4. ConvaTec GmbH, München
S. 59 Von Start zu Ziel: Andreas Walle, Hamburg; Colourbox.com; Eckhard Weimer, Würselen; Paul Hartmann AG, Heidenheim; Eckhard Weimer, Würselen; Paul Hartmann AG, Heidenheim; Russka® Ludwig Bertram GmbH, Laatzen; Meiko Maschinenbau GmbH & Co. KG, Offenburg; Andreas Rumpf, Adelsdorf; Paul Hartmann AG, Heidenheim; Paul Hartmann AG, Heidenheim
S. 61 Andreas Walle, Hamburg
S. 64 1.–6. Colourbox.com
S. 67 Andreas Walle, Hamburg
S. 68 Uhr: Martha Kosthorst; Borken; Kugellager: Heike Hübner, Berlin
S. 70 Li. o.: Wolfgang Krüper, Steinhagen; alle anderen: Colourbox.com
S. 76 Colourbox.com
S. 79 Heike Hübner, Berlin
S. 83 AdobeStock/Pixel-Shot
S. 84 1.–6. Colourbox.com
S. 85 Colourbox.com
S. 87 Von li. o. nach re. u.: Colourbox.com; Andreas Walle, Hamburg; AdobeStock/krischi; Colourbox.com; Gerda Raichle, Ulm; Lisa Renninger, München; AdobeStock/tillalucida; Colourbox.com; Novo Nordisk Pharma GmbH, Mainz; Gerda Raichle, Ulm
S. 90 a–e: Andreas Walle, Hamburg
S. 92 Kerstin Protz, Hamburg
S. 101 Colourbox.com
S. 102 Heike Hübner, Berlin
S. 103 1.–8. Colourbox.com
S. 104 Von li. o. nach re. u.: Colourbox.com; Eckhard Weimer, Würselen; Wolfgang Krüper, Steinhagen; Andreas Walle, Hamburg; Wolfgang Krüper, Steinhagen; Wolfgang Krüper, Steinhagen; Colourbox.com; Helmut Tusch, Innsbruck; Colourbox.com; Andreas Walle, Hamburg
S. 109 Martha Kosthorst; Borken
S. 110 Alle: Colourbox.com
S. 117 Colourbox.com
S. 119 Colourbox.com
S. 121 Von li. o. nach re. u.: Colourbox.com; Colourbox.com; Wolfgang Krüper, Steinhagen; Colourbox.com; Colourbox.com; Colourbox.com; Colourbox.com; Mir MA. Atlas of Clinical Diagnosis. 2.A. Philadelphia: Elsevier Saunders, 2003; Wolfgang Krüper, Steinhagen; Andreas Rumpf, Adelsdorf
S. 123 Alle: Colourbox.com
S. 126 Colourbox.com
S. 127 Alle: Colourbox.com
S. 128 Colourbox.com
S. 132 Alle: Colourbox.com
S. 135 Andreas Walle, Hamburg
S. 136 Aufgabe 2: Colourbox.com; Aufgabe 3: Heike Hübner, Berlin
S. 139 Transfer vom Rollstuhl ins Bett: Maren Asmussen-Clausen, Tinglev (DK); Zeichnungen: Martha Kosthorst; Borken; Fingerdrucktest: Andreas Walle, Hamburg; MTS: Bobath-Konzept in der Pflege: Grundlagen, Problemerkennung und Praxis 2.A. München, Elsevier 2012; Dekubitus: Kerstin Protz, Hamburg; Wechseldruckmatratze: KUBIVENT GmbH Medizinische Polstersysteme, Fellbach; Mobilisationsgürtel: Russka® Ludwig Bertram GmbH, Laatzen; Anti-Rutsch-Matte: Colourbox.com
S. 140 A. Stefan Dangl, München; B. Maren Asmussen-Clausen, Tinglev (DK); C. HINZ FABRIK GmbH, Berlin; D. Claudia Flüss, München
S. 144 Heike Hübner, Berlin
S. 147 1–4, 6–7, 10: AdobeStock/ONYXprj; 5, 8, 9: Martha Kosthorst, Borken
S. 153 Aufgabe 23: alle Colourbox.com; Aufgabe 24: Sarah Micucci, Geltendorf/Helga Würtz, Berlin
S. 155 AdobeStock/photographee.eu
S. 156 Alle: Colourbox.com
S. 157 Colourbox.com
S. 158 Von li. o. nach re. u.: Colourbox.com; Colourbox.com; Colourbox.com; K. Theissing, München; Colourbox.com; Colourbox.com; Colourbox.com; Colourbox.com; Colourbox.com; Colourbox.com
S. 161 Heike Hübner, Berlin
S. 163 Alle: Colourbox.com
S. 164 Alle: Colourbox.com
S. 165 Alle: Colourbox.com
S. 168 Sarah Micucci, Geltendorf/Helga Würtz, Berlin
S. 171 Colourbox.com
S. 172 Alle: Colourbox.com
S. 174 Von li. o. nach re. u.: Optiplan GmbH, Düsseldorf; Colourbox.com; Andreas Walle, Hamburg; Optiplan GmbH, Düsseldorf; Optiplan GmbH, Düsseldorf; Atacama Software GmbH; Colourbox.com; Andreas Rumpf, Adelsdorf; Colourbox.com; Colourbox.com
S. 179 Sarah Micucci, Geltendorf/ Helga Würtz, Berlin
S. 181 1. Radbruch L et al. Validation of the German Version of the Brief Pain Inventory. In: Journal of Pain and System Management. Volume 18, Issue 3, Pages 180–187. Elsevier, September 1999; 2. PD Dr. Mathias Nelle, Abteilungsleiter Neonatologie, Universitätsklinik für Kinderheilkunde, Inselspital, Bern/Schweiz; 3. Nestlé Health Science S.A., Ave Nestlé 55, 1800 Vevey, Schweiz
S. 184 Alle: Martha Kosthorst, Borken
S. 185 Aufgabe 26: Martha Kosthorst, Borken; Aufgabe 27: Colourbox.com
S. 187 Andreas Walle, Hamburg
S. 189 Aufgabe 4: Colourbox.com; Aufgabe 5, alle: Colourbox.com
S. 190 Von li. o. nach unten: R. Bühler, Giengen/Brenz; Hardy M et al. Musculoskeletal Trauma. A guide to assessment and diagnosis. 1.A. Elsevier/Churchill Livingstone, 2011; Kerstin Protz, Hamburg; Andreas Walle, Hamburg; Hardy M et al. Musculoskeletal Trauma. A guide to assessment and diagnosis. 1.A. Elsevier/Churchill Livingstone, 2011; Andreas Walle, Hamburg; Hewetson T et al. An Illustrated Guide to Taping Techniques 2.A. Mosby, 2010; Andreas Walle, Hamburg; Paul Hartmann AG, Heidenheim; Kerstin Protz, Hamburg
S. 192 Alle. Kerstin Protz, Hamburg
S. 194 Alle: Kerstin Protz, Hamburg
S. 197 1.–3., 5.–7., 9.–10. Andreas Walle, Hamburg; 4.+ 8. Helmut Holtermann, Dannenberg
S. 203 Wiegand AG, Bülach, Schweiz
S. 204 Colourbox.com
S. 205 Colourbox.com
S. 206 Von li. o. nach unten: Andreas Walle, Hamburg; Eckhard Weimer, Würselen; Wiegand System GmbH, Gräfelfing; Andreas Walle, Hamburg; Andreas Walle, Hamburg; Colourbox.com; Wiegand System GmbH, Gräfelfing; Andreas Walle, Hamburg; Andreas Walle, Hamburg; Andreas Walle, Hamburg
S. 208 1.–4., 7., 9.–10. Andreas Walle, Hamburg; 5. Martina Gärtner, Gauting; 6.+ 8. Eckhard Weimer, Würselen
S. 210 Andreas Walle, Hamburg
S. 213 Alle: Colourbox.com
S. 219 Colourbox.com
S. 220 Alle: Colourbox.com
S. 221 Wegbeschreibung: Heike Hübner, Berlin; Aufgabe 4, alle: Colourbox.com
S. 223 Von li. o. nach unten: AdobeStock/Satjawat; Helmut Holtermann, Dannenberg; Andreas Walle, Hamburg; Helmut Holtermann, Dannenberg; AdobeStock/Anneke; Helmut Holtermann, Dannenberg; Martha Kosthorst, Borken; Colourbox.com; Colourbox.com; Helmut Tusch, Innsbruck
S. 227 Martha Kosthorst, Borken
S. 229 Gerda Raichle, Ulm
S. 239 Colourbox.com
S. 247 Von Start zu Ziel: Andreas Walle, Hamburg; Colourbox.com; Eckhard Weimer, Würselen; Paul Hartmann AG, Heidenheim; Eckhard Weimer, Würselen; Paul Hartmann AG, Heidenheim; Russka® Ludwig Bertram GmbH, Laatzen; Meiko Maschinenbau GmbH & Co. KG, Offenburg; Andreas Rumpf, Adelsdorf; Paul Hartmann AG, Heidenheim; Paul Hartmann AG, Heidenheim
S. 256 Heike Hübner, Berlin
S. 276 Stadtplan: Colourbox.com; Wegbeschreibung: Heike Hübner, Berlin
S. 277 li. Spalte: Martha Kosthorst, Borken; re. Spalte: Gerda Raichle, Ulm

1 Grundlagen der Krankenpflegehilfe

In diesem Kapitel geht es um:

Kompetenzfelder Pflege
- Pflege als Beruf
- Nähe und Distanz in der Pflege
- Aktivitäten des täglichen Lebens (ATL)
- Einfluss von Geschlecht, Lebensalter und soziokulturellem Hintergrund auf die Pflegehandlungen

Wortschatz und Kommunikation
- Pflegeberufe und Arbeitsorte
- Über den Beruf sprechen
- Begrüßungen – verbale und nonverbale Kommunikation und Interaktion

Grammatik
- W-Fragen, Ja-/Nein-Fragen
- Perfekt, Satzklammer

Aufgabe 1
Sehen Sie das Foto an und sprechen Sie!

Was sehen Sie auf dem Foto?
Was macht die Pflegehelferin?
Welche anderen Aufgaben hat ein Pflegehelfer?
Wo kann man arbeiten?

Redemittel
Da ist … / Das ist … / Ich sehe …
Die Pflegehelferin / Der Pflegehelfer …
Eine andere Aufgabe ist …
Ein Pflegehelfer arbeitet … im Krankenhaus. / auf verschiedenen Stationen. / in der häuslichen Pflege. / …

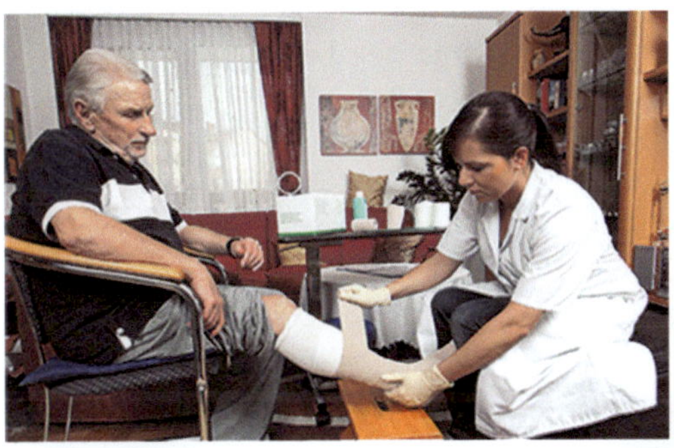

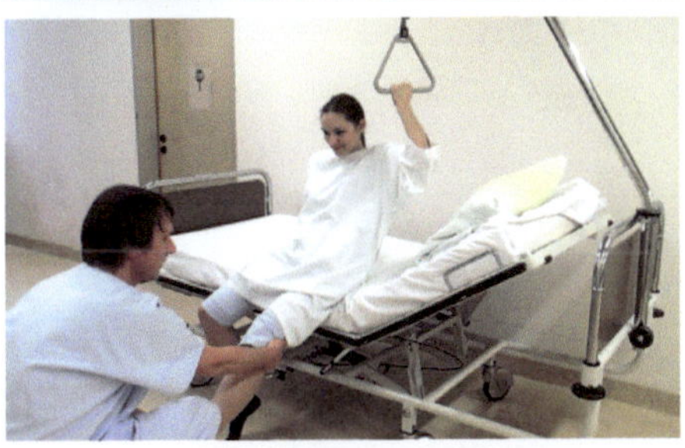
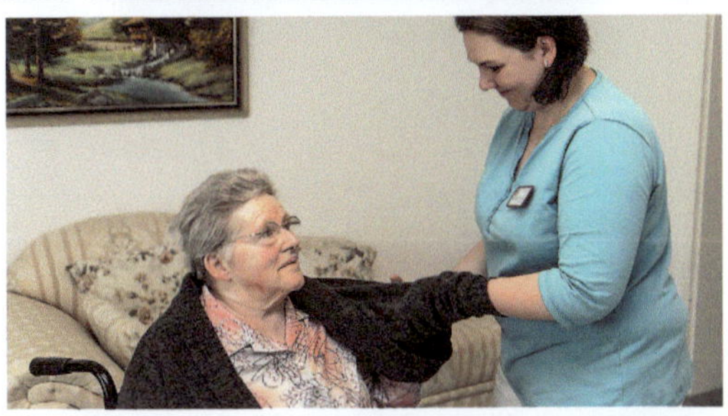
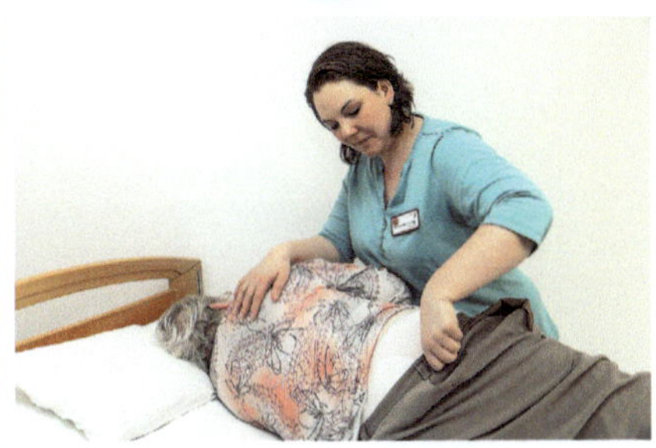
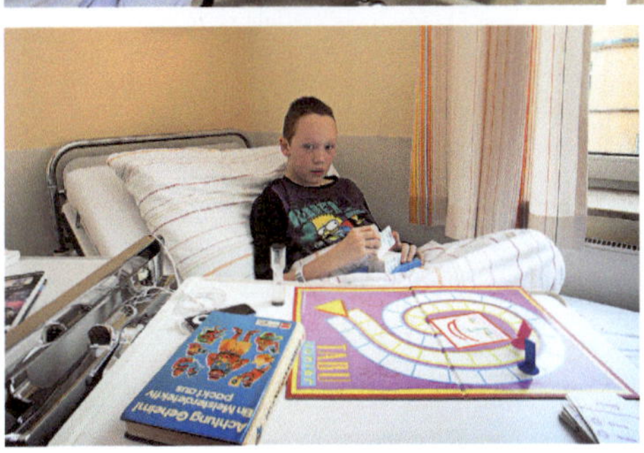
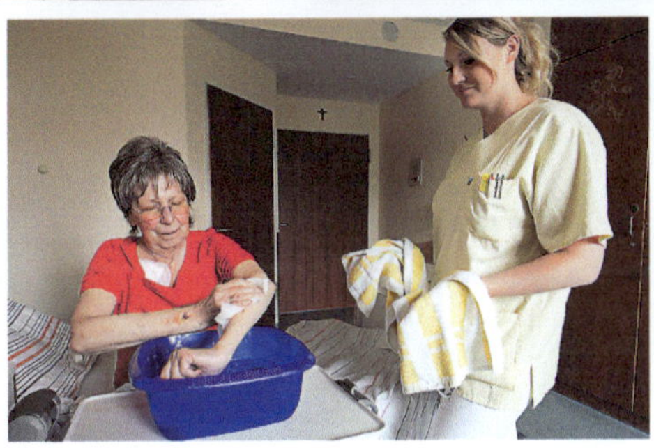
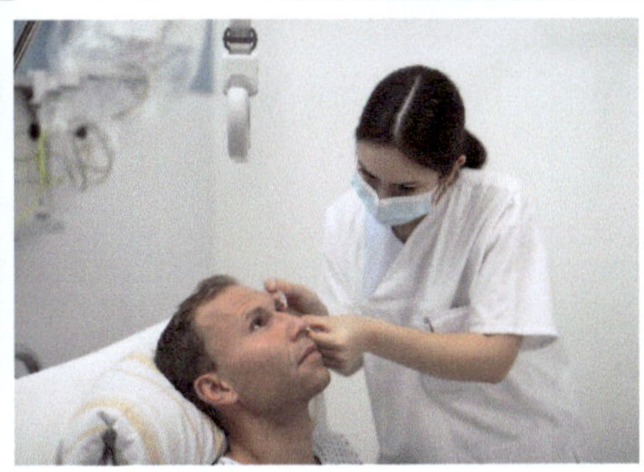

1.1 Wortschatz – Pflegeberufe und Arbeitsorte

Aufgabe 2 Pflegekräfte stellen sich vor. Lesen Sie.

„Guten Tag! Ich heiße Danny Aquino, und ich mache eine Ausbildung als Pflegehelfer in der ambulanten Pflege. Man sagt auch ‚häusliche' Pflege. Das heißt, ich fahre zu alten oder kranken Menschen nach Hause und unterstütze sie in ihrem Alltag. Ich helfe beim Essen, Waschen und Aufstehen. Manchmal wechsele ich auch Verbände oder gehe einkaufen. Die meisten Pflegebedürftigen sind nett und dankbar, aber man muss auch oft sehr geduldig sein."

„Hallöchen, ich heiße Laura Wagner, und mein Beruf ist Pflegefachfrau mit Schwerpunkt Kinderpflege. Ich arbeite in einer Kinderklinik und kümmere mich dort um die Neugeborenen: füttern, wickeln, die Mütter unterstützen, vielleicht Medikamente geben. Das ist eine schöne Arbeit, denn nach einer Geburt sind meistens alle glücklich. Nur wenn ein Baby nicht gesund ist, ist das schwer und traurig für mich. Dann muss man die Eltern auch psychologisch unterstützen."

„Hallo, ich bin Tayo Okeke. Ich arbeite als Pflegefachmann in der stationären Pflege in einem Krankenhaus. Auf der Station für Orthopädie und Unfallchirurgie betreue und versorge ich die Pflegebedürftigen, assistiere den Ärzten bei Untersuchungen und dokumentiere alles. Leider habe ich oft Rückenschmerzen, weil man viel heben und tragen muss. Aber die Arbeit mit Menschen gefällt mir, weil es nie langweilig ist."

„Einen schönen guten Morgen! Mein Name ist Merve Aktaş. Ich bin Pflegemanagerin von Beruf und leite ein Altenwohnheim. Ich organisiere alles und habe viele administrative Aufgaben. Da hat man sehr viel Verantwortung, aber leider nicht so viel Zeit für die Bewohner. Und viele bekommen nur wenig Besuch … Wenn ich Zeit habe, spreche ich gerne mit den älteren Leuten. Dann freuen sich alle, und das mag ich."

Ergänzen Sie die Informationen. Wie heißen die Pflegekräfte? Was ist ihr Beruf? Wo arbeiten sie? Und was machen sie dort? Vergleichen Sie dann im Kurs.

Name	Beruf	Arbeitsort	Tätigkeiten
		ambulante/ häusliche Pflege	
	Pflegefachfrau mit Schwerpunkt Kinderkrankenpflege		
Tayo Okeke			
			organisieren, administrative Aufgaben; mit den älteren Leuten sprechen

Aufgabe 3

Haben Sie schon gearbeitet? Was ist/war Ihr Beruf? Wo haben Sie gearbeitet? Was haben Sie da gemacht? Sprechen Sie.

REDEMITTEL

Ja, ich habe schon (als Pflegefachfrau / im Krankenhaus) gearbeitet.
Ich bin/war (Pflegehelfer/Arzthelferin) von Beruf.
Ich habe (Menschen mit Behinderung) betreut und versorgt. / Ich habe mich um (Kleinkinder) gekümmert. / Ich habe den (Pflegebedürftigen / Pflegern) bei (dem Essen / der Pflege) geholfen. / Ich habe den (Ärzten) assistiert. …
Ich habe noch nie (in der Pflege) gearbeitet. Ich hatte einen anderen Beruf. (Früher / Vor 10 Jahren / In meinem Heimatland) habe ich (als Verkäuferin / in einem Kindergarten) gearbeitet. …
Nein, ich habe noch nie gearbeitet.

Internet-Tipp
Informationen über Pflegeberufe im Internet:

http://berufe.tv/ausbildungsberufe/gesundheit/pflege-und-therapie/pflegefachmann-frau/

http://berufe.tv/ausbildungsberufe/soziales-und-paedagogik/altenpflegehelfer-in/

Was möchten Sie in Zukunft machen? Welcher (Pflege-)Beruf interessiert Sie am meisten? (➤ Kap. 9, ➤ Aufgabe 14)

REDEMITTEL

In Zukunft möchte ich (als Pflegemanagerin / in der Altenpflege) arbeiten.
Am meisten interessiert mich der Beruf (Pflegemanagerin).

Aufgabe 4

Jede Arbeit hat schöne Aspekte, aber auch Herausforderungen. Lesen Sie die Texte in Aufgabe 2 noch einmal. Was finden die Personen gut, was finden sie manchmal schwierig? Notieren Sie.

Danny Aquino findet es …
gut: *Die meisten Pflegebedürftigen sind nett und dankbar.*
manchmal schwierig: ______________________________

Laura Wagner findet es …
gut: ______________________________
manchmal schwierig: … *und traurig, wenn ein Baby nicht gesund ist*

Tayo Okeke findet es …
gut: ______________________________
manchmal schwierig: ______________________________

Merve Aktaş findet es …
gut: ______________________________
manchmal schwierig: ______________________________

Vergleichen Sie mit einem Partner. Sprechen Sie.

Zum Beispiel:

- *Danny Aquino findet es gut, dass die meisten Pflegebedürftigen nett und dankbar sind.*
- *Laura Wagner findet es manchmal schwierig und traurig, wenn ein Baby nicht gesund ist.*

Was finden Sie selbst gut in Ihrem Job? Und was finden Sie manchmal schwierig? Sprechen Sie.

die Kollegen   die Sprache / die Kommunikation   die Arbeit mit Menschen   die Arbeitszeiten   die Tätigkeiten / die Aufgaben   das Geld / die Bezahlung   der Chef   viel körperliche Arbeit

REDEMITTEL

In meinem Job finde ich (die Kollegen) gut. (Sie sind nett und helfen mir.)
In meinem Job finde ich (die Arbeitszeiten) manchmal schwierig. (Ich arbeite nicht gern in der Nacht.)
In meinem Job finde ich es gut, dass (die Kollegen nett sind und mir helfen).
In meinem Job finde ich es manchmal schwierig, dass (ich in der Nacht arbeiten muss).

Aufgabe 5 Mini-Projekt

Welche anderen Berufe gibt es im Bereich Gesundheit und Pflege? Sammeln Sie im Kurs.

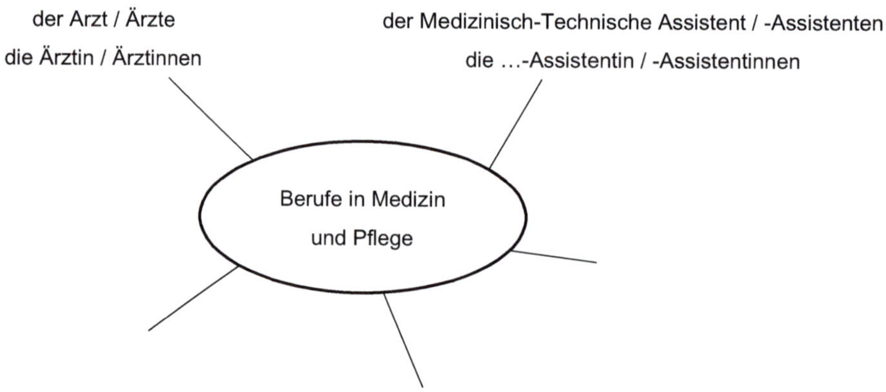

Berufe raten! Wählen Sie einen Beruf, und schreiben Sie einen kurzen Text. Nennen Sie den Beruf nicht!

- Wo arbeitet die Person?
- Was macht sie dort, welche Aufgaben/Tätigkeiten hat sie?
- Mit wem arbeitet sie zusammen?

Zum Beispiel:

Die Person arbeitet im Krankenhaus.
Sie arbeitet auf allen Stationen.
Sie heilt Krankheiten und macht Pflegebedürftige gesund. …

Bilden Sie Kleingruppen. Eine Person liest ihren Text, die anderen raten den Beruf.

Zum Beispiel:

- *Die Person arbeitet im Krankenhaus. …*
- ▸ *Ein Arzt?*
- *Ja, das stimmt! / Nein, das ist nicht richtig.*

1.2 Pflegesituation – Pflege als Beruf

Vokabular zum Text

die Berufsfachschule / -schulen

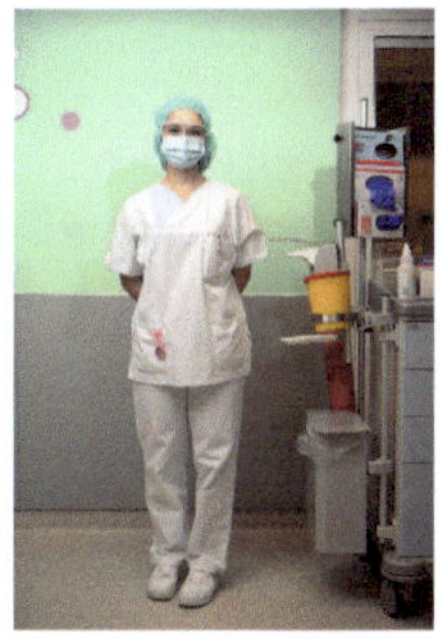
die Ausbildung / Ausbildungen

der Auszubildende / Auszubildende (Azubi /Azubis)

Pflegewissenschaften (PL.) studieren

der Pflegebedürftige / -bedürftige

der Angehörige / Angehörige

der Arzt / Ärzte

der Physiotherapeut / -therapeuten

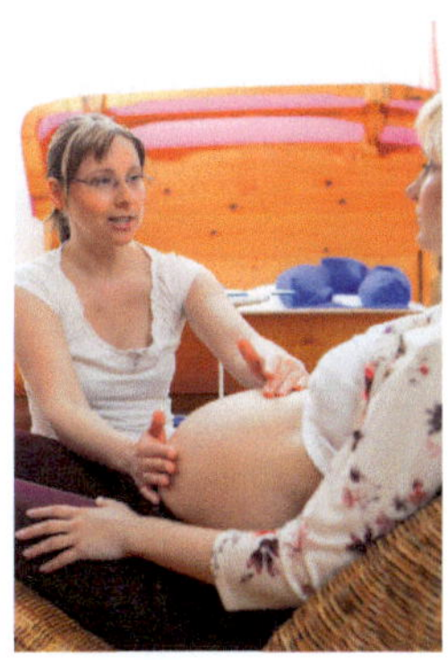
die Hebamme / Hebammen

der Logopäde / Logopäden

Aufgabe 6 Lesen Sie den Text.

Wege zum Pflegeberuf

Es ist 08:55 Uhr in der Berufsfachschule für Krankenpflegehilfe. Die Schülerinnen und Schüler kommen in das Klassenzimmer und setzen sich. Cristina López ist auch schon da. Sie ist 32 Jahre alt und kommt aus Spanien, aus Valencia. Neben Cristina sitzt der 23-jährige Reza Ahmadi. Die beiden Auszubildenden sind schnell Freunde geworden. Sie sprechen oft über die Arbeit und ihre Erfahrungen in der Pflege.

Reza kommt aus dem Iran, aus Teheran. Dort lebt auch seine Familie. Reza hatte schon als Kind einen Traum: Pflegefachmann werden! Mit 21 Jahren ist er dann nach Deutschland gekommen. Er hat einen Deutschkurs gemacht und hat die Stufe B1 beendet. Jetzt macht er seit sechs Monaten die Ausbildung als Pflegehelfer. Sie dauert zwei Jahre. Danach will Reza noch eine Ausbildung zum Pflegefachmann machen. Und vielleicht kann er später auch Pflegewissenschaften studieren. Das ist sein Ziel.

Rezas Familie hat seine Pläne zuerst nicht so gut gefunden. Krankenpflege ist doch ein Beruf für Frauen! Aber Reza hat ihnen erklärt, dass dieses Berufsbild nicht mehr modern ist. Heute arbeiten auch viele Männer in der Pflege, das ist ganz normal! Jetzt ist Rezas Familie glücklich und stolz, denn Reza ist sehr fleißig und liebt seine Arbeit.

Cristina mag die Arbeit auch, aber Krankenpflege war nicht ihr Traumberuf. In Spanien hat sie als Erzieherin gearbeitet, aber sie war lange arbeitslos. Die Ausbildung in Deutschland ist eine neue Chance für Cristina. Sie arbeitet gerne mit Menschen, und hier im Krankenhaus hat sie Kontakt zu Leuten in jedem Alter und in verschiedenen Lebenssituationen. Das sind Pflegebedürftige und Angehörige, aber auch viele Personen aus anderen Berufen, zum Beispiel Ärzte, Physiotherapeuten, Hebammen oder Logopäden. Außerdem hat Cristina viel Verantwortung, wenn sie die Pflegebedürftigen versorgt und betreut*. Sie sind oft sehr krank, und sie soll helfen, die Gesundheit zu fördern**. Das ist eine sehr wichtige Aufgabe, und es gefällt ihr sehr.

Manchmal ist Cristina noch unsicher, wenn sie mit Kollegen oder Pflegebedürftigen spricht. Aber jeden Tag lernt sie ein bisschen mehr und bekommt mehr Selbstvertrauen. Und alle mögen sie, weil sie immer freundlich und empathisch*** ist.

* versorgen, betreuen = sich kümmern, für jemanden da sein
** fördern = verbessern, besser machen
*** empathisch sein = man kann Gefühle/Gedanken von anderen Personen erkennen und verstehen

Aufgabe 7 Ergänzen Sie.

Hebammen Angehörige Ärzte Berufsfachschule Logopäden Physiotherapeuten

1. Cristina López und Reza Ahmadi unterhalten sich in einem Klassenzimmer. Das Klassenzimmer ist in der ______________.
2. Im Krankenhaus sind viele pflegebedürftige Menschen. Aber auch viele ______________ und Personen aus anderen Berufen.
3. Personen aus anderen Berufen sind zum Beispiel ______________, ______________, ______________ oder ______________.

Warum hat Cristina López viel Verantwortung? Schreiben Sie.

____

____

____

Vokabular zum Dialog

Was passt? Verbinden Sie.

Aufgabe 8

1	Prozesse und Maßnahmen	a	Wenn Personen miteinander reden/kommunizieren, dann ist das eine …
2	duzen	b	sich ausruhen
3	siezen	c	sich die Hände geben
4	Unterhaltung	d	freundliches Gesicht
5	Beziehungen	e	„Kommen Sie bitte nicht so nah. Ich möchte mehr …"
6	Nähe	f	Man kann gute oder schlechte … zu anderen Personen haben.
7	Distanz	g	Das muss man in der Pflege dokumentieren.
8	etwas behalten	h	„… zu anderen Menschen ist wichtig. Aber Distanz auch."
9	kommunizieren	i	Zwei oder mehrere Personen reden miteinander. Sie …
10	Lächeln	j	„Wie geht es **dir**?"
11	Händedruck	k	etwas nicht weggeben
12	entspannen	l	„Wie geht es **Ihnen**?"

Hören Sie den Dialog, und lesen Sie den Text.

Aufgabe 9

Hörtext 1.1

Wege zum Pflegeberuf – Fortsetzung

Cristina López: „Guten Morgen, Reza!"

Reza Ahmadi: „Hallo Cristina! Wie war es auf der Station für Innere Medizin?"

Cristina López: „Gut, ich habe sehr viel gelernt! Nach der Schulwoche bin ich wieder dort. Aber die Arbeit ist auch oft ganz schön anstrengend. Man muss immer so viel beachten. Und alle Prozesse und Maßnahmen dokumentieren! Das ist schwierig für mich, auch weil ich noch nicht so perfekt Deutsch spreche.
Und wie geht es dir? Du hast auf der chirurgischen Station gearbeitet, oder?"

Reza Ahmadi: „Ja, es war sehr interessant. Am Anfang hatte ich Rückenschmerzen, weil ich viel tragen und heben musste … Aber eine Kollegin hat mir gezeigt, wie ich meinen Rücken schone. Jetzt geht es besser.
Und manchmal haben weibliche Pflegebedürftige ein Problem, wenn ich beim Waschen helfe, weil ich ein Mann bin. Ich kann sie verstehen, aber es geht oft nicht anders. Ich erkläre dann die Situation und spreche freundlich mit ihnen."

Cristina López: „Ja, Unterhaltungen und eine gute Beziehung sind sehr wichtig, das habe ich auch gemerkt. Aber man muss auch aufpassen. Letzte Woche habe ich mit einer sehr netten älteren Pflegebedürftigen gesprochen. Sie hatte große Angst vor der Operation, und ich wollte ihr helfen. Da habe ich gesagt, sie kann mich duzen und ‚Cristina' zu mir sagen."

Reza Ahmadi: „Das war doch sehr nett von dir!"

Cristina López: „Meine Praxisanleiterin* hat mir dann erklärt, das ist keine so gute Idee. Wir sollten auch ein bisschen Distanz behalten, das ist wichtig! Und man muss gar nicht immer mit Worten kommunizieren. Oft ist ein Lächeln oder ein Händedruck genug."

Reza Ahmadi: „Das stimmt."

Cristina López: „Dann entspannen die Pflegebedürftigen und werden ruhiger."

Reza Ahmadi: „Weißt Du, was wir heute im Unterricht machen?"

Cristina López: „Im Unterrichtsplan steht, wir sprechen heute über ATL – Aktivitäten des täglichen Lebens."

Reza Ahmadi: „Aha. Da bin ich aber gespannt, was das ist."

Lehrerin: „Guten Morgen, alle zusammen!"

* der Praxisanleiter /-leiter = Pflegefachpersonen. Sie zeigen Pflegeschülern, wie man Pflegebedürftige richtig pflegt.

Aufgabe 10 Die 12 Aktivitäten des täglichen Lebens (ATL) von Juliane Juchli. Verbinden Sie.

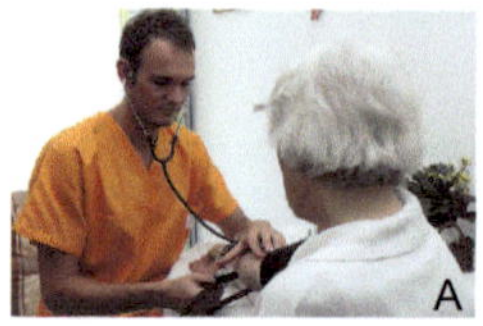
A

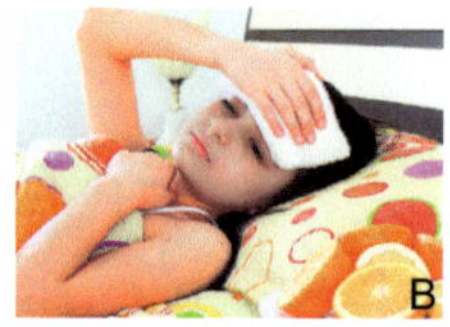
B

L

C

K

D

J

E

1. Wach sein und schlafen
2. Sich bewegen
3. Sich waschen und kleiden
4. Essen und trinken
5. Ausscheiden
6. Körpertemperatur regulieren
7. Atmen, Puls und Blutdruck
8. Sich sicher fühlen und verhalten
9. Raum und Zeit gestalten – arbeiten und spielen
10. Kommunizieren
11. Kind, Frau, Mann sein
12. Sinn finden im Werden, Sein, Vergehen

I

F

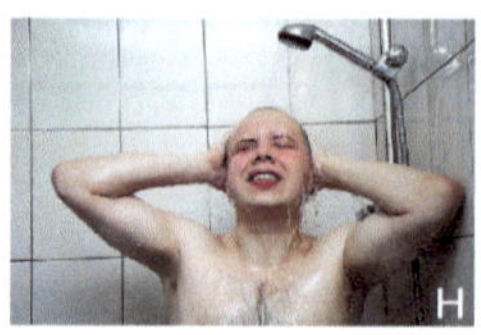
H

G

Aufgabe 11 Die Rollen der Pflegenden. Was passt? Ordnen Sie zu.

Pflegende sind fremde Menschen für die Pflegebedürftigen.
Pflegende sind unterstützende Menschen für die Pflegebedürftigen.
Pflegende sind beratende Menschen für die Pflegebedürftigen.

Die Pflegenden unterstützen, wenn die Pflegebedürftigen etwas allein nicht können.

____

Die Pflegenden kennen die Pflegebedürftigen meistens nicht. Deshalb ist es wichtig, dass sie freundlich sind, aber auch ein bisschen distanziert.

____

Die Pflegenden beraten die pflegebedürftigen Menschen, das ist sehr wichtig. So wissen die pflegebedürftigen Menschen, was gut für sie ist.

____

1.3 Kommunikation – Über den Beruf sprechen, Begrüßungen

Sie haben einen neuen Job und treffen die neuen Kollegen. Was können Sie sagen oder fragen? Lesen Sie erst die folgenden Redemittel.

Aufgabe 12

Wie heißen Sie / heißt du? / Wie ist Ihr/dein Name?

___

Freut mich! Schön, Sie/dich kennenzulernen! Gefällt es Ihnen/dir hier bei uns?

___

Wie geht es Ihnen/dir?

___

Sollen wir uns duzen? / Sollen wir „du" sagen?

___

Was sind Sie / bist du von Beruf?

___

Welche Ausbildung haben Sie / hast du gemacht?

___

Auf welcher Station arbeiten Sie / arbeitest du?

___

Was genau machen Sie / machst du hier (im Krankhaus / im Pflegeheim)?

___

Wie lange arbeiten Sie / arbeitest du schon hier?

___

Was haben Sie / hast du vorher gemacht?

___

Schreiben Sie jetzt Antworten unter die Fragen oben. Benutzen Sie auch die Redemittel aus Aufgabe 3.

Zum Beispiel:

- *Sollen wir uns duzen?*
- ▸ *Ja, wir können uns gerne duzen. / Entschuldigung, aber ich würde lieber weiter „Sie" sagen.*
- *Wie lange arbeiten Sie / arbeitest du schon hier?*
- ▸ *Ich arbeite seit 5 Jahren hier. / Ich bin neu hier. Ich habe vor 2 Wochen hier angefangen.*

Ein Rollenspiel: Sie haben einen neuen Job im Krankenhaus. In der ersten Woche gibt es ein Mitarbeiterfest. Gehen Sie durch den Raum, und treffen Sie Ihre neuen Kollegen. Sprechen Sie 3 bis 4 Minuten mit einer Person und gehen Sie dann weiter.

Zum Beispiel:

- *Hallo, guten Tag! Wie heißen Sie?*
- ▶ *Ich heiße (Andrea Rutenberg). Und wie ist Ihr Name?*
- *Mein Name ist (Rashid Sayed). Wie geht es Ihnen?*
- ▶ *Danke, es geht mir gut. Und Ihnen?*
- *Mir geht es auch gut. Schön, Sie kennenzulernen!*
- ▶ *Gleichfalls. Freut mich auch!*
- *Auf welcher Station arbeiten Sie?*
- ▶ …

Aufgabe 13

Wort-Kombinationen! Bilden Sie Kleingruppen mit 3 bis 4 Personen. Nehmen Sie zuerst das Wort „Pflege". Schreiben Sie in der Kleingruppe so viele Wort-Kombinationen wie möglich. Sie haben 4 Minuten Zeit. Welche Kleingruppe hat die meisten Wort-Kombinationen gefunden? Vergleichen Sie im Kurs.

-Pflege-

Zum Beispiel:

Krankenpflege, Pflegehelfer, Altenpflege, pflegen, …

Weitere Wörter für Wort-Kombinationen:

-Kranken- / -Gesundheit(s)- / -Arbeit(s)- / -Beruf(s)- …

Aufgabe 14

Tipp!
benötigen, brauchen, Bedürfnisse: ➢ Kapitel 2, Aufgabe 15

Sehen Sie die Abbildung an, und lesen Sie den Text.

pflege bedürftig

pflegen = betreuen, versorgen, sich kümmern um, aufpassen auf

bedürftig sein = etwas brauchen, etwas nötig haben

Patient oder Pflegebedürftiger? „Patient" sagt man nur, wenn eine Person krank ist, zum Beispiel im Krankenhaus oder in einer Klinik. Ein „Pflegebedürftiger" ist eine Person, die Hilfe und Unterstützung braucht, zum Beispiel ältere Menschen, kleine Kinder oder Menschen mit Behinderung. Deshalb benutzt man heutzutage für alle dieses Wort.

„Ein Pflegebedürftig**er**", „die Pflegebedürftig**e**" etc. ist ein Adjektiv als Nomen. Man muss es also deklinieren, genau wie ein Adjektiv. Deklinieren bedeutet, die Form zu ändern: Steht das Wort im Nominativ, Akkusativ oder Dativ?

Was passt wo? Setzen Sie die passende Form ein.

dem/einem Pflegebedürftig**en**   die/eine Pflegebedürftig**e**   Pflegebedürftig**e**   ein Pflegebedürftig**er**

Nominativ Singular	**maskulin** **feminin**	Der Pflegebedürftig**e** / ______________ braucht Hilfe. Die/Eine Pflegebedürftig**e** hat Unterstützung nötig.
Akkusativ Singular	**mask.** **fem.**	Die Pflegefachfrau pflegt den/einen Pflegebedürftig**en**. Die Pflegefachfrau betreut ______________.
Nominativ und Akkusativ Plural	**PL. definit** **PL. indef.**	Pflegehelfer kümmern sich um die Pflegebedürftig**en**. Pflegehelfer versorgen ______________.
Dativ Singular und Plural	**SG. mask.** **SG. fem.** **PL. def./indef.**	Der Pflegefachmann gibt ______________ Medizin. Der Pflegefachmann hilft der/einer Pflegebedürftig**en**. Der Pflegefachmann spricht mit den Pflegebedürftig**en** / mit Pflegebedürftig**en**.

Die perfekte Pflegefachperson! Arbeiten Sie mit einem Partner. Erklären Sie sich die Wörter gegenseitig. Benutzen Sie eventuell ein Wörterbuch.

geduldig   freundlich   kommunikativ   positiv   zuverlässig   sorgfältig   fleißig   flexibel   teamfähig, kooperativ   sozial, hilfsbereit   intelligent   pünktlich   physisch belastbar/stark   neugierig   organisiert, ordentlich   verständnisvoll   sensibel

Aufgabe 15

Tipp!
Adjektive, Komparativ & Superlativ: ➤ Kapitel 8

Internet-Tipp
Adjektivdeklination A1-A2: https://deutsch-lernerblog.de/adjektivde-klination-deutsch-a1-a2
Übungen: https://deutschlernerblog.de/uebungen-zur-adjektivdeklination-deutsch-a1-a2

Wie sollte man als Pflegefachperson sein? Welche Eigenschaften finden Sie am wichtigsten? Markieren Sie fünf. Vergleichen Sie dann mit Ihrem Partner. Begründen Sie mit „weil“.

Zum Beispiel:

- *Als Pflegefachperson sollte man* (kommunikativ) *sein. Das finde ich am wichtigsten, weil man* (immer mit Menschen sprechen muss).
- ▶ *Ja, das finde ich auch! / Du hast recht. / Das stimmt.*
- *Ich finde es auch wichtig, dass man* (kommunikativ) *ist. Aber ich finde es wichtiger, dass man* (physisch belastbar) *ist, weil man* (viel laufen und tragen muss).
- ▶ *Nein, das finde ich nicht so wichtig. Aber ich denke, man sollte* (teamfähig) *sein.* (Man arbeitet immer im Team und nie alleine.)

Stellen Sie Eigenschaften aus dem Kasten pantomimisch dar. Ihr Partner rät das Wort.

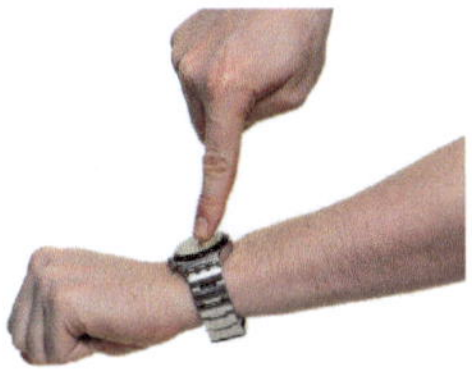

Zum Beispiel:

- *Du meinst „pünktlich“!*
- ▶ *Ja genau! / Ja, das stimmt. / Ja, du hast recht.*
- *Nein, leider nicht. / Nein, versuch es noch einmal.*

Aufgabe 16 Begrüßungen und Verabschiedungen. Was passt? Verbinden Sie.

1 

2 

3 

a (sich) umarmen
die Umarmung / Umarmungen

b (sich) auf die Wange küssen
der Wangenkuss / -küsse

c (sich) die Hände schütteln / die Hand geben
das Händeschütteln / der Handschlag

d sich verbeugen
die Verbeugung / Verbeugungen

e einschlagen / (sich) abklatschen
High Five

f winken / die Hand heben
das Winken

4 

5 

6 

Zum Beispiel:

- *Ich mag keine Umarmungen und Wangenküsse. Ich gebe dann immer direkt die Hand.*
- ▸ *Ich möchte im Krankenhaus nicht die Hand geben, weil ich Angst vor Krankheiten habe. Was soll ich sagen, wenn mir jemand die Hand schütteln will?*
- *Du kannst dich ein bisschen verbeugen oder die Hand heben. Und lächeln! Ich finde, man sollte Respekt zeigen. Aber es ist egal wie.*

Internet-Tipp
Videos zu Begrüßungen international:
www.pasch-net.de/de/lernmaterial/kultur-musik/begruessungen-weltweit.html

Sprechen Sie mit einem Partner. Wie begrüßen Sie die Familie, Freunde, Kollegen, den Chef, Pflegebedürftige?

Zum Beispiel:

- *Ich begrüße meine Eltern mit einer Umarmung. Und ich begrüße meine Freunde mit High Five. Manchmal küsse ich sie auf die Wange.*
- *Bei Pflegebedürftigen hebe ich die Hand und winke. Aber ich begrüße meine Kollegen meistens mit Händeschütteln.*

Gehen Sie jetzt durch die Klasse, und begrüßen Sie die anderen Personen mit Ihrer Lieblings-Begrüßung und einem „Hallo!" in Ihrer Muttersprache.
Jemand begrüßt Sie mit einer Begrüßung, die Sie nicht angenehm finden. Was sagen oder machen Sie? Diskutieren Sie in der Klasse.

1.4 Lernen durch Ankreuzen – Nähe und Distanz in der Pflege

Richtig oder falsch? Kreuzen Sie an.

Aufgabe 17

1. Pflegebedürftige freuen sich oft über Gespräche mit Pflegefachpersonen.
   - □ a) richtig
   - □ b) falsch

2. Manchmal wollen Pflegebedürftige mehr Nähe. Sie sagen dann: „Sie sind wie eine Tochter (oder: wie ein Sohn) für mich."
   - □ a) richtig
   - □ b) falsch

3. Die Pflegebedürftigen können gerne „Du" zu der Pflegeperson sagen. Das ist gut und wichtig für die Heilung!
   - □ a) richtig
   - □ b) falsch

4. Die Beziehung zwischen Pflegebedürftigen und Pflegeperson sollte beruflich sein (und nicht persönlich).
   - □ a) richtig
   - □ b) falsch

5. Eine Pflegeperson sollte freundlich, hilfsbereit und empathisch sein.
   - □ a) richtig
   - □ b) falsch

1.5 Grammatik – W-Fragen und Ja-/Nein-Fragen, Perfekt und Satzklammer

W-Fragen und Ja-/Nein-Fragen

Man unterscheidet im Deutschen zwischen zwei Typen von Fragen.

1. **W-Fragen**: Die Frage beginnt mit einem Fragewort mit dem Buchstaben „W". Die Antwort ist offen, alles ist möglich. Zum Beispiel: *Wer ist das? Wie heißt du? Was machst du heute Abend?*
2. **Ja-/Nein-Fragen**: Die Frage beginnt mit einem konjugierten Verb auf Position 1. Die Antwort ist „Ja" oder „Nein". Zum Beispiel: *Ist das Tom? Heißt du Sandra? Gehst du heute Abend ins Kino?*

Aufgabe 18 W-Frage oder Ja-/Nein-Frage? Ordnen Sie in die Tabelle ein.

Internet-Tipp
Sie möchten mehr lernen und Dinge wiederholen? Oder Videos auf Deutsch sehen, Spiele spielen oder mit anderen Deutschlernern chatten? Schauen Sie hier:
Goethe-Institut: www.goethe.de/de/spr/ueb.html
Deutsche Welle: www.dw.com/de/deutsch-lernen/lern-angebote-für-das-ni-veau-a2/s-13213
Deutsch Perfekt: www.deutsch-perfekt.com

1. Wie heißen Sie?
2. Gefällt es dir hier bei uns?
3. Wie geht es Ihnen?
4. Sollen wir uns duzen?
5. Was bist du von Beruf?
6. Welche Ausbildung hast du gemacht?
7. Auf welcher Station arbeiten Sie?
8. Was genau machen Sie hier im Pflegeheim?
9. Wie lange arbeiten Sie schon hier?
10. Was haben Sie vorher gemacht?

W-Frage	Ja-/Nein-Frage
1, ...	2, ...

W-Fragen: Welche W-Fragewörter kennen Sie noch? Sammeln Sie im Kurs.

Aufgabe 19 Hören Sie ein Gespräch im Krankenhaus. Welche W-Fragewörter hören Sie? Schreiben Sie.

Hörtext 1.2

1. Frau Andriu: „_____ sind Sie denn?"
2. Frau Andriu: „_____ kommen Sie?"
3. Frau Andriu: „_____ sind Sie schon in Deutschland?"
4. Daniela: „Auf _____ Station arbeite ich? Und _____ fange ich morgens an?"
5. Daniela: „_____ pro Monat habe ich Berufsschule? Und _____ muss ich da gehen?"
6. Frau Andriu: „_____ möchten Sie eigentlich Pflegehelferin werden?"

Hören Sie noch einmal. Schreiben Sie jetzt die Antworten zu den Fragen oben.

1. _____
2. _____
3. _____
4. _____
5. _____

Arbeiten Sie mit einem Partner. Schreiben Sie W-Fragen. Benutzen Sie so viele W-Fragewörter wie möglich.
Fertig? Treffen Sie ein anderes Paar, und stellen Sie Ihre Fragen.

Schreiben Sie die Ja-/Nein-Fragen.

Aufgabe 20

Ich bin Pflegefachfrau von Beruf. Und Sie, *sind Sie auch Pflegefachfrau von Beruf?*

Ich lerne seit einem Jahr Deutsch. Und du, *lernst du auch seit einem Jahr Deutsch?*

Ich spreche Rumänisch, Englisch und ein bisschen Deutsch. Und du, ________________?

Ich wohne in Bremen. Und Sie, ________________?

Ich bin in Deutschland, weil ich hier arbeiten möchte. Und Sie, ________________?

Mir geht es gut in Deutschland. Und dir, ________________?

Ich bin verheiratet. Und du, ________________?

Ich habe 2 Kinder. Und du, ________________?

Arbeiten Sie mit einem Partner. Stellen Sie die Fragen. Achtung! Du oder Sie? Benutzen Sie nur eine Anrede-Form!

Perfekt und Satzklammer

Beim Sprechen in der Vergangenheit benutzt man fast immer das *Perfekt*.
Man bildet das Perfekt mit der konjugierten Form von *haben/sein* und einem *Partizip Perfekt* (oder: *Partizip II*).
Das konjugierte Verb steht im Satz auf Position 2 (Ja-/Nein-Frage: Position 1), das Partizip am Ende. In der Mitte stehen weitere Informationen. Das nennt man „Satzklammer".

	Position 2 = haben/sein		Ende = Partizip
Reza	**hat**	einen Deutschkurs	**gemacht.**
In meinem Heimatland	**habe**	ich mich um ältere Menschen	**gekümmert.**
	Haben	Sie schon	**gearbeitet?**

Wiederholung A1! Welches Beispiel passt wo? Ordnen Sie zu.

Aufgabe 21

a) ich bin gewachsen b) du hast gehört c) er hatte / er war d) sie hat aufgeräumt
e) wir sind geblieben f) ihr seid gefahren g) sie haben getrunken h) Sie haben genommen

1	Das regelmäßige Perfekt bildet man mit *haben* und *ge-...-(e)t.*	
2	Es gibt viele unregelmäßige Partizipien mit *ge-...-en*. Hier wechselt oft der Vokal ...	
3	... oder das Partizip ist komplett unregelmäßig und ganz anders als im Infinitiv/Präsens.	
4	Man bildet das Perfekt mit *sein*, wenn die Position / der Ort wechselt ...	
5	... oder wenn die Situation / der Zustand wechselt.	
6	Wichtige Ausnahmen mit *sein* ohne Wechsel von Position oder Situation sind: *es ist passiert* und ...	
7	Das Partizip Perfekt von trennbaren Verben hat das *-ge-* in der Mitte.	
8	Die Vergangenheit von *haben* und *sein* ist speziell. Man kann sie im Perfekt ausdrücken (ich habe gehabt, ich bin gewesen) oder im Präteritum:	

Aufgabe 22

Verben auf -ieren

Bei Verben auf *-ieren* bildet man das Perfekt immer mit *haben* und *…-iert.*
Zum Beispiel: ich habe fotograf<u>iert</u>, er hat buchstab<u>iert</u>

Verbinden Sie die Infinitive mit den passenden Sätzen. Ergänzen Sie dann im Perfekt.

1	probieren	**a**	Ich ______ Pflegewissenschaften ______.
2	gratulieren	**b**	Der Chirurg ______ die Patientin ______.
3	studieren	**c**	*Hast* du schon mal Maultaschen *probiert*?
4	notieren	**d**	Alle Kollegen ______ mir zum Geburtstag ______.
5	operieren	**e**	______ Sie schon Größe und Gewicht ______?

Aufgabe 23

Untrennbare Verben

Es gibt auch untrennbare Verben. Sie beginnen mit **be-, emp-, ent-, er-, ge-, ver-, zer-** und haben im Perfekt kein *-ge-*.

Schreiben Sie die Sätze. Achten Sie auf die Satzklammer!

1. begonnen – heute – hat – nicht – Der Tag – gut – .
   Der Tag hat heute nicht gut begonnen.
2. in der U-Bahn – verloren – habe – meinen Regenschirm – ich – Zuerst – .
   ____
3. ich – Im Café – habe – mit Zucker – bestellt – einen Kaffee, bekommen – einen Kaffee – aber – mit Salz – ich – habe – .
   ____
4. einer Kollegin – erzählt – Im Büro – ich – die Geschichte – habe. hat – ein anderes Café – empfohlen – Sie – mir – .
   ____
5. gegangen – bin – dahin – Ich. ich – entdeckt – Dort – habe, dass – vergessen – habe - mein Portemonnaie – ich – .
   ____
6. und – Kaffee – Nochmal – losgehen – kaufen? gar nicht mehr – versucht – ich – dann – Das – habe – .
   ____
7. hat – Dieser Tag – gefallen – gar nicht – mir. wird – bestimmt – morgen – besser – Aber – !
   ____

Machen Sie eine Tabelle in Ihrem Heft wie im Beispiel unten. Markieren Sie die untrennbaren Verben in den Sätzen oben, und schreiben Sie dann die Formen in die Tabelle. Ergänzen Sie auch den Infinitiv.

regelmäßig: hat ge-…-t	**trennbar: hat/ist …-ge-…**	**-ieren: hat …-iert**
unregelmäßig: hat/ist ge-…	**untrennbar: be-, emp-, ent-, er-, ge-, ver-, zer-** *beginnen: hat begonnen*	**spezielle Formen** *haben: er hatte (oder er hat gehabt)* *sein: er war (oder er ist gewesen)*

Internet-Tipp
Liste von unregelmäßige Partizipien und weitere Aufgaben zum Perfekt:
www.graf-gutfreund.at/m_gramm_verb_aktiv.htm
https://deutschlernerblog.de/uebungen-haben-oder-sein-perfekt-a1-a2-b1/

Suchen Sie jetzt in den Aufgaben 3, 6, 10, 23 und 24 die Verben im Perfekt. Ordnen Sie alle in die Tabelle ein.
Kennen Sie noch andere Verben im Perfekt? Ergänzen Sie die Tabelle.
Ergänzen Sie im Folgenden auch die Verben aus den Aufgaben 26 bis 30.

Aufgabe 24

Welches Partizip Perfekt ist richtig? Markieren Sie.

1. In meinem Heimatland habe ich meine Ausbildung schon ~~gebeendet~~/**beendet**.
2. Dann bin ich in Deutschland angekommen/angekommt.
3. Am Anfang habe ich kein Deutsch gesprochen/gesprechen, und ich habe die Leute oft nicht gut verstehen/verstanden.
4. Ich habe sofort an einem Deutschkurs teilnommen/teilgenommen. Der Kurs hat mir sehr gefallen/gefällt.
5. Vor 2 Monaten habe ich mein Praktikum im Krankenhaus geanfangen/angefangen.
6. Meine Kollegen haben mich immer motivieren/motiviert und mir alles genau erklärt/geerklärt.
7. Ich freue mich, dass ich eine gute Stelle gefinden/gefunden und meine Kollegen kennengelernt/gekennenlernt habe!

Tipp!
Perfekt lernen:
Arbeiten Sie mit einem Partner. Sie sagen ein Verb im Infinitiv, Ihr Partner nennt die Perfekt-Form. Dann wechseln Sie.

Aufgabe 25

Haben oder sein? Setzen Sie die richtige Form ein.

Hallo, ich ______ Eleni! Ich ______ Pflegewissenschaften in Thessaloniki studiert. Nach dem Studium ______ ich aber nicht dort geblieben, sondern ich ______ nach Athen umgezogen. Dort ______ ich mich lange beworben, aber ich ______ keinen Job gefunden. Diese Zeit ______ nicht so schön gewesen …

Dann ______ ich meine Tante in Bonn besucht, und es ______ mir dort sehr gefallen. Deshalb ______ ich nach Deutschland gekommen. Mein Deutsch ______ schnell besser geworden, und ich ______ direkt eine Stelle in der ambulanten Pflege bekommen. Jetzt arbeite ich als Pflegefachfrau in einem Kinderkrankenhaus in Koblenz, und es ______ toll!

Aufgabe 26

Interviews! Lesen Sie die Fragen, und schreiben Sie weitere. Interviewen Sie dann einen Mitschüler.

- Wann sind Sie / bist du heute aufgestanden?
- Was haben Sie / hast du zum Frühstück gegessen und getrunken?
- Sind Sie / Bist du mit dem Auto hierhin gefahren?
- Haben Sie / Hast du gestern etwas Interessantes erlebt?
- Wo waren Sie / warst du gestern um 20 Uhr?
- Haben Sie / Hast du schonmal in einem Krankenhaus gearbeitet?
- Haben Sie / Hast du schon studiert oder eine Ausbildung gemacht?
- Haben Sie / Hast du schon einmal Menschen mit Behinderung betreut und versorgt?
- ____________________
- ____________________
- ____________________

Tipp!
schon mal / schon einmal ↔ noch nie
- Hatten Sie schon einmal einen Job als Pflegehelfer?
- Nein, ich hatte noch nie einen Job als Pflegehelfer.

schon ↔ noch nicht
- Bist du schon zur Post gegangen?
- Nein, ich bin noch nicht zur Post gegangen.

1.6 Das Quiz – Kapitel 1

Beantworten Sie das Quiz zu Kapitel 1 alleine.
Vergleichen Sie dann mit einem Partner oder in der Gruppe!

Aufgabe 1 Nennen Sie zwei Gesundheits- oder Pflegeberufe und pro Beruf drei typische Aufgaben/Tätigkeiten.

Aufgabe 2 Warum haben Pflegehelfer bei ihrer Arbeit viel Verantwortung?

Aufgabe 3 Wie viele Aktivitäten des täglichen Lebens (ATL) gibt es? Welche sind das?

Aufgabe 4 Nennen Sie die drei Rollen von Pflegenden.

Aufgabe 5 Vergangenheit: Schreiben Sie im Perfekt (3. Person SG.):
gehen – studieren – versorgen – aufwachen – bekommen – nehmen

2 Unterstützung bei der Körperpflege

In diesem Kapitel geht es um:

Kompetenzfelder
- Ganz- und Teilkörperpflege
- Hautpflege und Hautveränderungen
- Intertrigo und Intertrigoprophylaxe
- Beobachtung der Haut
- Förderung der Autonomie

Wortschatz und Kommunikation
- Körperteile und Organe
- Individuelle Wünsche und Bedürfnisse der Patienten bei der Körperpflege – Körperpflege als Beziehungspflege
- Kulturelle und ethnische Besonderheiten der Körperpflege
- An- und Auskleiden

Grammatik
- Imperativ
- Konjunktionen Hauptsätze Teil I: *und, oder, aber, denn*

Aufgabe 1
Sehen Sie das Foto an, und sprechen Sie!

Was sehen Sie auf dem Foto?
Was macht die Pflegehelferauszubildende / der Patient?
Kennen Sie diese Situation? Haben Sie schon mal einen Patienten gewaschen?
Was sollte man (nicht) machen?
Waschen ist ein Teil der Körperpflege. Nennen Sie andere Beispiele!

Redemittel
Da ist … / Das ist … / Ich sehe …
Die Pflegehelferauszubildende / Der Patient …
Ja, ich habe schon mal … / Natürlich, ich … jeden Tag …
Nein, ich habe noch nie …
Man sollte (nicht) …

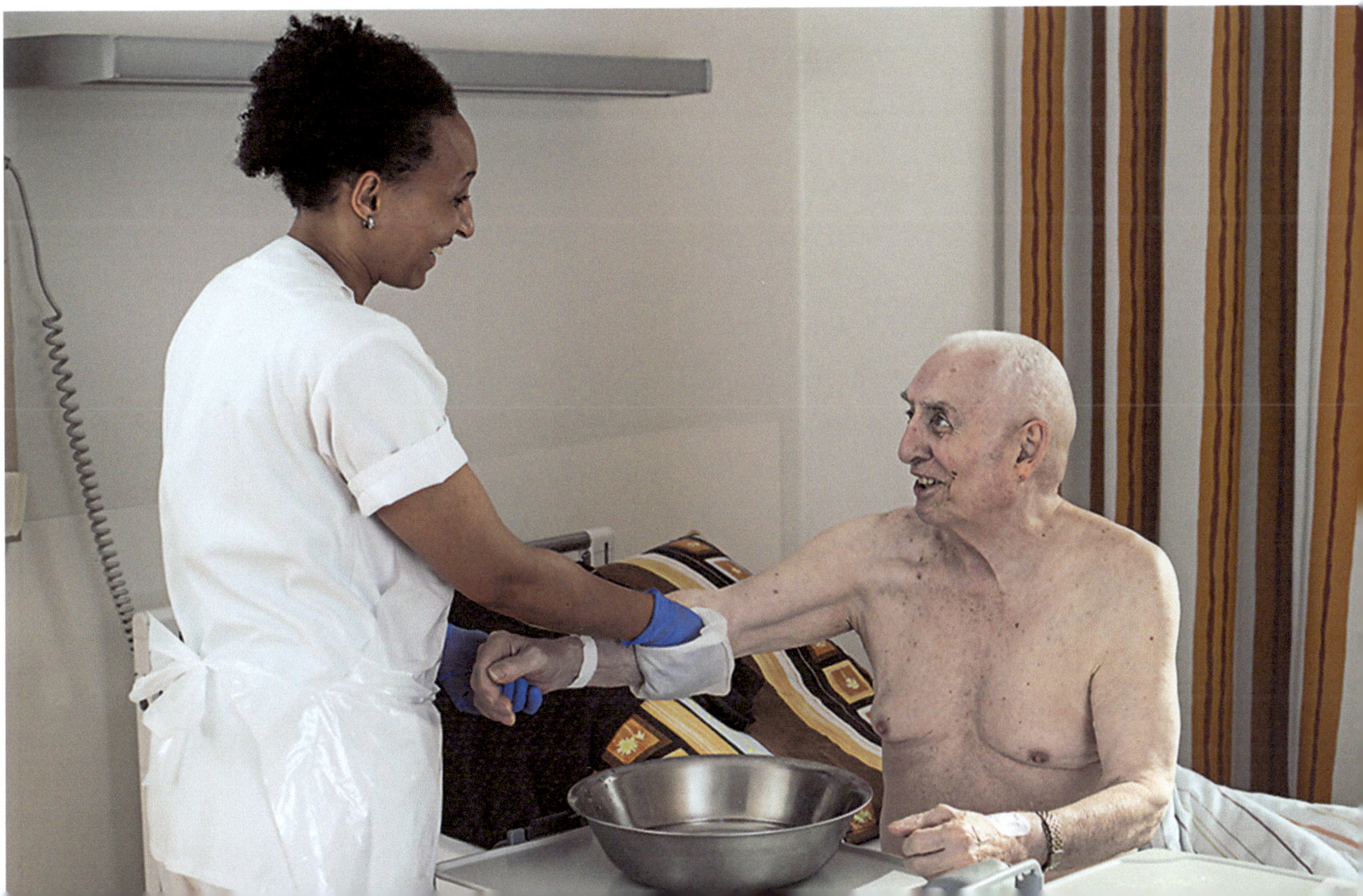

2.1 Wortschatz – Körperteile und Organe

Aufgabe 2 Was passt? Ordnen Sie den Körperteilen ihre Namen zu.

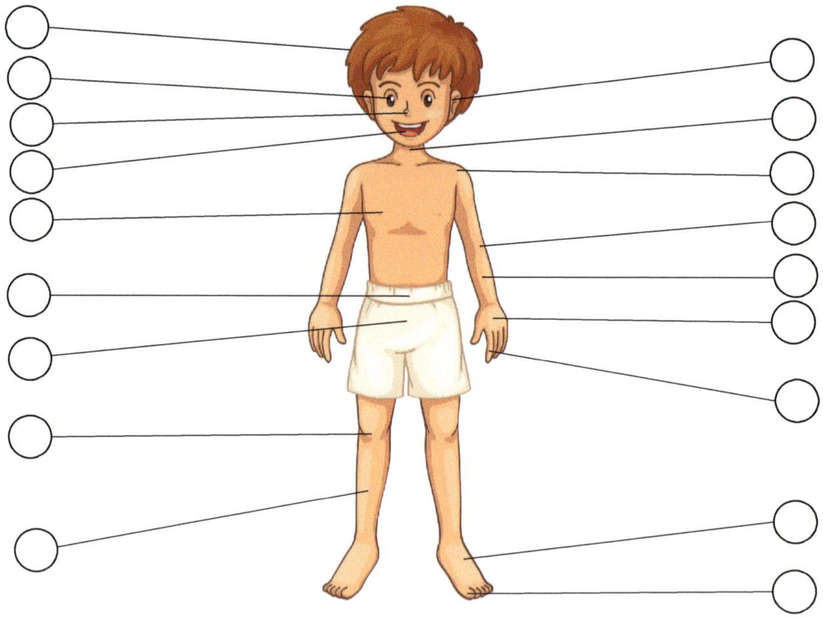

1	die Nase / Nasen	10	der Fuß / Füße
2	die Hand / Hände	11	der Arm / Arme
3	der Ellenbogen / Ellenbogen	12	der Zeh (auch: die Zehe) / Zehen
4	die Brust / Brüste	13	das Knie / Knie
5	der Hals / Hälse	14	der Bauch / Bäuche
6	das Auge / Augen	15	der Bauchnabel / Bauchnabel
7	der Finger / Finger	16	das Bein / Beine
8	die Schulter / Schultern	17	der Mund / Münder
9	das Haar / Haare	18	das Ohr / Ohren

Aufgabe 3 Wie heißen die Körperteile? Schreiben Sie die Wörter richtig.

BUCHA *Bauch*
HEZ
SLAH
TRECHSUL
NEIK
CKÜRNE
STRUB
OFKP
GIFREN
UßF

Hier sind acht Organe versteckt. Markieren Sie.

Aufgabe 4

X	H	B	A	M	V	G	I	J	R	S	M
I	E	T	L	T	L	U	N	G	E	O	A
N	R	O	E	K	N	B	P	A	T	H	G
L	Z	D	B	L	D	A	R	M	W	X	E
C	Q	U	E	N	G	L	Q	U	M	K	N
R	J	F	R	C	I	N	T	E	I	D	S
U	A	Y	K	B	F	W	H	P	L	G	P
F	G	E	H	I	R	N	A	B	Z	Y	L
A	M	W	S	H	E	U	L	T	K	A	U
S	P	E	I	S	E	R	O	E	H	R	E

Ordnen Sie nun die Wörter aus den Aufgaben 1, 2 und 3 in die Tabelle ein. Ergänzen Sie auch den Plural.

Aufgabe 5

der (maskulin)	das (Neutrum)	die (feminin)
Bauch / Bäuche		*Schulter / Schultern*

Arbeiten Sie mit einem Partner. Zeigen Sie auf ein Körperteil, Ihr Partner sagt das Wort im Singular und Plural.

Aufgabe 6

Bilden Sie Gruppen, und legen Sie Flipchart-Papiere auf den Boden.
Eine Person pro Gruppe legt sich auf ein Papier, die anderen malen die Körper-Konturen.
Fertig? Jetzt schreiben Sie die Namen der Körperteile im Singular und Plural dazu.
Hängen Sie die Papier-Personen im Raum auf. Welche ist am schönsten?

Aufgabe 7

2.2 Pflegesituation – Hautpflege und Hautveränderungen

Vokabular zum Text

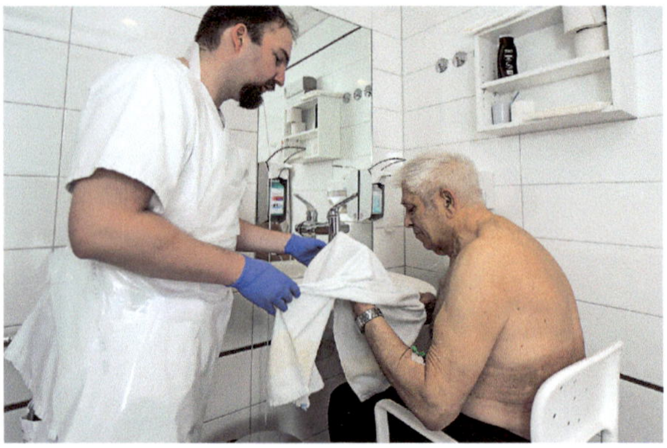

sich pflegen, die Körperpflege (SG.)

sich bewegen,
die Bewegung / Bewegungen

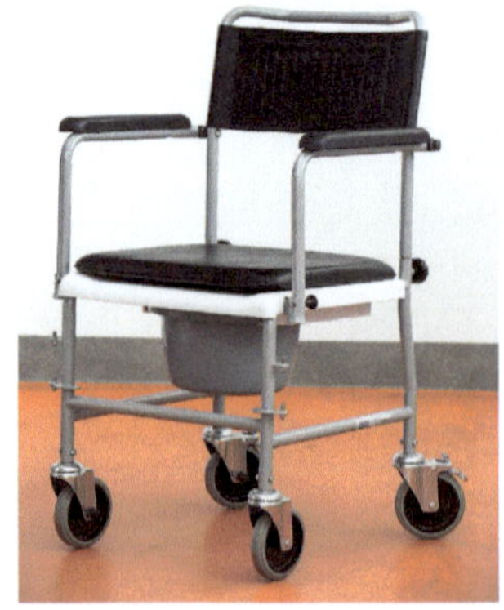

der Toilettenstuhl / -stühle

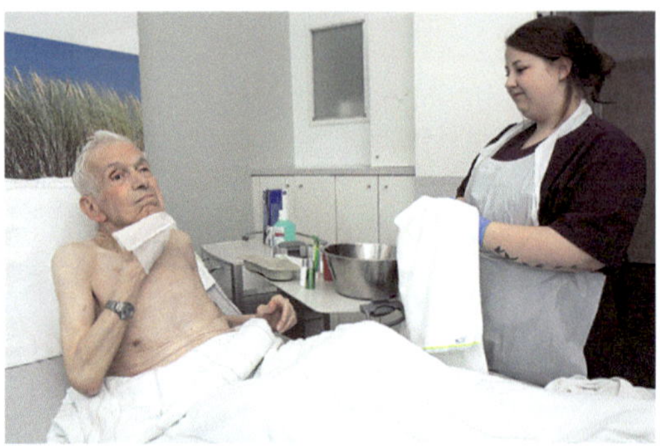

sich selbstständig (das Gesicht) waschen

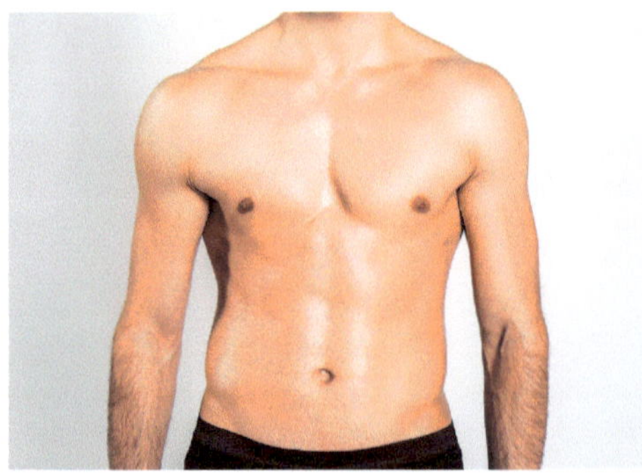

der Oberkörper / Oberkörper

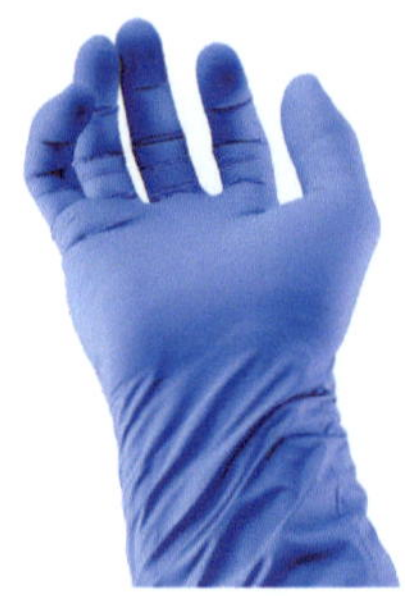

der unsterile Einmalhandschuh / -handschuhe

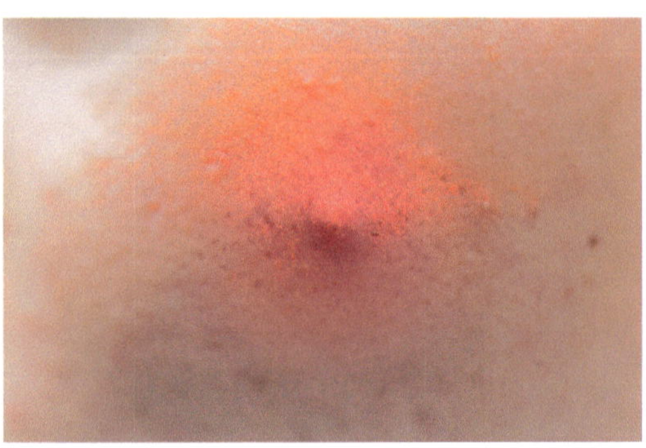

die rote Haut, die rote Hautstelle / -stellen

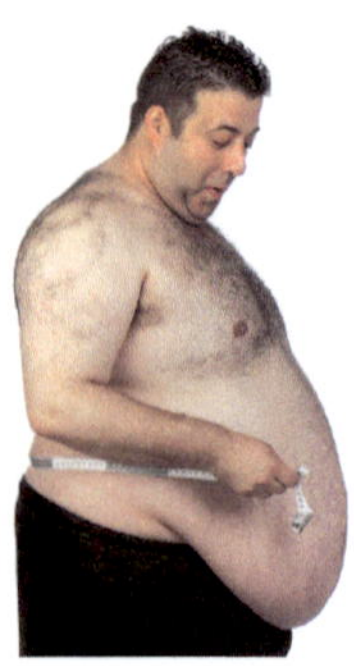

adipös, die Adipositas

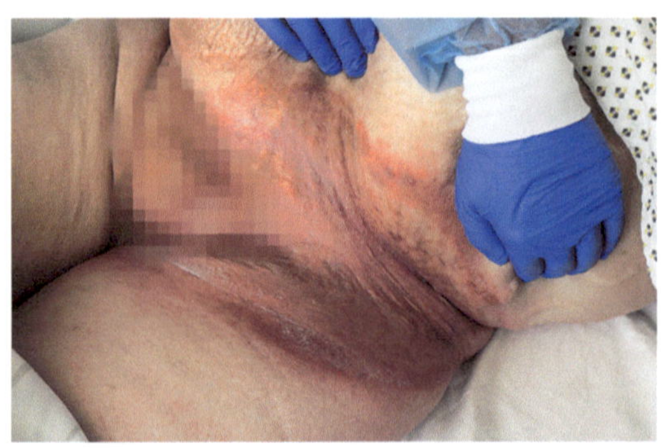

die Intertrigo / Intertrigenes

Aufgabe 8

Lesen Sie den Text.

Herr Atayev hat Schmerzen in der Bauchfalte*

Cristina López hat vor 7 Monaten ihre Ausbildung als Pflegehelferin begonnen. Jetzt arbeitet sie in einem Krankenaus auf der internistischen Station und kümmert sich dort auch um Herrn Atayev. Herr Atayev ist 63 Jahre alt, 1,83 Meter groß und wiegt 95 Kilogramm. Er hat starkes Rheuma und kann sich nur schlecht bewegen. Normalerweise wohnt er bei seiner Schwester und ihrer Familie, denn er ist alleinstehend und braucht oft Hilfe. Die Familie ist vor 40 Jahren aus Usbekistan nach Deutschland gekommen.

Cristina López und Herr Atayev verstehen sich gut, aber bei der täglichen Körperpflege gibt es manchmal Diskussionen. Heute hat die Pflegehelferin dem Patienten einen Toilettenstuhl vor das Waschbecken im Badezimmer gestellt, denn er kann nicht so lange stehen. Cristina López wäscht Herrn Atayevs Rücken, aber er wäscht selbstständig sein Gesicht, die Arme und den vorderen Oberkörper. Herr Atayev sagt, er hat Schmerzen in der Bauchfalte. Cristina López soll nachsehen. Die Pflegehelferin zieht unsterile Einmalhandschuhe an und hebt die Bauchfalte. Sie sieht, dass die Haut dort rot und wund ist. Der leicht adipöse Mann schwitzt stark in der Falte und hat dort eine Intertrigo. In diesem Moment klopft es an der Badezimmertür.

* die (Bauch-)Falte: tiefe „Linie" in der Haut, z. B. wenn man älter wird oder Übergewicht (Adipositas) hat

Aufgabe 9

Richtig oder falsch? Kreuzen Sie an, und schreiben Sie.

	richtig	falsch
Herr Atayev kann sich gut bewegen und komplett selbstständig waschen.	☐	☐
Herr Atayev hat Schmerzen in der Bauchfalte.	☐	☐
Cristina López zieht sterile Einmalhandschuhe an.	☐	☐
Die Haut in Herrn Atayevs Bauchfalte ist rot und wund. Was sollte Cristina López tun? Haben Sie eine Idee?		

Vokabular zum Dialog

Aufgabe 10 Was passt? Verbinden Sie die Wörter mit den Definitionen.

1	das Rheuma	a	Etwas wird wieder besser/gesund, z. B. eine Krankheit oder eine kranke Stelle im Körper.
2	brennen, das Brennen	b	Wie ein sehr kleiner Verband. Man klebt es auf eine Wunde, um sie zu schützen oder wenn sie blutet.
3	die Leiste / Leisten	c	Medizinische Creme, mit der man eine kranke Hautstelle eincremt.
4	wund, gerötet	d	Auch: der Rheumatismus (griechisch „Fließen"). „Fließende" Schmerzen im Körper (z. B. in den Muskeln, Nerven, Gelenken), wenn man sich bewegt.
5	mazeriert, die Mazeration / Mazerationen	e	Die Prävention (deutsch: die Vorbeugung). Man macht eine präventive Aktion, damit man eine Krankheit gar nicht erst bekommt, z. B. putzt man die Zähne, damit man keine Karies bekommt.
6	heilen, die Heilung	f	Hier: das Haut-Brennen, die Haut tut weh und brennt. Kann an verschiedenen Stellen passieren, manchmal hat man auch rote Punkte oder Pickel.
7	die Intertrigo / Intertrigenes	g	Wunde Hautstelle; auch: intertriginöses Ekzem, Wundsein, Wolf. Speziell da, wo wenig Luft ist und sich Schweiß sammelt, denn so können sich Bakterien und Pilze gut und schnell entwickeln und vermehren, und die Haut wird rot und wund. Das nennt man Intertrigo. Die Konsequenz/Folge ist eine Mazeration von der Haut.
8	die (Intertrigo-) Prophylaxe / -n	h	Verletzte Haut, z. B. durch eine Entzündung oder einen (kleinen) Unfall.
9	die Salbe, die Wundsalbe / -salben	i	Folge von einer Intertrigo. Feuchte Haut oder eine Wunde wird weich / weicht auf.
10	das Pflaster / Pflaster	j	Beim Menschen: der untere seitliche Teil der Bauch-Wand.

Aufgabe 11 Setzen Sie die Wörter 1 bis 10 aus Aufgabe 10 in die folgenden Sätze ein.

A) Lisas Hautfalte am Bauch ist rot und wund. Sie hat eine ________________.

B) Damit es nicht mehr zu roten und wunden Hautstellen kommt, bekommt Lisa nun jeden Tag eine ________________.

C) Wenn die Wunde feucht ist und aufquillt (dicker wird), ist das eine ________________.

D) Damit es aufhört zu bluten, klebt Sinja ein ________________ um ihren Finger.

E) Dem Patienten geht es besser. Seine Wunde ________________.

F) Frau Yilmaz hat Schmerzen unter der Brust. Beim Anheben der Brust sieht sie, dass die Haut ________________ und ________________ ist.

G) Wenn man sich die ________________ bricht, kann das sehr gefährlich sein!

H) Frau Weber hat starke Schmerzen, wenn sie sich bewegt. Es ist wahrscheinlich eine Form von ________________.

I) Die Pflegehelferin Cristina López hat sich in ihrer Pause heißen Kaffee über die Hand geschüttet. Das ________________ auf ihrer Haut tut sehr weh.

J) Damit Cristinas Hand heilt, benutzt sie mehrmals am Tag eine Brand________________.

Aufgabe 12

Hörtext 2.1

Hören Sie den Dialog, und lesen Sie den Text.

Herr Atayev hat Schmerzen in der Bauchfalte – Fortsetzung

Es klopft an der Badezimmertür.

Cristina López: „Ja, bitte?"
Frau Melnikow: „Hallo. Ich bin es, Frau Melnikow. Ist mein Bruder da?"
Herr Atayev: „Ja, ich bin hier im Bad! Frau López hilft mir mit dem Waschen, mein Rheuma ist wieder so schlimm! Komm rein!"
Frau Melnikow: „Ok. Hallo! Störe ich?"
Cristina López: „Sie können gerne bleiben. Oder möchten Sie das nicht, Herr Atayev?"
Herr Atyayev: „Doch natürlich. Was tut denn da so weh? Was habe ich da?"
Cristina López: „Das nennt man eine Intertrigo. Wissen Sie, was das ist?"
Herr Atayev: „Nein, aber ich hatte das gleiche Brennen schon einmal in der Leiste."
Cristina López: „Ich erkläre es Ihnen. Aber zuerst versorge ich die Hautstelle. Sie ist gerötet, wund und mazeriert. In Zukunft müssen wir mehr auf eine Intertrigoprophylaxe bei Ihnen achten."
Frau Melnikow: „Nehmen Sie doch eine Hautcreme und ein Pflaster!"
Cristina López: „Das ist nicht gut für die Heilung. Schauen Sie mal hier! Ich zeige Ihnen jetzt mal, wie man die wunde Haut versorgt."

Aufgabe 13

Was sollte Herr Atayev für die Hautpflege benutzen?

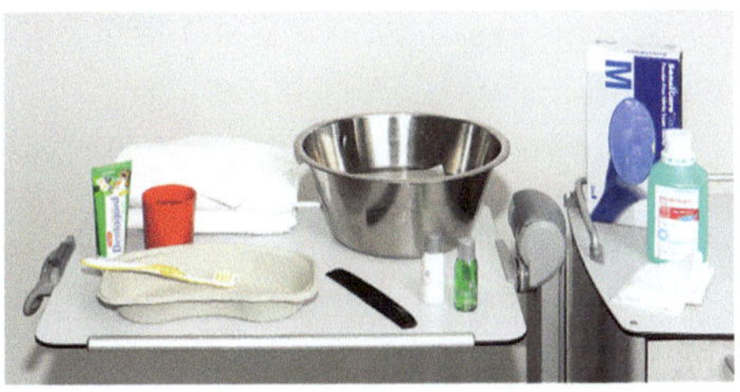

das normale Duschgel die ph-neutrale Hautcreme die parfümierte Hautcreme das klare Wasser das heiße Wasser die enge Kleidung das Shampoo

richtig ✓	falsch ✗

Was sollte Cristina Lopez benutzen, um die wunde Haut zu versorgen?

das Pflaster die Salbe die Kompresse das klare Wasser das Baumwoll-Läppchen Tabletten die Seife der Verband unsterile Einmalhandschuhe

richtig ✓	falsch ✗

2.3 Kommunikation – Körperpflege und Hautpflege

Aufgabe 14 Wie oft machen Sie was? Füllen Sie die Tabelle aus. Vergleichen Sie dann mit einem Partner. Sprechen Sie.

	...mal pro Tag	...mal pro Woche	...mal pro Monat	...mal pro Jahr
die Hände waschen				
die Zähne putzen	zwei			
duschen/baden				
die Haare waschen				
die Haut eincremen				
die Haare kämmen				
die Haare schneiden				
die Nägel schneiden (Fingernägel/Fußnägel)				

Zum Beispiel:

- *Wie oft putzt du die Zähne?*
- ▸ *Ich putze zweimal pro Tag die Zähne. Und du?*

Nach Wünschen und Bedürfnissen fragen

„Pflege" bedeutet Interaktion mit pflege*bedürftigen* Menschen, also Menschen, die Pflege *benötigen*. Man sollte regelmäßig mit den Patienten kommunizieren und nach ihren Wünschen und *Bedürfnissen* fragen. Aber wie?

Aufgabe 15 Lesen Sie die folgenden Fragen.

> **Tipp!**
> Adjektiv: *bedürftig*
> Verb: *brauchen, benötigen*
> Nomen: *das Bedürfnis / Bedürfnisse, die Not*

Wie geht es Ihnen (heute/gerade)?

Wie fühlen Sie sich (heute/gerade)?

Haben Sie letzte Nacht gut geschlafen?

Haben Sie Schmerzen? / Wo haben Sie Schmerzen?

Brauchen Sie Hilfe (beim Anziehen/Ausziehen/Waschen …)? / Kann ich Ihnen helfen?

Möchten Sie (das T-Shirt / den Pullover …) selbst ausziehen/anziehen?

Würden Sie bitte (die Hose / den Bademantel …) ausziehen/anziehen?

Möchten Sie vor dem Waschen nochmal auf die Toilette gehen?

Ist die Wassertemperatur in Ordnung?

Können Sie (den Oberkörper / das Gesicht …) selbstständig/selbst waschen?

Soll ich Ihnen (die Füße / die Haare …) waschen?

Darf ich Ihnen (den Rücken / die Beine …) eincremen?

Wie könnte Herr Atayev antworten? Schreiben Sie positive und negative Antworten (wie in den Beispielen). **Aufgabe 16**

Beispiele:

Haben Sie Schmerzen? / Wo haben Sie Schmerzen?

\+ *Ja, ich habe (leichte/starke) Schmerzen (am Kopf / im Fuß …).*

– *Nein, ich habe keine Schmerzen.*

Brauchen Sie Hilfe beim Waschen? / Kann ich Ihnen helfen?

\+ *Ja! Ich brauche Hilfe, bitte. / Helfen Sie mir bitte!*

– *Nein danke. Ich brauche keine Hilfe. / Ich mache das selbst.*

Wie geht es Ihnen heute? / Wie fühlen Sie sich?

\+ *Danke, …* ____________________

\- *Danke, aber …* ____________________

Haben Sie letzte Nacht gut geschlafen?

\+ *Ja, …* ____________________

\- *Nein, …* ____________________

Brauchen Sie Hilfe beim Ausziehen?

\+ *Ja bitte, …* ____________________

\- *Nein danke, …* ____________________

Möchten Sie die Hose selbst anziehen?

\+ *Ja, …* ____________________

\- *Nein, …* ____________________

Möchten Sie auf die Toilette gehen?

\+ *Ja, …* ____________________

\- *Nein, …* ____________________

Können Sie das Gesicht selbst waschen?

\+ *Ja, …* ____________________

\- *Nein, …* ____________________

REDEMITTEL

So reagieren Sie auf Bitten und Wünsche

Ja natürlich, ich helfe Ihnen gerne!

Warten Sie, ich komme sofort!

In Ordnung, ich mache das für Sie.

Bitte versuchen Sie das (zuerst) selbst!

Ich denke, wir (machen) besser …

Ich habe eine andere Idee: …

Sind Sie einverstanden, wenn ...

Aufgabe 17 Sie helfen Herrn Atayev bei der Körperpflege und beim Anziehen. Verbinden Sie die Satzteile.

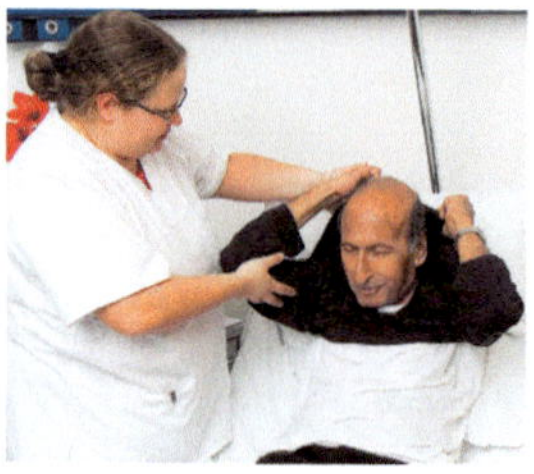

1 Ziehen Sie mal bitte
2 Der Pullover ist schön,
3 Bitte cremen Sie die Hautfalten nicht ein,
4 Ich bringe Sie jetzt ins Bad
5 Ich kämme und frisiere Ihnen jetzt die Haare.
6 Ist Ihnen warm genug,

a aber er ist ein bisschen zu eng. Die Wunde braucht Luft für die Heilung.
b Oder Sie machen das selbst?
c Ihr T-Shirt aus!
d oder möchten Sie noch eine Jacke anziehen?
e denn Salben und Cremes verstopfen die Haut, und sie kann nicht mehr atmen.
f und helfe Ihnen beim Waschen.

Individuelle Wünsche und Bedürfnisse bei der Körperpflege

Aufgabe 18 Frau Schneider ist 75 Jahre alt und musste vor zwei Tagen ins Krankenhaus. Der Pflegehelferauszubildende Reza soll sie heute waschen. Welche Wünsche hat sie? Hören Sie und kreuzen Sie an.

Hörtext 2.2

	richtig	falsch
Frau Schneider möchte einen Mann.	☐	☐
Reza soll Frau Lopez rufen.	☐	☐
Frau Schneider möchte ihr T-Shirt selbst ausziehen.	☐	☐
Sie möchte heißes Wasser und kein Duschgel.	☐	☐
Reza soll morgen wiederkommen.	☐	☐

Aufgabe 19 Arbeiten Sie mit einem Partner. Welche individuellen Bedürfnisse könnten die Pflegebedürftigen beim Waschen haben? Überlegen Sie gemeinsam.

Sie helfen …
- einer Mutter und ihrem sechs Monate alten Baby/Säugling
- einem gläubigen Muslim
- einem dreijährigen Kind
- einer älteren Frau mit Fraktur am Arm

Spielen Sie dann Dialoge. Eine Person ist Pflegehelfer, die andere Person ist Pflegebedürftiger.

2.4 Lernen durch Ankreuzen – Intertrigoprophylaxe

Richtig oder falsch? Kreuzen Sie an.

Aufgabe 20

1. Eine Intertrigo ist eine wunde Hautstelle.
   - □ a) richtig
   - □ b) falsch

2. Zur Versorgung einer Intertrigo benutzt man eine Wundheilsalbe.
   - □ a) richtig
   - □ b) falsch

3. Sehr adipöse (dicke) Menschen haben häufiger eine Intertrigo, denn sie schwitzen oft stark in den Hautfalten.
   - □ a) richtig
   - □ b) falsch

4. Für eine gute Körperpflege muss man viel Seife oder Duschgel benutzen.
   - □ a) richtig
   - □ b) falsch

5. Man sollte Patienten immer bei der Körperpflege unterstützen, auch wenn sie das selbst machen können.
   - □ a) richtig
   - □ b) falsch

2.5 Grammatik – Imperativ, Konjunktionen Hauptsätze I

> **Tipp!**
> Mit den Wörtern ***doch, mal, bitte*** kann man einen Imperativ höflicher machen.
> „Schauen Sie **mal**!"
> „Nehmen Sie **doch** eine Wundsalbe!"
> „Ziehen Sie **mal bitte** Ihr T-Shirt aus!"

Imperativ

Man benutzt den Imperativ, wenn man etwas von einer anderen Person möchte, zum Beispiel für einen **Befehl**, eine **Bitte**, eine **Aufforderung** oder einen **Ratschlag**.
Es gibt den Imperativ nur in der direkten Kommunikation, also nur für die Formen *du* (informell Singular), *ihr* (informell Plural) und *Sie* (formell Singular und Plural).

Der Imperativ: Formen	
~~du~~ schau~~st~~→Schau!	~~du~~ komm~~st~~ rein→Komm rein!
~~ihr~~ schaut→Schaut!	~~ihr~~ kommt rein→Kommt rein!
Sie schauen→Schauen Sie!	Sie kommen rein→Kommen Sie rein!
______→______	______→______

Aufgabe 21 Ergänzen Sie die Formen in der Tabelle.

	Infinitiv	informell SG. *du*	informell PL. *ihr*	formell SG. PL. *Sie*
regelmäßig	nehmen		Nehmt!	
unregelm. (ä = a)	waschen	Wasch!		
	sein	Sei!	Seid!	Seien Sie!
	haben	Hab!		
trennbar	anziehen			Ziehen Sie an!

Aufgabe 22 Fordern Sie Herrn Atayev höflich auf, die Dinge selbstständig zu machen!

das Gesicht waschen   klares Wasser nehmen   kein Pflaster benutzen   die Schuhe ausziehen
die Haut beobachten   die Haare kämmen   die Hose anziehen

Waschen Sie doch bitte das Gesicht!

____

____

____

____

____

____

____

____

> **Tipp!**
> Bei **und/oder:**
> *zwei komplette Sätze* (beide mit Subjekt) = Komma kann sein, muss aber nicht
> *ein Satz (nur ein Subjekt)* = kein Komma

Konjunktionen Hauptsätze Teil I: und, oder, aber, denn

Konjunktionen verbinden ganze Sätze oder auch Satzteile. Sie enthalten Informationen.
Doppelte Satzteile kann man weglassen:
Herr Atayev schwitzt stark(,) und er hat eine Intertrigo.
Herr Atayev schwitzt stark und hat eine Intertrigo.

Konjunktionen Hauptsätze I: Beispiele			
	Hauptsatz	**Konjunktion: Position 0**	**Hauptsatz**
Aufzählung, Addition	Herr Atayev schwitzt stark(,)	*und*	(er) hat eine Intertrigo.
Alternative	„Sie können gerne bleiben,	*oder*	möchten Sie das nicht, Herr Atayev?"
Kontrast, Gegensatz	Cristina López wäscht Herrn Atayevs Rücken,	*aber*	das Gesicht wäscht er selbst.
Grund	Herr Atayev wohnt bei seiner Schwester,	*denn*	er ist alleinstehend(,) und (er) braucht oft Hilfe.

Welche Konjunktion passt?

Aufgabe 23

denn und aber oder

Können Sie mir beim Füße-Waschen helfen ______________ meine Beine eincremen?
Sollen wir heute die Nägel schneiden ______________ lieber morgen?
Normalerweise kann ich das selbst, ______________ heute brauche ich Hilfe.
Ich möchte meinen Oberkörper waschen, ______________ ich schwitze stark.

Verbinden Sie die Sätze mit einer passenden Konjunktion.

Aufgabe 24

Ich wasche am Morgen mein Gesicht. Ich wasche am Abend meine Füße.

____

Ich versorge die wunde Haut. Sie soll schnell heilen.

____

Ich soll 3 Minuten die Zähne putzen. Ich putze sie meistens 4 Minuten.

____

Schreiben Sie die Sätze in der richtigen Reihenfolge.

Aufgabe 25

Martin ist Pflegehelfer… – mit körperlicher Behinderung – für Jugendliche – **und** – Wohnheim – in einem – arbeitet – .

____

Sein Liebling ist der 10-jährige Elias, … lustig - und – ist – **denn** – lacht – viel – er – .

____

Martin möchte ihm wie immer beim Waschen helfen, … heute Morgen – hat – keine Lust – Elias – **aber** .

____

Martin sagt: „Komm jetzt bitte, … den ganzen Tag – **oder** – ich – warten – muss – ?"

____

2.6 Das Quiz – Kapitel 2

Beantworten Sie das Quiz zu Kapitel 2 alleine.
Vergleichen Sie dann mit einem Partner oder in der Gruppe!

Aufgabe 1 Nennen Sie fünf Körperteile mit Artikel und Pluralform!

Aufgabe 2 Was ist eine Intertrigo? Erklären Sie.

Aufgabe 3 Was kann man tun, wenn jemand eine Intertrigo hat? Und was kann man als Prophylaxe tun, damit man gar keine bekommt?

Aufgabe 4 Sie möchten einen Patienten nach seinen Bedürfnissen und Wünschen fragen. Formulieren Sie drei Fragen!

Aufgabe 5 Der Patient soll sich selbstständig waschen und anziehen. Formulieren Sie höflich im Imperativ!

3 Unterstützung beim Essen und Trinken

In diesem Kapitel geht es um:

Kompetenzfelder Pflege
- Unterstützung beim Essen und Trinken
- Hilfsmittel
- Exsikkose/Dehydratation
- Aspirationsprophylaxe
- Förderung der Autonomie

Wortschatz und Kommunikation
- Lebensmittel im Krankenhaus, Ernährung
- Vorlieben ausdrücken
- Individuelle Wünsche und Bedürfnisse der Pflegebedürftigen bei Lebensmitteln
- Körpergröße und Körpergewicht

Grammatik
- mögen, gefallen, „gern(e)"
- Personalpronomen im Akkusativ und Dativ

Aufgabe 1

Sehen Sie das Foto an und sprechen Sie!

Was sehen Sie auf dem Foto?
Was macht die Pflegehelferin / der Pflegebedürftige?
Helfen Sie oft beim Essen im Krankenhaus?
Was genau machen Sie? (Tabletts tragen, Essen austeilen, den Pflegebedürftigen helfen …)
Was essen oder trinken Sie (nicht) gerne?
Was essen und trinken Sie zum Frühstück/Mittagessen/Abendessen?

Tipp!
Da ist … / Das ist … / Ich sehe …
Die Pflegehelferin / Der Pflegebedürftige …
Ja, ich helfe immer/oft/manchmal beim Essen. Ich trage Tabletts …
Nein, ich habe noch nie beim Essen geholfen.
Ich esse/trinke (nicht) gerne …
Zum Frühstück esse ich …, und ich trinke …

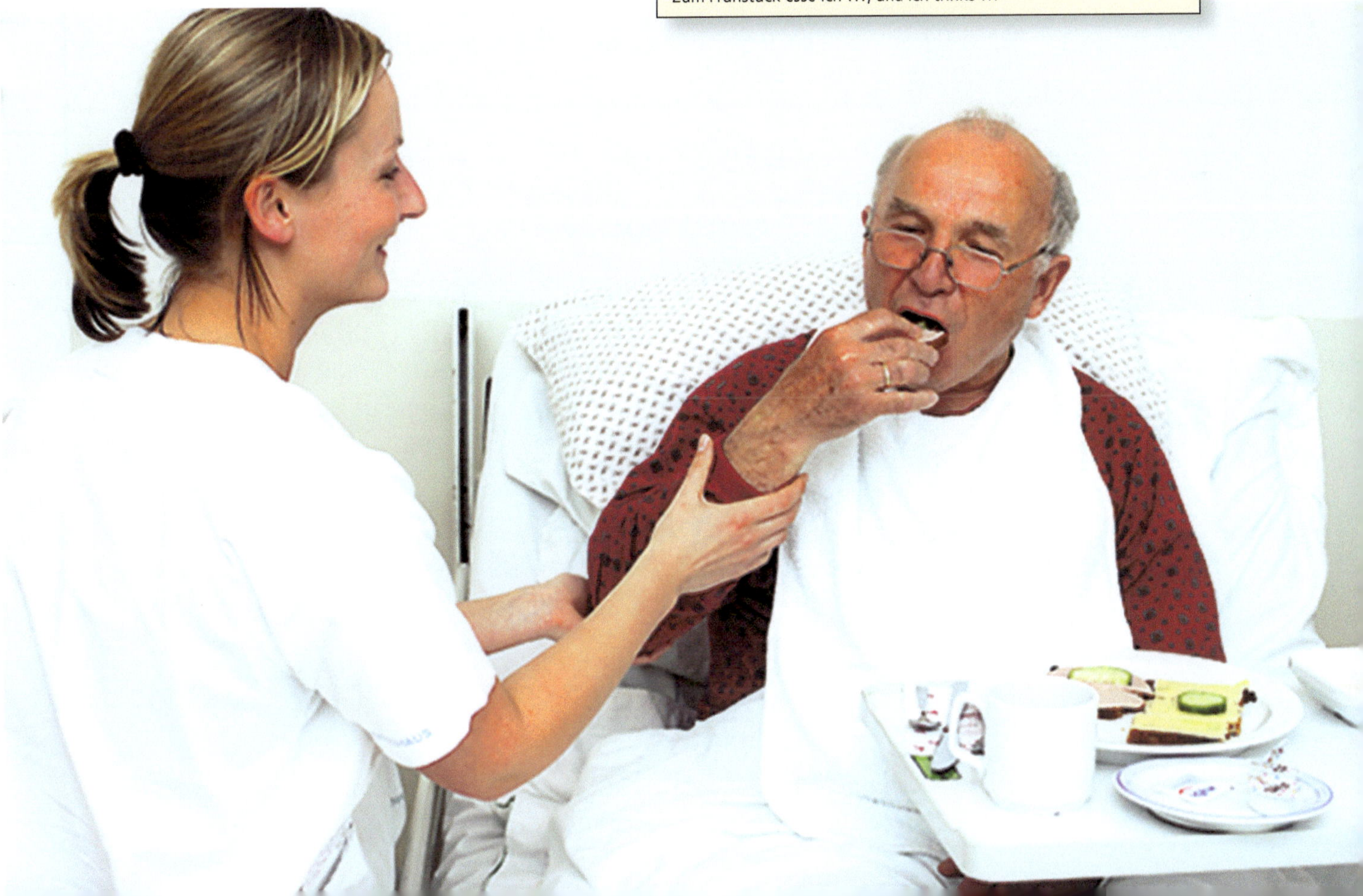

3.1 Wortschatz – Lebensmittel im Krankenhaus

Aufgabe 2 Ein Speiseplan im Krankenhaus. Welche Gerichte kennen Sie? Sprechen Sie mit Ihrem Partner.

Tipp!
Für „Essen" und „Trinken/Getränke" sagt man auch:
die Lebensmittel (PL.)
die Nahrung (SG.) / die Nahrungsmittel (PL.)
die Ernährung (SG.) / Verb: sich ernähren
medizinisch: die Kost (SG.)
Für fertig angerichtetes Essen:
die Speise / Speisen
das Gericht / Gerichte
die Mahlzeit / Mahlzeiten

Speiseplan Krankenhaus Brück – 42. Kalenderwoche

Bitte kreuzen Sie an: Möchten Sie Vollkost oder Schonkost?
Zu jeder Mahlzeit servieren wir eine Vorspeise und ein Dessert.

V = Vegetarisch; alle Gerichte sind ohne Schweinefleisch!

	V **Vorspeise**	**Vollkost** ☐	**Schonkost** ☐	*V* **Dessert**
Montag	Gemüsesuppe	*V* Nudeln mit Spinat und Mozzarella-Käse	Maultaschen mit Spinat-Hackfleisch-Füllung	Fruchtjoghurt
Dienstag	kleiner gemischter Salat	Putenschnitzel mit Reis und Paprika	*V* Gefüllte Paprika mit Reis	Rote Grütze
Mittwoch	Tomatensuppe	*V* Tofu-Bratwurst mit Pommes Frites	Geflügel-Bratwurst mit Kartoffel-Möhren-Brei	Obst
Donnerstag	Ofen-Kürbis	Bohneneintopf mit Rindfleisch	*V* Gemüseeintopf	Apfelmus
Freitag	Gurkensalat	Fischfilet mit Kartoffelpüree und Brokkoli	*V* Soja-Bratling mit Kartoffelpüree, Brokkoli	Fruchtquark
Samstag	Spargel-Suppe	*V* Blätterteigtasche mit Feta und Zucchini	Hühnerfrikassee mit Champignons und Reis	Birnenkompott
Sonntag	Auberginen-Röllchen	Rinderbraten mit Knödeln und Sauce	*V* Ofen-Kartoffel mit Kräuterquark	Vanille-Pudding

Wir wünschen einen guten Appetit!

Was möchten Sie gerne essen?

Aufgabe 3 Bilden Sie Gruppen. Kopieren Sie die Tabelle unten auf ein Flipchart-Papier. Ordnen Sie dann die Lebensmittel aus dem Speiseplan in die richtige Kategorie ein. Schreiben Sie auch Artikel und Plural.

das Obst (SG.) das Gemüse (SG.)	das Fleisch (SG.) der Fisch / Fische	das Milchprodukt / -produkte	die Beilage / Beilagen	das Dessert / Desserts die Süßigkeit / Süßigkeiten	sonstige Gerichte
die Tomate / Tomaten	das Rindfleisch (SG.)	der Joghurt / Joghurts	der Reis (SG.)	der Pudding / Puddings	der Eintopf / Eintöpfe

Welche anderen Lebensmittel kennen Sie? Ergänzen Sie die Tabelle.

Und welche Getränke gibt es? Erstellen Sie zusammen eine Mindmap an der Tafel.

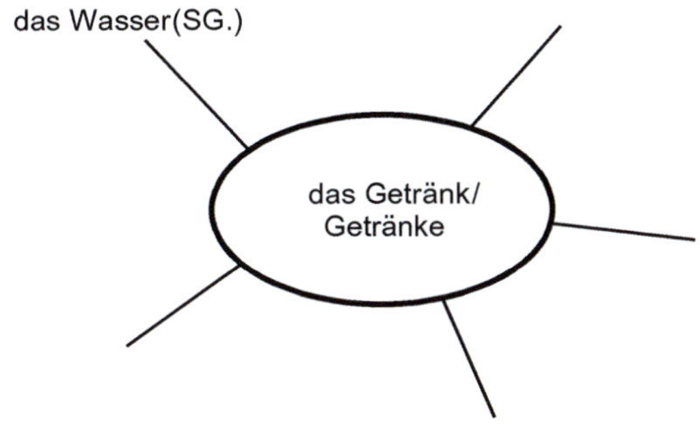

Haben Sie schon einmal ein „typisch deutsches" Gericht probiert? Erzählen Sie.

Aufgabe 4

REDEMITTEL

Ich habe schon einmal (Maultaschen) probiert. Das war (in Stuttgart).
Ich habe schon mal (Rote Grütze) gegessen! Und (Schwarzwälder Kirschtorte)! Lecker!
Ich esse sehr gerne (Currywurst. Die kommt aus Berlin.)
Ich habe noch nie ein typisch deutsches Gericht probiert.

Schauen Sie noch einmal den Speiseplan an. Die Pflegebedürftigen sollen das Hauptgericht wählen: Vollkost oder Schonkost? Hören Sie dazu ein Gespräch zwischen Cristina López und Herrn Atayev. Welches Wort passt wo?

Aufgabe 5

Hörtext 3.1

abnehmen Gewicht Vollkost Reduktionskost verdauen Magen-Probleme

1. Herr Atayev hat keine ______________ und kann wählen: Vollkost oder Schonkost?
2. Schonkost ist leicht und fettarm. Man kann sie gut ______________.
3. ______________ bedeutet, man darf alles essen.
4. Herr Atayev möchte ______________.
5. Cristina López empfiehlt ______________, denn sie hat wenig Kalorien.
6. Mit Reduktionskost kann man ______________ verlieren.

Aufgabe 6 Sehen Sie das Schaubild „Ernährungslehre" an. Was ist gesunde Ernährung? Lesen Sie die Tipps, und ergänzen Sie die passenden Lebensmittel in der Tabelle unten.

Tipp!
Goethe-Institut ***Deutschlandlabor*: „Bio"(-Lebensmittel)**
www.goethe.de/de/spr/ueb/dlb/bio.html

Für eine **gesunde Ernährung** sollte man **sich ausgewogen ernähren**.

Ausgewogen bedeutet: Man sollte nicht immer dasselbe essen. Besser sind verschiedene Produkte.

7. Getränke	Trinken Sie viel Wasser und Tee ohne Zucker! Sie sollten mindestens 1,5 bis 2 Liter pro Tag trinken.
	Essen Sie viel Gemüse und Obst. Am besten sind 3 Portionen Gemüse und 2 Portionen Obst pro Tag!
	Tierische Produkte sollte man nicht jeden Tag essen. Einmal oder zweimal pro Woche Fleisch, Wurst oder Fisch ist genug! Außerdem empfiehlt man 3 bis 4 Eier wöchentlich.
	Kohlenhydrate sind auch wichtig, aber eine Portion Reis, Nudeln oder Kartoffeln pro Tag ist genug (+ ca. 4 Scheiben Brot). Wählen Sie Vollkorn-Produkte!
	Man sollte nur sehr wenig Öl und Fett essen. Nehmen Sie besser pflanzliche Fette (Margarine, Soja-Öl) und keine tierischen (Butter, Schmalz).
	Essen Sie jeden Tag Käse oder Joghurt, oder trinken Sie Milch. Jeden Tag ein bisschen ist am gesündesten!

3.2 Pflegesituation – Unterstützung beim Essen und Trinken

Vokabular zum Text

an der Bettkante sitzen

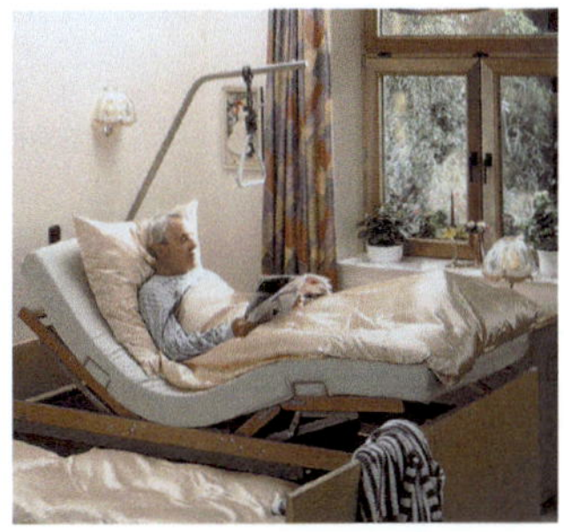

das Kopfteil vom Bett hochstellen

das Besteck (SG.) =
die Gabel / Gabeln,
der Löffel / Löffel,
das Messer / Messer

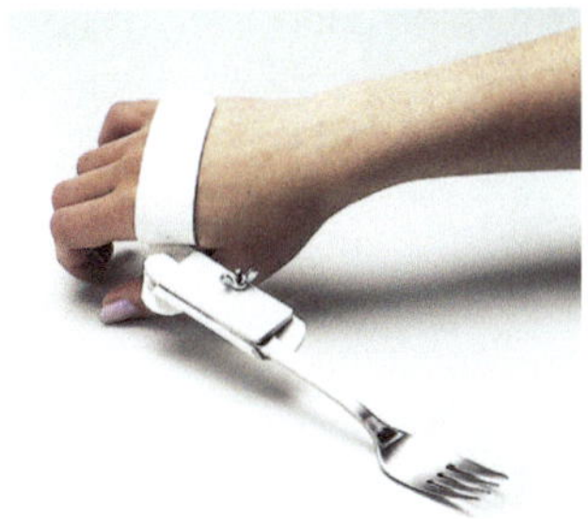

der Besteckhalter / -halter

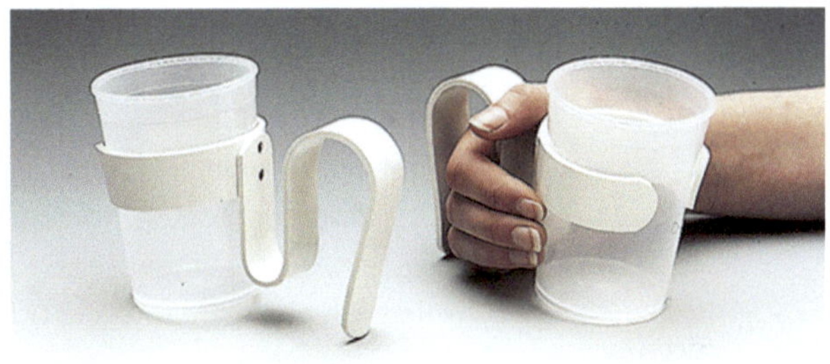

der Trinkbecher / -becher mit Handgriff

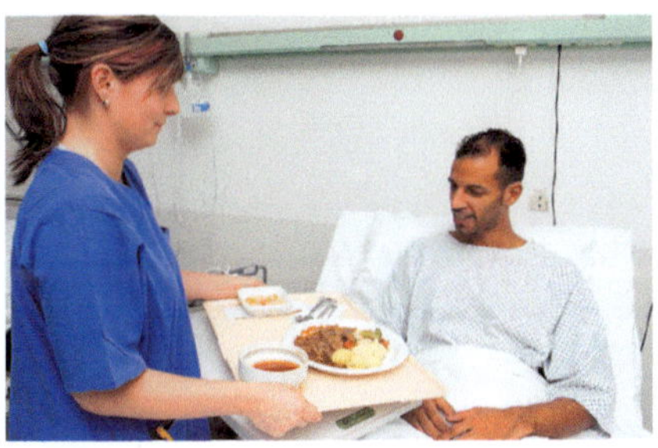

das Essenstablett / -tabletts austeilen

appetitlich angerichtet

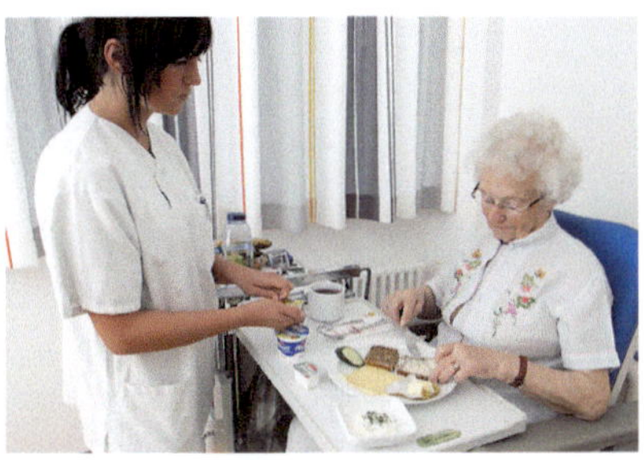

die Unterstützung (SG.) / jemanden unterstützen

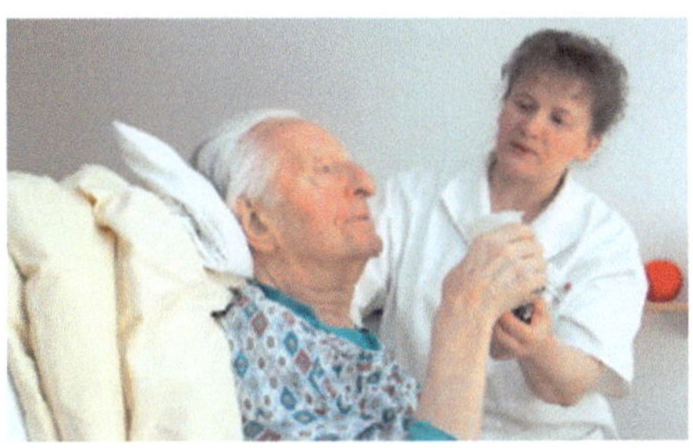

den Arm halten

etwas alleine zum Mund führen/bringen

Aufgabe 7 Lesen Sie den Text.

Das Auge isst mit!

Es ist 12.00 Uhr – Zeit für das Mittagessen im Krankenhaus. Cristina López soll die Essenstabletts austeilen. Diese Arbeit gefällt ihr sehr. Auf jedem Tablett steht der Name von einem Pflegebedürftigen. Sie nimmt das Tablett für Herrn Atayev und klopft an seine Tür. Sie geht rein und stellt es auf den Tisch.

Herr Atayev sitzt auf dem Bett. Christina hilft ihm beim Anziehen und beim Gehen. Er setzt sich und dankt ihr. Dann beginnt er mit dem Essen. Cristina sagt: „Ich wünsche Ihnen einen guten Appetit!"

Im Bett neben Herrn Atayev liegt Herr Schmitz. Herr Schmitz muss im Bett bleiben und darf nicht aufstehen. Er braucht auch Hilfe beim Essen und Trinken.

Cristina bringt ihm sein Tablett. Sie fragt ihn: „Haben Sie Hunger?", und Herr Schmitz nickt. Cristina stellt das Kopfteil vom Bett hoch. Und sie legt ein Kissen hinter seinen Rücken, dann kann Herr Schmitz gerade sitzen. Cristina sitzt an der Bettkante. Jetzt gibt sie ihm einen Löffel mit Essen und hält seinen Arm. So kann er das Besteck oder eine Tasse alleine zum Mund führen, das weiß Cristina von ihren Kollegen.

Herr Schmitz kann nicht gut greifen*, also benutzt er einen Besteckhalter und einen Trinkbecher mit Handgriff für das Getränk. Er hat auch Probleme mit dem Schlucken. Cristinas Praxisanleiterin hat gesagt, sie soll auf die Aspirationsprophylaxe** achten. Cristina schneidet also das Fleisch und die Kartoffeln klein. Herr Schmitz kann die sehr kleinen Stücke dann gut essen. Es schmeckt ihm.

In diesem Moment ruft Herr Atayev: „Frau López, das Dessert sieht heut nicht sehr lecker aus! Können Sie es mir bitte appetitlich anrichten? Das Auge isst mit!" Cristina wundert sich. Sie versteht nicht, was er meint.

* greifen = etwas anfassen / in die Hand nehmen

** die Aspirationsprophylaxe = Man muss gut aufpassen: Essen und Trinken dürfen nicht in die Luftröhre kommen!

Aufgabe 8 Richtig oder falsch? Kreuzen Sie an, und schreiben Sie.

	richtig	falsch
Herr Atayev braucht Hilfe beim Essen und Trinken.	☐	☐
Cristina López legt ein Kissen hinter das Kopfteil. So kann Herr Schmitz gerade sitzen.	☐	☐
Herr Atayev beschwert sich. Das Essen sieht nicht appetitlich aus.	☐	☐

Was macht Cristina Lopez, um auf die Aspirationsprophylaxe zu achten?
Lesen Sie im Text nach, und notieren Sie hier Ihre Ergebnisse.

Sie

Vokabular zum Dialog

Welches Wort passt? Ordnen Sie zu.

Aufgabe 9

appetitlich anrichten   die Exsikkose   der Durchfall   die Kopfschmerzen   das Mineralwasser   dehydriert

______________________________: Schmerzen im oder am Kopf

______________________________: Das passiert mit dem Körper, wenn Flüssigkeit fehlt. Er ist …

______________________________: Machen, dass etwas lecker aussieht.

______________________________: Das hat man (vielleicht), wenn man sehr oft auf die Toilette gehen muss.

______________________________: Getränk mit oder ohne Kohlensäure

______________________________: Situation, wenn der Körper viel Flüssigkeit verloren hat (zum Beispiel nach Durchfall).

Welches Wort passt? Streichen Sie das falsche Wort durch.

Aufgabe 10

eiweißreich – fettarm: wenig Fett und deshalb weniger Kalorien

Durst – Hunger: Man möchte dringend etwas trinken. Man hat …

mindestens – höchstens: Man sollte *ein Minimum* von 1,5 Litern pro Tag trinken.

das Getränk – die Mahlzeit: Das braucht man, wenn man Durst hat.

Hören Sie den Dialog, und lesen Sie den Text.

Aufgabe 11

Das Auge isst mit – Fortsetzung

Hörtext 3.2

Herr Atayev: „Schauen Sie mal das Dessert hier! Was ist das? Es sieht unappetitlich aus!"

Cristina López: „Das ist Rote Grütze, Herr Atayev, eine Mischung aus Fruchtsaft und roten Früchten, zum Beispiel Kirschen, Erdbeeren, Johannisbeeren. Es schmeckt sehr lecker, besonders mit der fettarmen Vanillesoße hier! Probieren Sie mal!
Aber eine Frage. Was bedeutet: Das Auge isst mit?"

Herr Atayev: „Na, das Essen soll auch lecker aussehen! Dann schmeckt es mir direkt besser."

Cristina López: „Ach so, jetzt verstehe ich. Das stimmt. Wir versuchen immer, das Essen appetitlich anzurichten.
Sie haben ja noch gar nichts getrunken! Haben Sie keinen Durst?"

Herr Atayev: „Nein, ich trinke nicht so viel."

Cristina López: „Oh, das ist aber sehr wichtig für Sie! Sie sollten pro Tag mindestens 1,5 bis 2 Liter Wasser oder Tee trinken. Wenn nicht, können Sie eine Exsikkose bekommen!"

Herr Atayev: „Was ist das denn?"

Cristina López: „Bei einer Exsikkose trocknet der Körper aus. Das passiert, wenn Sie nicht genug trinken, also dehydriert sind. Oder wenn Sie Durchfall haben. Sind Sie oft müde, haben Kopfschmerzen und trockene Haut?"

Herr Atayev: „Ja."

Cristina López: „Dann müssen Sie unbedingt mehr trinken! Ich hole gleich mal ein Getränk. Was mögen Sie lieber: Wasser oder Tee?"

Herr Atayev: „Ich mag keinen Tee. Aber Wasser trinke ich gerne. Am liebsten Mineralwasser!"

Cristina López: „In Ordnung! Ich stelle jetzt immer eine Flasche Wasser neben Ihr Bett."

Herr Atayev: „Ok, vielen Dank, Frau López. Ich trinke gleich mal ein Glas."

Aufgabe 12 Was ist eine Exsikkose oder Dehydratation? Setzen Sie die Wörter ein.

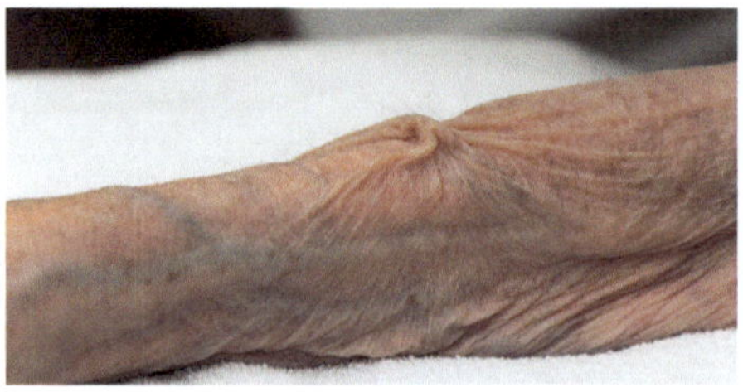

~~Flüssigkeit~~ trockene dehydriert Getränke Durst ältere

Exsikkose bedeutet Austrocknung. Das heißt, im Körper ist zu wenig *Flüssigkeit*. Der Körper ist ______________ . Das kann zum Beispiel passieren, wenn Menschen Durchfall haben oder sich oft übergeben*. Für ______________ und pflegebedürftige Menschen ist das besonders gefährlich, weil sie oft zu wenig trinken und essen. Manchmal können sich ältere Menschen auch nicht mehr gut bewegen. Sie haben dann oft keinen ______________ . Aber genug trinken ist sehr wichtig! Man kann eine Exsikkose durch eine ______________ Haut erkennen. Oft sind dehydrierte Menschen schwach und motivationslos. Es ist also sehr wichtig, dass man gefährdeten Menschen** immer ______________ anbietet, zum Beispiel Wasser, Tee oder Säfte. Aber auch kleine Kinder können schnell dehydrieren, wenn sie viel erbrechen* oder Durchfall haben.

* sich übergeben / erbrechen: Essen im Magen durch den Mund wieder ausspucken; man leidet an Übelkeit.

** gefährdete Menschen: Diese Menschen sind in Gefahr; für sie ist etwas gefährlich.

Aufgabe 13 Exsikkose: Welche Menschen sind besonders gefährdet? Notieren Sie.

ältere Menschen Cristina López junge Menschen pflegebedürftige Menschen kranke Menschen Herr Atayev Kleinkinder Studenten

____

____

Aufgabe 14 Die Pflegebedürftigen sollen keine Exsikkose bekommen. Was können Sie als Pflegehelfer machen? Notieren Sie.

Ich kann …

____

____

____

____

3.3 Kommunikation – Vorlieben und Wünsche bei Lebensmitteln

Vorlieben bei Lebensmitteln ausdrücken

Aufgabe 15

„Man hat eine Vorliebe für etwas" bedeutet: Man mag etwas (gerne); man findet etwas lecker; etwas schmeckt gut. Aber wie kann man das ausdrücken? Lesen Sie die folgenden Fragen.

> **Tipp!**
> (➢ 3.5 Grammatik)
> \+ gerne
> ++ lieber
> +++ am liebsten

Was ist Ihr / dein Lieblingsessen/Lieblingsgetränk?

___

Finden Sie / Findest du Fisch lecker?

___

Essen Sie / Isst du gerne Gemüse?

___

Trinken Sie / Trinkst du gerne Mineralwasser?

___

Mögen Sie / Magst du deutsches Essen?

___

Schmeckt Ihnen / dir das Essen im Krankenhaus?

___

Was mögen Sie / magst du lieber: Kaffee oder Tee?

___

Was essen Sie / isst du am liebsten zum Frühstück/Mittagessen/Abendessen?

___

Schreiben Sie jetzt Antworten unter die Fragen oben.

Zum Beispiel:

- *Trinkst du gerne Mineralwasser?*
- ▶ *Ja, ich trinke gerne Mineralwasser. / Nein, ich trinke nicht gerne …*
- *Was mögen Sie lieber: Kaffee oder Tee?*
- ▶ *Ich mag lieber Kaffee (als Tee).*

Machen Sie nun einen Klassenspaziergang. Gehen Sie durch den Raum, und sprechen Sie mit verschiedenen Partnern. Stellen Sie pro Partner 1 bis 2 Fragen.

Variante: Stellen Sie die Fragen mit anderen Nomen.

- *Trinken Sie (gerne) Alkohol?*
- *Was magst du lieber: Weißbrot oder Schwarzbrot?*

Aufgabe 16 Was macht Ihr Partner gerne, was nicht so gerne? Vermuten Sie. Machen Sie Kreuze in der Tabelle.

„(Nicht) gern(e)“ kann man auch mit anderen Verben kombinieren. So signalisiert man, dass man eine Aktivität (nicht) gut findet. (➤ 3.5 Grammatik)

	sehr gerne	gerne	nicht so gerne	nicht gerne	gar nicht gerne
Essen austeilen					
Pflegebedürftige waschen					
Deutsch lernen					
Verbände wechseln				X	
Pause machen					
mit Kollegen plaudern					

Sprechen Sie mit Ihrem Partner. Erzählen Sie ihm, was Sie vermuten. Ihr Partner antwortet.

Zum Beispiel:

- *Ich glaube/denke/vermute, du wechselst nicht so gerne Verbände.*
- ▸ *Ja, du hast recht. Ich wechsele nicht so gern Verbände.*
- ▸ *Nein, das stimmt nicht. Ich wechsele gern Verbände.*

Individuelle Wünsche und Bedürfnisse bei Lebensmitteln

Aufgabe 17 Ernährung und Körpergewicht. Hören Sie ein Gespräch zwischen Pflegehelfer und neuem Pflegebedürftigen. Ergänzen Sie die fehlenden Informationen. Hören Sie zweimal.

Hörtext 3.3

Tipp!
der BMI (Body-Mass-Index): Berechnung, ob man Unter-, Über- oder Normalgewicht hat; Körpergewicht in Kilogramm geteilt durch Körpergröße zum Quadrat (hier $90 : 1{,}65^2 = 33{,}08$)

Pflegehelfer: „Willkommen, mein Name ist Mathias Tischler. Ich zeige Ihnen gleich Ihr Zimmer. Aber zuerst brauche ich noch ein paar Informationen über Ihre Größe, Ihr Gewicht und Ihre Ernährung.
Wie groß sind Sie? Und wie viel wiegen Sie?“

Pflegebedürftiger: „Ich bin ______ Meter groß. Und ich wiege ungefähr ______ Kilogramm.“

Pflegehelfer: „Und wie alt sind Sie?“

Pflegebedürftiger: „Ich bin ______ Jahre alt.“

Pflegehelfer: „Moment … Das heißt, Sie haben einen BMI von ______.
Sie haben ______. Wir müssen Ihr Gewicht kontrollieren und in einer Akte dokumentieren. Essen und trinken Sie regelmäßig?

Pflegebedürftiger: „Ja.“

Pflegehelfer: „Wie viele Mahlzeiten essen Sie pro Tag? Und wie viel trinken Sie?“

Pflegebedürftiger: „Ich esse regelmäßig, meistens ______ Mahlzeiten pro Tag. Aber Trinken mag ich nicht so gerne. Ich trinke nur circa ______ Gläser.“

Pflegehelfer: „Hm, das sind zu viele Mahlzeiten und zu wenig Flüssigkeit …
Haben Sie Lebensmittel-Allergien oder Unverträglichkeiten?“

Pflegebedürftiger: „Ja, ich habe einige Allergien! Ich bin allergisch gegen ______, Soja und ______. Aber sonst vertrage ich alles.“

Pflegehelfer: „Und gibt es andere Nahrungsmittel, die Sie nicht essen dürfen oder möchten?“

Pflegebedürftiger: „Ja. Ich bin Muslim und esse aus religiösen Gründen kein ______.“

Pflegehelfer: „In Ordnung, ich habe alles notiert. Ihr Ernährungsverhalten ist leider nicht optimal, das sollten wir beobachten. Ich empfehle Ihnen ______. Sie sollten Diät halten und Ihr Gewicht reduzieren.
Brauchen Sie Unterstützung beim Essen?“

Pflegebedürftiger: „Nein, vielen Dank, das kann ich alleine.“

Aufgabe 18

Markieren Sie die Fragen.

Arbeiten Sie jetzt mit einem Partner. Wählen Sie eine Person (A–D), und schreiben Sie ein neues Gespräch. Benutzen Sie die markierten Fragen aus Aufgabe 17.

A) 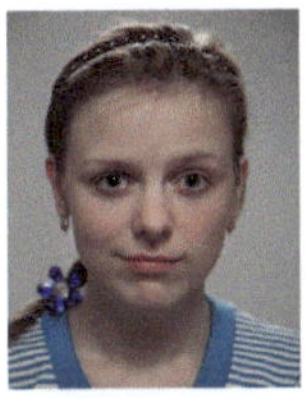

Maria

12 Jahre alt – 1,52 Meter – 48 Kilo – Normalgewicht – isst 5 Mahlzeiten pro Tag – trinkt 2 Liter – hat Laktoseintoleranz, darf keine Milchprodukte essen – hat rechten Arm gebrochen, braucht Unterstützung beim Essen

B) 

Herr Kim

82 Jahre alt – 1,85 Meter – 108 Kilo – leichtes Übergewicht, Gewicht muss kontrolliert und dokumentiert werden – isst 3 Mahlzeiten pro Tag vom Pflegedienst – trinkt 1,5 Liter – Gluten-Unverträglichkeit, darf keine Weizenprodukte essen – verträgt keine Zwiebeln, Knoblauch – Reduktionskost, soll Diät halten – wenig mobil, braucht viel Unterstützung

C) 

Frau Bergmann und Tom

5 Monate – 60 Zentimeter – 5,8 Kilo – starkes Untergewicht, Gewicht muss kontrolliert und dokumentiert werden – Säugling will nicht trinken, geht nur ca. 5 Mal am Tag kurz an die Brust, nimmt kein Fläschchen – es sind keine Allergien oder Unverträglichkeiten bekannt – jüdische Familie, Mutter möchte aus religiösen Gründen koschere Kost (wenn möglich)

D) 

Herr Steiniger

19 Jahre – 1,81 Meter – 63 Kilo – Normalgewicht, Tendenz zu Untergewicht – isst 2 Mahlzeiten pro Tag – trinkt 4 Liter – keine Allergien – Veganer, isst keine tierischen Produkte – verträgt alles, aber mag keine Pilze, Auberginen, Tomaten – hatte Magen-Operation, bekommt einige Tage Schonkost – dann Vollkost, soll zunehmen

Spielen Sie dann das Gespräch vor einem anderen Paar oder vor der Klasse. Eine Person ist Pflegehelfer/in, die andere Person ist Pflegebedürftige/r.

Aufgabe 19

Sie sollen dem Arzt etwas über die Ernährung von einem Pflegebedürftigen berichten. Wählen Sie eine neue Person (A–D) aus Aufgabe 18, und suchen Sie einen neuen Partner. Spielen Sie den Dialog. Ihr Partner ist der Arzt.

Arzt: „Was können Sie mir über die Ernährung von *(Herrn Steiniger)* berichten?"

Pflegehelfer: „*(Herr Steiniger)* ist *(19)* Jahre alt. Er ist *(1,81 Meter)* groß und …"

3.4 Lernen durch Ankreuzen – Aspirationsprophylaxe

Aufgabe 20 Richtig oder falsch? Kreuzen Sie an.

1. Bei einer Aspirationsprophylaxe soll kein Essen und Trinken in die Speiseröhre kommen.
   - ☐ a) richtig
   - ☐ b) falsch

2. Bei einer Aspirationsprophylaxe soll kein Essen und Trinken in die Luftröhre kommen.
   - ☐ a) richtig
   - ☐ b) falsch

3. Viele Pflegebedürftige haben Probleme beim Schlucken. Sie können vielleicht beim Essen oder Trinken ersticken (= sterben).
   - ☐ a) richtig
   - ☐ b) falsch

4. Bei einer Aspirationsprophylaxe soll der Pflegebedürftige im Liegen essen und trinken.
   - ☐ a) richtig
   - ☐ b) falsch

5. Nach dem Essen können noch Reste im Mund sein. Für die Aspirationsprophylaxe ist das aber nicht wichtig.
   - ☐ a) richtig
   - ☐ b) falsch

3.5 Grammatik – *mögen, gefallen,* „gern(e)"; Personalpronomen im Akkusativ und Dativ

***mögen, gefallen,* „gern(e)"**

Man findet etwas oder jemanden (nicht) gut. Was kann man sagen?

1. **mögen** + Person/Sache im Akkusativ
   Beispiel: *Ich mag dich. / Ich mag keinen Tee.*
2. **gefallen** + Person im Dativ
   Beispiel: *Das Krankenhaus gefällt dem Mädchen. / Das Dessert gefällt mir nicht.*
3. Verb + **„gern(e)"**
   Beispiel: *Ich esse gern Salat. / Ich trinke nicht gerne Wasser.*

mögen

Aufgabe 21

Verbinden Sie die Satzteile.

Mit „(nicht) mögen" sagt man,	das kann eine Person oder eine Sache sein.
Meistens folgt ein Objekt im Akkusativ,	mit einem Infinitiv als Nomen: *Ich mag Lesen/Reisen/...*
Manchmal kombiniert man *mögen* auch	dass man etwas gut oder nicht gut findet.

Tipp!
***mögen* kann man auch mit „gern(e)" kombinieren:**
Ich mag den neuen Chef gern. / Ich mag nicht so gerne Fleisch.

Das Verb *mögen* hat eine spezielle Konjugation:

mögen			
ich	mag	wir	mögen
du	magst	ihr	mögt
er/sie/es	mag	sie/Sie	mögen

Aufgabe 22

Ergänzen Sie die Formen aus der Tabelle. Was passt wo?

1. Herr Atayev ______________ keinen Tee.
2. Wir ______________ unseren neuen Lehrer.
3. ______________ du gern Bücher?
4. Cristina und Reza ______________ ihre Kollegen sehr gerne.
5. Ich ______________ kein schlechtes Wetter!
6. ______________ ihr die Arbeit im Krankenhaus?

gefallen

Aufgabe 23

Sehen Sie das Beispiel an. Ergänzen Sie dann die Wörter.

Der Krankenpfleger mag seinen Job.
↓ (Subjekt Nominativ) ↓ (Akkusativ-Objekt)

Der Job gefällt dem Krankenpfleger.
↓ (Subjekt Nominativ) ↓ (Dativ-Objekt)

Nominativ Akkusativ Dativ

> **Tipp!**
> **auch so: *schmecken*** (= Essen/Trinken gut finden)
> *Das Mittagessen schmeckt der Ärztin. / Die Kekse schmecken dem Mädchen.*

Mögen und *gefallen* haben eine ähnliche Bedeutung. Aber:

- **mögen**: Die aktive Person ist das Subjekt im Nominativ. Es gibt auch ein (direktes) Objekt im _______________ (Gegenstand, andere Person).

  Der Pfleger mag den Pausenraum.

  Die Pflegerin mag die Kollegen.
- **gefallen**: Hier ist die aktive Person das (indirekte) Objekt im _______________! Der Gegenstand oder die Person, die man gut findet, ist das Subjekt im _______________.

  Meistens benutzt man nur die 3. Person Singular und die 3. Person Plural.

  Zum Beispiel:

  Der Pausenraum gefällt dem Pfleger.

  Die Kollegen gefallen der Pflegerin.

Aufgabe 24

Gefällt/gefallen und *schmeckt/schmecken*. Schreiben Sie in der richtigen Form.

Das Dessert _______________ den Pflegebedürftigen heute nicht so gut. Es ist zu süß.

Die Blumen im Pausenraum _______________ mir sehr gut! Und dir?

Die Arbeit _______________ ihr, weil sie interessant ist.

Die Nudeln _______________ dem Kind nur mit viel Ketchup.

Aufgabe 25

> **Tipp!**
> ***gefallen/schmecken* kann man mit „(sehr / nicht so / gar nicht) gut" kombinieren:**
> + Der Speiseplan gefällt der Mitarbeiterin (sehr) gut.
> – Die Frikadellen schmecken dem Gast nicht (so) / gar nicht gut.
> → „(nicht) gut" steht nach dem Dativ-Objekt.
> **„gut" kann man auch steigern:** (➤ 8.5 Grammatik)
> + Die Arbeit gefällt mir **gut**. *(Grundform)*
> ++ Aber die Pause gefällt mir **besser** (als die Arbeit). *(Komparativ)*
> +++ Und **am besten** gefallen mir die Ferien. *(Superlativ)*

Was gefällt Ihnen (nicht) gut? Was mögen Sie (nicht) gerne? Suchen Sie einen Partner, und schreiben Sie mindestens sechs Fragen mit den Redemitteln.

Zum Beispiel:

- *Schmeckt Ihnen das Essen in der Kantine?*
- *Gefällt dir Berlin?*
- *Magst du Deutsch?*
- *Was gefällt Ihnen besser: Regen oder Schnee?*

die Arbeit im Krankenhaus   Regen/Sonne/Schnee   Ihre Kollegen   Gemüse/Obst/Fleisch   das Essen in der Kantine / das Essen zu Hause   Deutsch   Berlin/Köln/Hamburg   (...)

Tauschen Sie dann Ihre Fragen mit einem anderen Paar. Beantworten Sie die „neuen" Fragen mit Ihrem Partner.

Zum Beispiel:

- *Gefällt dir Berlin?*
- ▸ *Berlin gefällt mir gut. Die Stadt ist sehr international! Aber Köln gefällt mir noch besser!"*
- *Was gefällt Ihnen besser: Regen oder Schnee?*
- ▸ *Schnee gefällt mir besser als Regen. Aber am besten gefällt mir Sonne!*

„gern(e)"

Sie tun etwas mit Freude/Spaß? Hier benutzt man oft ein Verb + „(sehr) gerne".
Wenn etwas wenig oder keinen Spaß macht, sagt man ein Verb + „nicht (so) gerne / gar nicht gerne".
Zum Beispiel:

- *Ich esse* **sehr gerne** *Reis mit Gemüse.*
- *Essen Sie* **gern** *Fisch?*
- *Ich trinke* **nicht so gern** *Eistee.*
- *Merve kauft* **nicht** *gerne im Bio-Supermarkt ein.*
- *Ich putze* **gar/überhaupt nicht gern**.

„gern(e)" folgt meistens direkt nach dem Verb.
gern oder gerne? Das ist egal.

Aufgabe 26

Tipp!
„gern(e)" kann man auch steigern: (➤ 8.5 Grammatik)
\+ Ich esse **gerne** Tomaten. ***(Grundform)***
++ Aber ich esse **lieber** Gurken (als Tomaten). ***(Komparativ)***
+++ Und **am liebsten** esse ich Paprika. ***(Superlativ)***

Was essen/machen Sie gerne, was nicht? Benutzen Sie die Redemittel.

Ich trinke ________________ Kaffee (mit Milch/Zucker).
Ich esse ________________ Kartoffeln mit Gemüse.
Ich treibe ________________ Sport, weil ...
Ich gehe ________________ im Park spazieren, wenn ...
Ich arbeite ________________ im Team, weil ...
Ich kümmere mich ________________ um Babys und Kleinkinder.

Sie essen/machen etwas (gar) nicht gern? Was essen/machen Sie lieber? Sprechen Sie mit einem Partner.

Zum Beispiel:

- *Ich trinke nicht so gerne Kaffee. Ich trinke lieber Tee. Und am liebsten trinke ich Wasser.*
- *Ich gehe nicht gerne im Park spazieren, wenn es regnet. Am liebsten gehe ich spazieren, wenn die Sonne scheint.*

Aufgabe 27

Umformulieren: Schreiben Sie Sätze anders.

Nudeln schmecken mir besser als Reis. (essen - lieber)
Ich esse lieber Nudeln als Reis.
Ich mag meine Kollegen sehr gerne. (gefallen – sehr gut)

____

Teamarbeit gefällt mir. (im Team arbeiten – gerne)

____

Was schmeckt dir am besten: Schokolade, Kuchen oder Eis? (mögen – am liebsten)

____

Personalpronomen Akkusativ und Dativ

Personalpronomen benutzt man, wenn man ein Nomen oder einen Namen (hier: das Bezugswort) nicht wiederholen möchte:
„Da ist Mourad, mein Nachbar! **Er** kommt aus Marokko. Ich sehe **ihn** fast jeden Tag und spreche mit **ihm**."
Genau wie Nomen haben auch Pronomen immer einen Numerus (Singular, Plural), ein Genus (maskulin, feminin, neutral) und einen Kasus (Nominativ, Akkusativ, Dativ).

Singular			**Plural**		
Nom.	**Akk.**	**Dat.**	**Nom.**	**Akk.**	**Dat.**
ich	mich	mir	wir	uns	uns
du	dich	dir	ihr	euch	euch
Sie	Sie	Ihnen	Sie	Sie	Ihnen
er	ihn	ihm	sie	sie	ihnen
sie	sie	ihr			
es	es	ihm			

Verwechslungsgefahr

Diese Formen sind sehr ähnlich und werden oft verwechselt:
- **sie/sie/ihr**: 3. Person SG. feminin
  sie/sie/ihnen: 3. Person PL.
  Sie/Sie/Ihnen: formelle Anrede SG./PL.
- **ihr**: informelle Anrede 2. Person PL. Nominativ
  ihr: 3. Person SG. feminin Dativ
  ihr-/Ihr-: Possessivpronomen! 3. Person SG. feminin (Das sind Maria und *ihr Mann* José.) und formelle Anrede SG./PL. (Ist das *Ihr Hund*?)

Aus der Situation oder dem Kontext ist klar, wer/was gemeint ist.
Zum Beispiel:
- *Hallo Frau Yildiz! Schön,* ***Sie*** *zu sehen! Wie geht es* ***Ihnen****?*
- *Annika hat eine neue Stelle. Die Arbeit gefällt* ***ihr*** *gut.*
- *Schatz, die Kinder sind krank! Hilf* ***ihnen*** *beim Anziehen bitte, und bring* ***sie*** *dann zum Arzt!*
- *Kinder, könnt* ***ihr*** *alleine aufstehen?*

Aufgabe 28 Lesen Sie den Text in Aufgabe 7 noch einmal („Das Auge isst mit"). Markieren Sie alle Personalpronomen. Unterstreichen Sie auch das Bezugswort (das Nomen / den Namen), das sie ersetzen.

Zum Beispiel:
Es ist 12.00 Uhr – Zeit für das Mittagessen im Krankenhaus. Cristina López soll die Essenstabletts austeilen. Diese Arbeit gefällt ihr sehr. …

Aufgabe 29 Was passt? Verbinden Sie.

1 Wie geht es Ihnen heute?
2 Herr Atayev findet, das Dessert sieht nicht lecker aus.
3 Herr Schmitz kann das Essen allein zum Mund führen.
4 Sie sollten etwas Gewicht verlieren.
5 Schonkost ist leicht und fettarm.
6 Wenn Sie abnehmen möchten,

a dann empfehle ich Ihnen Reduktionskost.
b Man kann sie gut verdauen.
c Reduktionskost ist eine gute Idee für Sie.
d Danke, es geht mir gut.
e Cristina soll es ihm appetitlich anrichten.
f Cristina gibt Herrn Schmitz einen Löffel und hält ihm den Arm.

Lesen Sie die Regeln:

Verben mit zwei Objekten: Position im Satz

Einige Verben brauchen zwei Objekte, z. B. *bringen, geben, holen …*
Bei zwei Objekten steht die **Person** immer im **Dativ**, der **Gegenstand** im **Akkusativ**.

a) Beide Objekte sind **Nomen** → zuerst steht der Dativ (Person), dann der Akkusativ (Gegenstand): *Cristina gibt* **dem** *Kind* **einen** *Apfel.*
b) Die Objekte sind ein **Nomen** und ein **Pronomen** → das Pronomen steht vor dem Nomen: *Cristina gibt* **ihm einen** *Apfel. / Cristina gibt* **ihn dem** *Kind.*
c) Beide Objekte sind **Pronomen** → zuerst steht der Akkusativ (Gegenstand), dann der Dativ (Person): *Cristina gibt* **ihn ihm**.

Finden Sie ein Beispiel für jede Regel in den Sätzen oben.

Regel a) → *Beispiel 3f*
Regel b) → ______________________
Regel c) → ______________________

Trainieren Sie jetzt die Formen. Suchen Sie einen Partner, und nehmen Sie einen Würfel. Würfeln Sie zweimal. Beim ersten Mal würfeln Sie einen Satz, beim zweiten Mal würfeln Sie ein Pronomen. Sagen Sie es in der richtigen Form (Akk./Dat.). Der Partner kontrolliert. **Aufgabe 30**

1	Ich wünsche ______ (Dat.) einen schönen Tag!
2	Hier habe ich das Mittagessen für ______ (Akk.).
3	Der Pfleger hilft ______ (Dat.) beim Essen.
4	Ich kümmere mich gerne um ______ (Akk.).
5	Wie geht es ______ (Dat.) heute?
6	Der Arzt hat ______ (Dat.) empfohlen, abzunehmen.

1	ich
2	du
3	er oder sie
4	wir
5	ihr
6	sie oder Sie

Welches Pronomen passt? Markieren Sie. **Aufgabe 31**

David macht ein Praktikum als Pfleger. *Er/Es* hat heute seinen ersten Tag. Ein Kollege zeigt *ihm/ihn* das Krankenhaus. Dann soll David beim Frühstück helfen. Er nimmt ein Tablett und trägt *sie/es* in das Zimmer von Frau Vogt. Er wünscht *ihr/ihnen* einen guten Morgen und sagt: „Ich habe Frühstück für *Sie/sie.*" Danach unterstützt er *Sie/sie* beim Trinken. Er gibt ihr den Schnabelbecher. Frau Vogt kann *ihn/ihm* alleine halten und zum Mund führen. Da kommt Davids Kollege rein. Er sagt: „David, komm mal mit! Ich möchte *du/dir* Cristina und Reza vorstellen. Sie sind sehr nett." Draußen begrüßen die beiden David: „Herzlich willkommen, *wir/uns* sind Cristina und Reza. Wir können gerne ‚du' sagen." David antwortet: „Hallo! Ich freue mich, dass ich *euch/ihnen* kennenlerne! Macht *ihr/Sie* auch ein Praktikum hier?" „Nein, wir machen eine Ausbildung. Sie gefällt *mir/uns* gut. Wir erzählen dir gerne später mehr."

3.6 Das Quiz – Kapitel 3

Beantworten Sie das Quiz zu Kapitel 3 alleine.
Vergleichen Sie dann mit einem Partner oder in der Gruppe!

Aufgabe 1 Wie kann man sich gesund ernähren? Erklären Sie.

Aufgabe 2 Ein Pflegebedürftiger kann nicht alleine essen. Wie unterstützen Sie ihn?

Aufgabe 3 Exsikkose: Welche Pflegebedürftige sind besonders gefährdet? Und warum?

Aufgabe 4 Nennen Sie zwei Hilfsmittel für das Essen und Trinken.

Aufgabe 5 Sie finden Ihre neue Arbeit im Krankenhaus sehr gut. Wie können Sie das anders ausdrücken? Nennen Sie drei Optionen.

4 Unterstützung bei der Ausscheidung

In diesem Kapitel geht es um:

Kompetenzfelder Pflege
- Wahrung der Intimsphäre bei der Ausscheidung
- Obstipationsprophylaxe
- Pflege bei Harninkontinenz

Wortschatz und Kommunikation
- Gefühle
- Unterstützung bei der Ausscheidung
- Hilfsmittel

Grammatik
- Modalverben im Präsens und Präteritum: *können, wollen, müssen, sollen, dürfen*

Aufgabe 1
Sehen Sie das Foto an und sprechen Sie!

Was sehen Sie auf dem Foto?

Was machen die Pflegehelfer? Was macht der Pflegebedürftige?

Haben Sie schon mal geholfen, wenn jemand nicht alleine auf die Toilette gehen kann? Wenn ja: Was genau haben Sie gemacht?

Was sollte man in dieser Situation beachten? Was ist wichtig?

Redemittel

Da ist … / Das ist … / Ich sehe …
Die Pflegehelfer / Der Pflegebedürftige …
Ja, ich helfe immer/oft/manchmal, wenn jemand nicht alleine auf die Toilette gehen kann. Ich bringe ... Dann helfe ich beim …
Nein, ich habe noch nie dabei geholfen.
Man sollte beachten, dass …
Man sollte … sein. Das ist wichtig!

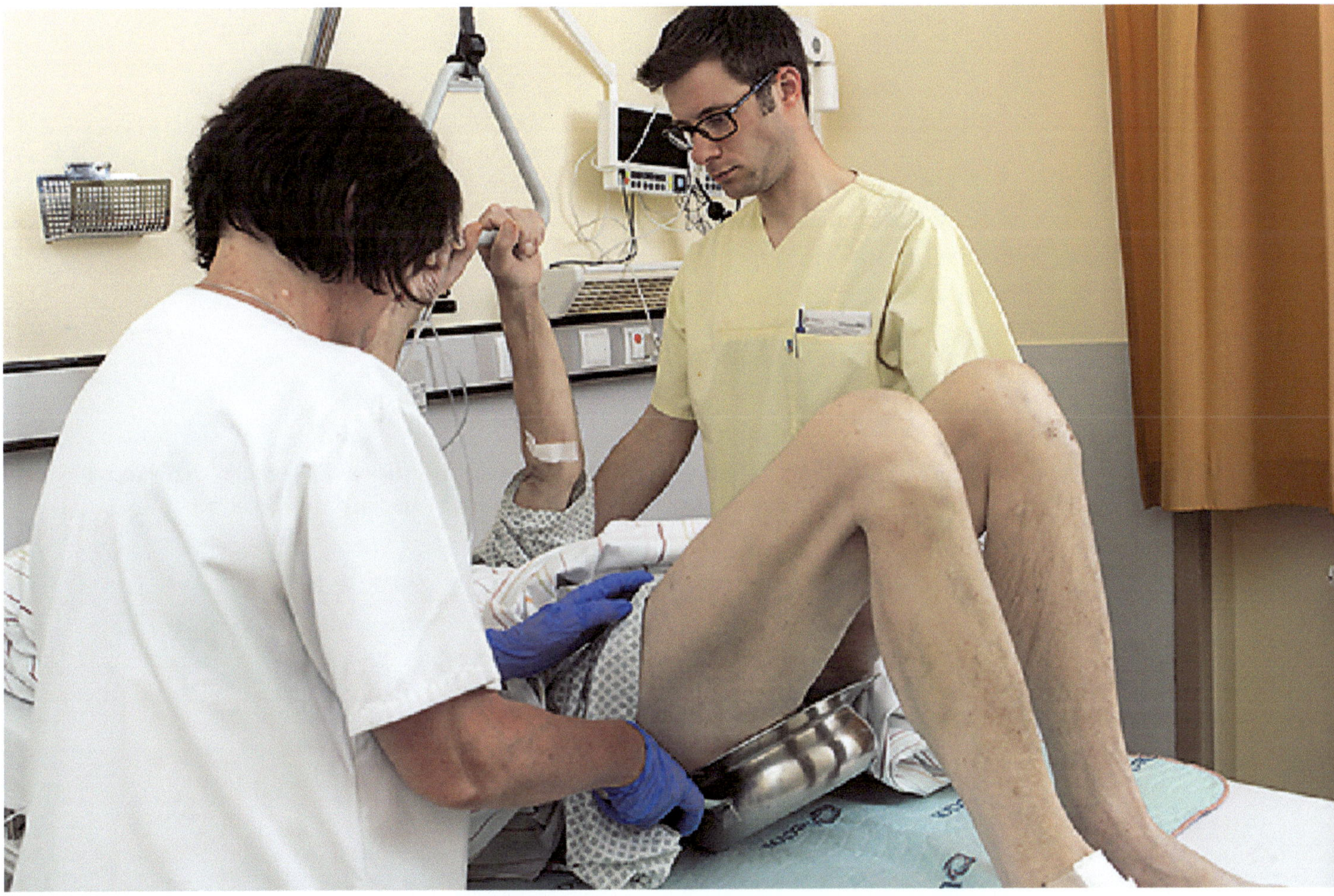

4.1 Wortschatz – Gefühle

Aufgabe 2 Gefühle ausdrücken. Hören Sie das Gespräch, und kreuzen Sie an: Wie fühlen sich die Personen?

Hörtext 4.1

Herr Bauer
☐ hat es eilig.
☐ ist gestresst und erschöpft.

Cristina López
☐ ist alleine.
☐ ist nervös.

Herr Rubens
☐ schämt sich.
☐ ist erleichtert.

Frau Kiesling
☐ ist gut gelaunt.
☐ ist genervt.

Hören Sie noch einmal. Was sagen die Personen noch? Schreiben Sie.

Herr Bauer:	Der Nachtdienst war sehr ____________.
Cristina López:	Ich habe ein bisschen ____________.
Herr Rubens:	Der Toilettengang ist mir ____________.
Frau Kiesling:	Ich ____________ mich über den schönen Tag!

Synonyme. Welche Wörter und Ausdrücke sind ähnlich? Verbinden Sie.

1 ich bin aufgeregt/besorgt, ich mache mir Sorgen
2 etwas ist (mir) unangenehm, ich werde rot
3 etwas ist stressig, ich bin kaputt/fertig
4 ich bin fröhlich/glücklich, ich habe gute Laune

a ich schäme mich, etwas ist (mir) peinlich
b etwas ist anstrengend, ich bin gestresst/erschöpft/müde
c ich bin gut gelaunt, ich freue mich über etwas
d ich bin nervös, ich habe ein bisschen Angst

Wann sind Sie gestresst/gut gelaunt/kaputt …? Sprechen Sie mit einem Partner.

Zum Beispiel:

- *Ich bin aufgeregt, wenn ich mit Pflegebedürftigen spreche.*
- ▸ *Ja, ich auch! Und ich bin dann auch immer ein bisschen gestresst, weil ich sie manchmal nicht gut verstehe. Das ist mir peinlich.*
- *Das stimmt. Aber ich freue mich, wenn ich gut verstehe.*

Aufgabe 3 Mehr Gefühle! Was passt wo? Ordnen Sie zu.

überrascht schlecht gelaunt wütend erleichtert gelangweilt traurig erschrocken verwirrt verzweifelt verliebt böse unglücklich genervt

1.  ____________
2.  ____________
3.  ____________
4.  ____________
5.  ____________
6.  ____________
7.  ____________
8.  ____________

Internet-Tipp
Online-Übungen Gefühle und Emotionen:
www.schule.at/portale/deutsch-als-zweitsprache-und-ikl/sachthemen/eigene-person-familie/gefuehle/detail/daz-lern-paket-gefuehle-1.html

Arbeiten Sie mit einem Partner. Schreiben Sie fünf Sätze mit Situationen auf kleine Zettel:
Wie fühlst du dich, wenn du …
Tauschen Sie dann mit einem anderen Paar, und beantworten Sie die Fragen.

Zum Beispiel:

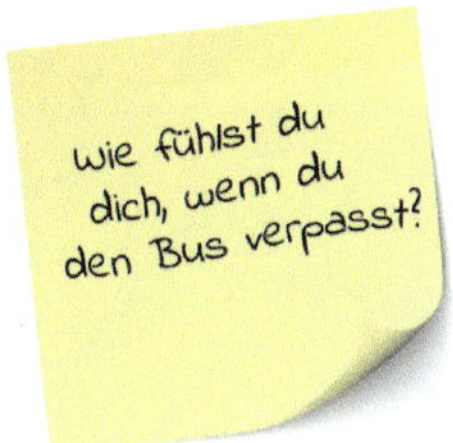

Auf Gefühle reagieren. Lesen Sie zuerst die Redemittel. Arbeiten Sie dann mit einem Partner, und spielen Sie die Situationen. Wie reagieren Sie?

Aufgabe 4

REDEMITTEL

Freude ausdrücken	Mitgefühl zeigen	beruhigen, motivieren
Das ist ja toll! Super! Das ist aber schön! Ich freue mich (für Sie/dich)! Das freut mich! Das ist aber eine Überraschung!	Das tut mir (wirklich) leid. Schade! Das ist echt schlimm. Wie blöd! Ich verstehe, dass die Situation schwierig ist. Was kann ich machen, dass es Ihnen/dir besser geht? Kann ich etwas (für Sie/dich) tun? Ich hoffe, es geht Ihnen/dir bald besser!	Das macht nichts. Kein Problem, es ist alles in Ordnung! Keine Sorge! Machen Sie sich / Mach dir keine Sorgen! Beruhigen Sie sich / Beruhige dich erstmal! Das muss Ihnen/dir nicht unangenehm/peinlich sein. Sie schaffen / Du schaffst das!

Situationen:

1. Weißt du was? Ich habe eine neue Stelle als Pflegedienstleiterin!!! Super, oder?
2. Herr Bauer, ich kann seit Tagen nicht auf die Toilette gehen! Vielleicht habe ich etwas Ernstes? Ich mache mir wirklich große Sorgen!
3. Wie lange muss ich denn noch hier im Krankenhaus bleiben? Langsam bin ich wirklich genervt. Mir ist langweilig, und ich möchte einfach wieder nach Hause!
4. Oh Gott, morgen Früh ist meine Operation! Ob das alles gut geht? Ich bin so aufgeregt und habe solche Angst!
5. Ich bin ja so verliebt in Martin! Er ist wirklich mein Traummann! Und nächstes Jahr heiraten wir! Ich bin einfach glücklich!
6. Bitte gehen Sie raus! Ich möchte nicht, dass Sie mir beim Toilettengang zusehen. Das ist mir unangenehm und peinlich …
7. Diese Arbeitswoche war wirklich stressig … Und wenn ich nach Hause komme, warten der Haushalt und meine Familie … Ich bin wirklich müde und kaputt …
8. Frau López, helfen Sie mir doch mal! Ich kann das nicht alleine und will es auch nicht! Wenn das hier alles so lange dauert, bekomme ich richtig schlechte Laune …

4.2 Pflegesituation – Wahrung der Intimsphäre

Vokabular zum Text

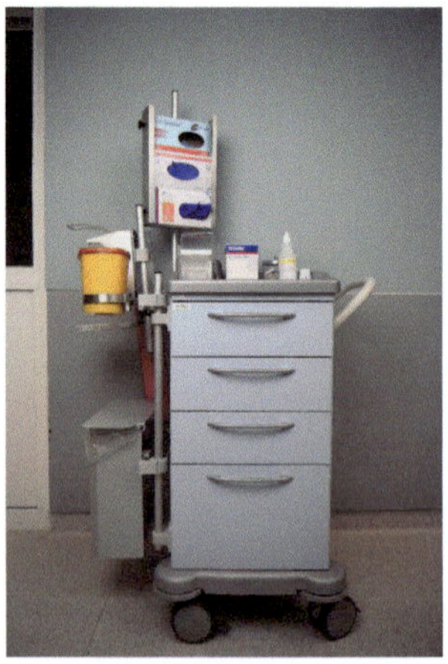
der Stationswagen / -wägen

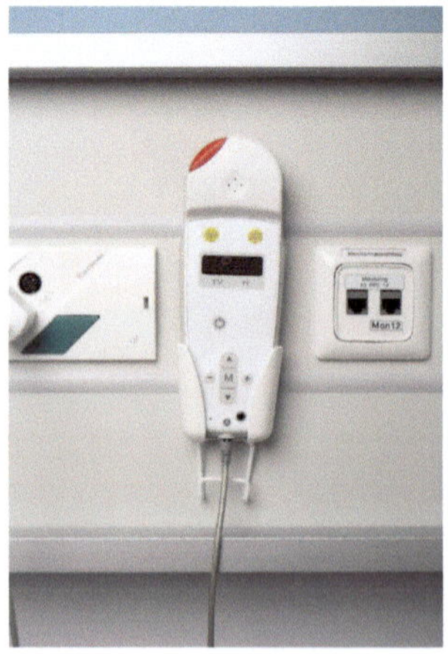
die Patientenklingel / -klingeln

die Urinflasche / -flaschen

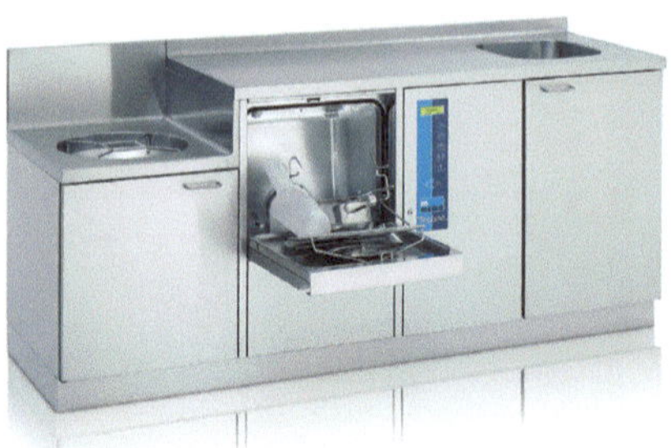
der Spülautomat / -automaten
(für Steckbecken und Urinflaschen)

die Stuhlausscheidung
-ausscheidungen,
der Stuhlgang (immer SG.)

das Steckbecken / -becken

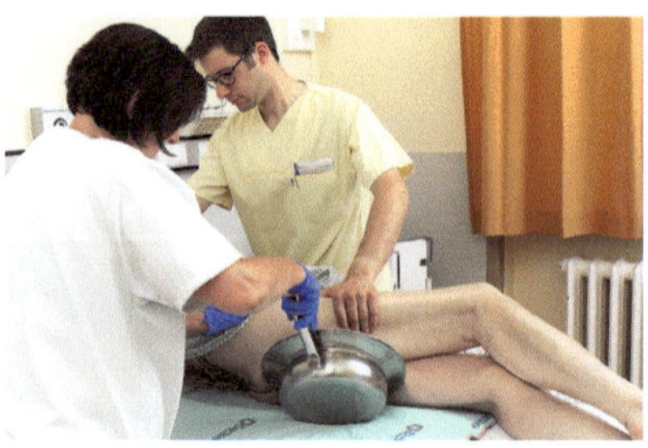
das Steckbecken von der Seite unter
den Pflegebedürftigen schieben

der Sichtschutz / -schutze

die Intimsphäre wahren

Lesen Sie den Text.

Aufgabe 5

„Ich muss mal!"

Nach einer Woche in der Berufsfachschule für Krankenpflegehilfe arbeitet Reza Ahmadi wieder im Krankenhaus auf der chirurgischen Station. Er ist gerade auf dem Stationsflur und räumt den Stationswagen ein. Da hört er eine Patientenklingel aus Zimmer 305. Die Patientenklingel bedeutet, ein Pflegebedürftiger braucht Hilfe oder hat einen Wunsch. Reza klopft an die Tür von Zimmer 305 und geht in das Zimmer. In dem Zimmer liegen drei Männer. Einer heißt Herr Wagner. Er sagt Reza, dass er mal muss. Reza wartet und lächelt Herrn Wagner freundlich an. Herr Wagner wird ungeduldig. Er sagt Reza nochmal, dass er „mal muss" und dass es dringend* ist. Reza versteht nicht, was Herr Wagner will. Er antwortet ihm, dass er gerne hilft, aber dass er nicht versteht, was denn so dringend ist. Die beiden anderen Männer müssen lachen. Sie erklären Reza, was Herr Wagner meint: Er muss mal auf die Toilette gehen! Herr Wagner sagt noch, dass er nur „klein muss"**. Aber die Urinflasche, die sonst an seinem Bett hängt, ist nicht mehr da. Eine Pflegerin musste sie zum Reinigen in den Spülautomaten legen und sollte sie danach zurückbringen, aber sie konnte wahrscheinlich nicht. Nun muss Reza auch lächeln und verlässt das Zimmer. Kurze Zeit später kommt er zurück und bringt Herrn Wagner eine neue Urinflasche.

Einige Minuten später klingelt es wieder aus Zimmer 305. Reza geht rein. Dieses Mal braucht Herr Palluzzo Hilfe. Der ältere Mann hatte gestern eine Operation am Knie und kann noch nicht aufstehen oder gehen. Er sagt zu Reza, dass er auch mal muss, aber „groß"***. Reza versteht jetzt, was er meint. Er hat Herrn Palluzzo gestern schon bei der Stuhlausscheidung unterstützt. Reza holt ein Steckbecken. Seine Praxisanleiterin kommt auch mit ihm. In dem Zimmer ist aber Besuch. Die Familie von Herrn Wagner ist da. Reza bittet die Angehörigen freundlich, das Zimmer zu verlassen. Dann stellt er einen Sichtschutz auf, denn es ist wichtig, dass man die Intimsphäre wahrt. Jetzt schieben er und seine Praxisanleiterin das Steckbecken von der Seite unter den Pflegebedürftigen und helfen dabei, dass er richtig auf dem Steckbecken sitzt.

* dringend: sehr wichtig/nötig/eilig; etwas muss sehr schnell gehen

** „klein müssen": urinieren, Urin ausscheiden, Wasser lassen (➤ Aufgabe 11)

*** „groß müssen": koten, Kot ausscheiden, Stuhlgang haben (➤ Aufgabe 11)

Richtig oder falsch? Kreuzen Sie an, und schreiben Sie.

Aufgabe 6

	richtig	falsch
Herr Wagner braucht Hilfe, wenn er „klein muss", denn er darf das Bett nicht verlassen.	☐	☐
Herr Palluzzo braucht auch eine Urinflasche.	☐	☐
Herr Palluzzo braucht einen Toilettenstuhl.	☐	☐
Reza bittet die Angehörigen freundlich, dass sie das Zimmer verlassen. Warum? Lesen Sie im Text, und notieren Sie. *Er* ____________________, *weil* ____________________		

Vokabular zum Dialog

Aufgabe 7 Welche Abbildung passt? Verbinden Sie.

1

2
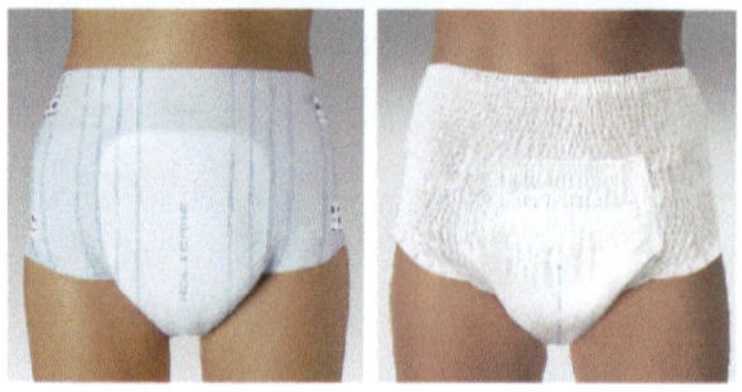

3
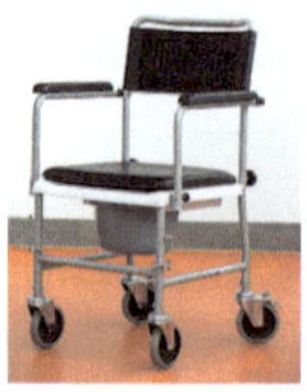

4

5

6

a die Bettpfanne (Umgangssprache; richtig: das Steckbecken)

b die Pfanne zum Kochen

c der Toilettenstuhl

d bettlägerig

e die Schutzhose/ Inkontinenzhose

f das „Klo" (Umgangssprache; besser: die Toilette)

Aufgabe 8

Hörtext 4.2

Hören Sie den Dialog, und lesen Sie den Text.

„Ich muss mal" – Fortsetzung

Es ist Abend. Reza Ahmadi räumt die Essenstabletts in Zimmer 305 ab.

Reza Ahmadi: „Sind Sie fertig mit Ihrem Abendessen, Herr Wagner?"

Herr Wagner: „Ja, danke. Ich bin fertig. Aber Herr Ahmadi, können Sie mir bitte helfen? Ich muss mal! Ich brauche eine Bettpfanne, aber keine aus der Küche zum Kochen!" *(lacht laut)*

Reza Ahmadi: „Sehr lustig! *(lacht auch)* Aber keine Sorge. Das, was Sie meinen, nennt man auch gar nicht Bettpfanne, sondern Steckbecken. Mit einer Pfanne hat das nichts zu tun."

Herr Palluzzo: „Lassen Sie sich nicht ärgern, Herr Ahmadi. Sie machen das ganz toll. Und ich finde es super, dass Sie immer einen Sichtschutz aufstellen. Da fühle ich mich sofort besser."

Reza Ahmadi: „Vielen Dank, Herr Palluzzo. Die Intimsphäre von den Pflegebedürftigen ist uns sehr wichtig. Auch wenn Pflegebedürftige auf den Toilettenstuhl müssen, fahre ich sie immer ins Badezimmer. Da haben sie mehr Ruhe. Auf die Toilette gehen ist sehr persönlich. Andere sollen das nicht sehen. Das ist auch besonders wichtig bei bettlägerigen Menschen, die eine Schutzhose tragen."

Herr Wagner: „Das stimmt! Sie betreuen uns wirklich sehr gut! Und das nächste Mal sage ich direkt, wenn ich auf den Topf muss! Aufs Klo halt!"

Reza Ahmadi: „Klo?! Oh je, was ist das denn jetzt schon wieder?"

Reza Ahmadi und die Männer lachen.

Aufgabe 9

Pflege bei Harninkontinenz. Setzen Sie die Wörter ein.

wund Hautstellen junge Hilfsmittel Urin Intertrigo feucht

Harninkontinenz bedeutet, dass Menschen Urin verlieren. Das passiert nicht nur älteren Menschen. Auch ______________ Menschen haben Harninkontinenz. Für die Menschen ist das oft sehr schwer. Sie schämen sich. Für die Haut kann das auch gefährlich sein, denn sie ist oft ______________ vom Urin. Man muss aufpassen, dass die ______________ nicht rot und ______________ werden. Pfleger können spezielle Hautschutzlösungen ** auftragen und so die Haut schützen. Puder darf man nicht verwenden, das ist nicht gut für die Haut.

Für Menschen mit Inkontinenz gibt es verschiedene ______________ . Sie saugen den ______________ auf*, und die Haut wird nicht feucht. Zum Beispiel: Slipeinlagen, Schutzhosen/Inkontinenzhosen oder Unterlagen, die man ins Bett legen kann. Die gibt es als Einmalunterlage oder als Mehrweg-Bettschutz. Vorsicht! Durch Schutzhosen kommt keine Luft an die Haut. So kann man eine ______________ bekommen! Man sollte die Hosen also oft wechseln.

* aufsaugen = absorbieren, aufnehmen, einziehen ** Hautschutzlösung = Creme/Salbe für die Haut; schützt die Haut.

Was ist das? Suchen Sie die Wörter im Text, und ergänzen Sie.

1

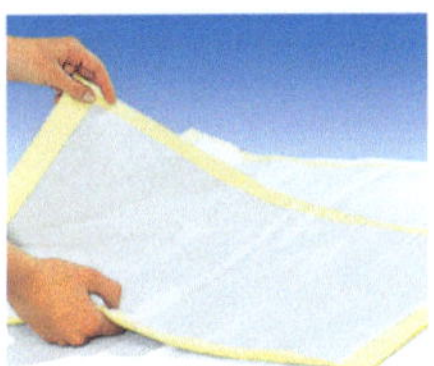

____

2

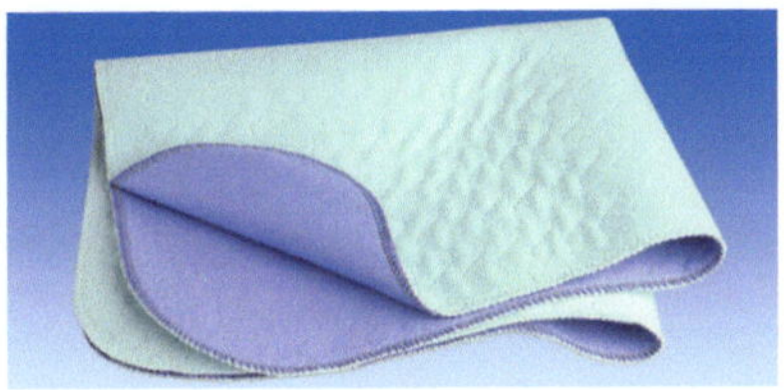

____

3

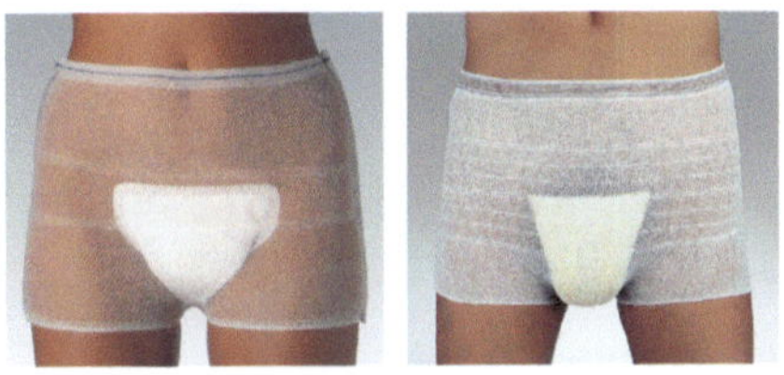

____

4

____

Aufgabe 10 Was ist richtig? Kreuzen Sie an.

1. Oft leiden Frauen an Harninkontinenz, wenn ...

☐ a) sie schwanger sind.

☐ b) sie müde sind.

☐ c) sie im Krankenhaus sind.

2. Harninkontinenz nennt man auch ...

☐ a) Stuhlinkontinenz.

☐ b) Urininkontinenz.

☐ c) Intertrigo.

3. Harninkontinenz kann entstehen durch ...

☐ a) lesen, schreiben, malen.

☐ b) Fahrrad fahren.

☐ c) Alter, Krankheit, Medikamente, Schwangerschaft.

4.3 Kommunikation – Hilfsmittel, Unterstützung bei der Ausscheidung

Ausscheidungen

Aufgabe 11

Hörtext 4.3

Hören Sie das Gespräch, und ergänzen Sie die Wörter.

1. Im Krankenhaus sagt man „Ausscheidungen" für ______________ und Kot.
2. Etwas ______________ bedeutet: Der Körper gibt etwas ab oder verliert etwas.
3. Das hört man auch oft: urinieren, Miktion, Wasser lassen oder die ______________ entleeren.
4. Für „Stuhlgang haben" sagt man auch: koten, Defäkation, Verdauung haben oder den ______________ entleeren.
5. Ein anderes Wort für „Toilette" ist Klo oder Klosett. Auf Türen liest man auch ______________.

Tipp!
„Ich muss **aufs** Klo / **auf die** Toilette!"
aber:
„Das Handy fällt ***in die*** Toilette."
Achtung! Das Klo / Die Toilette ist der Raum und das Möbelstück.

Hören Sie noch einmal. Welche umgangssprachlichen Wörter hat Reza Ahmadi von seinen Freunden gehört? Kennen Sie noch andere?

Zum Beispiel:

- *„Dieses ‚Ich muss mal groß' höre ich auch oft."*
- *„Die Freunde von meinem Sohn sagen immer ‚Pipi machen'."*

Aufgabe 12

Spielen Sie zu dritt oder zu viert. Nehmen Sie einen Würfel und pro Person eine kleine Figur.

Es gibt drei Aufgabentypen:

- Wie heißen die Dinge? Nennen Sie wenn möglich auch Artikel und Plural.
- Ergänzen Sie den passenden Infinitiv.
- Sagen Sie es anders, formulieren Sie um.

Start	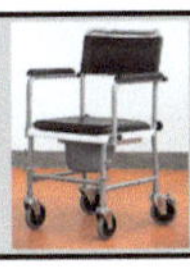	die Intimsphäre w______	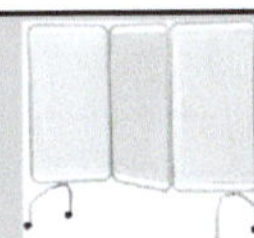		die Toilette, das WC oder das K___	
						Sagen Sie es anders: „Ich muss mal klein!"
		Sagen Sie es anders: „Ich muss mal!"		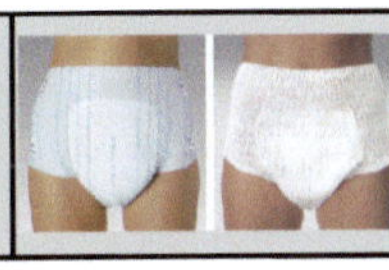	den Sichtschutz a______	
Steckbecken im Spülautomaten r_____						
Einlagen können Urin a______		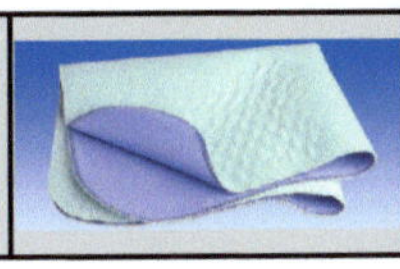	Hautschutzlösung a______	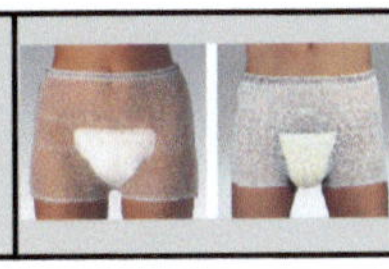	Sagen Sie es anders: „Ich muss mal groß!"	Ziel

Aufgabe 13 Informationen gewinnen. Lesen Sie die folgenden Fragen.

Müssen Sie auf die Toilette?

Brauchen Sie Hilfe, wenn Sie auf die Toilette gehen / beim Toilettengang?

Soll ich Ihnen eine Urinflasche holen?

Soll ich Ihnen einen Toilettenstuhl holen?

Wann hatten Sie das das letzte Mal Stuhlgang?

Hatten Sie heute schon Stuhlgang?

Können Sie nicht auf die Toilette gehen? / Leiden Sie an Verstopfung?

Müssen Sie sehr oft auf die Toilette gehen? / Leiden Sie an Durchfall (Diarrhö)?

Ist Ihr Urin dunkel/konzentriert? Wenn ja, trinken Sie genug?

Schaffen Sie es manchmal nicht rechtzeitig zur Toilette? (Können Sie den Stuhl / den Urin halten?)

Brauchen Sie Inkontinenzmaterial (zum Beispiel eine Schutzhose)?

Haben Sie Schmerzen beim Wasserlassen/Urinieren? Wo haben Sie Schmerzen?

Brennt es / Tut es weh beim Wasserlassen/Urinieren?

Haben Sie Schmerzen bei der Stuhlausscheidung? Wo haben Sie Schmerzen?

Könnten Sie bitte das Gesäß heben? Dann kann ich das Steckbecken / die Bettschutzeinlage unterschieben.

Tipp!
das Gesäß = der Po, der Steiß
Umgangssprachlich hören Sie auch oft: der Hintern, das Hinterteil, der Popo, der Arsch, die vier Buchstaben, der Allerwerteste

Aufgabe 14 Wie könnten Herr Palluzzo und Herr Wagner antworten? Schreiben Sie positive und negative Antworten wie im Beispiel.

Müssen Sie auf die Toilette?

+ Ja, ich muss sehr dringend auf die Toilette.

- Nein, ich muss jetzt nicht auf die Toilette.

Brauchen Sie Hilfe, wenn Sie auf die Toilette gehen / beim Toilettengang?

+ Ja! ______________________________

- Nein danke. ______________________________

Soll ich Ihnen eine Urinflasche holen?

+ Danke, ______________________________

- Danke, aber ______________________________

Hatten Sie heute schon Stuhlgang?

+ Ja, ______________________________

- Nein, ______________________________

Können Sie nicht auf die Toilette gehen? / Leiden Sie an Verstopfung?

+ Ja, ______________________________

- Nein, ______________________________

Müssen Sie sehr oft auf die Toilette gehen? / Leiden Sie an Durchfall (Diarrhöe)?

+ Ja, ______________________________

- Nein, ______________________________

Brauchen Sie eine frische Schutzhose?

\+ *Danke,* ____

\- *Danke, aber* ____

Haben Sie Schmerzen beim Wasserlassen/Urinieren?

\+ *Ja,* ____

\- *Nein,* ____

Unterstützung beim Erbrechen

Aufgabe 15

REDEMITTEL

Das sagen Pflegebedürftige, wenn sie erbrechen müssen / erbrochen haben:

Mir ist schlecht/übel.
Ich muss erbrechen / brechen / mich übergeben / spucken / speien / kotzen.
(Ich habe erbrochen / gebrochen / mich übergeben / gespuckt / gespien / gekotzt.)
Ich fühle mich elend/schlecht.
Alles dreht sich.
Ich kann das Essen nicht bei mir behalten.
Mir kommt das Essen hoch.
Könnten Sie mir bitte
… etwas bringen, wo ich hinein/rein brechen kann?
… eine Nierenschale / einen Spuckbeutel bringen?
… helfen, das Erbrochene aufzuwischen?
… die Bettwäsche/Bettlaken wechseln?

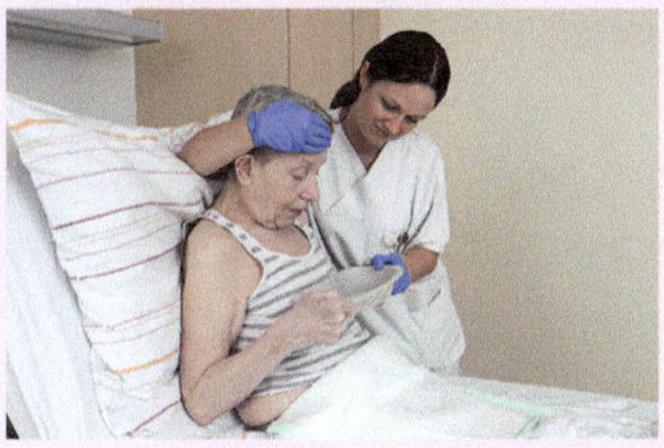

REDEMITTEL

So reagieren Sie, wenn Pflegebedürftigen die Ausscheidung unangenehm ist (> Aufgabe 4):

Ich warte vor der Tür, bis Sie fertig sind.
Wenn ich kommen soll, rufen Sie mich.
Möchten Sie lieber Unterstützung von einem Angehörigen?
Darf ich Ihnen helfen?
Ist es für Sie in Ordnung, wenn ich …

Herr Palluzzo muss sich nach dem Abendessen plötzlich übergeben. Wie können Sie ihm helfen? Ergänzen Sie.

Zimmer   Nierenschale   sitzen   beruhigen   Kleidung   Kopf   Bettwäsche

Lassen Sie den Pflegebedürftigen gerade/aufrecht ________________.

Halten/Unterstützen Sie den ________________ vom Pflegebedürftigen.

Geben Sie ihm eine ________________ zum Hineinbrechen.

Wechseln Sie schmutzige ________________ und ________________.

Bringen Sie das Erbrochene schnell aus dem ________________.

Reden Sie mit dem Pflegebedürftigen, und ________________ Sie ihn.

Suchen Sie einen Partner, und spielen Sie die Situation nach. Eine Person ist der Pflegehelfer, die andere ist Herr Palluzzo. Benutzen Sie die Redemittel oben und aus Aufgabe 4.

4.4 Lernen durch Ankreuzen – Obstipationsprophylaxe

Aufgabe 16 Richtig oder falsch? Kreuzen Sie an.

1. Obstipation bedeutet Verstopfung. Das heißt, dass der Darm sich schwerer und langsamer entleert als normalerweise.

☐ a) richtig

☐ b) falsch

2. Bei einer Obstipationsprophylaxe sollte man viel trinken und sich bewegen.

☐ a) richtig

☐ b) falsch

3. Bei einer Obstipationsprophylaxe sollte man den Patienten mehrmals am Tag Schokolade und Banane anbieten.

☐ a) richtig

☐ b) falsch

4. Durch eine Kolon-Massage kann die „Darmtätigkeit angeregt werden". Das heißt, der Darm arbeitet wieder schneller.

☐ a) richtig

☐ b) falsch

5. Man kann durch viele Dinge eine Obstipation bekommen. Aber nicht durch Medikamente!

☐ a) richtig

☐ b) falsch

4.5 Grammatik – Modalverben im Präsens und Präteritum: *können, wollen, müssen, sollen, dürfen*

Modalverben: Bedeutung

Modalverben stehen in einem Satz normalerweise auf Position 2, das „Hauptverb" steht im Infinitiv am Ende. Ein Modalverb verändert die Bedeutung von dem Hauptverb.
Zum Beispiel:
Ich **muss** am Wochenende **arbeiten**.
Ich **will** lieber lange **schlafen**.
Aber ich **darf** nicht zu spät **kommen**.
Achtung! Wenn der Kontext klar ist, sagt man oft auch nur das Modalverb:
„Ich muss mal!" (... auf die Toilette gehen); „Ich kann kein Englisch!" (... sprechen)

Was passt wo? Ordnen Sie zu. **Aufgabe 17**

erlaubt Wahl Empfehlung starker möglich

können	man ist fähig / hat das gelernt etwas ist ___________ etwas ist (nicht) verboten	Christian kann sehr gut kochen. Man kann eine Obstipation bekommen. Kann ich hier parken?
wollen	___________ Wunsch/Plan höflicher: ***möchte-****	Nächstes Jahr will Yvonne studieren. Ich möchte eine Cola (trinken), bitte.
müssen	man hat keine ___________; die Pflicht etwas ist nötig	Die Kinder müssen zur Schule gehen. Wir müssen noch Milch kaufen!
sollen	Auftrag/Erwartung an andere Personen weitergeben fragen, was man tun soll sollte: Rat/ ___________ (s. ➤ Kap. 12)	Vicky! Der Chef hat gesagt, du sollst bitte Frau Richter waschen! Soll ich auch Frau Bauer waschen? Du solltest den Chef fragen.
dürfen	etwas ist ___________ nicht dürfen: etwas ist verboten höfliche Frage/Bitte	Afra darf heute bis 22 Uhr fernsehen. Puder darf man nicht verwenden. Darf ich Ihnen beim Ausziehen helfen?

* *möchte-* ist kein echtes Modalverb, sondern der Konjunktiv II von *mögen*; es gibt keinen Infinitiv

Modalverben: Konjugation/Formen

Modalverben haben eine spezielle Konjugation: Die 1. und 3. Person Singular haben kein *-e* und *-t*.
Außerdem wechselt der Vokal oft. Er ist manchmal in Infinitiv, Präsens und Präteritum unterschiedlich (*k**ö**nnen – k**a**nn – k**o**nnte*).

Präsens: Ergänzen Sie die Formen. **Aufgabe 18**

	können	**wollen**	**müssen**	**sollen**	**dürfen**
ich	kann		muss		darf
du		willst	musst	sollst	
er, sie, es	kann	will		soll	
wir	können	wollen		sollen	dürfen
ihr		wollt	müsst		dürft
sie, Sie	können		müssen	sollen	dürfen

Aufgabe 19 Schilder im Krankenhaus – was darf/kann/soll/muss man machen? Schreiben Sie Sätze mit Modalverben im Präsens. Manchmal gibt es mehrere Optionen.

1. *Man darf den OP-Bereich nicht betreten. / Man muss draußen bleiben.*

2.

3.

4.

5.

6.

Vergangenheit: Modalverben im Präteritum

Wenn man in der Vergangenheit spricht oder schreibt, sagt man nur das Modalverb im Präteritum, der Infinitiv am Satzende bleibt gleich. Auch die Wortstellung bleibt gleich (Modalverb auf Position 2, Infinitiv am Ende):
Gestern **musste** ich bis 22 Uhr **arbeiten**. Heute muss ich nur bis 18 Uhr bleiben.

Aufgabe 20 Präteritum – Ergänzen Sie die Formen

Tipp!
Die Vergangenheit von *mögen* (> Kap. 3) ist: ich m**o**chte, du m**o**chtest, er m**o**chte …
möchte- hat keine Vergangenheit, dafür benutzt man „wollte-“:
Heute **möchte** Jonas Arzt werden. Als Kind **wollte** er Lehrer werden.

	können	**wollen**	**müssen**	**sollen**	**dürfen**
ich	konnte	wollte		sollte	
du	konntest		musstest	solltest	durftest
er, sie, es		wollte	musste		durfte
wir	konnten	wollten	mussten		durften
ihr	konntet		musstet	solltet	
sie, Sie		wollten		sollten	durften

Trainieren Sie die Formen mit einem Partner. Ihr Partner sagt ein Modalverb und „Präsens!“ oder „Präteritum!“. Sie konjugieren. Dann wechseln Sie.

Zum Beispiel:

- *Müssen, Präsens!*
- ▸ *Ich muss, du musst, er/sie/es muss, wir müssen, ihr müsst, sie müssen.*
- *Gut! Und jetzt du!*
- ▸ *Dürfen, Präteritum!*
- *Ok. Ich durfte, du durftest …*

Im Pausenraum. Hören Sie das Gespräch, und kreuzen Sie an: Was ist richtig, was ist falsch?

Aufgabe 21
Hörtext 4.4

	richtig	falsch
Reza hat gestern die Urinflasche gereinigt.	☐	☐
Nathalie wollte gestern mit Herrn Virkow einen Tee trinken.	☐	☐
Nathalie will ihr Handy benutzen. Sie will wissen, wie es der Familie geht.	☐	☐

Hören Sie noch einmal, und ergänzen Sie die Modalverben im Präsens und Präteritum.

1. **Nathalie:** Genau, ich ______________ spontan auf einer anderen Station helfen. Und dann ______________ ich noch Frau Kiesling beim Bettenmachen unterstützen.
2. **Reza:** Ich war ja da und ______________ es machen.
3. **Nathalie:** ______________ ich dich noch etwas anderes fragen? Bei meinem letzten Job ______________ ich immer kurz auf mein Handy gucken, wenn Zeit war.
4. **Reza:** Warum ______________ du es denn so dringend benutzen?
5. **Nathalie:** Die Kinder ______________ nicht so lange fernsehen, das ______________ ich kontrollieren!

Haben Sie auch schon einmal etwas vergessen? Was ist passiert? Sprechen Sie mit Ihrem Partner.

Zum Beispiel:

- *Einmal sollte ich das Essen austeilen, aber ich habe ein Zimmer vergessen. Der arme Mann konnte auch nicht klingeln, weil die Klingel kaputt war. Er musste sehr lange warten. Danach wollte er dann die doppelte Portion!*
- ▸ *Das ist mir noch nie passiert. Aber ich habe einmal den Namen von meiner Kollegin vergessen! Ich konnte mich einfach nicht mehr erinnern.*

Früher und jetzt. Was ist anders? Schreiben Sie Sätze, und vergleichen Sie.

Aufgabe 22

Früher konnte ich ____

Heute kann ich ____

Mit 10 Jahren wollte ich ____

Heute will ich ____

Mit 16 Jahren durfte ich ____

Heute darf ich ____

Als Kind musste ich ____

Heute muss ich ____

Bei meinem alten Job sollte ich ____

Bei meinem aktuellen Job soll ich ____

4.6 Das Quiz – Kapitel 4

Beantworten Sie das Quiz zu Kapitel 4 alleine.
Vergleichen Sie dann mit einem Partner oder in der Gruppe!

Aufgabe 1 Was ist der richtige Ausdruck für „Bettpfanne"?

____

Aufgabe 2 Was sagen Pflegebedürftige, wenn sie erbrechen müssen? Nennen Sie drei Beispiele.

____

____

____

Aufgabe 3 Wie fragen Sie einen Pflegebedürftigen, wann er das letzte Mal auf der Toilette war?

____

____

____

Aufgabe 4 Nennen Sie fünf Hilfsmittel bei der Ausscheidung.

____

____

____

____

____

Aufgabe 5 Modalverben. Wie ist die 3. Person SG. im Präsens und im Präteritum? *müssen – dürfen – können – möchten*

____

____

____

____

5 Begleitung und Unterstützung bei der Tagesstruktur

In diesem Kapitel geht es um:

Kompetenzfelder Pflege
- Biografie-orientierte Tagesstrukturierung
- Planung und Gestaltung von Alltagsaktivitäten
- Beschäftigungsmöglichkeiten mit bettlägerigen Menschen

Wortschatz und Kommunikation
- Tagesablauf, Freizeit
- Beachtung von persönlichen, kulturellen sowie religiösen Festen und Feiern
- Berücksichtigung von Lebens- und Entwicklungsphasen

Grammatik
- Temporale Präpositionen
- Zeitadverbien

Aufgabe 1
Sehen Sie das Foto an und sprechen Sie!

Was sehen Sie auf dem Foto?
Was machen die Pflegefachperson und die Pflegebedürftige?
Wie kann man Pflegebedürftige beschäftigen?
Welche Aktivitäten kann man anbieten?
Haben Sie schon mal etwas mit älteren/pflegebedürftigen Menschen unternommen?
Was war das? Was haben Sie gemacht?
Ist es wichtig, dass man älteren/pflegebedürftigen Menschen Beschäftigungsmöglichkeiten anbietet? Warum? Was denken Sie?

Redemittel

Da ist … / Das ist … / Ich sehe …
Man kann mit Pflegebedürftigen …
Man kann zum Beispiel diese Aktivitäten anbieten: …
Ja, ich habe schon mal etwas mit älteren/pflegebedürftigen Menschen unternommen! Wir haben / sind ...
Nein, ich habe noch nie etwas mit älteren/pflegebedürftigen Menschen unternommen.
Ja, ich denke, das ist wichtig, weil ...
Nein, ich finde das nicht so wichtig, weil …

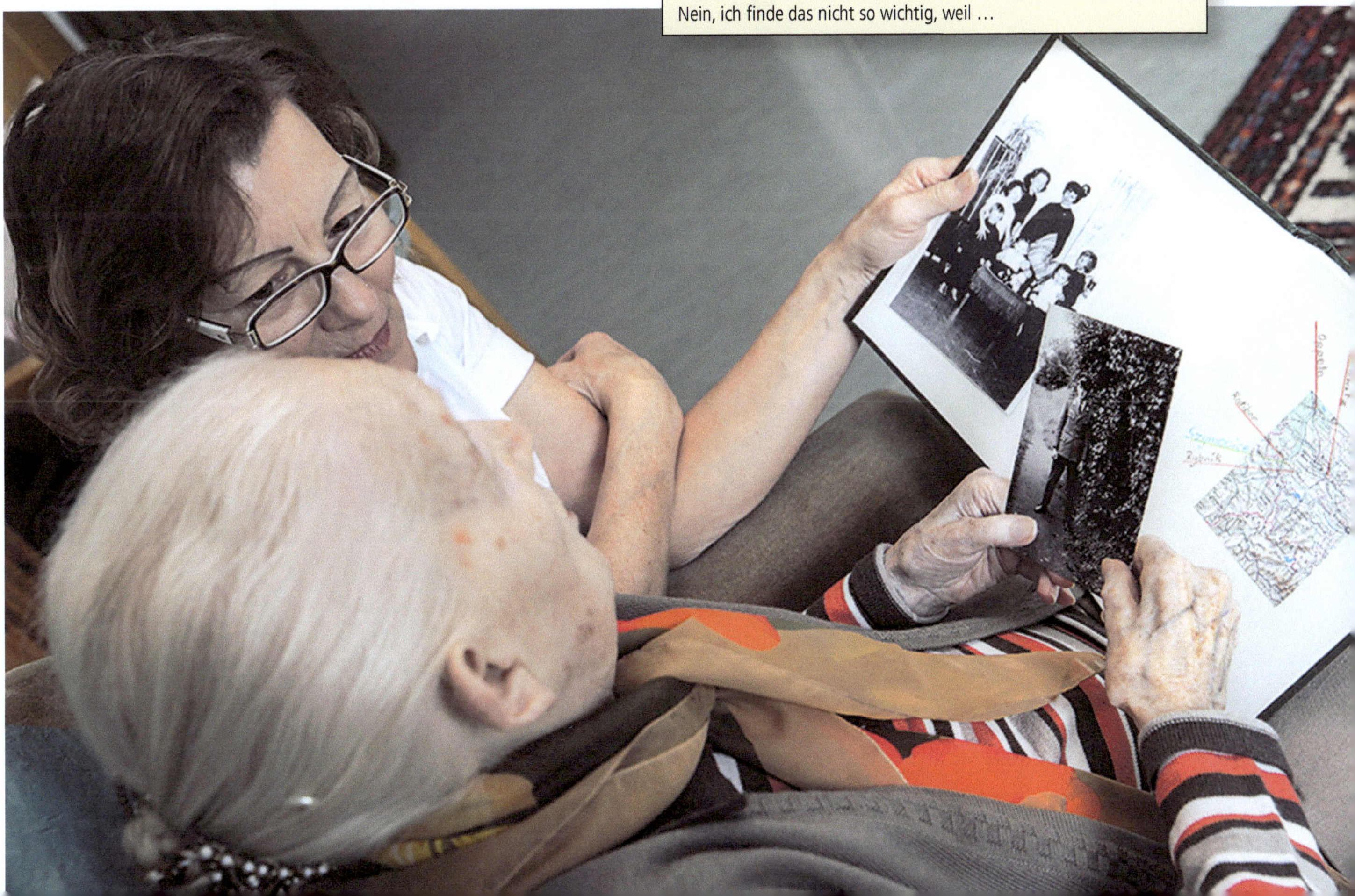

5.1 Wortschatz – Tagesablauf, Freizeit

Aufgabe 2

Tagesablauf: Was machen Sie wann? Lesen Sie die Fragen und die Redemittel. Bilden Sie ein „Kugellager"*. Stellen Sie zwei bis drei Fragen pro Person, und notieren Sie die Antworten. Dann wechseln Sie den Partner.

* ein Kugellager

Bilden Sie einen Innen- und einen Außenkreis. Sprechen Sie mit der Person Ihnen gegenüber. Auf ein akustisches Signal dreht der Innenkreis nach links, der Außenkreis nach rechts, und Sie sprechen mit einem anderen Partner.

Internet-Tipp
Online-Übungen zur offiziellen und inoffiziellen **Uhrzeit**:
www.ilern.ch/online-uebungen-zur-uhrzeit-2-klasse/ (z. B. https://learningapps.org/view121341)

www.mathetools.de/uhr/
https://deutsch.lingolia.com/de/wortschatz/zahlen-datum-uhrzeit/uhrzeit/uebungen

Ein ganz normaler Tag	
Um wie viel Uhr stehen Sie auf?	*Fatma: 6:15 Uhr, Wochenende 9 Uhr*
Wann frühstücken Sie?	
Wann gehen/fahren Sie zur Arbeit?	
Um wie viel Uhr fangen Sie die Arbeit an?	
Wann machen Sie Pause?	
Wann essen Sie zu Mittag?	
Wann sind Sie mit der Arbeit fertig?	
Wann kaufen Sie ein?	*Thomas: samstags*
Wann putzen Sie die Wohnung?	
Wann sehen Sie fern?	
Um wie viel Uhr essen Sie zu Abend?	
Um wie viel Uhr gehen Sie zu/ins Bett?	

REDEMITTEL

um … (Uhr)
von … **bis** …
am Morgen/Mittag/Nachmittag/Abend; **in der** Nacht
jeden Morgen: morgens, jeden Mittag: mittags …
unter/in der Woche (die Werktage, **werktags**):
am Montag/Dienstag/Mittwoch/Donnerstag/Freitag
jeden Montag: montags, jeden Dienstag: dienstags …
am Wochenende: am Samstag und am Sonntag
nach/vor/während der Arbeit/Pause
einmal/zweimal/dreimal pro Monat/Woche/Stunde

Zum Beispiel:

- *Um wie viel Uhr stehen Sie auf?*
- ▶ *Unter der Woche stehe ich um Viertel nach 6 auf. Aber am Wochenende stehe ich erst um 9 Uhr auf.*
- *Wann kaufen Sie ein?*
- ▶ *Ich kaufe normalerweise samstags ein. Da habe ich mehr Zeit. Und Sie?*
- *Ich kaufe oft nach der Arbeit ein.*

Haben Sie etwas Interessantes erfahren? Sprechen Sie in der Klasse.

Zum Beispiel:

- *Nadine putzt viermal pro Woche die Wohnung!*
- *Rodrigo sieht oft von 8 bis 1 Uhr nachts fern!*

Welche Freizeitaktivitäten gibt es? Bilden Sie Kleingruppen, und erstellen Sie pro Gruppe eine Mindmap wie im Beispiel.

Vergleichen Sie danach im Kurs, und diskutieren Sie: An welchen Freizeitaktivitäten können auch ältere Menschen, Menschen mit Demenz, Menschen mit Behinderung, Kinder teilnehmen?

Aufgabe 3

Internet-Tipp
Goethe-Institut **„Laut-stark - Junge Musik aus Deutschland"**
www.goethe.de/de/spr/unt/ver/lst.html

Goethe-Institut **Deutsch-landlabor: „Literatur"**
www.goethe.de/de/spr/ueb/dlb/lit.html

Goethe-Institut **„Kultur erleben in Deutsch-land"**
www.goethe.de/de/spr/unt/kum/019.html

5.2 Pflegesituation – Biografie-orientierte Tagesstrukturierung, Planung und Gestaltung von Alltagsaktivitäten, Beschäftigungsmöglichkeiten mit bettlägerigen Menschen

Vokabular zum Text

der Gemeinschaftsraum,
der Aufenthaltsraum / -räume

Gymnastik machen

Spiele spielen

in der Werkstatt arbeiten

malen

kegeln

alte Fotos ansehen

Lieder singen

CDs auf einem CD-Spieler abspielen

Musik hören

Lesen Sie den Text.

Aufgabe 4

Frau Schneider singt gerne

Reza Ahmadis Arbeit auf der chirurgischen Station ist vorbei. Während seiner Ausbildung als Pflegehelfer lernt er viele verschiedene Arbeitsorte kennen. Seit einer Woche arbeitet er in einem Altenpflegeheim. Die Arbeit ist sehr interessant. Es ist anders als im Krankenhaus, aber Reza gefällt es sehr gut. Er hat viele verschiedene Aufgaben. Zum Beispiel bringt er die Bewohner*vor dem Essen in den Gemeinschaftsraum. Danach bringt er sie wieder in ihre Zimmer. Für die Bewohner gibt es auch viele Angebote für die Tagesstrukturierung**. Zum Beispiel Gymnastik, Spiele spielen, in der Werkstatt arbeiten, malen oder kegeln. Reza begleitet die älteren Leute, das macht Spaß!

Leider kann Frau Schneider fast nie an den Angeboten teilnehmen. Sie ist 90 Jahre alt und wohnt schon seit 15 Jahren im Pflegeheim. Frau Schneider kann nicht gehen und sitzt in einem Rollstuhl. Außerdem ist sie fast blind***.

Nach dem Abendessen bringt Reza Frau Schneider in ihr Zimmer, denn sie ist müde. Ihr Zimmer ist sehr schön. An den Wänden hängen viele Fotos. Einige sind schon sehr alt und schwarz-weiß. Sie zeigen eine sehr junge Frau Schneider mit ihrer Familie. Reza gefallen die Fotos. Er denkt: Schade, dass Frau Schneider sie jetzt nicht mehr ansehen kann. Dann hat Reza eine Idee! Im Aufenthaltsraum hat er CDs mit alten Liedern gesehen. Vielleicht mag Frau Schneider Musik. Reza holt einige und spielt die CDs auf einem CD-Spieler ab. Frau Schneider lächelt. Plötzlich singt sie! Sie hat eine sehr schöne Stimme und erzählt Reza, dass sie früher Sängerin war! Die beiden unterhalten sich noch lange über alte Zeiten. Morgen will Reza wieder mit Frau Schneider zusammen Musik hören. Vielleicht singt sie wieder ein Lied für ihn. Und auch Frau Schneider freut sich schon!

* der Bewohner / Bewohner: Menschen, die in einem Wohnheim/Haus wohnen

** die Tagesstrukturierung: der Tag und die Tagesaktivitäten sind geplant/organisiert

*** blind: man kann nicht sehen

Beenden Sie die Sätze.

Aufgabe 5

Für die Bewohner gibt es viele Angebote. Zum Beispiel Gymnastik.

Die Bewohner können auch in der W______________ arbeiten oder S______________ spielen.

Reza bringt die Bewohner in den G______________.

Reza sieht die F______________ an. Darauf ist Frau Schneider noch ganz jung.

Reza bringt CDs und spielt sie auf einem CD-______________ ab.

Frau Schneider singt gerne L______________.

Reza will mit der Bewohnerin morgen wieder M______________ hören.

Vokabular zum Dialog

Welches Wort passt? Ordnen Sie zu.

Aufgabe 6

die Jugend | die Familie | die Damen | die Geschichten | die Plätzchen | die Küche

______________: Zimmer zum Kochen und Backen

______________: Ich habe fünf Brüder und zwei Schwestern. Wir sind eine große ...

______________: die Frauen

______________: leckeres Gebäck, oft an Weihnachten

______________: Vor dem Schlafen erzählt man oft ...

______________: Wenn man jung ist.

Aufgabe 7 Was passt? Verbinden Sie die Wörter mit den Definitionen.

1	zuhören	a	Die Pflegebedürftigen erzählen von ihrem Leben, die Pflegefachperson beschäftigt sich damit / mit ihnen.
2	von etwas erzählen	b	sich an die Vergangenheit erinnern und darüber reden
3	über alte Zeiten sprechen	c	Eine Person redet und die andere soll ...
4	Biografiearbeit	d	über etwas reden/sprechen

Aufgabe 8 Hören Sie den Dialog, und lesen Sie den Text.

Hörtext 5.1

Frau Schneider singt gerne – Fortsetzung

Frau Schneider: „Die Musik ist wunderschön. Sie erinnert mich an meine Jugend. Aber das war vor vielen Jahren … Heutzutage hört mir niemand mehr beim Singen zu."

Reza Ahmadi: „Sie singen sehr schön, ich höre Ihnen immer gerne zu! Und meine Kollegen bestimmt auch!"

Frau Schneider: „Hören wir morgen wieder zusammen Musik?"

Reza Ahmadi: „Ja, gerne! Und bitte erzählen Sie wieder von Ihrer Jugend, das ist sehr interessant! In der Pflege nennt man das Biografiearbeit. Es bedeutet, dass Sie mir von Ihrem Leben erzählen – wenn Sie das möchten."

Frau Schneider: „Ja, sehr gerne! Das wäre schön!"

Reza Ahmadi: „Ich frage noch Frau Müller und Frau Horvat. Die beiden Bewohnerinnen mögen auch sehr gerne Musik. Vielleicht möchten sie dabei sein."

Frau Schneider: „Ist das eine gute Idee? Vielleicht gefallen den Damen meine Geschichten und mein Singen nicht."

Reza Ahmadi: „Bestimmt gefällt ihnen das. Gestern habe ich Frau Horvat bei der Körperpflege geholfen. Sie singt auch immer und spricht gerne über alte Zeiten."

Frau Schneider: „Also gut. Ich finde die Damen ja auch ganz nett. Es wird bestimmt schön!"

Reza Ahmadi: „Ich bringe dann morgen noch Plätzchen und Kaffee aus der Küche mit!"

Frau Schneider: „Oh, ja, das ist eine tolle Idee!"

Helfen Sie Reza: Schreiben Sie einen Plan für die Tagesstrukturierung. Setzen Sie die Wörter ein. Es gibt verschiedene Möglichkeiten.

Aufgabe 9

Abendessen Abendessen Backen Entspannung/Schlafen Fernseh-Abend
Frühstück Frühstück Gartenarbeit Gottesdienst* Gymnastik Karaoke-Abend**
Karten spielen Karten spielen Kegeln*** Kinoabend Konzert-Abend
Mittagessen Mittagessen Pflege Pflege Singen Singen Spazierengehen Tanzen
Theater-Abend

* der Gottesdienst: die Messe; Menschen treffen sich und beten gemeinsam, z. B. in einer Kirche, Moschee, Synagoge …
** der Karaoke-Abend: mit Text bekannte Lieder zu Musik und Video singen *** das Kegeln: wie Bowling, aber der Ball ist kleiner, und es gibt nur 9 Pins

Wochenplan mit Tagesstrukturierung

Uhrzeit	**Montag**	**Dienstag**	**Mittwoch**	**Donnerstag**	**Freitag**	**Samstag**	**Sonntag**
7:30 – 9:00	*Frühstück*	Frühstück	Frühstück		Frühstück	Frühstück	Frühstück
9:00 – 10:00	Werkstatt		Singen	Malen	Gartenarbeit		
10:15 – 11:30	Spazierengehen	Spazierengehen		Spazierengehen	Spazierengehen	Spazierengehen	Spazierengehen
11:30 – 12:30	Mittagessen	Mittagessen	Mittagessen		Mittagessen	Mittagessen	Mittagessen
12:30 - 14:00	Entspannung/ Schlafen	Entspannung/ Schlafen	Entspannung/ Schlafen	Entspannung/ Schlafen		Entspannung/ Schlafen	Entspannung/ Schlafen
14:00 – 15:00		Kaffee und Kuchen	Kaffee und Kuchen	Kaffee und Kuchen	Kaffee und Kuchen	Kaffee und Kuchen	Kaffee und Kuchen
15:00 – 16:00			Kegeln				
17:30 – 18:30	Abendessen			Abendessen	Abendessen	Abendessen	Abendessen
18:30 – 19:30	Pflege	Pflege	Pflege			Pflege	Pflege
19:30	Spiele-Abend						Kino-Abend

Sprechen Sie mit einem Partner. Fragen Sie: „Was macht der Bewohner am Mittwoch von 10:15 bis 11:30 Uhr?" Ihr Partner antwortet. Dann wechseln Sie.

5.3 Kommunikation – Berücksichtigung von Lebens- und Entwicklungsphasen und von persönlichen, kulturellen und religiösen Festen

Berücksichtigung von Lebens- und Entwicklungsphasen

Aufgabe 10 Reza Ahmadi und die Bewohnerin Frau Schneider unterhalten sich gerne. Was sollte Reza berücksichtigen/beachten, wenn er mit der 90 Jahre alten Frau redet? Was denken Sie? Markieren Sie.

Frau Schneider ...

1. ... ist schon alt. Sie hat wahrscheinlich schon viele Menschen in ihrem Leben verloren.
2. ... schafft ihr Leben nicht mehr so wie früher. Sie braucht Hilfe.
3. ... möchte vielleicht nochmal eine Ausbildung machen.
4. ... hat andere Gefühle als ein junger Mensch. Zum Beispiel fühlt sie sich vielleicht oft einsam und alleine.
5. ... hat schon viel Lebenserfahrung.
6. ... kann nicht mehr alles machen, was sie als junge Frau machen konnte. Trotzdem freut sie sich über das, was sie noch kann. Zum Beispiel singen.
7. ... freut sich nicht mehr über Beschäftigungsmöglichkeiten.
8. ... ist nicht mehr so schnell wie ein junger Mensch. Es ist schön, wenn man sich für Gespräche mit ihr mehr Zeit nehmen kann.
9. ... merkt, dass sich ihr Körper verändert hat.
10. ... denkt wahrscheinlich oft an alte Zeiten und vermisst viele Personen.
11. ... hat vielleicht Angst, dass sie nicht mehr über ihr Leben bestimmen und entscheiden kann.
12. ... weiß, dass ihr Leben bald enden wird.

Aufgabe 11 Und was ist mit Reza Ahmadi? Er ist erst 23 Jahre alt. Schreiben Sie das Gegenteil von den Sätzen in Aufgabe 11.

Reza Ahmadi ...

1. ... *ist noch jung. Er hat wahrscheinlich noch nicht viele Menschen in seinem Leben verloren.*
2. ... *schafft sein Leben gut alleine. Er braucht keine Hilfe.*
3. ... ______________________
4. ... ______________________
5. ... ______________________
6. ... ______________________
7. ... ______________________
8. ... ______________________
9. ... ______________________
10. ... ______________________
11. ... ______________________
12. ... ______________________

Hören Sie den Text. Schreiben Sie die Wörter.

Aufgabe 12

Hörtext 5.2

Reza Ahmadi: „Hallo Cristina! Wie geht es dir?"

Cristina López: „Hallo Reza! Mir geht es gut. Die Arbeit auf Station ist anstrengend. Aber es macht auch Spaß. Wie gefällt es dir im Altenpflegeheim?"

Reza Ahmadi: „Es gefällt mir gut. Die Arbeit ist anders als im Krankenhaus. Ich kann dort sehr oft mit den Bewohnern etwas ______________. Es ist wichtig für die älteren Menschen, dass sie einen Tagesablauf und ______________ haben."

Cristina López: „Das klingt gut. Und was machst du mit den Bewohnern? "

Reza Ahmadi: „Viele verschiedene Dinge. Zum Beispiel malen oder Musik hören. Man sollte darauf achten, was den Personen gefällt. Da ist jeder anders. Meine Praxisanleiterin Regina hat mir erklärt, dass man sich in der Altenpflege immer viel ______________ für die Menschen ______________ sollte. Aber manchmal ist das schwer, weil es so viel zu tun gibt."

Cristina López: „Ja, das ist bestimmt nicht immer leicht."

Reza Ahmadi: „Regina hat mir auch erklärt, dass Pflegende Menschen in allen Lebens- und Entwicklungsphasen begleiten."

Cristina López: „Aha. Was meint sie damit?"

Reza Ahmadi: „Das bedeutet, dass nicht nur kranke Menschen Pflege und ______________ brauchen. Das ist auch wichtig bei kleinen Babys oder älteren Menschen, auch wenn sie gesund sind. Ich finde es schön, dass wir in unserem Beruf Menschen in jedem Alter begleiten. Und es ist auch wichtig zu verstehen, welchen Menschen wir pflegen. Wenn man etwas über die ______________ weiß, dann kann man viel besser pflegen."

Cristina López: „Ah ok, ich verstehe. Das finde ich auch sehr wichtig!"

Reza Ahmadi: „Im Altenpflegeheim pflegt man Menschen mit viel ______________. Viele Bewohner sind schon sehr alt und haben keine Angehörigen. Einige von ihnen sind oft einsam. Sie freuen sich, wenn man mit ihnen redet und ihnen zuhört. Eine Bewohnerin ist schon ______________ Jahre alt. Sie erzählt sehr interessante Geschichten aus ihrem Leben und hat auch oft Besuch von ihrer Familie. Aber sie sagt oft, dass sie bald sterben wird. Sie sagt das nicht traurig. Ich glaube, sie ist eine zufriedene Frau. Das gefällt mir sehr gut im Altenpflegeheim: Man lernt die Menschen und ihre ______________ kennen. Das ist eine andere Pflege als im Krankenhaus oder in der Kinderkrankenpflege."

Cristina López: „Das stimmt. Meine Freundin in Spanien ist Kinderkrankenpflegerin. Meine Freundin arbeitet sehr gerne mit Kindern und ______________, aber das ist eine ganz andere Art von Pflege. Es kann ziemlich anstrengend sein, sagt sie."

Reza Ahmadi: „Ja. Das ist bestimmt anders als in der Altenpflege. Ich bin gespannt, wo wir nach der Ausbildung mal arbeiten werden."

Cristina López: „Ich auch!"

Wo möchten Sie nach der Ausbildung arbeiten? Warum möchten Sie dort arbeiten? Sprechen Sie mit einem Partner.

Aufgabe 13

REDEMITTEL (> KAPITEL 1, > AUFGABE 3)

Nach der Ausbildung möchte ich gerne im Altenpflegeheim / im Krankenhaus / im Kinderkrankenhaus … arbeiten, weil …
Ich arbeite sehr gerne mit …
Mir gefällt die Arbeit mit …
Die Pflege von älteren Menschen finde ich …, weil …
Die Pflege von Kindern finde ich …, weil …
Die Pflege von Menschen im Krankenhaus finde ich …, weil …
Mit älteren Menschen/Kindern kann man gut (reden/lachen…) …

Aufgabe 14 Berücksichtigung von persönlichen, kulturellen, religiösen Festen

Feste und Feiertage! Ordnen Sie zu.

Karneval/Fasching Silvester (31.12.) Weihnachten *Id al-Adha* („Opferfest") Hochzeit Valentinstag (14.2.) Ostern *Vesakh* („Buddhas Geburtstag") Schulabschluss Ramadan Muttertag/Vatertag Tag der Arbeit (1.5.) *Shabbat* Taufe 1.–4. Advent *Divali* („Lichterfest") Neujahr (1.1.) Jahrestag

private Feste	„offizielle" Feste, Feiertage	religiöse Feste
Geburtstag	deutscher Nationalfeiertag, „Tag der Deutschen Einheit" (3.10.)	Chanukka („Lichterfest")

Sehen Sie die religiösen Feste an. In welchen Religionen feiert man sie? Kennen Sie noch andere Feste und Feiertage? Ergänzen Sie.

Aufgabe 15

Bilden Sie fünf Gruppen, und wählen Sie pro Gruppe eine Religion. Recherchieren Sie Informationen im Internet über „Ihre" Weltreligion, machen Sie Notizen, und gestalten Sie ein Plakat: wichtige Personen, Gebetshäuser, Bücher/Schriften, Feste/Feiertage, Symbole. Präsentieren Sie dann Informationen und Plakat Ihren Mitschülern.
Kennen Sie noch andere Religionen? Welche? Berichten Sie.

Internet-Tipp
www.religionen-entdecken.de/lexikon/f/feste-in-den-religionen
www.religionen-entdecken.de/eure_fragen/welche-religionen-gibt-es
www.kindernetz.de/infonetz/laenderundkulturen/weltreligionen
Video: www.zdf.de/kinder/logo/religionen-in-deutschland-108.html

REDEMITTEL

Weltreligionen, die (Welt-)Religion / Religionen, religiös

Rad

der Buddhismus, buddhistisch, der Buddhist / Buddhisten

Halbmond

der Islam, islamisch/muslimisch, der Muslim / Muslime (auch: der Moslem)

Kreuz

das Christentum, christlich, der Christ / Christen

Stern

das Judentum, jüdisch, der Jude / Juden

Om

der Hinduismus, hinduistisch, der Hinduist / Hinduisten

Kreis A

der Atheismus, atheistisch, der Atheist / Atheisten (= keine Religion / keinen Glauben haben oder Religion/ Glauben ablehnen)

Welches Fest oder welchen Feiertag feiern Sie besonders gerne? Was machen Sie dann? Sprechen Sie mit Ihrem Partner. **Aufgabe 16**

eine Party machen Familie/Freunde einladen bei Freunden/Familie eingeladen sein Kuchen backen/essen zusammen essen Essen/Getränke/Musik vorbereiten die Wohnung / den Raum dekorieren schöne/traditionelle/spezielle Kleidung tragen Geschenke machen/bekommen singen, tanzen, lachen auf der Straße feiern das Feuerwerk / die Parade ansehen

Zum Beispiel:

- *Ich feiere gerne meinen Geburtstag. Dann mache ich immer eine große Party und lade meine ganze Familie ein. Wir essen Kuchen, und ich bekomme Geschenke. Das ist toll.*
- *Ich feiere gerne Karneval. Da feiern immer alle zusammen auf der Straße oder in einer Bar. Meine Freunde und ich tanzen und lachen viel. Wir sehen auch die Parade an. Und alle tragen ein Kostüm!*

Und welche Feste und Feiertage feiert man bei Ihnen / in Ihrer Familie / in Ihrem Heimatland / Ihrer Heimatregion?

Glückwünsche. **Aufgabe 17**

Was sagen Sie zu welchem Anlass? Lesen Sie, und ergänzen Sie weitere Feste und Glückwünsche.

REDEMITTEL

Glückwünsche
Herzlichen Glückwunsch (zur Hochzeit/Prüfung …)!
Alles Gute (zum Geburtstag/Jahrestag …)!
Ich gratuliere (zur Geburt/Pensionierung …)!
Weitere gute Wünsche:
Geburtstag: Viel Glück/Spaß/Erfolg/Gesundheit/Liebe im neuen (Lebens-)Jahr!
Essen: Guten Appetit!
(Alkohol) Trinken: Prost! Zum Wohl!
Niesen (Hatschi!): Gesundheit!
Krank: Gute Besserung!
Reise: Viel Spaß! Komm gesund zurück! Pass auf dich auf!
31.12.: Guten Rutsch (ins neue Jahr)!
01.01.: Gutes/Frohes neues Jahr!
Ostern: Frohe/Fröhliche Ostern!
Weihnachten: Frohe/Fröhliche Weihnachten! Frohes Fest!
____
____
____

Schreiben Sie die Anlässe aus den Redemitteln (Geburtstag, 01.01. …) einzeln auf kleine Zettel. Verteilen Sie die Zettel: Jeder Kursteilnehmer bekommt einen. Befestigen Sie den Zettel an Ihrer Kleidung.
Klassenspaziergang: Gehen Sie nun durch den Raum, und treffen Sie möglichst viele Personen. Sprechen Sie Ihre Glückwünsche aus, und gehen Sie dann weiter.

5.4 Lernen durch Ankreuzen – Beschäftigungsmöglichkeiten mit bettlägerigen Pflegebedürftigen

Aufgabe 18 Richtig oder falsch? Kreuzen Sie an.

1. Eine Biografie-orientierte Tagesstrukturierung ist nicht gut für bettlägerige Pflegebedürftige.
   - □ a) richtig
   - □ b) falsch

2. Die Pfleger sollten bettlägerigen Patienten oft Musik anbieten.
   - □ a) richtig
   - □ b) falsch

3. Pflegebedürftige kann man auch mit dem Bett in den Gemeinschaftsraum fahren. Zum Beispiel für einen Fernsehabend oder zum Essen.
   - □ a) richtig
   - □ b) falsch

4. Wenn es den Pflegebedürftigen gefällt, ist Aromatherapie sehr schön. Das Zimmer riecht dann gut.
   - □ a) richtig
   - □ b) falsch

5. Für bettlägerige Patienten gibt es keine Gymnastikübungen.
   - □ a) richtig
   - □ b) falsch

5.5 Grammatik – Temporale Präpositionen, Zeitadverbien

Temporale Präpositionen und Zeitadverbien

Wann macht jemand etwas? **Um wie viel Uhr** passiert etwas? **Wie lange** dauert etwas?
Temporale Präpositionen und Zeitadverbien beantworten diese Fragen, z. B. so:
Heute. **Bald**. **Am** Montag. **Um** 11 Uhr. **Von** Montag **bis** Freitag. …
Temporale Präpositionen stehen meistens mit dem **Dativ** (außer: *für* + Akk.).

Temporale Präpositionen. Lesen Sie die Übersicht.

Aufgabe 19

	**Wann** ist der Termin?	**um** = Uhrzeit (12 Uhr), Mitternacht **am** = Datum (19.12.), Wochentage (Montag; Wochenende), Tageszeiten (Mittag; aber: **in der** Nacht!) **im** = Monate (Dezember), Jahreszeiten (Winter) — = Jahreszahlen (2020)
	Beginn und Ende	Die beiden unterhalten sich (**von** 19) **bis** 21 Uhr über alte Zeiten. … **vom** Abendessen **bis zum** Schlafengehen … (wenn Nomen mit Artikel folgt: *von* + Dativ / *bis zu* + Dativ)
	Beginn in Vergangenheit, bis jetzt (= meistens mit Präsens)	**Seit** einer Woche arbeitet Reza in einem Altenpflegeheim.
	Zeitpunkt in Vergangenheit, vorbei / zu Ende (= mit Perfekt/Präteritum)	Ach, meine Jugend. Das war **vor** vielen Jahren …
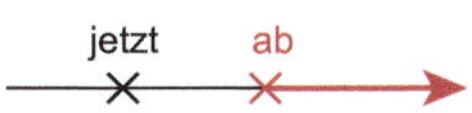	Beginn in Zukunft, offenes Ende	**Ab** Montag mache ich mehr Sport. (auch: **Von** Montag **an** mache ich …)
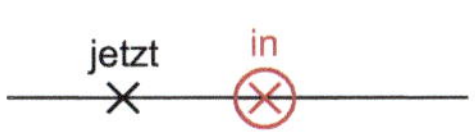	Zeitpunkt in Zukunft	**In** 5 Minuten bin ich zurück!
	Zeitraum	Ich arbeite **für** 3 Monate auf der chirurgischen Station. (auch: Ich arbeite 3 Monate [lang] …)
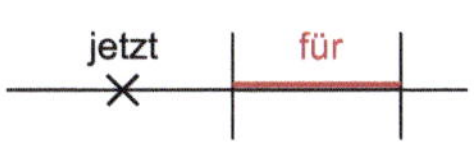	(Zeitraum zwischen) Beginn und Ende	**Zwischen** den Feiertagen müssen alle arbeiten.
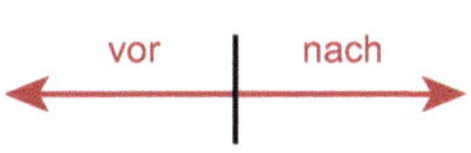	vor/nach einem Zeitpunkt	**Vor** dem Essen bringt Reza die Bewohner in den Gemeinschaftsraum. **Nach** dem Abendessen bringt er sie wieder in ihre Zimmer.
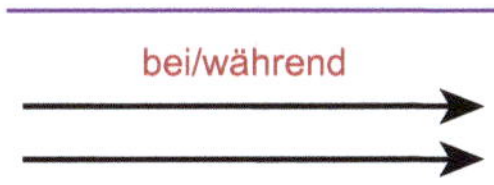	gleichzeitig	Heutzutage hört mir niemand mehr **beim** Singen zu. **Während** seiner Ausbildung lernt Reza viele verschiedene Arbeitsorte kennen.

Richtig oder falsch? Kreuzen Sie an.

	richtig	falsch
1. Die meisten temporalen Präpositionen benutzt man mit dem Akkusativ.	☐	☐
2. Für Tageszeiten verwendet man *im*.	☐	☐
3. Jahreszahlen sagt man ohne Präposition.	☐	☐
4. Es ist korrekt zu sagen: „Ich arbeite heute von Vormittag bis Nachmittag."	☐	☐
5. *Seit* benutzt man meistens mit dem Präsens und *vor* mit einer Vergangenheitsform.	☐	☐
6. Mit *ab* und *in* spricht man über die Zukunft.	☐	☐
7. „Bei der Arbeit" und „während der Arbeit" bedeuten dasselbe.	☐	☐

Aufgabe 20 Um, am, im, —, von … bis … Welche temporale Präposition passt?

______ 11 ______ 12 Uhr	______ Frühling
______ Dienstag	______ Nachmittag
______ 2015	______ März
______ 17 Uhr	______ Nacht
______ Herbst	______ Wochenende
______ 5.5. ______ 12.5.	______ Viertel vor eins
______ halb 5	______ Morgen
______ 26.11.	______ 1981

Aufgabe 21

Zeit-Fragewörter

Mit „Wann?" und „Um wie viel Uhr?" fragen Sie nach einem Zeitpunkt / einer genauen Zeit.
Mit „Wie lange?" und „Von wann bis wann?" fragen Sie nach einem Zeitraum.
Mit „Seit wann?" fragen Sie nach dem Anfang, mit „Bis wann?" nach dem Ende.

Was beantwortet welche Frage? Ordnen Sie zu. Einige Beispiele im Kasten passen mehrmals.

seit einem Monat ~~vor dem Frühstück~~ 2 Stunden bis Viertel nach 9 ab übermorgen
vor einer Woche bis zum Sommer während der Pause von 11 Uhr an in 3 Stunden
für 5 Monate zwischen 9 und 18 Uhr nach der Arbeit

Wann?
vor dem Frühstück, ______

Um wie viel Uhr?
______

Wie lange?
______

Von wann bis wann?
______

Seit wann?
______

Bis wann?
______

Ordnen Sie auch die Beispiele aus Aufgabe 20 zu.

Aufgabe 22

Arbeiten Sie zu zweit. Schreiben Sie (mindestens) sechs Fragen mit den Fragewörtern aus Aufgabe 21.

Zum Beispiel:

- *Wann bist du nach Deutschland gekommen?*
- *Seit wann machst du die Ausbildung?*
- *Wie lange hast du normalerweise Pause?*

Suchen Sie ein anderes Paar, stellen Sie die Fragen, und sprechen Sie zu viert.

Aufgabe 23

Zeitadverbien

Adverbien kann man nicht (wie Adjektive) deklinieren, ihre Form ändert sich nicht. Sie stehen alleine und nicht zusammen mit einem Nomen.
Zum Beispiel: Gestern (Zeitadverb) war ein lang**er** (Adjektiv) Tag.

In Aufgabe 5 (Fallbeispiel) und Aufgabe 9 (Dialog) sind elf Zeitadverbien versteckt. Finden Sie sie!

danach, ______________________________

____

____

5.6 Das Quiz – Kapitel 5

Beantworten Sie das Quiz zu ➢ Kapitel 5 alleine.
Vergleichen Sie dann mit einem Partner oder in der Gruppe!

Aufgabe 1 Frau Geyer kann sich nicht gut bewegen. An welchen Freizeitangeboten kann sie teilnehmen? Nennen Sie fünf.

____

____

____

____

____

Aufgabe 2 Reza arbeitet in einem Altenpflegeheim. Welche Angebote für die Tagesstrukturierung der Bewohner gibt es hier?

____

____

____

Aufgabe 3 Was ist Biografiearbeit?

____

____

____

Aufgabe 4 Warum könnte Frau Schneider manchmal traurig sein?

____

____

____

Aufgabe 5 Jemand hat Geburtstag. Was sagen Sie? Nennen Sie drei verschiedene Glückwünsche.

____

____

____

6 Pflege von Menschen mit chronischen Erkrankungen

In diesem Kapitel geht es um:

Kompetenzfelder Pflege
- Pflege von Menschen mit *Diabetes mellitus*
- COPD → engl. *chronic obstructive pulmonary disease* („chronisch-obstruktive Lungenerkrankung")

Wortschatz und Kommunikation
- Gesundheit und Krankheit: Beschwerden, Symptome, Fachärzte
- Gespräche im Krankenhaus (mit Ärzten, Kollegen, Pflegebedürftigen)
- Wichtige chronische Erkrankungen

Grammatik
- Possessivartikel

Aufgabe 1
Sehen Sie das Foto an und sprechen Sie!

Was sehen Sie auf dem Foto?
Was macht der Junge? Welche Krankheit könnte er haben? Was vermuten Sie?
Haben Sie schon mal Spritzen gegeben?
Wenn ja: Warum war das nötig? Welche Art Spritze/Medikament?
Welche chronischen Krankheiten kennen Sie?

Redemittel
Da ist … / Das ist … / Ich sehe …
Der Junge … / Er könnte … haben. / Vielleicht hat er … / Ich vermute, er hat …
Ja, ich habe schon mal / oft / manchmal / selten Spritzen gegeben. Das waren Spritzen/Medikamente gegen … / Die Person hatte …
Nein, ich habe noch nie eine Spritze gegeben.
Es gibt … / Ich kenne …

6.1 Wortschatz – Gesundheit und Krankheit: Beschwerden, Symptome, Fachärzte

Aufgabe 2 Leichtere Krankheiten und Beschwerden: Was haben die Personen? Markieren Sie zuerst das richtige Wort.

> **Tipp!**
> **die Beschwerde / Beschwerden**
> a) körperliche Probleme (z. B. Schmerzen)
> b) Reklamation, Protest

1. Sie ist **erkältet/übel/husten**.

Symptome:
Fieber, ______
______
______

2. Er hat eine **Ausschlag/Allergie/Bruch**.

Symptome:
______
______
______

3. Ihr ist **weh/allergisch/übel**.

Symptome:
______
______
______

4. Sie hat **Halsschmerzen/Ausschlag/Grippe**.

Symptome:
______
______
______

5. Sein Kopf tut **schmerzen/schwindelig/weh**.

Symptome:
______
______
______

6. Ihr Bein ist **erbrochen/weh/gebrochen**.

Symptome:
______
______
______

> **Tipp!**
> **Bauchschmerzen ↔ Magenschmerzen**
> Bauchschmerzen kann man im ganzen Bauchbereich haben. Magenschmerzen sind immer links oben im Bauch, denn da ist der Magen (das Organ). Umgangssprachlich sagt man aber beides, wenn der Bauch weh tut.

Schreiben Sie oben: Welche Symptome haben die Personen? Einige Symptome passen mehrmals.

Halsschmerzen Schnupfen Kopfschmerzen Atembeschwerden (Dyspnoe)
Jucken Schwindel Heuschnupfen Schüttelfrost Kreislaufstörung
Magen-/Bauchschmerzen Niesen Migräne Fieber Erbrechen/Übelkeit
Husten Verletzung Bruch Appetitlosigkeit Entzündung eingeschränkte Bewegung

Aufgabe 3

Bilden Sie Kleingruppen. Wählen Sie ein oder zwei Krankheiten/Beschwerden aus der Liste, und berichten Sie den anderen: Was passiert, welche Symptome hat man? Was kann/muss/möchte man (nicht) machen?

- Verdauungsprobleme/Magen-Darm-Infektion: Durchfall, Verstopfung
- Essstörung: Magersucht, Bulimie, Adipositas (starkes Übergewicht)
- psychische Probleme: Depression, Schlafstörungen
- Rückenschmerzen, Bandscheibenvorfall
- Zahnschmerzen, Wurzelentzündung
- Lungenentzündung
- Blinddarmentzündung
- Alkoholvergiftung
- tiefe Schnittwunde

Zum Beispiel:

Ich berichte über Durchfall. Man hat Magenschmerzen und muss die ganze Zeit auf die Toilette rennen. Meistens ist der Person auch übel.

Wenn man auch erbrechen muss, hat man eine Magen-Darm-Infektion.

Pantomime: Stellen Sie eine Krankheit/Beschwerde aus Aufgabe 2 oder 3 pantomimisch dar. Die anderen aus der Gruppe raten.

Aufgabe 4

Wie geht's? Welche Antwort ist richtig? Kreuzen Sie an.

1. Wie geht es Ihnen?
   a) Ich gehe gut.
   b) Ich bin gut.
   c) Es geht mir gut.
2. Was fehlt Ihnen?
   a) Ich fehle nie!
   b) Ich habe Grippe.
   c) Milch!
3. Was tut Ihnen weh?
   a) Ich habe Magenschmerzen.
   b) Mein Rücken weht.
   c) Ich tue meinem Bruder weh.
4. Ist Ihnen oft heiß?
   a) Ja, ich finde mich ziemlich heiß.
   b) Ja, ich bin oft heiß.
   c) Ja, und ich schwitze viel.
5. Ist Ihnen schlecht?
   a) Ja, mir ist übel.
   b) Ja, ich bin schlecht in Mathe.
   c) Wie bitte? Sie sind selber schlecht!
6. Haben Sie erbrochen?
   a) Nein, ich habe keinen Bruch.
   b) Ja, ich habe mich zweimal übergeben.
   c) Ja, ich habe Schmerzen am Fuß.

Aufgabe 5 Fachärzte und Spezialisten: Viele medizinische Wörter und Ausdrücke haben eine Bezeichnung auf Deutsch und eine auf Latein oder Griechisch, auch Ärzte. Welche Bezeichnungen passen? Verbinden Sie.

1	Dermatologe	a	Augenarzt
2	Gynäkologe	b	HNO-Arzt (Hals-Nasen-Ohren-Arzt)
3	Kardiologe	c	Kinderarzt
4	Ophthalmologe	d	Hautarzt
5	Oto-Rhino-Laryngologe	e	Herzspezialist
6	Pädiater	f	Frauenarzt

Tipp!
Wenn man krank ist, geht man oft zuerst zu einem **niedergelassenen Allgemeinmediziner**. „Niedergelassen" heißt, der Arzt hat eine **eigene Praxis**.
Man sagt auch **„Hausarzt"**, wenn man immer zum gleichen Arzt geht. Der Hausarzt entscheidet dann: Kann er selbst die Krankheit/Beschwerden heilen, oder braucht er eine Experten-Meinung / zweite Meinung? Dann schreibt er dem Patienten eine **Überweisung** zu einem **Facharzt** (auch: **Spezialist, Experte**) oder für das Krankenhaus.

Und welche Fachärzte sind hier gemeint? Schreiben Sie richtig. Der erste Buchstabe ist schon da.

Facharzt für …	
Narkosen, Schmerzbehandlung	A*nästhesist* (sssäntheti)
Operationen	C__________ (grihru)
Innere Medizin	I__________ (isttrnen)
Magen-Darm-Krankheiten	G__________ (taorseetnoroelg)
Nervenheilkunde	N__________ (eoeolgur)
Störungen im Bewegungsapparat	O__________ (htädeorp)
„bildgebende Verfahren", z. B. Röntgen	R__________ (odaoegil)
Harn/Urin, männliche Geschlechtsorgane	U__________ (elgoro)

Kennen Sie noch weitere Fachärzte?

Zum Beispiel:

- *Ja, es gibt auch den Onkologen! Das ist ein Experte für Krebs!*
- *Und den Zahnarzt natürlich! Das ist auch ein Facharzt!*

Aufgabe 6 Mini-Projekt:
Bilden Sie 3 bis 4 Kleingruppen. Teilen Sie das Alphabet auf, jede Gruppe bekommt einen Teil (z. B. Gruppe 1 = A–F, Gruppe 2 = G–L, …).
Suchen Sie alle lateinischen/griechischen Facharzt-Bezeichnungen mit „Ihren" Anfangsbuchstaben aus den Aufgaben 2 bis 5. Erstellen Sie eine Übersicht auf einem großen Plakat:
a) lateinische/griechische Facharzt-Bezeichnung
b) deutsche/umgangssprachliche Facharzt-Bezeichnung
c) Krankheiten, Beschwerden, Grund für Besuch.

Internet-Tipp
Videos und Übungen „Beim Arzt"
Nicos Weg: https://learngerman.dw.com/de/beim-arzt/l-40505561
Was passiert beim Arzt? https://coerll.utexas.edu/dib/pdfs/k_07.pdf (Aktivität 21)

Wortschatz-Spiel: www.goethe.de/css3/relaunch/pro/daa/wim/game4.html

Infos über Gesundheit und Versicherung in Deutschland: www.goethe.de/prj/mwd/de/idl/leb/ver.html

6.2 Pflegesituation – Pflege von Menschen mit *Diabetes mellitus*

Vokabular zum Text

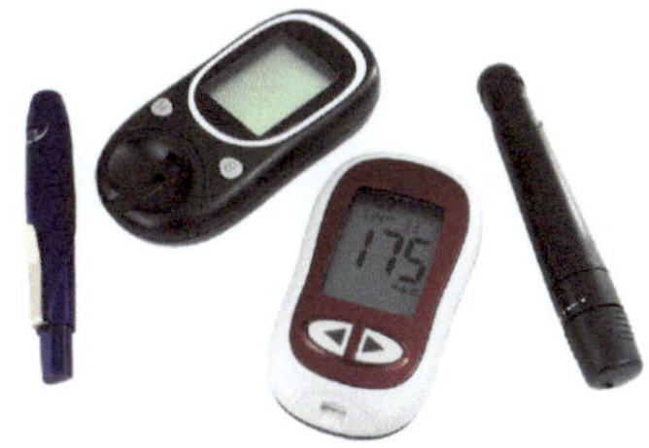

das Blutzuckermessgerät / -geräte (den Blutzuckerwert messen)

der Tropfen / Tropfen

der Tropfenbecher / -becher

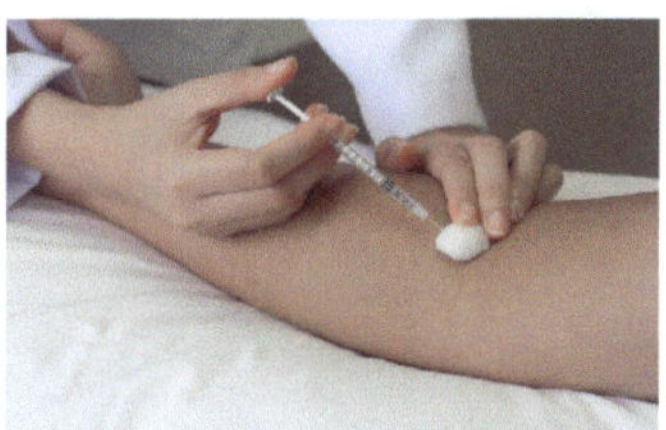

spritzen, die Spritze / Spritzen
injizieren, die Injektion / Injektionen

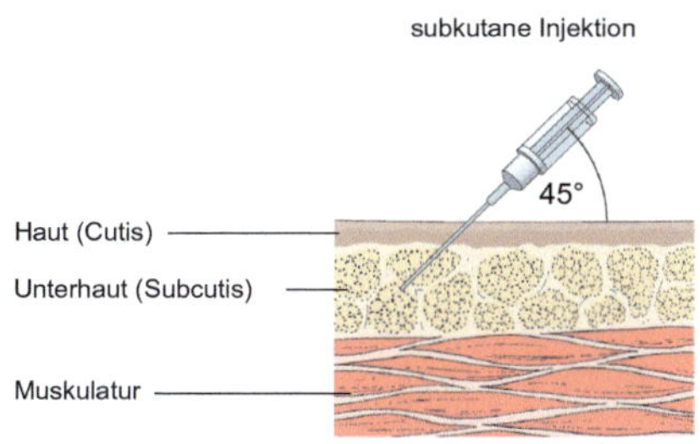

subkutan

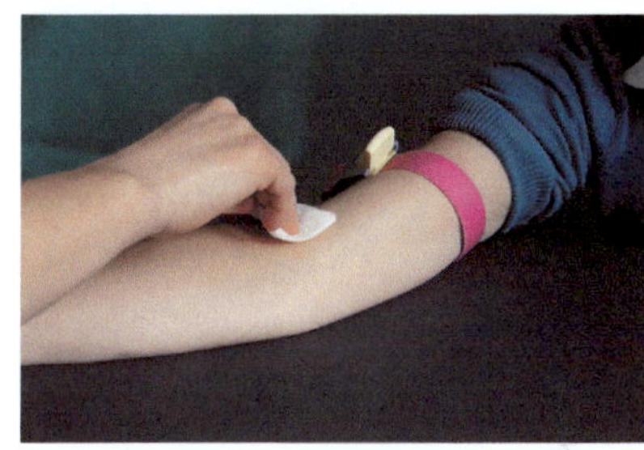

die Hautstelle / -stellen desinfizieren

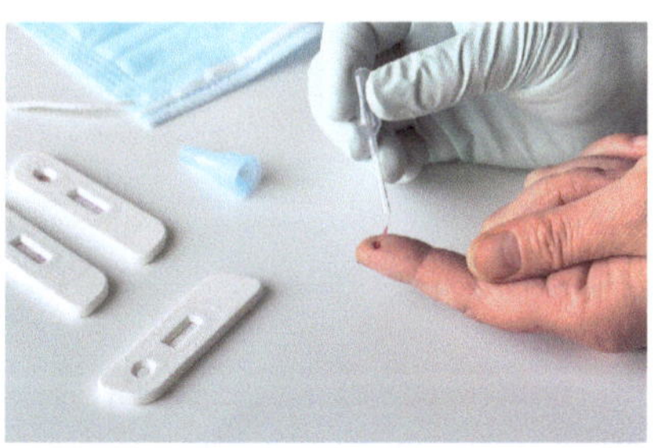

mit einer Nadel in den Finger stechen

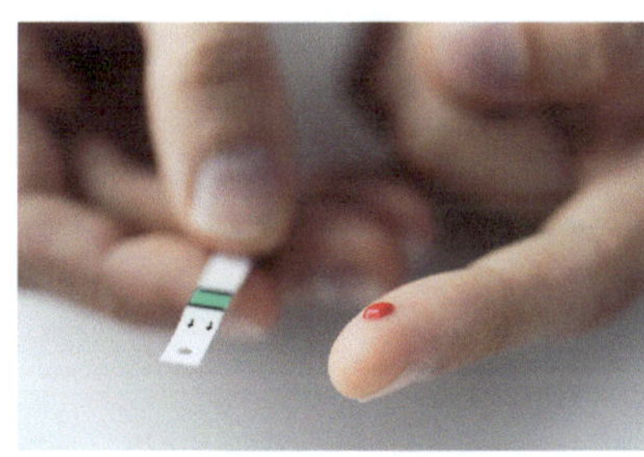

der Teststreifen / -streifen

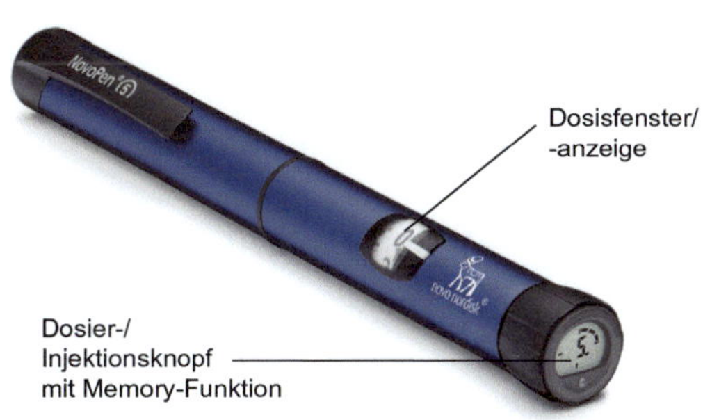

der Insulinpen / -pens

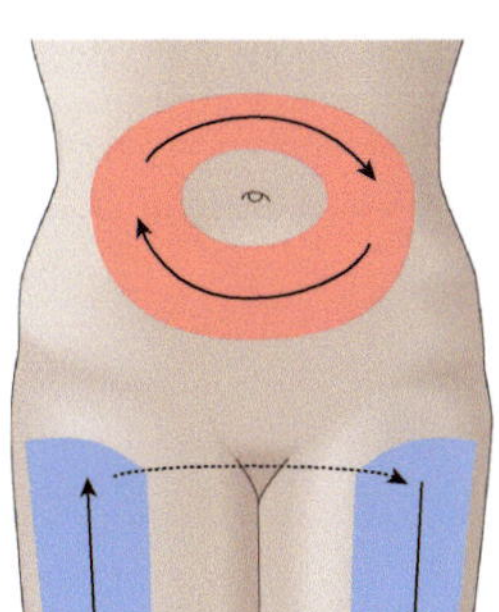

der Bereich / Bereiche (auch: die Stelle / Stellen) für eine Insulin-Injektion

Aufgabe 7 Lesen Sie den Text.

Herr Schmitz hat „Zucker"

Es ist Abend. Cristina López hat Spätdienst auf der internistischen Station. Mit ihrer Praxisanleiterin Frau Kiesling geht sie in jedes Zimmer und prüft, ob alles ok ist. Die beiden verteilen auch Medikamente. Nun sind sie im Zimmer von Herrn Atayev und Herrn Schmitz.

Frau Kiesling stellt Herrn Atayev seine Tropfen in einem Tropfenbecher auf den Tisch neben seinem Bett. Dann geht sie zu Cristina. Die soll heute bei Herrn Schmitz eine Blutzuckerkontrolle machen, also den Blutzuckerwert messen. Herr Schmitz sagt immer, dass er „Zucker" hat. Aber Cristina weiß, dass das nicht die richtige Bezeichnung ist. „Zucker haben" oder „die Zuckerkrankheit haben" ist Umgangssprache für die chronische Erkrankung *Diabetes mellitus*. Der Blutzuckerwert ist zu hoch und kann nicht alleine wieder sinken*. Deshalb bekommt Herr Schmitz subkutane Injektionen mit Insulin**. Er hat seit 10 Jahren *Diabetes mellitus Typ 2*. Cristina zieht sich nun Einmalhandschuhe an und desinfiziert die Hautstelle. Zum Blutzuckerwert-Messen braucht sie einen kleinen Tropfen Blut. Sie sticht mit einer kleinen Nadel in seinen Finger und nimmt dann ein Blutzuckermessgerät und einen Teststreifen. Damit kann sie messen, wie hoch der Blutzuckerwert von Herrn Schmitz ist. Der aktuelle Wert ist gut, er liegt bei 109 mg/dl***. Deshalb braucht der ältere Herr jetzt kein Kurzzeitinsulin, denn das bekommt er nur, wenn der Wert zu hoch ist. So war es zum Beispiel heute Mittag. Da musste Cristina ein Kurzzeitinsulin in den Oberschenkel von Herrn Schmitz spritzen. Herr Schmitz braucht auch täglich ein Langzeitinsulin. Es ist wichtig, dass er das immer am Abend bekommt. Durch das Langzeitinsulin bleibt sein Blutzuckerwert normal und steigt nicht an*. Zum Injizieren braucht Cristina einen Insulin-Pen. Sie desinfiziert die Hautstelle und spritzt Herrn Schmitz das Insulin. Diesmal spritzt sie in den Bauch, denn es gibt verschiedene Injektionsbereiche. Frau Kiesling passt auf, dass die Schülerin alles richtig macht. Aber für Cristina ist die chronische Erkrankung auch nicht neu. Ihre Schwester hat seit ihrer Kindheit *Diabetes mellitus Typ 1*.

* sinken ↓ ↔ (an)steigen ↑ (Ein Wert sinkt/steigt; aber: Ein Wert ist niedrig/hoch/normal.)

** das Insulin = ein Hormon, das den Blutzucker senkt

*** mg/dl = Milligramm pro Deziliter

Aufgabe 8 Richtig oder falsch? Kreuzen Sie an, und schreiben Sie.

	richtig	falsch
Herr Schmitz hat *Diabetes mellitus Typ 1*.	☐	☐
Cristina López injiziert das Langzeitinsulin in den Bauch.	☐	☐
Cristina López will den Blutzuckerwert messen. Dafür braucht sie einen Tropfen Blut von Herrn Schmitz.	☐	☐
Cristina López injiziert Herrn Schmitz ein Langzeitinsulin. Warum? Lesen Sie im Text, und notieren Sie. *Sie* ____________________ *weil* ____		

Was passt? Verbinden Sie.

1	*Diabetes mellitus Typ 1*	a	Man spritzt/injiziert es meistens einmal oder zweimal täglich. Es versorgt den Körper den ganzen Tag (ca. 16 bis 24 Stunden) mit genug Insulin. Es ist nämlich auch wichtig, dass der Blutzucker nicht zu hoch ist.
2	*Diabetes mellitus Typ 2*	b	Man spritzt/injiziert es nur bei den Mahlzeiten („Bolus") oder wenn der Blutzuckerwert zu hoch ist. So sinkt er sehr schnell. Der Wert bleibt aber nicht den ganzen Tag niedrig, sondern nur ca. 3 bis 8 Stunden.
3	Insulin	c	Bei dieser Krankheit fehlt Insulin im Körper. Die Bauchspeicheldrüse* kann kein Insulin mehr in den Körper abgeben. Man muss das ganze Leben lang spritzen/injizieren. Die meisten Menschen erkranken als Kind oder junger Erwachsener an dieser Krankheit. Oft gibt es eine genetische Veranlagung**.
4	Langzeitinsulin	d	Menschen mit dieser Erkrankung haben noch Insulin im Körper, aber es wirkt nur noch sehr reduziert. Das nennt man auch eine „Insulinresistenz". Meistens werden diese Menschen krank, weil sie sich falsch ernähren und/oder sich zu wenig bewegen. Oft gibt es außerdem eine genetische Veranlagung**.
5	Kurzzeitinsulin	e	Das einzige Hormon im Körper, das den Blutzucker senken kann.

* die Bauchspeicheldrüse: Organ, das Insulin in den Körper abgibt

** die genetische Veranlagung: Die Krankheit wird in der Familie weitergegeben/vererbt: Der Großvater hatte sie, dann der Vater, jetzt der Sohn.

Aufgabe 9

Internet-Tipp
www.mediclin.de/medizin-gesundheit/ratgeber-gesundheit/artikel/innere-organe-stoffwechsel/diabetes/typ-1-diabetes-und-typ-2-diabetes-welche-unterschiede-gibt-es/

Vokabular zum Dialog

Aufgabe 10 Insulin mit einem Insulin-Pen injizieren: Wie ist die richtige Reihenfolge? Legen Sie die richtige Reihenfolge (1 bis 5) fest, und ordnen Sie die Bilder zu.

☐	☐	☐	☐	☐
Insulin injizieren	neue Pen-Nadel auf Insulinpen aufschrauben	Insulindosis durch Drehen einstellen	Überprüfen, ob Pen funktioniert (etwas Insulin rausspritzen)	Insulin durch Rollen oder Schwenken mischen (nur bei Misch-/Verzögerungsinsulin)

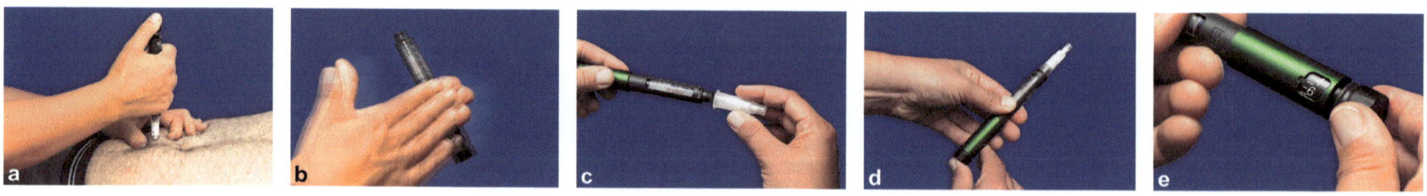

Aufgabe 11 Kennen Sie diese Wörter? Wie heißen sie in Ihrer Sprache? Schreiben Sie.

die Folgeerkrankung (Erkrankung, die durch eine andere Krankheit entsteht):

____

die Sensibilitätsstörungen (man spürt/merkt fast nichts, z. B. Berührungen oder Schmerzen):

____

die Berührung (das spürt/merkt eine Person, wenn man sie anfasst):

____

die Fußpflege (Füße reinigen und pflegen, z. B. feilen oder schneiden):

____

die (Blut-)Gefäße: Venen und Arterien (transportieren das Blut durch den Körper):

____

die Druckstelle (wenn z. B. Schuhe zu klein sind und drücken, hat man Schmerzen an den Füßen. Da, wo es weh tut, hat man eine Druckstelle):

____

Hören Sie den Dialog, und lesen Sie den Text.

Aufgabe 12

Hörtext 6.1

Herr Schmitz hat „Zucker" – Fortsetzung

Praxisanleiterin: „Gut gemacht, Cristina! Jetzt hat Herr Schmitz sein Insulin bekommen. Und nun müssen wir noch die Wunde an seinem Fuß versorgen."

Cristina López: „Woher kommt die Wunde an seinem Fuß? Hat er sich verletzt?"

Praxisanleiterin: „Die Wunde ist ein *diabetisches Fußsyndrom*. Das ist eine Krankheit, die durch *Diabetes mellitus* entsteht. Man nennt das Folgeerkrankung. Herr Schmitz hat Sensibilitätsstörungen an den Füßen. Das bedeutet, dass er dort nicht mehr viel fühlt, zum Beispiel nicht mehr die Berührungen. Das nennt man *Neuropathie*. Dann können solche Wunden entstehen. Man nennt sie auch *Ulzera*."

Cristina López: „Gibt es noch mehr Folgeerkrankungen von *Diabetes mellitus*?"

Praxisanleiterin: „Ja, viele. Man kann zum Beispiel Probleme mit den Augen oder Blutgefäßen bekommen."

Cristina López: „Oh, das wusste ich nicht … Hat Herr Schmitz starke Schmerzen an seinem Fuß?"

Praxisanleiterin: „Nein, durch die *diabetische Neuropathie* hat er weniger Schmerzen. Aber genau das ist gefährlich, denn so merkt er nicht, wenn er eine Verletzung am Fuß hat. Und durch den *Diabetes mellitus* heilen die Wunden sehr schlecht, weil Diabetiker eine schlechte Durchblutung haben. Das bedeutet, dass das Blut in den Blutgefäßen nicht gut fließen kann. Es bewegt sich nicht schnell genug und kommt nur schwer zurück zum Herzen."

Cristina López: „Müssen wir bei unserer Arbeit dann etwas Besonderes beachten?"

Praxisanleiterin: „Ja. Es ist sehr gefährlich, wenn Herr Schmitz Wunden hat. Deshalb dürfen wir ihm die Fußnägel nicht schneiden, sondern nur feilen. Für die Fußpflege von Diabetikern gibt es eine spezielle Berufsgruppe. Die nennt man Podologen. Auch kleine Verletzungen an seinen Füßen müssen wir desinfizieren und beobachten. Sie können schnell zu *Ulzera* werden.
Herr Schmitz kann momentan auch nicht aus dem Bett aufstehen. Deshalb ist es wichtig, dass er gut liegt. Es dürfen keine Druckstellen an seinen Füßen entstehen. Und seine Füße sind oft kalt, er soll also warme Socken anziehen. Aber wir dürfen ihm keine Wärmflasche an die Füße legen. Er kann nicht spüren, wenn es zu warm wird. Das ist gefährlich."

Cristina López: „Seine Haut ist auch oft sehr trocken und rissig. Ich glaube, deshalb hat er viele kleine Wunden."

Praxisanleiterin: „Ja, das stimmt. So ist das oft bei Diabetikern. Deshalb sollte man die richtigen Pflegeprodukte benutzen, zum Beispiel spezielle Lotionen. Die sollen die Haut mit Feuchtigkeit versorgen."

Cristina López: „Für meine Schwester ist es gefährlich, wenn ihr Blutzucker zu niedrig ist. Das nennt man glaube ich *Hypoglykämie*. Kann das bei Herrn Schmitz auch passieren?"

Praxisanleiterin: „Ja genau, das ist wie bei Ihrer Schwester. Deshalb müssen wir ihn beobachten. Starkes Schwitzen oder ein unruhiger Schlaf sind zum Beispiel Zeichen, dass sein Blutzuckerwert zu niedrig sein kann."

Aufgabe 13 Ergänzen Sie.

Diabetes mellitus *Ulzera* schneiden trocken Erkrankung Schmerzen

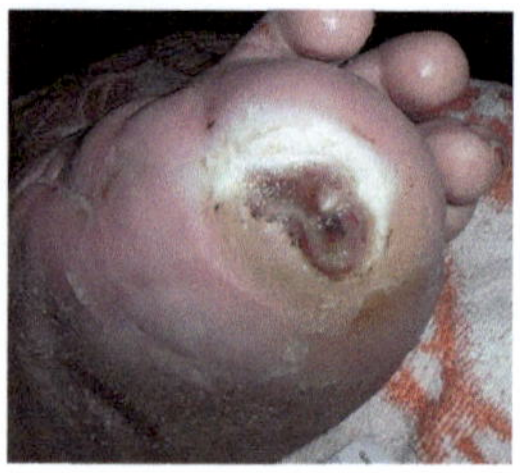

1. Das diabetische Fußsyndrom ist eine ______________, die durch *Diabetes mellitus* entsteht.
2. Die Wunde an dem Fuß von Herrn Schmitz nennt man auch ______________.
3. Neuropathie bedeutet, dass man kaum ______________ spürt.
4. Es gibt viele Krankheiten, die durch ______________ entstehen.
5. Wunden an den Füßen sind sehr gefährlich bei Diabetikern. Man darf die Fußnägel nur feilen und nicht ______________!
6. Bei Diabetikern ist die Haut oft sehr ______________ und rissig.

Aufgabe 14 Welches Wort passt nicht? Streichen Sie.

1. Diabetes mellitus – Folgeerkrankungen – ~~Dienstplan~~ – diabetisches Fußsyndrom
2. Folgeerkrankungen – Augenerkrankungen – Gefäßerkrankungen – Ulzera – Körperpflege
3. Hypoglykämie – sehr niedriger Blutzuckerwert – Durchfall – Schwitzen – Unruhe
4. Diabetische Neuropathie – Stationszimmer – Sensibilitätsstörungen – Schmerzunempfindlichkeit
5. Toilettenstuhl – Druckstellen – Wunden – Infektionen

6.3 Kommunikation – Wichtige chronische Erkrankungen, Gespräche im Krankenhaus (mit Ärzten, Kollegen, Pflegebedürftigen)

Aufgabe 15

Hören Sie das Gespräch. Über welche chronischen Erkrankungen sprechen Cristina López und ihre Praxisanleiterin Frau Kiesling? Ordnen Sie die Buchstaben.

Hörtext 6.2

HAMSTA *ASTHMA*

ZEMEND ______________________

OPDC ______________________

CHRINOSCHER SCHERZM ______________________

SIADETEB SELLIMUT ______________________

SORBUM KINARNSOP ______________________

VIC ______________________

Aufgabe 16

Beantworten Sie die Fragen. Die Wörter in den Klammern helfen Ihnen.

Ist Morbus Parkinson eine Lungen-Erkrankung? (Nervensystem)

Nein, *Morbus Parkinson ist eine Nervensystem-Erkrankung.*

Ist Demenz eine Venen-Erkrankung? (neurologische)

Nein, ______________________

Ist COPD eine neurologische Erkrankung? (Lungen)

Nein, ______________________

Ist CVI eine Lungen-Erkrankung? (Venen)

Nein, ______________________

Aufgabe 17

Gespräche im Krankenhaus. Was kann man zu wem sagen? Warum (nicht)? Wenn nicht: Wie könnte man es anders sagen?

Kreuzen Sie an, und überlegen Sie zuerst kurz alleine.

	Arzt	Kollege	Pflege-bedürftiger
„Hallo, ich bin Nikola. Sollen wir uns duzen?"			
„Wie geht es Ihrer Frau?"			
„Entschuldigung, das habe ich nicht verstanden."			
„Helfen Sie mir bitte mal kurz!"			
„Herr Akbay hat Zucker."			
„Oh, Sie haben keine Informationen? Das hat Herr Dr. Bernard sicher vergessen!"			

Tipp!
Arzt ↔ Doktor ↔ Professor
Arzt ist ein Beruf, **Doktor** ist ein akademischer Abschluss. Nach dem Studium spezialisiert man sich 3 bis 5 Jahre auf ein spezielles Thema und schreibt eine Doktorarbeit (die **Promotion**). Danach darf man sich „Doktor" nennen,
Ein **Professor** hat sich noch mehr spezialisiert und weitere Prüfungen gemacht (die **Habilitation**).

Bilden Sie Kleingruppen. Vergleichen Sie, und diskutieren Sie die Unterschiede in der Kommunikation mit den verschiedenen Personen.

REDEMITTEL

Ich finde/denke/meine, man kann diesen Satz (nicht) zu einem Pflegebedürftigen/Kollegen/Arzt sagen.
Man sagt besser: … / Vielleicht könnte man sagen: …
Ja, du hast recht. / Das stimmt.
Nein, ich sehe das (etwas) anders. Ich finde, man kann das (nicht) zu … sagen, weil …

Diskutieren Sie auch: Was kann/sollte man in einem Gespräch mit Ärzten/Kollegen/Pflegebedürftigen (nicht) machen? Und warum?

Umgangssprache benutzen Fachausdrücke benutzen persönliche Informationen erzählen/erfragen duzen/siezen um Hilfe bitten sagen, dass man etwas nicht versteht um Erklärung bitten Respekt haben streiten …

REDEMITTEL

Bei (Ärzten) sollte man (keine Umgangssprache benutzen), weil …
Ich finde, bei (Patienten) sollte man nicht (um Hilfe bitten), denn …
Ich denke, man kann bei (Kollegen persönliche Informationen erzählen), weil …

Internet-Tipp
Übungen/Infos zu „Arbeitsklima – wie spricht man mit Chefs?“: www.goethe.de/resources/files/pdf101/arbeitsklima-ab.pdf

Gespräche im Krankenhaus: Gibt es Unterschiede zwischen Deutschland und Ihrem Heimatland? Wenn ja, welche? Erzählen Sie.

REDEMITTEL

Bei uns / In meinem Heimatland ist es **dasselbe/ähnlich wie** / (ganz/etwas) **anders als** in Deutschland.
Die Ärzte und die Pflegekräfte / Meine Kollegen und ich … haben einen/keinen guten Kontakt. / sprechen viel/wenig miteinander. / sprechen nur über berufliche / auch über private und persönliche Themen. …

Aufgabe 18 Mini-Projekt: „Na, wie war's?“
Bilden Sie Gruppen mit 3 bis 4 Personen. Schreiben Sie gemeinsam ein kurzes Drehbuch (Text für einen Film, Skript).

Stellen Sie sich vor: Sie haben gerade Ihre Ausbildung angefangen und arbeiten seit einer Woche im Krankenhaus. Die Arbeit gefällt Ihnen, aber es gab auch einige Schwierigkeiten.

Am Freitag vor dem Wochenende fragen verschiedene Personen Sie: „Na, wie war's? Wie war Ihre erste Woche?“ Was antworten Sie? Wie formulieren Sie Ihre Antwort?

Schreiben sie drei kurze Dialoge. Sie sprechen:

- zuerst mit einem Arzt,
- dann mit einem Kollegen
- und schließlich zu Hause mit Ihrem besten Freund.

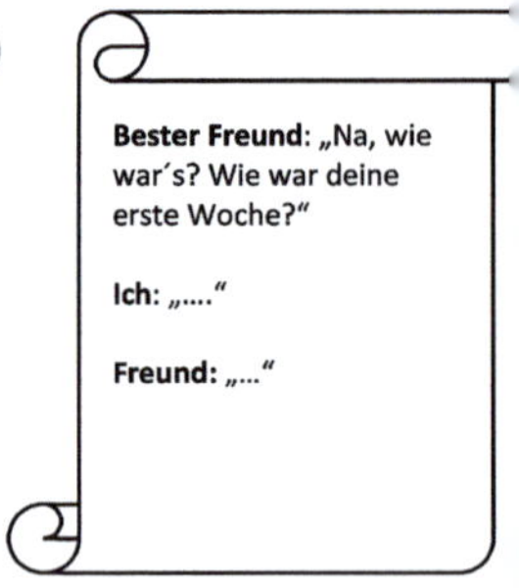

Spielen Sie einen oder alle drei Dialoge vor der Klasse.
Wenn alle Gruppen gespielt haben, sprechen Sie über Ihre Beobachtungen.
Alternative: Sie können auch filmen! Drehen Sie kleine Videos mit Ihrem Handy, und zeigen Sie sie in der Klasse!

Aufgabe 19

Partner-Spiel zur Wiederholung. Suchen Sie einen Partner. Eine Person nimmt Spielplan A, die andere B. Decken Sie den anderen Spielplan zu. Beantworten Sie abwechselnd die Fragen, der Partner kontrolliert. Person A beginnt.

Spielplan A	
„Wie geht es Ihnen?" Was antworten Sie?	
„Fehlt Ihnen etwas?" Was antworten Sie?	*„Danke, mir fehlt nichts. / Es geht mir gut." „Ich habe Kopfschmerzen / bin erkältet..."*
Nennen Sie vier leichte Krankheiten.	
Nennen Sie vier chronische Krankheiten.	*Diabetes mellitus, Demenz, Multiple Sklerose, Herzkrankheiten, Osteoporose ...*
Nennen Sie von drei Krankheiten die lateinische/griechische und die umgangssprachliche/deutsche Bezeichnung.	
Nennen Sie von drei Fachärzten die lateinische/griechische und die umgangssprachliche/deutsche Bezeichnung.	*Dermatologe – Hautarzt, Ophthalmologe – Augenarzt, Gynäkologe – Frauenarzt, Kardiologe – Herzspezialist, Pädiater – Kinderarzt ...*

Spielplan B	
„Wie geht es Ihnen?" Was antworten Sie?	*„Es geht mir / Mir geht es (nicht so) gut."*
„Fehlt Ihnen etwas?" Was antworten Sie?	
Nennen Sie vier leichte Krankheiten.	*Erkältung, Übelkeit, Schwindel, Ausschlag, Bruch, Hals-/Kopfschmerzen ...*
Nennen Sie vier chronische Krankheiten.	
Nennen Sie von drei Krankheiten die lateinische/griechische und die umgangssprachliche/deutsche Bezeichnung.	*Diabetes mellitus – Zucker(krankheit), Diarrhö – Durchfall, Adipositas – Übergewicht, Vertigo – Schwindel ...*
Nennen Sie von drei Fachärzten die lateinische/griechische und die umgangssprachliche/deutsche Bezeichnung.	

6.4 Lernen durch Ankreuzen – COPD

Aufgabe 20 Richtig oder falsch? Kreuzen Sie an.

1. COPD bedeutet auf Englisch *chronic obstructive pulmonary disease* und auf Deutsch „chronisch-obstruktive Lungenerkrankung".
   - □ a) richtig
   - □ b) falsch

2. COPD ist eine chronische Krankheit. Die Erkrankten haben starke Probleme beim Atmen.
   - □ a) richtig
   - □ b) falsch

3. Menschen mit COPD müssen oft Sauerstoff* über ein Sauerstoffgerät** bekommen.
   - □ a) richtig
   - □ b) falsch

4. Menschen mit COPD nehmen oft spezielle Medikamente. Diese Medikamente muss man einatmen – das nennt man auch inhalieren. Pfleger und Pflegerinnen dürfen nicht helfen, das machen nur Ärzte und Ärztinnen.
   - □ a) richtig
   - □ b) falsch

5. Zuhause können Menschen mit COPD auch Sauerstoff über ein Sauerstoffgerät bekommen. Die ambulante Pflege kontrolliert das Gerät regelmäßig und informiert die Pflegebedürftigen, wie hoch der Sauerstoff sein darf.
   - □ a) richtig
   - □ b) falsch

---

* der Sauerstoff: die Luft zum Atmen

** das Sauerstoffgerät: Menschen, die eine Lungenkrankheit haben, bekommen oft schwer Luft / können oft nicht gut atmen. Durch ein Sauerstoffgerät bekommen sie mehr Luft in die Nase.

6.5 Grammatik – Possessivartikel

Possessivartikel

Mit Possessivartikeln drückt man aus:
- etwas gehört mir / ich besitze etwas, z. B. „Das ist meine Brille."
- etwas gehört zu mir, z. B. „Das ist meine Schwester."
- ist ein Teil von mir, z. B. „Das ist mein Fuß."

Possessivartikel – Formen				
	maskulin	**neutral**	**feminin**	**Plural**
Nominativ	der/ein (er)	das/ein (es)	die/eine (sie)	die/— (sie)
	mein Freund dein Freund sein Freund ihr Freund unser Freund euer Freund ihr/Ihr Freund	mein Team dein Team sein Team ihr Team unser Team euer Team ihr/Ihr Team	meine Chefin deine Chefin seine Chefin ihre Chefin unsere Chefin eur**e** Chefin ihre/Ihre Chefin	meine Kollegen deine Kollegen seine Kollegen ihre Kollegen unsere Kollegen eur**e** Kollegen ihre/Ihre Kollegen
Akkusativ	de**n**/ein**en** (ihn)	das/ein (es)	die/eine (sie)	die/— (sie)
	mein**en** Freund … eur**en** Freund …	mein Team … euer Team …	meine Chefin … eur**e** Chefin …	meine Kollegen … eur**e** Kollegen …
Dativ	de**m**/ein**em** (ihm)	de**m**/ein**em** (ihm)	de**r**/ein**er** (ihr)	de**n**/— (ihnen)
	mein**em** Freund … eur**em** Freund …	mein**em** Team … eur**em** Team …	mein**er** Chefin … eur**er** Chefin …	mein**en** Kollegen … eur**en** Kollegen …

Sehen Sie die Tabelle oben an, und ergänzen Sie die Regeln.

Aufgabe 21

2. Person   Bezugsperson   Akkusativ   Nomen   Endung

1. Possessivartikel haben meistens dieselbe ______________ wie Artikel und Personalpronomen.
2. Feminin und Plural enden im Nominativ und ______________ immer mit **-e**.
3. Die ______________ Plural hat zwei Formen: **euer** und (wenn eine Endung dazu kommt) **eur-** (zum Beispiel: *euer Team, eure / mit eurer Chefin*).
4. Possessivartikel haben zwei Teile. Der erste Teil hängt von der ______________ ab, der zweite Teil von dem ______________, das folgt. Außerdem ist der Kasus wichtig: Steht das Folge-Nomen im Nominativ, Dativ oder Akkusativ?

Paul findet seine Kollegen sehr nett.
(Akk. PL.)

Ich arbeite gerne mit meinem Team.
(Dat. neutr.)

Aufgabe 22 Ergänzen Sie die Possessivartikel im Nominativ.

1.	**ich**	Meine Schwester hat *Diabetes mellitus.*
2.	**sie (SG.)**	Es gefährlich, wenn ______________ Blutzucker zu niedrig ist.
3.	**er**	Max bekommt Insulin. ______________ Blutzuckerwert ist zu niedrig.
4.	**wir**	______________ Team hat jeden Dienstag ein Meeting.
5.	**du**	Tut ______________ Fuß noch weh? Und ist ______________ Haut noch so trocken?
6.	**sie (PL.)**	Marie und Piotr finden, ______________ Praxisanleiterin ist sehr nett.
7.	**ihr**	Sprecht ihr und ______________ Chef auch über private Themen?

Aufgabe 23 Wählen Sie den richtigen Possessivartikel im Akkusativ aus.

Lieber Yuan,

danke, dass du heute *mein/meinen* Dienst übernimmst. Hier sind noch ein paar Infos: Ich habe Herrn Schmitz schon *sein/Ihr* Insulin gegeben und *sein/seinen* Fuß versorgt. Frau Kiesling war dabei, ich glaube, sie fand *meine/mein* erstes Blutzucker-Messen ganz gut!

Und ich habe *deine/deinen* Freundin Martha aus der Radiologie getroffen. Ich soll dir viele Grüße sagen. Sie freut sich auf *euer/eure* Treffen am Samstag. Sie ist echt nett, vielleicht können wir drei ja mal *unsere/eure* Pause zusammen verbringen!?

Viele Grüße und bis morgen

Cristina

Aufgabe 24 Interviews. Schreiben Sie die richtigen Possessivartikel im Dativ. Suchen Sie dann einen Partner, und stellen Sie 3 bis 4 Fragen (*du/Sie*). Bilden Sie dann Gruppen zu dritt, und stellen Sie auch hier 3 bis 4 Fragen (*ihr/Sie*).

du	Sie	ihr
Wie geht es dir und deiner Familie?	Wie geht es Ihnen und Ihrer Familie?	Wie geht es euch und eurer Familie?
Was machst du gerne in ______________ Freizeit?		
Hast du Spaß an ______________ Arbeitsplatz?		
Was gefällt dir nicht so gut bei ______________ Arbeit?		
Sprichst du oft mit ______________ Kollegen?		
Hast du ein gutes Verhältnis zu ______________ Praxisanleiter?		
Sind Gespräche mit deutschen Ärzten ähnlich wie in ______________ Heimatland?		
Sprechen Pfleger und Pflegebedürftige auch über Privates in ______________ Heimat?		

Extra: Grammatik und Schreiben

Aufgabe 25

Berichten Sie von einer Krankheit, die Sie einmal hatten. Was waren Ihre Beschwerden und Symptome? Was haben Sie dagegen gemacht? Waren Sie beim Arzt? Benutzen Sie möglichst viele Possessivartikel.

Einmal hatte ich …

Aufgabe 26

Deutschland und Ihr Heimatland. Gibt es Unterschiede in der Kommunikation? Wie kommunizieren die Leute hier, wie in Ihrer Heimat? Was bemerken Sie bei Ihrer Arbeit und in Ihrem Privatleben?

6.6 Das Quiz – Kapitel 6

Beantworten Sie das Quiz zu Kapitel 6 alleine.
Vergleichen Sie dann mit einem Partner oder in der Gruppe!

Aufgabe 1 Welche Symptome hat man bei einer Grippe? Und welche bei einer Magen-Darm-Infektion?

____

____

____

Aufgabe 2 Was spritzt/injiziert Cristina López Herrn Atayev? Und warum?

____

____

____

Aufgabe 3 Was sind chronische Erkrankungen? Nennen Sie Beispiele.

____

____

____

Aufgabe 4 Was bedeuten die Buchstaben „COPD"? Ist das eine Venen-Erkrankung?

____

____

____

Aufgabe 5 Possessivartikel. Nennen Sie die richtigen Formen.

Nominativ: (du) ______________ Kopf, (wir) ______________ Ohren
Akkusativ: (er) für ______________ Rücken, (ihr) für ______________ Ohren
Dativ: (ich) mit ______________ Finger, (Sie) mit ______________ Schulter

____

____

7 Pflege von Menschen mit Wahrnehmungs- und Bewusstseinsstörungen

In diesem Kapitel geht es um:

Kompetenzfelder
- Erkrankungen am Nervensystem (Demenz, Morbus Parkinson, Schlaganfall)
- Veränderung des Bewusstseins und Umgang mit verwirrten Menschen
- Verwirrtheitsprophylaxe

Wortschatz und Kommunikation
- Orientierung im Krankenhaus: auf Station, Räume, Möbel, Institutionen
- Beobachtung und Unterscheidung von Bewusstseinszuständen
- Sinnesorgane

Grammatik
- Lokale Präpositionen mit Dativ
- Indirekte Fragen

Aufgabe 1

Sehen Sie das Foto an, und sprechen Sie!

Was sehen Sie auf dem Foto? Was machen die beiden Frauen?
Warum machen sie das?
Ist das eine Pflegesituation?
Kennen Sie diese Situation aus Ihrer Ausbildung oder aus einem früheren Job?
Haben Sie schon Menschen mit Orientierungsstörungen gepflegt? Was haben Sie mit ihnen gemacht? Wie haben Sie sie unterstützt?

Redemittel

Da ist … / Das ist … / Ich sehe …
Die beiden Frauen …, weil …
Ja, ich denke, das ist eine Pflegesituation, weil …
Ja, ich kenne diese Situation aus …
Ja, Ich habe schon mal / schon oft Menschen mit Orientierungsstörungen gepflegt.
Nein, ich habe noch nie Menschen mit Orientierungsstörungen gepflegt.
Wir haben/sind …
Ich habe sie bei … unterstützt.

7.1 Wortschatz – Orientierung im Krankenhaus: auf Station, Räume, Institutionen

Aufgabe 2 Auf Station. Hören Sie das Gespräch, und schreiben Sie die fehlenden Informationen.

Hörtext 7.1

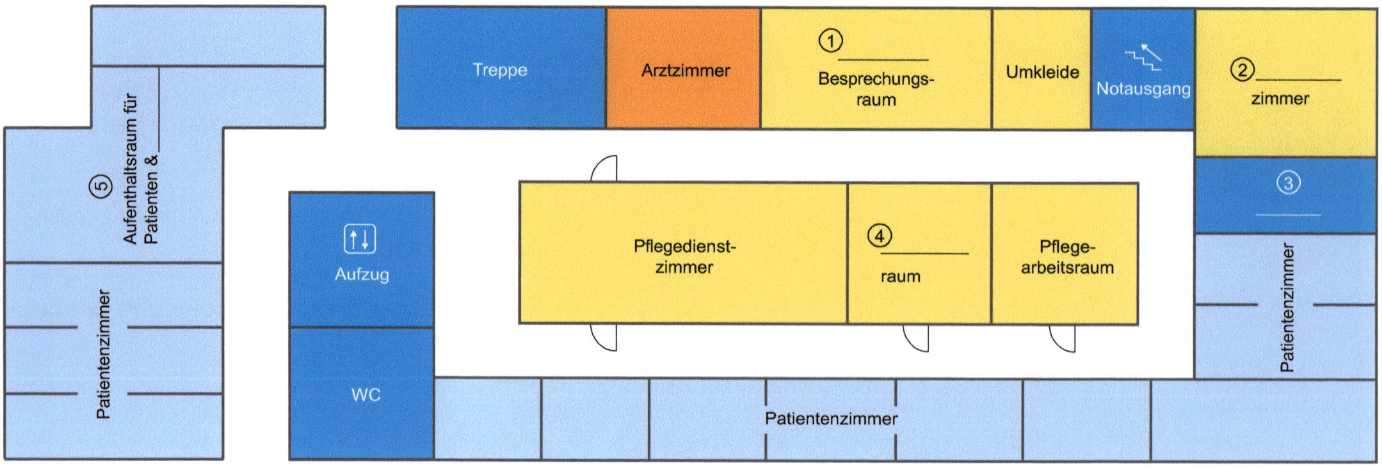

Hören Sie noch einmal, und kreuzen Sie an: richtig oder falsch?

	richtig	falsch
Im Pflegedienstzimmer hängt auch der Dienstplan.	☐	☐
Hoa kann ihre Sachen in der Teeküche lassen.	☐	☐
Schutzkleidung, Medikamente und Dokumente findet man im Stationszimmer.	☐	☐
Für die Patienten gibt es Einbett-, Zweibett- und Mehrbettzimmer.	☐	☐
Im Geräteraum sind die Pflegematerialien, im Pflegearbeitsraum die Pflegewagen.	☐	☐

Aufgabe 3 Was ist wo? Ordnen Sie zu. Ergänzen Sie auch die Dinge aus Aufgabe 2.

Mikrowelle Kühlschrank Wertsachen abschließbare Schränke Tisch Computer, Telefon Stationsleitung Stationsarzt Infusionsständer Desinfektionsmittel Pflaster Einmalhandschuhe Nadeln, Röhrchen Besucher Trennwand

Arztzimmer: ________

Patientenzimmer: ________

Teeküche: ________

Pflegedienstzimmer: ________

Stationszimmer: ________

Pflegearbeitsraum: ________

Geräteraum: ________

Umkleide: ________

Aufenthaltsraum: ________

Welche anderen Dinge gibt es in den Zimmern/Räumen? Ergänzen Sie.

Zum Beispiel:

- *Im Patientenzimmer gibt es auch Nachttische. Und Stühle!*
- ▸ *Und in unserer Teeküche ist auch ein Herd mit Ofen und ein Getränkeautomat.*

Aufgabe 4

Allgemeine Institutionen und Räume im Krankenhaus. Was bedeuten die Symbole? Kennen Sie die Wörter? Ergänzen Sie die Vokale, und vergleichen Sie mit Ihrem Partner.

1. die _nf_rm_t__n

2. die P_t__nt_n-Aufnahme

3. die N_t__fn_hm_

4. die _DV (Elektronische Datenverarbeitung)

5. die K_p_ll_ (kleine Kirche)

6. die Verwaltung/_dm_n_str_t__n

7. die C_f_t_r__

8. der _p_r_t__ns-Saal (OP)

Kennen Sie weitere Institutionen, Räume und Dinge im Krankenhaus? Sammeln Sie an der Tafel.

Zum Beispiel:

- *Die Intensivstation!*
- *Und der Ultraschall-Raum. Und der fürs Röntgen!*

Wählen Sie eine Institution oder einen Raum, und schreiben Sie 3 bis 5 Sätze. Nennen Sie nicht den Namen, aber beschreiben Sie: Was passiert dort? Wer ist dort? Welche Dinge kann man dort finden? Bilden Sie nun Kleingruppen. Lesen Sie Ihre Beschreibung vor. Die anderen raten, was gemeint ist.

7.2 Pflegesituation – Veränderung des Bewusstseins und Umgang mit verwirrten Menschen, Erkrankungen am Nervensystem

Vokabular zum Text

Frau Özcan ist verwirrt.
(Jemand ist verwirrt.)

Die fremde Umgebung ist verwirrend.
(Etwas ist verwirrend.)

das (Toiletten-)Schild / Schilder
→ Hilfe zur örtlichen Orientierung

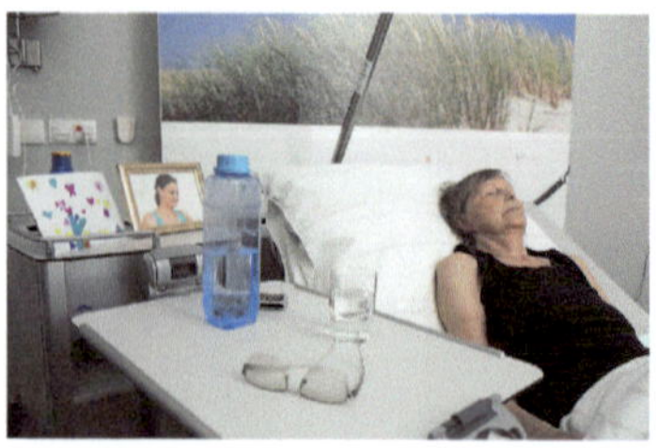

der persönliche Gegenstand / Gegenstände
→ Hilfe zur örtlichen Orientierung

der Kalender / Kalender
→ Hilfe zur zeitlichen Orientierung

freundliche Zuwendung und Unterhaltung → Hilfe zur persönlichen und situativen Orientierung

jemanden (nicht) erkennen

sich einhaken

gestützt gehen

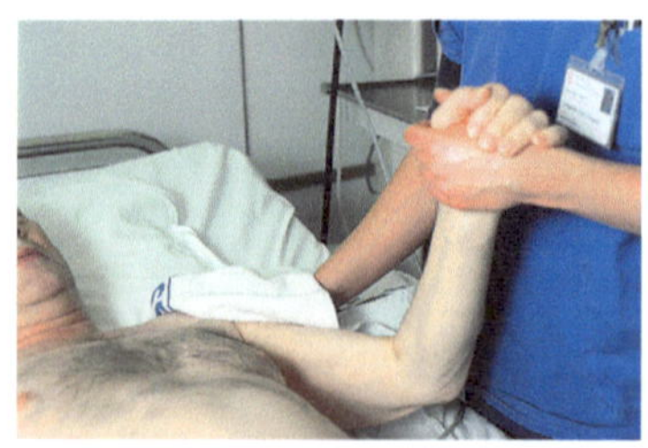

berühren; die (vertraute) Berührung / Berührungen

Lesen Sie den Text. **Aufgabe 5**

Frau Özcan sucht ihr Zimmer

Es ist 19.00 Uhr, und auf der internistischen Station im Krankenhaus wird es langsam ruhig. Plötzlich hört Cristina López eine Patientenklingel. Sie geht zum Patientenzimmer und klopft an die Tür. Als sie reingeht, sieht sie eine alte Dame im Nachthemd. Daneben steht Herr Atayev, er hat auf die Klingel gedrückt. Er sagt, dass er die Frau nicht kennt, aber sie möchte sich in sein Bett legen! Die Frau sagt, dass sie kurz auf der Toilette war und jetzt weiterschlafen will. Cristina redet ruhig mit der Frau. Sie erklärt ihr, dass sie nicht in ihrem Zimmer ist. Sie möchte mit ihr zusammen das richtige Zimmer suchen. Aber als Cristina der alten Dame ihre Hand geben möchte, guckt die Frau sie böse an. Sie geht zum Bett und legt sich hin.

Da hört Cristina ihre Kollegin rufen. Sie kommt mit einem weiteren Pfleger in das Zimmer. Der Pfleger, Oliver Hartmann, arbeitet auf einer anderen Station und sucht schon länger nach der älteren Dame. Sie heißt Frau Özcan und ist 84 Jahre alt. Frau Özcan leidet an Alzheimer-Demenz. Durch diese Krankheit ist sie oft verwirrt. Sie ist seit drei Tagen im Krankenhaus, und die fremde Umgebung macht ihr Angst und ist verwirrend. Der Pfleger sagt, dass Frau Özcan manchmal Probleme mit der Orientierung hat und sie dann ihr Zimmer nicht mehr findet. Auf seiner Station gibt es große Schilder an der Toilettentür. Das hilft Frau Özcan bei der örtlichen Orientierung. Neben ihrem Bett hat sie auch persönliche Gegenstände: ein Foto von ihrer Tochter und ein Bild, das ihre Enkelin gemalt hat. Das hilft ihr, das richtige Bett zu finden. Jeden Tag gucken die Pfleger mit ihr auf einen Kalender auf dem Stationsflur und auf die Uhr. So weiß sie, welches Datum und wie viel Uhr es ist. Das ist eine Hilfe zur zeitlichen Orientierung.

Oliver Hartmann ist froh, dass es Frau Özcan gut geht und dass sie nicht verwirrt vor dem Krankenhaus auf der Straße sitzt. Das ist gestern passiert. Er geht zu der alten Dame und redet freundlich und klar mit ihr. Er begrüßt sie mit ihrem Namen und sagt ihr, wie er heißt. Diese freundliche Zuwendung und Unterhaltung hilft ihr bei der persönlichen und der situativen Orientierung. Frau Özcan lächelt. Sie erkennt den Pfleger. Jetzt merkt sie, dass sie hier falsch ist. Er nimmt ihre Hand, und sie kann sich einhaken und gestützt gehen. Durch die vertraute Berührung fühlt sie sich sicher. Zusammen gehen sie zurück zu ihrem Zimmer.

Richtig oder falsch? Kreuzen Sie an, und schreiben Sie. **Aufgabe 6**

	richtig	falsch
Frau Özcan ist auf der falschen Station.	☐	☐
Frau Özcan ist oft verwirrt, weil sie *Diabetes mellitus* hat.	☐	☐
Die Uhrzeit und ein Kalender helfen Frau Özcan bei der zeitlichen Orientierung.	☐	☐

Frau Özcan möchte Cristina López nicht die Hand geben. Aber Oliver Hartmann gibt sie ihre Hand. Warum? Haben Sie eine Idee?

Sie ______________________________

weil ______________________________

Vokabular zum Dialog

Aufgabe 7 Welche Orientierungs-Hilfen gibt es? Schreiben Sie die Titel unter die Nummern 1 bis 4, und ordnen Sie die Orientierungs-Hilfen zu.

ein Bild neben dem Bett auf den Kalender gucken auf die Uhr gucken die Pflegebedürftigen mit Namen anreden/begrüßen den eigenen Namen sagen freundliche Zuwendung freundliche Unterhaltung die Hand geben/nehmen/halten sich einhaken Mahlzeiten (Frühstück, Mittagessen, Abendessen) Toiletten-Schild Zimmernummer persönliche Kleidung neben/auf dem Bett freundlich und klar reden Verständnis für die Situation zeigen den Pflegebedürftigen die Angst nehmen

Es gibt die Hilfe zur:

1. ö________________ **Orientierung:**

z. B. *ein Foto neben dem Bett*

____

____

2. z________________ **Orientierung:**

____

____

____

3. p________________ **Orientierung:**

____

____

____

4. s________________ **Orientierung:**

____

____

____

Hören Sie den Dialog, und lesen Sie den Text.

Aufgabe 8

Hörtext 7.2

Frau Özcan sucht ihr Zimmer – Fortsetzung

Einen Tag später hat der Pfleger Oliver Hartmann wieder Dienst. Er unterhält sich mit Frau Özcan.

Oliver H.: „Hallo Frau Özcan. Ich bin es, Oliver Hartmann, Ihr Pfleger. Erinnern Sie sich an mich?"

Frau Özcan: „Natürlich erinnere ich mich an Sie! Schön, dass Sie da sind! Muss ich jetzt ins Bett?"

Oliver H: „Nein, Frau Özcan. Wissen Sie, wie viel Uhr es ist? Sehen Sie, hier an der Wand hängt eine Uhr. Es ist erst 17 Uhr am Abend. Gleich gibt es Abendessen."

Frau Özcan: „Das ist gut, ich habe Hunger. War meine Familie heute hier?"

Oliver H.: „Ja, Ihre Tochter hat Sie heute besucht. Sie kommt jeden Tag zusammen mit Ihrer Enkelin. Hier ist ein Foto von Ihrer Tochter."

Frau Özcan: „Natürlich, die war ja heute hier! Ich freue mich immer sehr, wenn ich die beiden sehe! Dann geht es mir immer gut!"

Oliver H.: „Das glaube ich! Wissen Sie auch, welcher Tag heute ist?"

Frau Özcan: „Ja, Donnerstag. Ich sehe das hier auf meinem Kalender."

Oliver H.: „Genau, das ist richtig!"

Frau Özcan: *(weint plötzlich)* „Ich muss ganz dringend auf die Toilette. Aber die ist weg! Sie war hier, und jetzt ist sie weg! Was soll ich denn jetzt machen?"

Oliver H.: „Keine Angst, Frau Özcan. Ich weiß, wo die Toilette ist. Wir gehen jetzt zusammen dahin. An der Tür hängt ein großes Schild. Ich zeige es Ihnen. Wollen Sie meinen Arm nehmen und sich einhaken? Dann kann ich Sie gut stützen."

Frau Özcan: „Ja, danke. Ah ja, an das Schild auf der Toilettentür kann ich mich erinnern …"

Wie lautet die Frage? Schreiben Sie.

Aufgabe 9

Wie fragen Sie jemanden, ob er sich an Sie erinnert?

Erinnern Sie sich an mich? / Können Sie sich an mich erinnern?

Wie fragen Sie jemanden, ob er weiß, wie viel Uhr es ist?

____

Wie fragen Sie jemanden, welcher Tag heute ist?

____

Wie fragen Sie jemanden, ob er Ihren Arm nehmen und sich einhaken will?

____

Wie fragen Sie jemanden, ob Sie ihn stützen sollen?

____

Aufgabe 10 Was passt? Verbinden Sie.

1	Frau Özcan fragt,	a	So weiß sie, dass Abend ist.
2	Frau Özcan erinnert sich an das Schild	b	wo die Toilette ist.
3	Frau Özcan hat Angst,	c	an der Toilettentür.
4	Oliver Hartmann zeigt Frau Özcan,	d	weil sie einen Kalender hat.
5	Frau Özcan weiß, welcher Tag heute ist,	e	ob sie jetzt ins Bett muss.
6	Oliver Hartmann sagt Frau Özcan, dass es gleich Abendessen gibt.	f	weil sie die Toilette nicht findet.

Erkrankungen am Nervensystem

Viele Menschen leiden durch Erkrankungen am Nervensystem an Wahrnehmungs- und Bewusstseinsstörungen. Der folgende Text informiert.

Aufgabe 11 Welche Wörter passen? Schreiben Sie.

~~Nervensystem~~ Demenz Morbus Parkinson Schlaganfall Alzheimer-Demenz Erkrankung gesunden Hände Patienten Gesicht Apoplex Hirnblutung

Es gibt verschiedene Erkrankungen am *Nervensystem*. Dazu gehören D__________, M__________ und der S__________.

Bei einer Demenz können sich die Pflegebedürftigen an vieles nicht erinnern. Es gibt verschiedene Formen. Am häufigsten ist die A__________. Man weiß nicht genau, wie diese E__________ entsteht. Die häufigsten Symptome sind Gedächtnis-Störungen (die Menschen können sich nicht erinnern) und Orientierungs-Störungen (die Menschen haben keine Orientierung, sie finden nicht den richtigen Weg). Auf einem MRT-Bild (Bild vom Gehirn) kann man eine Demenz erkennen: Die Teile des Gehirns für das Gedächtnis sind viel kleiner als bei g__________ Menschen.

Morbus Parkinson nennt man auch die Schüttellähmung. Denn die Pflegebedürftigen können sich nicht mehr gut bewegen (sie sind „teilweise gelähmt"), aber bewegen gleichzeitig ihre H__________. Entweder mit kleinen schüttelnden Bewegungen (*Rigor*) oder mit größeren langsamen Bewegungen (*Ruhetremor*). Man erkennt Parkinson-P__________ gut: Der Oberkörper ist nach vorne gebeugt, sie gehen mit kleinen Schritten („Tippelschritte"), und sie können die Muskeln in ihrem G__________ nicht gut bewegen („Maskengesicht").

Einen Schlaganfall nennt man auch A__________. Man kann einen Schlaganfall bekommen, wenn das Gehirn nicht mit Blut versorgt wird (*Ischämischer Schlaganfall*) oder wenn es zu einer Blutung im Gehirn kommt (H__________). Ein Schlaganfall kann verschieden Folgen haben. Die Pflegebedürftigen können oft eine ganze Körperhälfte nicht mehr bewegen (*Hemiparese*). Das bedeutet: Das halbe Gesicht ist gelähmt (ohne Bewegung), der Ellbogen und die Finger sind gebeugt, der Fuß wird nachgezogen (in Form von einem Halbkreis).

7.3 Kommunikation – Orientierung im Krankenhaus: Patientenzimmer und Möbel, Sinnesorgane, Beobachtung und Unterscheidung von Bewusstseinszuständen

Orientierung im Krankenhaus: Patientenzimmer und Möbel

Patientenzimmer. Welche Möbel und Dinge gibt es dort? Suchen Sie, und ordnen Sie zu. Schreiben Sie im Singular und Plural.

Aufgabe 12

Q	Z	P	W	N	U	A	I	H	D	S	V	M	P
Y	E	P	F	L	E	G	E	B	E	T	T	T	F
F	U	F	I	Q	B	T	Z	U	K	I	E	C	T
E	J	L	E	S	E	L	A	M	P	E	A	U	R
R	I	E	Q	X	R	Y	N	B	R	W	L	O	E
N	V	G	W	A	B	U	D	S	G	S	H	B	N
S	F	E	G	H	E	R	X	V	B	T	C	U	N
E	I	W	T	Z	T	C	B	G	R	U	E	Q	V
H	N	A	C	H	T	T	I	S	C	H	K	J	O
E	R	G	I	M	T	B	N	F	G	L	O	U	R
R	V	E	G	P	I	L	M	N	D	G	I	H	H
N	K	N	G	F	S	C	H	R	A	N	K	D	A
R	T	I	O	K	C	W	X	F	Z	B	S	O	N
Y	V	L	I	C	H	T	R	U	F	I	E	X	G

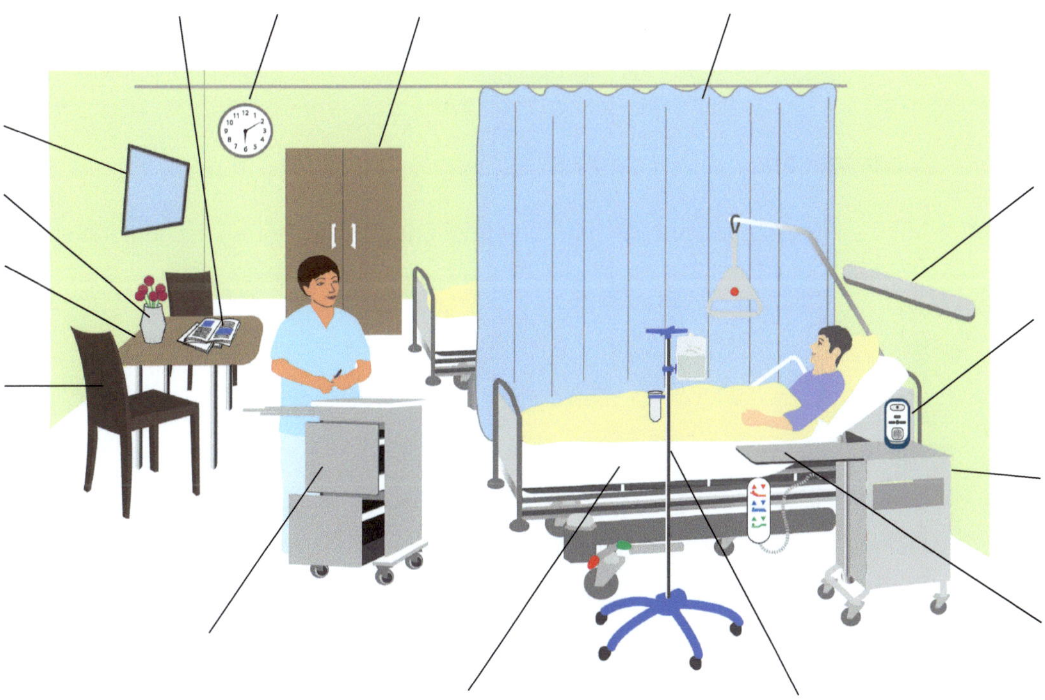

Welche Dinge gibt es noch in dem Bild? Sprechen Sie.

Zum Beispiel:

- *Es gibt auch ein Fenster.*
- *Und da ist auch eine Vase mit Blumen.*

Aufgabe 13 Beschreiben Sie das Bild aus Aufgabe 14. Was ist wo? Arbeiten Sie mit einem Partner, und bilden Sie Sätze.

Tipp!
(➢ Kap. 7.5, Grammatik)
WO mit Dativ!
- Wo ist/hängt/steht/liegt die Lampe?
- Über dem Bett. / An der Wand. / Auf dem Tisch …

Nominativ	**Dativ**
der	→ **dem**
das	→ **dem**
die	→ **der**
die	→ **den (-n)**

REDEMITTEL

Das ist ein Patientenzimmer. Es gibt (ein Bett / einen Stuhl …).

Das Patientenbett	ist/sind	(rechts/links) **neben** (dem Nachttisch).
Die Stühle	hängt/hängen	**vor** (dem Schrank).
Die Leselampe	steht/stehen	**hinter** (dem Vorhang).
Der Infusionsständer	liegt/liegen	**zwischen** (den Stühlen).
…		**über** (dem Bett).
		unter (den Büchern).
		an (der Wand/Decke).
		auf (dem Überbetttisch).

Arbeiten Sie mit einem Partner. Beschreiben Sie ein Zimmer auf Ihrer aktuellen Station. Was ist wo? Ihr Partner malt das Zimmer nach Ihrer Beschreibung.

Zum Beispiel:
Auf meiner Station gibt es eine schöne Teeküche. Da gibt es zum Beispiel einen Metall-Schrank mit Fächern. Die kann man abschließen. Neben dem Schrank stehen ein großer Tisch und viele Stühle. Links an der Wand ist auch ein Kühlschrank. Und auf dem Kühlschrank ist eine Mikrowelle …

Sinnesorgane

Aufgabe 14 Mit den Sinnesorganen kann man die Umgebung sehen, hören, riechen, fühlen oder schmecken. Beenden Sie die Sätze.

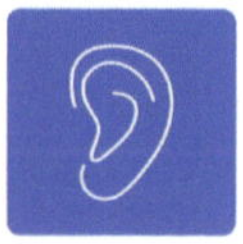

Mit den ________________
kann man h________________

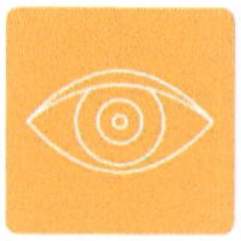

Mit den ________________
kann man s________________

Mit den ________________
kann man s________________

Mit den ________________
kann man f________________

Mit den ________________
kann man r________________

Beobachtung und Unterscheidung von Bewusstseinszuständen

Aufgabe 15
Hörtext 7.3

Hören Sie das Gespräch zwischen Cristina López und dem Pfleger Oliver Hartmann. Was passt? Verbinden Sie.

1	das Bewusstsein	a	Das Verhalten passt nicht zur Situation.
2	die Bewusstseinsstörung	b	Jeder Mensch hat eine andere. Man macht sich ein eigenes Bild von der Situation.
3	die Wahrnehmung	c	psychische Vorgänge: Gedanken, Gefühle, Wahrnehmungen
4	die Wahrnehmungsveränderung	d	Man nimmt Situationen nicht mehr so wahr wie vorher.

Aufgabe 16

Hören Sie noch einmal, und kreuzen Sie an: Welche Antworten passen? Manchmal sind mehrere möglich.

1. Welches Verhalten zeigen Menschen mit Bewusstseinsstörungen oft?
   - ☐ a) Passt nicht zu der Situation.
   - ☐ b) Passt zu der Situation.
   - ☐ c) Passt nicht zu anderen Menschen in der Situation.
   - ☐ d) Passt nicht zu anderen Gegenständen.

2. Können Bewusstseinsstörungen gefährlich sein?
   - ☐ a) Nein, nur unangenehm für die Pflegebedürftigen.
   - ☐ b) Ja, für andere Menschen.
   - ☐ c) Ja, für die Pflegebedürftigen und für andere Menschen.
   - ☐ d) Nein, denn im Krankenhaus beobachten die Pflegenden die Menschen gut.

3. Was macht Frau Özcan zum Beispiel, wenn sie eine veränderte Wahrnehmung hat?
   - ☐ a) Sie telefoniert mit ihrer Tochter.
   - ☐ b) Sie erkennt ihre Tochter nicht.
   - ☐ c) Sie will im Nachthemd nach Hause gehen.
   - ☐ d) Sie legt sich in ein fremdes Patientenbett und will da schlafen.

7.4 Lernen durch Ankreuzen – Verwirrtheitsprophylaxe

Aufgabe 17 Richtig oder falsch? Kreuzen Sie an.

1. Für viele ältere Pflegebedürftige ist es im Krankenhaus sehr verwirrend. Sie haben oft Angst. Durch eine Verwirrtheitsprophylaxe können sie sich besser im Krankenhaus orientieren.
   - □ a) richtig
   - □ b) falsch

2. Zu einer Verwirrtheitsprophylaxe gehört, dass die Pflegebedürftigen sehen können, wieviel Uhr es ist und welches Datum / welcher Wochentag ist.
   - □ a) richtig
   - □ b) falsch

3. Pflegebedürftige brauchen Hilfe bei der Orientierung in folgenden Bereichen: Zeit, Ort, Person und Situation.
   - □ a) richtig
   - □ b) falsch

4. Es ist wichtig, dass große Zahlen an den Zimmertüren sind. An den Betten sollte ein persönlicher Gegenstand von den Pflegebedürftigen sein, zum Beispiel ein Foto oder eigene Kleidung. So können die Pflegebedürftigen besser ihr Zimmer und ihr Bett finden.
   - □ a) richtig
   - □ b) falsch

5. Jede Verwirrtheit ist ein chronischer/andauernder Zustand. Die Verwirrtheit bleibt für immer.
   - □ a) richtig
   - □ b) falsch

7.5 Grammatik – Lokale Präpositionen mit Dativ, Indirekte Fragen

Lokale Präpositionen mit Dativ

Lokale Präpositionen beantworten Fragen nach dem Ort:

- **Wo** ist jemand oder etwas?
- **Wohin** geht/fährt jemand oder etwas?
- **Woher** kommt jemand oder etwas?

Den Präpositionen **aus, bei, mit, nach, seit, von, zu** folgt immer ein Nomen/Pronomen im **Dativ.**
In, an, auf, über, unter, vor, hinter, neben, zwischen sind Wechselpräpositionen. Auf eine Frage mit *„Wo?"* folgt immer ein *Dativ*, auf eine Frage mit *„Wohin?"* ein *Akkusativ* (➤ Kapitel 11).

Übersicht. Was passt wo? Setzen Sie ein.

Aufgabe 18

aus nach bei zu

	Wo ist Reza? Er ist …		**Wohin** geht/fährt Reza? Er geht/fährt …		**Woher** kommt Reza? Er kommt …	
Personen	___	Cristina. dem Pfleger. der Ärztin.	**zu**	Cristina. dem Pfleger. der Ärztin.	**von**	Cristina. dem Pfleger. der Ärztin.
Gebäude, Räume (Ausnahme: Plätze)	**in**	dem OP. der Teeküche. (aber: zu Hause, am Alexanderplatz!)	___ (➤ Kap. 11)	dem OP. der Teeküche. (aber: nach Hause, zum Alexanderplatz!)	**von/aus**	dem OP. der Teeküche. (aber: von zu Hause, vom Alexanderplatz!)
Städte, Länder	**in**	Köln. Deutschland. (aber: dem Iran, der Türkei, den USA!)	___	Köln. Deutschland. (➤ Kap. 11)	___	Köln. Deutschland. (aber: dem Iran, der Türkei, den USA!)

Tipp!
in dem = im
an dem = am
zu dem = zum
zu der = zur
bei dem = beim
von dem = vom
Manchmal hören Sie auch Kombination von anderen Formen, z. B. auf dem = aufm, über dem = überm, hinter dem = hinterm …

Welche Präposition passt? Kreuzen Sie an.

Aufgabe 19

1. Um 7:30 Uhr fahre ich ___ Arbeit.	☐ zur	☐ zum	☐ zu
2. ___ Haltestelle warte ich auf den Bus.	☐ am	☐ im	☐ an der
3. Ich komme um 8 Uhr ___ Krankenhaus an.	☐ in der	☐ zum	☐ im
4. Zuerst gehe ich ___ Frau Kiesling, meiner Praxisanleiterin.	☐ zu	☐ bei	☐ nach
5. Dann haben wir eine Besprechung ___ Kollegen.	☐ in den	☐ mit den	☐ vom
6. ___ Mittagspause treffe ich einen Freund. Er heißt Reza.	☐ an der	☐ in der	☐ im
7. Er kommt ___ Iran. Wir essen zusammen.	☐ aus dem	☐ nach	☐ von dem
8. Nachmittags bin ich oft ___ Pflegebedürftigen und unterhalte mich.	☐ in den	☐ zu den	☐ bei den
9. Um 5 Uhr fahre ich dann ___ Hause.	☐ zu	☐ nach	☐ von zu
10. Dort erzähle ich meinem Mann ___ Tag.	☐ vom	☐ von der	☐ am

Aufgabe 20

Schreiben Sie zuerst die Fragen (+ zwei eigene), und notieren Sie Ihre Antwort.

Tipp!
Die Präposition **„auf"** benutzt man unter anderem für:
- eine Krankenhaus-Station, auch ohne Artikel: *Ich bin auf Station 3.*
- die Arbeit: *Ich bin auf der Arbeit* (auch: *bei /in der Arbeit*).
- Partys/Feste: *Ich war auf einer Geburtstagsparty*.

	Ich	Mein Partner
arbeiten: Intensivstation/OP? *Wo arbeitest du lieber / Wo möchtest du lieber arbeiten: auf der Intensivstation oder im OP?*	*im OP*	
Pause machen: Teeküche/Park?		
gehen: Mitarbeiterfest/Kinderparty?		
sein: Arbeit/Hause?		
wohnen: Erdgeschoss/6. Etage?		
essen: Küche/Wohnzimmer?		
Urlaub machen: Spanien/USA?		
schlafen: Bett/Sofa?		

Suchen Sie jetzt einen Partner, stellen Sie die Fragen, und sprechen Sie.

Zum Beispiel:

- *Wo möchtest du lieber arbeiten: auf der Intensivstation oder im OP?*
- ▸ *Ich möchte lieber im OP arbeiten. Und du?*
- *Ich auch! Im OP ist es nie langweilig! …*

Indirekte Fragen

Es gibt direkte Fragen („Wo ist der Geräteraum?"), und es gibt indirekte Fragen („Können Sie mir sagen, wo der Geräteraum ist?"). Indirekte Fragen sind wie Nebensätze: Es gibt ein Komma, und das konjugierte Verb steht am Ende:

- direkte W-Frage → indirekte Frage im Nebensatz beginnt mit W-Fragewort (evtl. + Präposition):
  Wohin *gehen wir jetzt? → Ich möchte wissen,* **wohin** *wir jetzt gehen.*
  In welchem *Raum liegt Frau Özcan? → Weißt du,* **in welchem** *Raum Frau Özcan liegt?*
- direkte Ja-/Nein-Frage → indirekte im Nebensatz Frage beginnt mit **„ob"**:
  Ist Herr Hartmann da? → Ich bin nicht sicher, **ob** *Herr Hartmann da ist.*
  Haben wir noch Röhrchen? → Ich weiß nicht, **ob** *wir noch Röhrchen haben.*

Aufgabe 21

Satzpuzzle. Schreiben Sie die Sätze richtig.

1. Ich möchte wissen, *machen – heute – wir – Pause – wann – .*
   Ich möchte wissen, wann wir heute Pause machen.
2. Können Sie mir sagen, *sind – im – ob – die – Einmalhandschuhe – Stationszimmer – ?*
   ____
3. Könnten Sie mir bitte erklären, *zur – komme – wie – Erdgeschoss – ich – Information – im – ?*
   ____
4. Weißt du, *es – Uhr – viel – ist – wie – ?*
   ____
5. Ich weiß nicht, *heute – Datum – haben – welches – wir – .*
   ____
6. Ich bin nicht sicher, *23. – 24. – oder – ist – der – der – ob – heute – Juni – .*
   ____

Aufgabe 22

Wiederholung! Arbeiten Sie mit einem Partner. Erstellen Sie Quizfragen für Ihre Mitschüler. Fragen Sie nach Informationen aus Kapitel 7. Schreiben Sie sechs direkte Fragen: drei W-Fragen und drei Ja-/Nein-Fragen.

Zum Beispiel:

- *Was passiert bei einem Schlaganfall?*
- *Gibt es einen Unterschied zwischen Bewusstsein und Wahrnehmung?*

Treffen Sie jetzt ein anderes Paar. Stellen Sie abwechselnd Ihre Fragen, aber indirekt! Das andere Paar hat kurz Zeit zum Diskutieren und gibt dann die Antwort. Für jede richtige Antwort gibt es einen Punkt. Treffen Sie dann ein weiteres Paar, und spielen Sie nochmal. Wer hat am Ende die meisten Punkte?

Zum Beispiel:

- *Wir möchten wissen, was bei einem Schlaganfall passiert.*
- *Könnt ihr uns sagen, ob es einen Unterschied zwischen Bewusstsein und Wahrnehmung gibt?*

REDEMITTEL

Wir möchten wissen, …
Können Sie / Könnt ihr uns sagen, …?
Wissen Sie / Wisst ihr, …?
Könnten Sie / Könnt ihr uns bitte erklären, …?

7.6 Das Quiz – Kapitel 7

Beantworten Sie das Quiz zu Kapitel 7 alleine.
Vergleichen Sie dann mit einem Partner oder in der Gruppe!

Aufgabe 1 Nennen Sie vier Räume auf einer Krankenhaus-Station und vier weitere Institutionen oder Räume in einem Krankenhaus.

____

____

____

____

Aufgabe 2 Warum ist Frau Özcan in einem falschen Patientenzimmer?

____

____

____

Aufgabe 3 Ein Pflegebedürftiger ist verwirrt und ängstlich. Was können Sie tun?

____

____

____

Aufgabe 4 Nennen Sie vier Sinnesorgane.

____

____

____

____

Aufgabe 5 Welche sieben Präpositionen stehen immer mit dem Dativ?

____

____

____

____

8 Pflege von alten Menschen

In diesem Kapitel geht es um:

Kompetenzfelder
- Alter als Veränderungsprozess
- Rheumatische Erkrankungen

Wortschatz und Kommunikation
- Familie und Beziehungen
- Aussehen und Charakter beschreiben
- Erkennen von alters-, gesundheits- und kulturbedingten Kommunikationsbarrieren
- Kommunikation mit alten Menschen

Grammatik
- Komparativ und Superlativ

Aufgabe 1
Sehen Sie das Foto an und sprechen Sie!

Was sehen Sie auf dem Foto?
Haben Sie viele ältere Verwandte?
Wenn ja: Wen? Wie ist Ihre Beziehung zu der Person / den Personen? Was machen Sie zusammen?
Haben Sie schon alte Menschen gepflegt?
Wenn ja: Was finden Sie wichtig?

Redemittel

Da ist … / Das ist … / Ich sehe …
Ja, ich habe viele / ein paar ältere Verwandte.
Unsere Beziehung ist (nicht so) gut / es geht, weil …
Wir gehen zusammen spazieren / kochen zusammen / sehen uns auf Familienfesten …
Nein, ich habe nicht viele / keine älteren Verwandten.
Ja, ich habe schon (viele/einige) alte Menschen gepflegt. Das war in/bei …
Ich finde es wichtig, dass …
Nein, ich habe noch keine alten Menschen gepflegt.

8.1 Wortschatz – Familie und Beziehungen

Aufgabe 2 Familie und Verwandte. Arbeiten Sie mit einem Partner. Lesen Sie die Redemittel: Kennen Sie alle Wörter? Erklären Sie, oder schauen Sie im Wörterbuch nach.

REDEMITTEL

die Familie (immer SG.), das Familienmitglied / -mitglieder
= der Verwandte / Verwandten
die (Ehe-)Frau / Frauen, der (Ehe-)Mann / Männer = das Ehepaar / -paare
die Mutter / Mütter, der Vater / Väter = die Eltern (immer PL.)
die Tochter / Töchter, der Sohn / Söhne = das Kind / Kinder
die Schwester / Schwestern, der Bruder / Brüder = die Geschwister (immer PL.)
die (Ur-)Großmutter / -mütter, der (Ur-)Großvater / -väter = die (Ur-)Großeltern (immer PL.)
die (Ur-)Enkelin / Enkelinnen, der (Ur-)Enkel / Enkel = die (Ur-)Enkel(kinder) (immer PL.)
die Tante / Tanten, der Onkel / Onkel
die Nichte / Nichten, der Neffe / Neffen
die Cousine / Cousinen, der Cousin / Cousins
die Schwägerin / Schwägerinnen, der Schwager / Schwager
die Schwiegermutter / -mütter, der Schwiegervater / -väter = die Schwiegereltern (immer PL.)
die Schwiegertochter / -töchter, der Schwiegersohn / -söhne

Zum Beispiel:

- *Was sind Nichten und Neffen?*
- ▸ *Eine Nichte ist die Tochter von meiner Schwester oder meinem Bruder. Und ein Neffe ist der Sohn.*
- *Ah ok. Und was ist dann ein Cousin? …*

Sehen Sie jetzt den Stammbaum von Familie Korhonen an. Wer ist wer? Beschreiben Sie mit den Redemitteln.

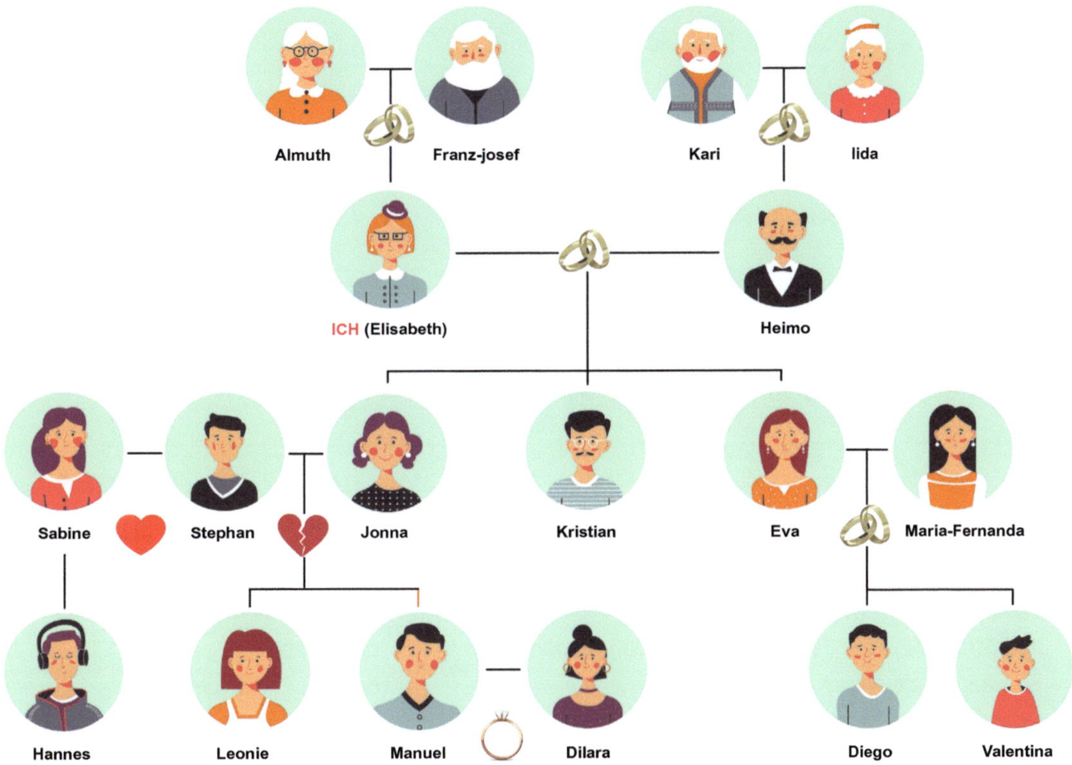

Zum Beispiel:

- *Jonna, Kristian und Eva sind die Kinder von Elisabeth und Heimo. Und die Enkel von Kari und Iida.*
- *Genau! Und Diego und Valentina sind dann die Urenkel von Kari und Iida.*

Aufgabe 3

Hörtext 8.1

Elisabeth Korhonen erzählt. Hören Sie, und kreuzen Sie an:
Welches Familienmitglied ist aktuell …?

	ledig, alleinstehend	verheiratet	geschieden	verwitwet	allein-erziehend	verlobt
Elisabeth				✗		
Jonna						
Kristian						
Eva						
Sabine						
Manuel						

Hören Sie noch einmal. In jedem Satz gibt es eine falsche Information. Korrigieren Sie.

1. Elisabeth Korhonen wohnt ~~bei~~ ihrer Tochter.
   in der Nähe von
2. Sie hat ihren Ehemann Heimo in Finnland kennengelernt.
   ____
3. Wenn Sabine und Stephan heiraten, ist Sabine Jonnas Stiefmutter.
   ____
4. Eva, Maria und die Kinder sind eine „Patchworkfamilie".
   ____
5. Diego ist adoptiert, und Eva hat Valentina bekommen.
   ____
6. Für Elisabeth ist eine klassische lange Ehe am wichtigsten.
   ____

Aufgabe 4

Lebensformen, Familienmodelle, Beziehungen. Was passt? Verbinden Sie.

1	<u>mein</u> Freund/Partner	**a**	die Wochenend-Beziehung
2	Wenn man verheiratet ist, ist das eine …	**b**	(der) Single
3	homosexuelles Paar (lesbisch oder schwul) mit Kindern	**c**	Bekannter
4	Ein Paar/Single ohne Kinder ist …	**d**	der Lebensgefährte
5	ledig und ohne Partner	**e**	die Regenbogenfamilie
6	Ich kenne die Person (gut). Das ist ein …	**f**	kinderlos
7	Man wohnt in einer anderen Stadt und sieht sich nur wenige Tage pro Woche.	**g**	Ehe

Internet-Tipps

Lebensformen:
www.demografie-portal.de/SharedDocs/Informieren/DE/ZahlenFakten/Lebensformen.html
Interaktiver Comic
„Liebe auf Deutsch":
www.goethe.de/prj/mwd/de/deu/sbu.html
Goethe-Institut **„Mein Weg nach Deutschland: Die Einladung zur Hochzeit"** (interaktiv)
www.goethe.de/prj/mwd/de/deu/azh.html?wt_sc=mwnd_einladungzurhochzeit

Tipp!

mein Freund ↔ ein Freund
Das ist mein Freund. = Wir sind zusammen / ein Paar. (= die Partnerschaft)
Das ist ein Freund (von mir). = Wir sind befreundet/Freunde.
(= die Freundschaft)
heiraten ↔ verheiratet sein
Ich heirate heute meinen Traummann. → ***heiraten (+ Akk.)*** (= nur ein Tag: die Hochzeit)
Dann bin ich endlich mit ihm verheiratet. → ***verheiratet sein mit (+ Dat.)*** (= Zustand/Situation nach der Hochzeit)

Aufgabe 5

Erzählen Sie von Ihrer Familie! Gehen Sie durch die Klasse, und suchen Sie ein bis zwei Partner. Sprechen Sie einige Minuten über Ihre Familien, und stellen Sie Fragen. Sie können auch Fotos auf dem Handy zeigen! Suchen Sie dann neue Partner, und sprechen Sie.

Zum Beispiel:

- *Guckt mal, das bin ich mit meinen Kindern. Sie heißen Maya und Sami.*
  Und das ist mein Ehemann Karim. Wir sind seit sechs Jahren verheiratet.

▸ *Oh, die Kinder sind sehr süß! Wie alt sind sie? Und hast du auch ein Foto von deinen Eltern und Geschwistern? Wo wohnen sie? …*

8.2 Pflegesituation – Alter als Veränderungsprozess

Vokabular zum Text

das Alter (immer SG.)
altern = alt werden

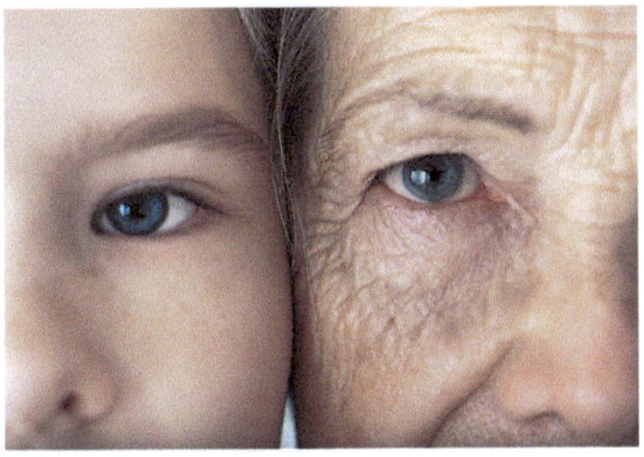

sich verändern
der natürliche Veränderungsprozess / -prozesse

jemanden beim Gehen stützen

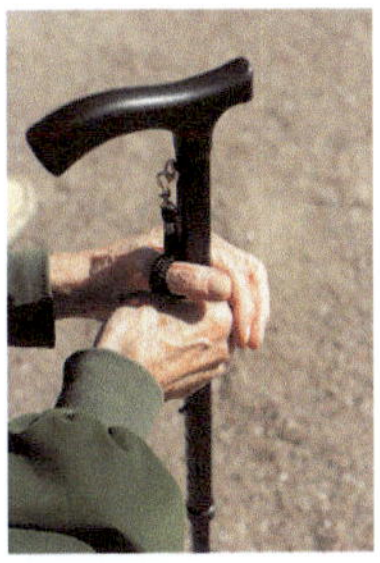

der Gehstock / -stöcke

jemandem ist schwindelig / alles dreht sich

stürzen, fallen

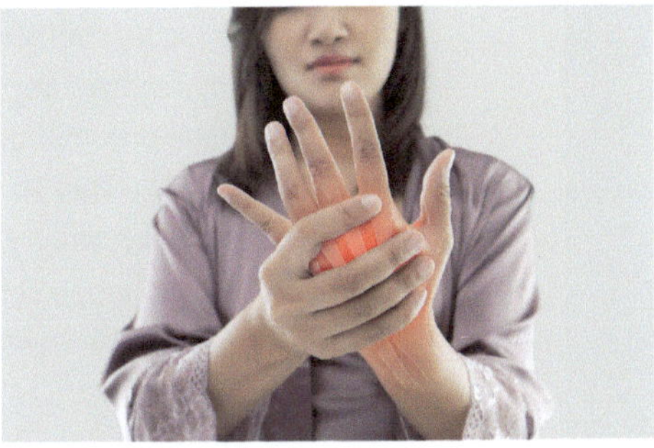

die Schmerzen in den Händen/Gelenken

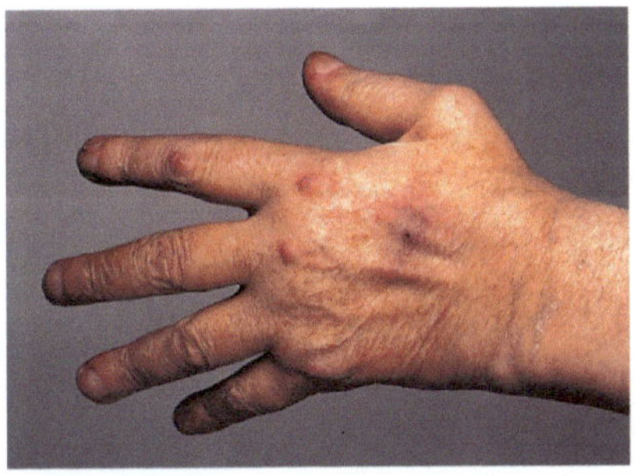

sich verformen, die Verformung / Verformungen
die Handfehlstellung bei der Erkrankung Rheumatoide Arthritis

das Gedächtnis-Training, zum Beispiel: Kreuzworträtsel lösen

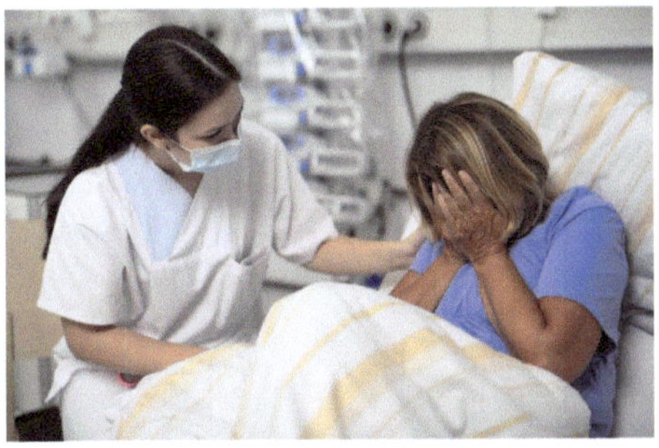

jemanden beruhigen

Aufgabe 6 Lesen Sie den Text.

Ein stolzes Alter

Reza Ahmadi hat bei seiner Arbeit im Altenpflegeheim schon viel über die Pflege von älteren Menschen gelernt. Sie ist hier anders als im Krankenhaus. Reza sieht täglich, wie sich der Mensch im Alter verändert. Altern ist ein „natürlicher Veränderungsprozess". Nicht nur der Körper, sondern auch die Gedanken und Gefühle verändern sich. Jetzt kann Reza besser verstehen, wie es den Bewohnern geht und was es heißt, älter zu werden. Er ist sicher, dass ihm das auch als Pfleger im Krankenhaus helfen wird.

Es ist 15.00 Uhr. Reza klopft an Frau Schneiders Tür. Er möchte sie fragen, ob sie mit ihm in den Gemeinschaftsraum gehen will, dort gibt es Kaffee und Kuchen. Er geht in das Zimmer und sieht, dass Frau Korhonen und Frau Horvat bei Frau Schneider sind. Die Damen unterhalten sich. Reza fragt, ob sie mitkommen möchten. Frau Schneider und Frau Horvat haben keine Lust, aber Frau Korhonen möchte. Sie freut sich, wenn sie mit anderen Menschen zusammen sein ist. Viele von Frau Korhonens Freunden sind schon tot. Ihr Mann Heimo hat mit ihr zusammen im Pflegeheim gewohnt, aber letztes Jahr ist auch er gestorben. Das war die schlimmste Zeit für Frau Korhonen.

Reza stützt Frau Korhonen beim Gehen. Er muss etwas lauter mit ihr reden, denn die Bewohnerin hört nicht mehr so gut. Er gibt ihr ihren Gehstock. Den braucht sie, denn ihr ist oft schwindelig. Dann dreht sich alles vor ihren Augen, und sie hat Angst, dass sie stürzt. Das passiert, wenn sie zu wenig isst und trinkt. Aber oft hat sie einfach keinen Hunger, weil sie sich nicht mehr so viel bewegt wie früher. Als junge Frau war sie sehr sportlich, und nach dem Sport hatte sie immer großen Hunger. Aber Frau Korhonen ist froh, dass sie sich für ihr Alter noch gut bewegen kann. Zwar hat sie manchmal Schmerzen in den Gelenken, aber sie kann noch alleine in die Badewanne. Das macht sie glücklich. Frau Korhonen hat im Alter noch viele Hobbys, sie strickt zum Beispiel sehr gerne. Aber auch das geht schwerer als früher, denn sie hat *Rheumatoide Arthritis* und kann morgens oft ihre Hände nicht bewegen. Sie sind dick und tun weh. Sie hat eine Handfehlstellung, das heißt, ihre Hände haben sich verformt. Manchmal vergisst Frau Korhonen auch etwas. Dann hat sie Angst, dass sie Demenz bekommt. Deshalb macht sie viele Übungen zum Gedächtnis-Training, zum Beispiel Kreuzworträtsel lösen.

Auf dem Weg in den Gemeinschaftsraum erzählt sie Reza von ihren Sorgen. Aber Reza beruhigt sie. Er sagt ihr, dass er jünger ist, aber auch viele Dinge vergisst. Frau Korhonen lächelt. Langsam gehen der Pfleger und die ältere Dame den Flur entlang – sie kann auch nicht mehr so schnell laufen wie früher. Aber das ist ihr egal. Sie hat ihr ganzes Leben lang immer viel gearbeitet und musste alles schnell erledigen. Heute hat Frau Korhonen genug Zeit und muss sich nicht beeilen. Das ist etwas Schönes im Alter, findet sie. Und schließlich hat sie schon „ein stolzes Alter erreicht". Reza versteht nicht ganz, was sie damit meint...

Lebensabschnitte. Ordnen Sie zu. **Aufgabe 7**

das Säuglingsalter   die Kindheit   die Jugend   das Erwachsenenalter   das Alter

1. 
____

2. 
____

3. 
____

4. 
____

5. 
____

Was denken Sie, was ist das beste Alter oder der beste Lebensabschnitt?

Beenden Sie die Sätze. **Aufgabe 8**

Gedächtnis   *Rheumatoide Arthritis*   schwindelig   stützen   Veränderungsprozess

1. Reza Ahmadi muss Frau Korhonen ______________________.
2. Frau Korhonen kann nicht mehr gut stricken. Denn sie hat ______________________.
3. Ihr ist oft ______________________. Besonders, wenn sie nicht genug isst und trinkt.
4. Frau Korhonen möchte keine Demenz bekommen. Deshalb macht sie Übungen und trainiert ihr ______________________.
5. Reza hat gelernt, dass Altern ein natürlicher ______________________ ist.

Vokabular zum Dialog

Was passt? Verbinden Sie die Wörter mit den Definitionen. **Aufgabe 9**

1	das Hörgerät	a	Ältere Menschen haben schon viele Erfahrungen gemacht und wissen oft sehr viel. Deshalb sollte man... haben.
2	das Schwindelgefühl	b	Etwas macht viel Arbeit, aber am Ende wird es gut.
3	die Brille	c	Für Menschen, die nicht gut sehen können.
4	ein stolzes Alter erreichen	d	Man freut sich, weil man/jemand etwas geschafft hat.
5	positiv	e	Für Menschen, die nicht gut hören können.
6	die Redewendung	f	Die Mutter von meiner Mutter ist meine...
7	auf etwas/jemanden stolz sein	g	das Gegenteil von negativ
8	der Respekt	h	Alles dreht sich vor den Augen. Man hat das Gefühl zu fallen.
9	die Großmutter	i	Idiom; Verbindung von Wörtern, die zusammen eine bestimmte Bedeutung haben
10	etwas lohnt sich	j	Man ist sehr alt geworden.

Aufgabe 10 Hören Sie den Dialog, und lesen Sie den Text.

Hörtext 8.2 **Ein stolzes Alter – Fortsetzung**

Reza Ahmadi: „Wir sind gleich da, Frau Korhonen. Ist Ihnen schwindelig?"

Frau Korhonen: „Haben Sie etwas gesagt? Entschuldigen Sie, ich höre nicht mehr so gut wie früher. Das ist das Alter. Ich glaube, ich brauche ein Hörgerät. Aber ich mag diese Dinger im Ohr nicht." *(lacht)*

Reza Ahmadi: „Kein Problem. Ich wollte wissen, ob Sie wieder ein Schwindelgefühl haben?"

Frau Korhonen: „Ach so. Nein, nein, heute geht es mir gut. Ich habe auch viel getrunken. Sagen Sie, wo habe ich denn meine Brille? Haben Sie sie gesehen?"

Reza Ahmadi: „Ja, Frau Korhonen. Die ist auf ihrem Kopf."

Frau Korhonen: „Herrje ... Glauben Sie mir, es ist nicht immer leicht, alt zu werden. Manchmal möchte ich wieder so jung sein wie Sie... Stellen Sie sich vor, ich bin auch kleiner geworden!"

Reza Ahmadi: „Ach, Cristina ist noch kleiner als Sie! *(lacht)* Und Sie haben doch gesagt, dass Sie ein stolzes Alter erreicht haben. Das klingt positiv. Was meinen Sie eigentlich damit? Ich verstehe das nicht."

Frau Korhonen: „Wissen Sie, das ist eine Redewendung. Früher sind die Menschen oft nicht so alt geworden. Es gab Krieg, oder man ist krank geworden und hatte keine Medizin. Wenn man es also geschafft hat, alt zu werden, dann war man stolz, man hat sich gefreut. Daher kommt die Redewendung ‚ein stolzes Alter erreichen'."

Reza Ahmadi: „Aha, das wusste ich nicht. In meinem Land hat man großen Respekt vor älteren Menschen. Meine Urgroßmutter ist 98 Jahre alt. Sie ist die Chefin der Familie. Wenn sie redet, hört jeder zu. Ihre Meinung ist uns sehr wichtig!"

Frau Korhonen: „Ach, das hört sich schön an. Jeder Abschnitt im Leben hat Vorteile und Nachteile. Und wissen Sie was? Mein Vater hat immer zu mir gesagt: ‚Wer nicht alt werden will, muss früh sterben!' Also, dann bin ich doch jetzt gerne alt, etwas langsam und kann nicht mehr so gut hören. Aber ich hatte ein sehr schönes und langes Leben! Und ich habe sehr viele tolle Dinge erlebt und viele tolle Menschen kennengelernt. Ich finde, es hat sich gelohnt!"

Reza und Frau Korhonen lachen.

Hören Sie noch einmal: Was sagt Frau Korhonen?

Aufgabe 11

„Ich glaube, ich brauche ein Hörgerät."
„Ich glaube, ich brauche einen Gehstock."
„Es ist nicht immer leicht, alt zu werden."
„Früher war man stolz, wenn man es geschafft hat, alt zu werden."
„Ich möchte nie wieder jung sein."
„Haben Sie mein Hörgerät gesehen?"
„Jeder Abschnitt im Leben hat Vorteile und Nachteile."
„Nur die Jugend hat Vorteile."
„Ich habe sehr viele tolle Menschen kennengelernt."
„Mein Leben war nicht schön."

richtig ✓	falsch ✗

Richtig oder falsch? Kreuzen Sie an.

Aufgabe 12

	richtig	falsch
In Rezas Land hat man großen Respekt vor älteren Menschen.	☐	☐
Rezas Großvater ist der Chef der Familie.	☐	☐
Frau Korhonen hat oft Beschwerden. Aber sie freut sich, dass sie so ein stolzes Alter erreicht hat.	☐	☐

Lesen Sie die folgenden Redewendungen.

Aufgabe 13

Wer nicht alt werden will, muss früh sterben! (Unbekannt)

Lang leben will jeder, aber alt werden will keiner. (Johann Nepomuk Nestroy)

Junges Alter ist besser als alte Jugend. (Unbekannt)

Gibt es in Ihrer Sprache auch Redewendungen zum Alter? Welche sind das? Sprechen Sie mit einem Partner.

8.3 Kommunikation – Aussehen und Charakter beschreiben, Erkennen von alters-, gesundheits- und kulturbedingten Kommunikationsbarrieren, Kommunikation mit alten Menschen

Aufgabe 14 Personen beschreiben – Adjektive. Bilden Sie drei Gruppen. Jede Gruppe nimmt ein Flipchart-Papier und schreibt das Alphabet.
Nun wählt jede Gruppe ein anderes Thema und schreibt zu jedem Buchstaben ein oder mehr Adjektive.

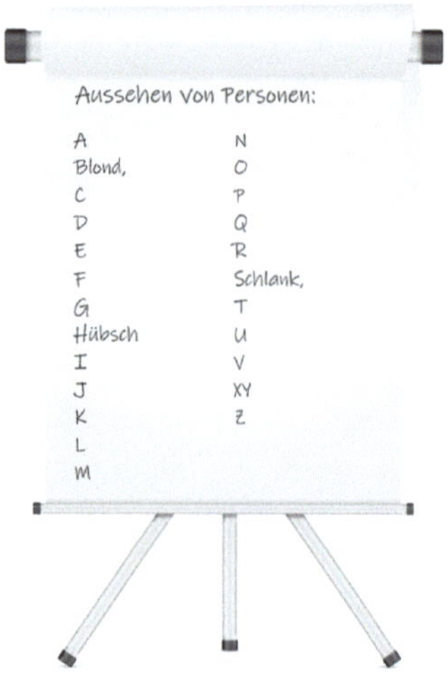

Gruppe A – Aussehen von Personen
Wie sieht jemand aus? z. B. blond, hübsch, schlank …

Gruppe B – Charakter von Personen
Welche generellen Charaktereigenschaften hat jemand? z. B. höflich, lustig, schüchtern …

Gruppe C – Zustand/Gefühl von Personen
Wie ist der temporäre Zustand von jemandem? Wie ist sein Gefühl / seine Laune? z. B. gesund, hungrig, müde…

> **Tipp!**
> → Listen mit Adjektiven:
> ➤ Lösungen

Hängen Sie Ihre Plakate im Klassenraum auf. Sehen Sie alles an, und ergänzen Sie gemeinsam weitere Adjektive, wenn möglich.

Wortschatz-Spiel: Suchen Sie einen Partner. Wählen Sie zwei Adjektive, die Gegenteile sind (z. B. krank ↔ gesund, ruhig ↔ nervös …). Spielen Sie jeder ein Adjektiv pantomimisch vor der Klasse vor. Die anderen raten.

Aussehen von Personen – weitere Merkmale. Finden Sie die Wörter in der Satzschlange, und setzen Sie ein. **Aufgabe 15**

UDFEQOÜPOAKBRILLEKUIÜAJUDTHSOMMERSPROSSENIÄLMBOGLATZEÜPTCELOCKENIRMNOTZ SDBSCHNÄUZERHUETKLPÜMZÖPFEVBOÖDOIRWUBARTERTÜPLAETÄTOWIERUNGALNW

Sie hat lange braune Haare und ______________. Und sie trägt eine ______________. Sie hat auch eine ______________ am Arm.

Er hat braune Augen und keine Haare (eine ______________). Und er hat einen ______________ und einen ______________.

Sie hat lange rote Haare und ______________. Und sie hat blaue Augen und viele ______________.

Arbeiten Sie mit einem Partner. Beschreiben Sie Aussehen und Charakter von Personen. Ihr Partner stellt Fragen. **Aufgabe 16**

z. B. Ihr Lieblings-Familienmitglied; ein Familienmitglied, das Sie nicht so gerne mögen; ein besonderer/interessanter Pflegebedürftiger aus Ihrem aktuellen oder früheren Job; ein besonderer/interessanter Kollege aus Ihrem aktuellen oder früheren Job; Ihr bester Freund; Ihr Lieblings-Schauspieler; …

REDEMITTEL

Ich beschreibe *(eine Pflegebedürftige aus meinem aktuellen Job).*
Sie heißt *(Frau Kapoor)* und kommt aus *(Indien)*, aber sie wohnt *(schon lange in Aachen).*
Ich glaube, sie ist *(schon über 70)* Jahre, aber sie sieht *(ganz jung)* aus.
Sie ist *(sehr klein und schlank).*
Die Haare sind *(lang, glatt und dunkelbraun)*, und sie hat *(braune)* Augen.
Sie hat auch *(eine Brille und ein Piercing in der Nase)*, und sie ist *(sehr hübsch)*!
Sie ist *(sehr nett, lieb und immer höflich).*
Wenn *(jemand unfreundlich ist)*, dann *(bleibt sie ruhig und geduldig).*
Und außerdem ist sie auch *(sehr schlau und immer lustig)*!

Aufgabe 17 Familie Lemke. Bilden Sie Gruppen mit sechs Personen, jeder bekommt eine Rollenkarte.
Lesen Sie die Aufgabe und Ihre Rolle.
Überlegen Sie sich Argumente für Ihren Wunsch: Was sagen Sie in der Familienkonferenz?
Wie überzeugen Sie die anderen Familienmitglieder?
Spielen Sie dann. Achtung: Finden Sie am Ende einen Kompromiss!

Familie Lemke macht Urlaub!
Familie Lemke hat ein bisschen Geld gespart und möchte Urlaub machen! Aber wo? Jedes Familienmitglied hat andere Wünsche... In einer Familienkonferenz wollen die Lemkes nun diskutieren, wohin sie fahren.

Mutter Angelika, 41

braucht dringend Entspannung! Sie möchte in ein Wellness-Hotel in Bayern.

Vater Bernd, 44

wandert gerne stundenlang in den Bergen und möchte deshalb in die Alpen.

Tochter Michelle, 17

will überhaupt nicht mitfahren, sondern lieber mit ihren Freunden nach Holland.

Sohn Leon, 14

mag Sonne, Spaß und Meer und möchte gerne Strandurlaub in Spanien machen.

Oma Gertrud, 66

freut sich sehr auf den Urlaub mit der ganzen Familie! Am besten auf einem Bauernhof!

Opa Engelbert, 64

interessiert sich für Kultur und Geschichte und plant einen Städteurlaub in Berlin.

Berichten Sie in der Klasse.
Wie waren die Familienmitglieder (überzeugend, egoistisch, großzügig, laut, zurückhaltend, frech, unhöflich …)?
Wohin fährt die Familie in Urlaub? Hat sie einen Kompromiss gefunden?

Kommunikation zwischen Generationen. Diskutieren Sie die Fragen zuerst mit einem Partner, dann in der Klasse.
- Familienkonferenz Aufgabe 17: Wie war die Kommunikation zwischen den Großeltern und dem Rest der Familie?
- Kommunizieren ältere Leute generell anders als junge Leute? Wie?
- Was beobachten Sie in Deutschland? Ist die Kommunikation/Beziehung zwischen Generationen anders als bei Ihnen?

Aufgabe 18

Internet-Tipp
Ältere Menschen in Deutschland und der EU:
www.bmfsfj.de/blob/93214/95d5fc19e3791f90f8d582d61b13a95e/aeltere-menschen-deutschland-eu-data.pdf

REDEMITTEL

(Die Großeltern/Enkel ...) haben *(viel / nicht viel / sehr direkt / laut ...)* gesprochen.
Sie waren sehr *(ruhig/warmherzig/sensibel/frech/egoistisch/respektlos/respektvoll ...)*.
Ja, ich finde, die Kommunikation ist anders.
Ältere/Junge Leute sagen immer/oft/nie *(die Meinung / was sie denken / was man tun soll ...)*. Sie sind immer/oft/nie *(höflich/respektvoll/respektlos/frech/egoistisch ...)*.
Ältere/Junge Leute sind (konservativer/offener/ruhiger/direkter ...) als ältere/junge.
Typische Sätze von älteren/jungen Leuten sind: ...
Nein, ich finde, es gibt keinen Unterschied.
In Deutschland ist die *(Kommunikation/Beziehung)* zwischen Generationen sehr ...
Bei uns / In meinem Heimatland / In meiner Heimatregion / In meiner Familie ist das *(dasselbe/ähnlich/anders)*: ...

Tipp!
Vergleiche ➤ Grammatik „Komparativ, Superlativ“:
Bernd ist ruhig. → Engelbert ist ruhig**er** (als Bernd).
Michelle ist jung. → Leon ist j**ü**ng**er** (als Michelle).
alte ↔ ältere Leute
alte Leute = Die Leute sind alt.
ältere Leute = Die Leute sind älter (als ich).

Aufgabe 19

Wie wohnen ältere Leute in Deutschland? Welche Möglichkeiten gibt es?

____

____

Hörtext 8.3

Vier Senioren erzählen. Hören Sie zweimal, und schreiben Sie die fehlenden Informationen in die Tabelle. Vergleichen Sie dann in der Klasse.

	wohnt ...	Vorteil	Nachteil
Herr Gabaschwili			
Frau Stehr			
Herr Rebmann			
Frau de Vries			

Internet-Tipps
Wie leben ältere Menschen weltweit?
www.alumniportal-deutschland.org/global-goals/sdg-10-ungleichheiten/senioren-alte-menschen/
Wohngemeinschaft Senioren und Studenten:
www.deutschland.de/de/topic/leben/helfen-statt-miete-zahlen

Wie möchten Sie gerne wohnen, wenn Sie älter sind? Und warum?
Wie wohnen ältere Menschen bei Ihnen / in Ihrem Heimatland ...?

Aufgabe 20 Hier verstecken sich acht Kommunikationsempfehlungen im Umgang mit älteren Menschen. Welche sind das? Schreiben Sie.

Wertschätzung
nur über wichtige Themen sprechen
Respekt
nur eine Person darf reden
Zeit nehmen
Informationen klar und verständlich erklären
schnell reden
Behinderungen beachten (z. B. Schwerhörigkeit, Sehbehinderung etc.)
Fragen stellen, so können die Pflegebedürftigen ihre Wünsche nennen
nicht mit Angehörigen sprechen
Autonomie respektieren
Trauer akzeptieren und zuhören, wenn Pflegebedürftige ein Gespräch wünschen
Tagesablauf aufstellen
nur über Pflegethemen reden

1. ______
2. ______
3. ______
4. ______
5. ______
6. ______
7. ______
8. ______

Aufgabe 21 Bestimmt haben Sie sich schon mit älteren Menschen unterhalten (Pflegebedürftige, Großeltern, Nachbarn...). Worüber haben Sie geredet? Was haben Sie bemerkt? Reden Sie mit einem Partner.

REDEMITTEL

Ja, ich habe mich schon mit... unterhalten.
Wir haben über... geredet.
Ich habe gefragt, ob...
Ich habe bemerkt, dass...
Ich finde es interessant, dass ältere Menschen oft über... reden möchten.
Mit älteren Menschen kann man gut über... reden.

8.4 Lernen durch Ankreuzen – Rheumatische Erkrankungen

Richtig oder falsch? Kreuzen Sie an.

Aufgabe 22

1. Die *Rheumatoide Arthritis* ist eine rheumatische Erkrankung. Man hat oft Schmerzen in den Handgelenken und kann morgens die Finger nur schlecht bewegen.
   - □ a) richtig
   - □ b) falsch

2. Medikamente gegen rheumatische Erkrankungen heißen *Antirheumatika*.
   - □ a) richtig
   - □ b) falsch

3. Bei rheumatischen Erkrankungen werden vier große Gruppen unterschieden: die *Arthrose*, die *Arthritis*, das *Weichteilrheuma* und das *Rheuma durch Stoffwechsel-Erkrankungen*.
   - □ a) richtig
   - □ b) falsch

4. Das Hauptsymptom von rheumatischen Erkrankungen sind starke Kopfschmerzen.
   - □ a) richtig
   - □ b) falsch

5. Das Hauptsymptom von rheumatischen Erkrankungen sind Schmerzen in den Gelenken (*Arthralgie*).
   - □ a) richtig
   - □ b) falsch

8.5 Grammatik – Komparativ und Superlativ

Komparation – Steigerung – Vergleich

Mit Adjektiven kann man Dinge/Personen beschreiben und auch vergleichen. Dafür „steigert" man das Adjektiv:

Positiv +	Komparativ ++	Superlativ +++

Reza ist klein.*	Frau Korhonen ist klein**er**.**	Cristina ist **am** klein**sten**.

* etwas ist gleich: Reza ist **so/genauso** klein **wie** Hannes. Reza und Hannes sind **gleich** klein.

** etwas ist anders: Frau Korhonen ist klein<u>er</u> **als** Reza.

Aufgabe 23 Besondere Formen. Was passt? Verbinden Sie die Regel mit den Beispielen.

> **Tipp!**
> Achtung! Vor einem Nomen haben Komparativ und Superlativ eine Adjektivendung:
> Die Zeit ist **am schlimmsten**! ↔ Das war die **schlimmste** Zeit für Frau Korhonen!
> Für Adjektivendungen ➤ Kapitel 1, Aufgabe 15.

	Regel		Beispiele
1	Viele Adjektive bekommen im Komparativ und Superlativ einen Umlaut.	a	dun**kel** (dun**kl**er, am dunkelsten), te**uer** (te**ur**er, am teuersten)
2	Adjektive auf *-d, -t, -s, -sch, -x, -z* haben im Superlativ die Endung **-est**.	b	jung (j**ü**nger, am j**ü**ngsten), lang (l**ä**nger, am l**ä**ngsten), warm (w**ä**rmer, am w**ä**rmsten), stark (st**ä**rker, am st**ä**rksten), groß (gr**ö**ßer, am gr**öß**ten)
3	Bei Adjektiven auf *-el, -er* fällt das **e** im Komparativ weg.	c	**gern – lieber – am liebsten, gut – besser – am besten, viel – mehr – am meisten, nah – näher – am nächsten, hoch – höher – am höchsten**
4	Ganz besondere Formen sind:	d	frisch (frischer, am frischesten), laut (lauter, am lautesten), alt (**ä**lter, am **ä**ltesten), kalt (k**ä**lter, am k**ä**ltesten), gesund (ges**ü**nder, am ges**ü**ndesten)

Aufgabe 24 Schreiben Sie Komparativ und Superlativ.

schnell – *schneller - am schnellsten*	gerne –
schlecht –	dünn –
alt –	fleißig –
viel –	teuer –
groß –	gut –

Arbeiten Sie mit einem Partner. Sie sagen ein Adjektiv, Ihr Partner ergänzt Komparativ und Superlativ. Dann wechseln Sie.

Als oder wie? Ergänzen Sie.

Aufgabe 25

Frau Gärtner: „Frau López! Kommen Sie mal! Mein Rücken ist heute wieder schlimmer ______ gestern!"

Cristina López: „Moment, Frau Gärtner! Ich komme so schnell ______ möglich!"

Frau Gärtner: „Immer muss ich länger warten ______ die anderen …"

Cristina López: „So, da bin ich schon. Keine Sorge, bei Ihnen bin ich genauso aufmerksam ______ bei allen anderen!"

Frau Gärtner: „Na gut. Sagen Sie das mal meinen Enkeln! Die Jugend von heute ist einfach nicht mehr so hilfsbereit ______ wir früher …"

Cristina López: „Ach, ich denke, sie ist einfach anders ______ Ihre Generation. Keine ist besser oder schlechter ______ die andere. Und Ihre Enkel sind sicher genauso nett ______ Sie!"

Frau Gärtner: „Danke, Frau Gärtner. Irgendwie habe ich heute einen schlechten Tag … Hoffentlich fühle ich mich morgen besser ______ heute!"

Cristina López: „Ganz sicher. Ich hole Ihnen mal einen heißen Tee! Da geht es Ihnen direkt wieder so gut ______ nie zuvor!"

Vergleichen Sie Aussehen und Charakter von Personen. Arbeiten Sie mit einem Partner. Bilden Sie Sätze im Komparativ und Superlativ.

Aufgabe 26

Familienmitglieder   Kollegen im Krankenhaus   Prominente, Stars   Mitschüler in der Berufsschule   …

Zum Beispiel:

- *Meine Mutter ist größer als mein Vater. Aber mein Vater ist älter als meine Mutter. Und mein Großvater ist am größten und am ältesten!*
- *Meine Kollegin Martina ist zuverlässiger als meine Kollegin Kathrin. Aber Kathrin ist lustiger als Martina. Und sie ist einfach am hübschesten…*
- *Ich finde, George Clooney sieht besser aus als Leonardo DiCaprio. Und Johnny Depp sieht am besten aus!*

Klassen-Umfrage. Gehen Sie durch den Raum, und sammeln Sie Antworten. Vergleichen Sie dann in der Klasse.

Aufgabe 27

Wer in der Klasse …

… ist am pünktlichsten? ______________________________

… kann am besten kochen? ______________________________

… ist so groß wie der Lehrer? ______________________________

… ist am hilfsbereitesten? ______________________________

… ist am besten in Grammatik? ______________________________

… ist genauso alt wie Sie? ______________________________

… telefoniert am längsten? ______________________________

… ist am stärksten? ______________________________

8.6 Das Quiz – Kapitel 8

Beantworten Sie das Quiz zu Kapitel 8 alleine.
Vergleichen Sie dann mit einem Partner oder in der Gruppe!

Aufgabe 1 Nennen Sie vier mögliche Lebens- und Familienformen.

Aufgabe 2 Was kann Frau Korhonen im Alter nicht mehr so gut wie früher?

Aufgabe 3 Was findet Frau Korhonen im Alter positiv?

Aufgabe 4 Was sind die vier Gruppen von rheumatischen Erkrankungen?

Aufgabe 5 Bilden Sie Komparativ und Superlativ von diesen Adjektiven:
gern – hoch – gesund – nah – jung – dunkel

9 Prophylaxen

In diesem Kapitel geht es um:

Kompetenzfelder
- Gesundheitsförderung und Prävention:
  - Kontrakturenprophylaxe
  - Dekubitusprophylaxe
  - Thromboseprophylaxe
  - Sturzprophylaxe
- Präventionsmaßnahmen (rückenschonendes Arbeiten)

Wortschatz und Kommunikation
- Berufskleidung
- Kleidung von Pflegebedürftigen
- Beratung von Pflegebedürftigen und Angehörigen zu Präventionsmaßnahmen

Grammatik
- Verben mit Präpositionen
- Reflexive Verben

Aufgabe 1
Sehen Sie das Foto an und sprechen Sie!

Was sehen Sie auf dem Foto?

Was macht die Pflegehelferauszubildende / die Pflegefachfrau?

Kennen Sie diese Situation?

Was ist hier wichtig?

Welche Prophylaxe ist das?

Haben Sie schon Prophylaxen bei einem Patienten durchgeführt?

Redemittel

Da ist … / Das ist … / Ich sehe …
Die Pflegehelferauszubildende / Die Pflegefachfrau ...
Ja, ich kenne diese Situation. Ich habe auch schon mal …
Nein, ich kenne diese Situation (noch) nicht.
Es ist wichtig, dass ...
Ich denke, das ist eine Prophylaxe für … / eine …-Prophylaxe.
Ja, ich habe schon mal ... / Natürlich, ich ... jeden Tag ...
Nein, ich habe noch nie ...

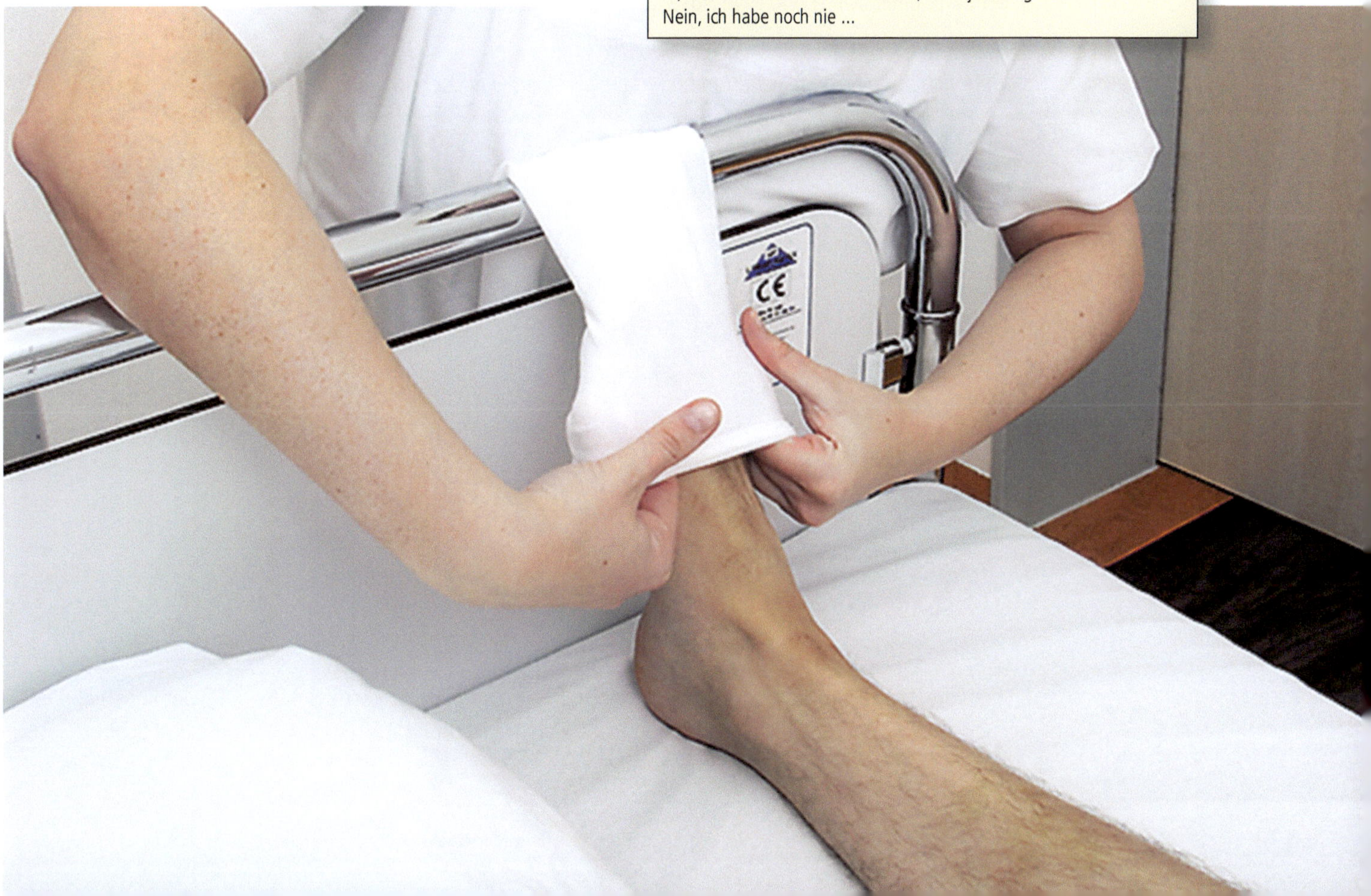

9.1 Wortschatz – Berufskleidung, Kleidung von Pflegebedürftigen

Aufgabe 2 Berufskleidung Medizin und Pflege. Was tragen die Leute? Verbinden Sie.

> **Tipp!**
> **generell:**
> die Kleidung (immer SG.)
> das Kleidungsstück / -stücke
> die Kleider (immer PL.)
> (↔ das Kleid / Kleider = für Mädchen und Frauen)
>
> Kleidung **tragen** oder **anhaben**:
> Ich **trage** einen Pullover.
> = Ich **habe** einen Pullover **an**.

1	Die Pflegehelferin links hat	einen Arztkittel, ein Hemd, eine Hose und eine Brille.
2	Der Arzt links trägt	ein T-Shirt, einen Rock und einen Mundschutz an.
3	Die Pflegefachfrau rechts trägt	einen OP-Kittel, eine Haube und einen Mundschutz an.
4	Der OP-Assistent rechts hat	einen Kasack, einen Rock und eine Haube.

Was tragen Sie bei der Arbeit? Sprechen Sie mit Ihrem Partner.

Zum Beispiel:

- *Ich trage einen Kittel und eine Hose. Und Schuhe und Strümpfe natürlich.*
- ▸ *Ja, ich auch. Und ein T-Shirt unter dem Kittel.*
- *Wenn ich auf der Intensivstation bin, habe ich einen Mundschutz und eine Haube an.*

Aufgabe 3 Welche Schuhe sind ok für die Arbeit im Krankenhaus? Kreuzen Sie an.

☐ die Sandale / Sandalen

☐ der Turnschuh / -schuhe

☐ der Halbschuh / -schuhe

☐ der Stiefel / Stiefel

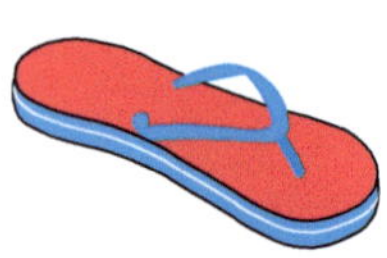

☐ der Flip-Flop / Flip-Flops, der Schlappen / Schlappen

☐ der Absatzschuh / -schuhe

☐ der Kunststoffschuh / -schuhe

☐ der knöchelhohe Schuh / Schuhe

Und warum? Wie sollten gute Arbeitsschuhe im Krankenhaus sein? Was stimmt: a) oder b)? Diskutieren Sie.

Gute Arbeitsschuhe für das Krankenhaus sollten …

1.	a)	vorne geschlossen sein.	b)	vorne offen sein.
2.	a)	hinten feste Bänder/Riemen haben.	b)	hinten offen sein.
3.	a)	Absätze haben.	b)	flach sein.
4.	a)	wasserabweisend sein (= es kommt keine Flüssigkeit rein).	b)	wasserdurchlässig sein (= es kommt viel Flüssigkeit rein).
5.	a)	direkt in den Müll geworfen werden, wenn sie schmutzig sind.	b)	desinfiziert werden, wenn sie schmutzig sind.
6.	a)	feste Schuhe sein und keine Schlappen.	b)	Schlappen sein und keine festen Schuhe.
7.	a)	offene Schnürsenkel* haben.	b)	fest gebundene Schnürsenkel haben.

* der Schnürsenkel / Schnürsenkel: Bänder, mit denen man die Schuhe zumacht/zuschnürt

Was ist noch wichtig bei der Arbeitskleidung? Was sollte man beachten (Hygiene, Farbe, praktisch …)? Diskutieren Sie.

Zum Beispiel:

- *Man sollte die Kleidung oft waschen.*
- ▶ *Wie oft?*
- *Ich weiß nicht, vielleicht jeden Tag!?*

- *Das T-Shirt sollte kurze Ärmel haben und keine langen! Man soll die private Kleidung nicht sehen. Und so wird sie auch nicht schmutzig!*
- ▶ *Und man kann besser die Hände waschen!*

Und welche Kleidungsstücke tragen die Pflegebedürftigen? Bilden Sie Kleingruppen, und erstellen Sie pro Gruppe eine Liste auf einem Lernplakat. Ordnen Sie nach Artikeln, und schreiben Sie auch den Plural. Hängen Sie dann die Plakate auf, und vergleichen Sie. **Aufgabe 4**

der	die	das	die (PL.)
Bademantel / -mäntel (auch: Morgenmantel) Jogginganzug / -anzüge …	Unterwäsche (immer SG.) …	Nachthemd / -hemden …	Leggings …

Sprechen Sie mit einem Partner. Was tragen Sie, wenn …?

Was tragen Sie / haben Sie an, …

1. wenn es im Sommer 30 Grad hat?
2. wenn es im Winter 0 Grad hat?
3. wenn Sie am Abend zu Hause fernsehen?
4. wenn Sie zu einer Hochzeit eingeladen sind?
5. wenn Sie …

Aufgabe 5 Ein Ratespiel. Schreiben Sie Ihren Namen auf einen kleinen Zettel. Der Lehrer sammelt alle Zettel und verteilt sie neu.
Schreiben Sie: Welche Kleidung trägt die Person auf Ihrem Zettel heute? Schreiben Sie auch die Farben.

REDEMITTEL:

Farben: blau – grün – rot – gelb – orange – lila – rosa – schwarz – weiß – grau – braun
Meine Person trägt heute (eine Hose). Sie ist (blau).
Die Person hat auch (einen Pullover) an. Er ist (auch blau) und hat (weiße Punkte/Streifen, ein Muster/Logo).
Außerdem trägt die Person (eine Brille), die ist (schwarz und gold).
Wer ist das?

Lesen Sie jetzt Ihren Text vor. Wer ist die Person? Die anderen in der Klasse raten.
Dann liest der nächste.

9.2 Pflegesituation – Gesundheitsförderung und Prävention

Vokabular zum Text

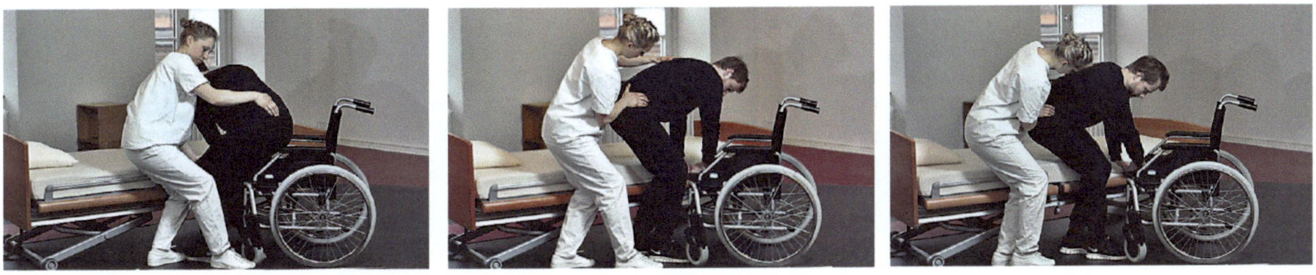

jemanden mobilisieren / die Mobilisierung (vom Bett in den Rollstuhl)

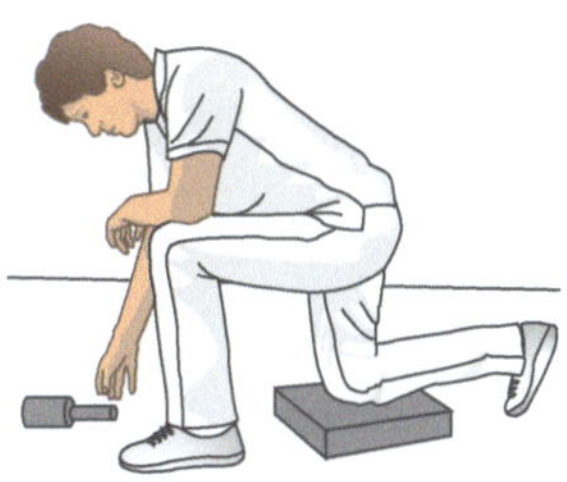

das rückenschonende Arbeiten / Bücken

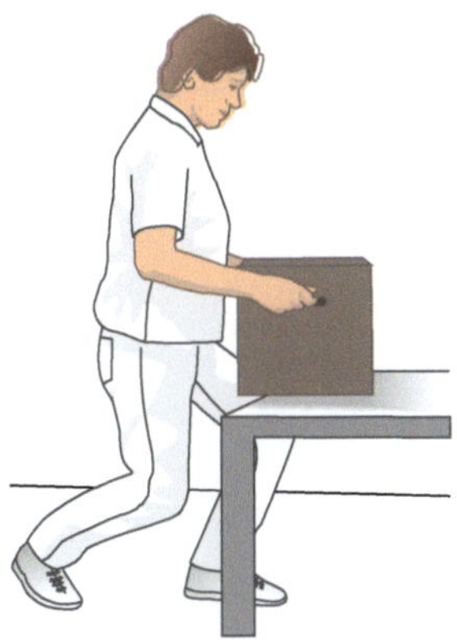

das rückengerechte Heben / Tragen

die Übung / Übungen für die Entspannung der Rückenmuskulatur

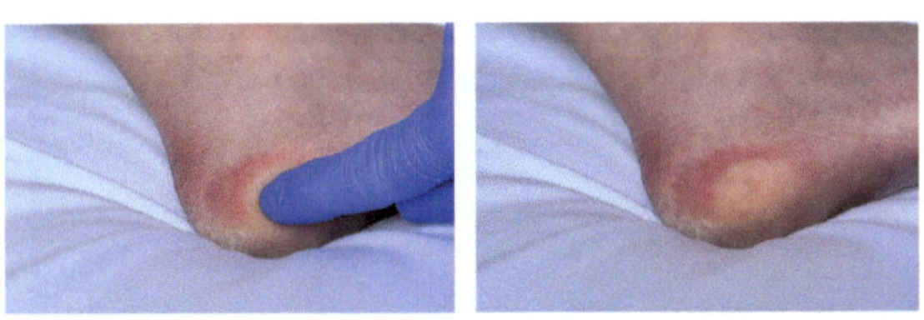

der Fingerdrucktest / -tests (an der Ferse)

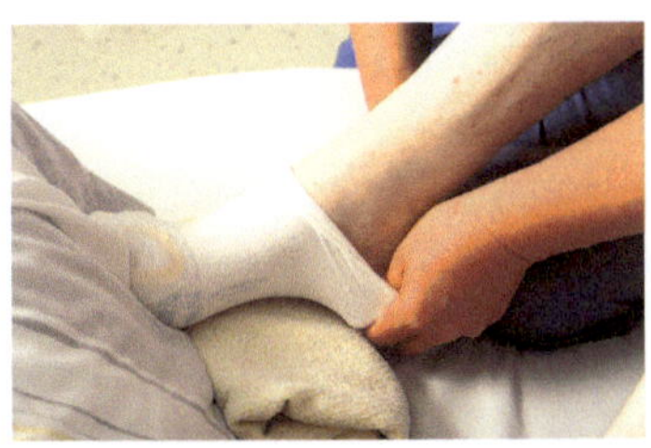

der *Medizinische Thromboseprophylaxestrumpf* / -strümpfe (MTS)

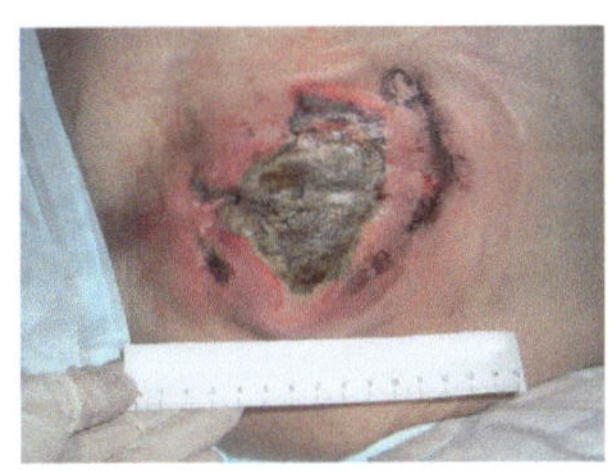

der Dekubitus / Dekubiti

die Wechseldruckmatratze / -matratzen

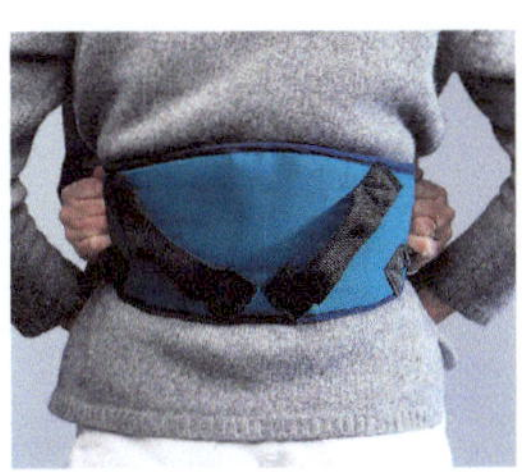

der Mobilisationsgürtel / -gürtel

die Anti-Rutsch-Matte / -Matten

Aufgabe 6 Lesen Sie den Text.

Prävention ist nicht nur für Pflegebedürftige wichtig

Reza Ahmadi und Cristina López haben wieder Berufsschule. Das Thema ist heute „Gesundheitsförderung* und Prävention", also verschiedene Prophylaxen und das prophylaktische Arbeiten in der Pflege. Die Lehrerin Frau Rieder erklärt, dass das sehr wichtige Themen sind. Denn prophylaktisches Arbeiten bedeutet: Die Pflegenden arbeiten so, dass die pflegebedürftigen Menschen keine neuen Erkrankungen bekommen und gesund bleiben.

Aber Gesundheitsförderung und Prävention sind auch wichtig für die Pflegenden selbst! Pflegende sollten immer rückenschonend arbeiten. Oft müssen sie Pflegebedürftige mobilisieren (Mobilisierung aus dem Bett in den Rollstuhl usw.). Ohne rückenschonendes Arbeiten können Pflegende schnell starke Rückenschmerzen bekommen. Manchmal können sie deshalb sogar nicht mehr in der Pflege arbeiten. Cristina kennt das. Sie hat oft Rückenschmerzen. Deshalb ist es wichtig, dass sie lernt, wie man rückengerecht hebt und trägt. Während der Arbeit macht sie auch Übungen, zum Beispiel lehnt** sie sich an eine Wand und entspannt so die Rückenmuskulatur.

Frau Rieder gibt jedem Pflegeschüler ein Arbeitsblatt. Auf dem Arbeitsblatt sind Texte zu vier verschiedenen Prophylaxen: 1. Dekubitusprophylaxe, 2. Kontrakturenprophylaxe, 3. Thromboseprophylaxe und 4. Sturzprophylaxe.

Reza kennt die meisten dieser Prophylaxen schon: Die Dekubitusprophylaxe ist sehr wichtig bei bettlägerigen Pflegebedürftigen. Bei einer bettlägerigen Bewohnerin im Pflegeheim hat er immer prophylaktisch den Fingerdrucktest an der Ferse gemacht: Wenn die Hautstelle rot war, hat er mit seinem Finger auf diese Hautstelle gedrückt. Wenn die Haut dann weiß wird, ist kein Dekubitus da. Wenn die Stelle aber rot bleibt, hat der Pflegebedürftige einen Dekubitus. Viele bettlägerige Bewohner haben auch Wechseldruckmatratzen zur Prophylaxe.

Thromboseprophylaxe kennt Reza auch. Er zieht den Pflegebedürftigen oft *Medizinische Thromboseprophylaxestrümpfe* (MTS) an. Oder man wickelt die Beine. Das bedeutet, dass man einen Verband über Fuß und Bein anlegt.

Und er weiß auch, dass man bei der Sturzprophylaxe beachten soll, dass die Pflegebedürftigen nicht stürzen und sich verletzen. Sie sollen zum Beispiel die richtigen Schuhe tragen. Man kann auch eine Anti-Rutsch-Matte in die Dusche oder die Badewanne legen. Oder man zieht sich als Pfleger selbst einen Mobilisationsgürtel an. Da können sich die Pflegebedürftigen bei den Mobilisierungen festhalten und stürzen nicht so leicht. Eine Bewohnerin hatte auch immer interessante Hosen an. Wenn sie mal gestürzt ist, haben die Hosen geholfen, dass sie sich nicht verletzt.

Aber Reza weiß nicht, was eine Kontrakturenprophylaxe ist. Er fragt seine Lehrerin.

* etwas fördern (die Förderung): helfen, unterstützen, verbessern, stärken

** sich (an)lehnen: Man stützt den Körper gegen etwas, z. B. gegen eine Wand/Person …

Aufgabe 7 Welche Prophylaxen stehen auf dem Arbeitsblatt? Und wissen Sie, was eine Kontrakturenprophylaxe ist? Helfen Sie Reza und Cristina. Schreiben Sie die Prophylaxen unter das richtige Bild.

A)

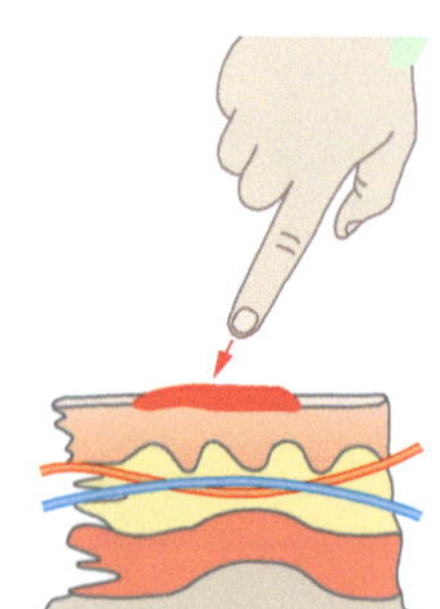

____

B)

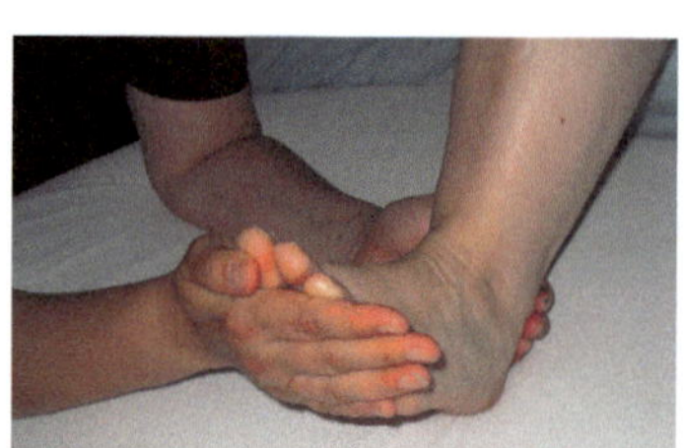

____

C)

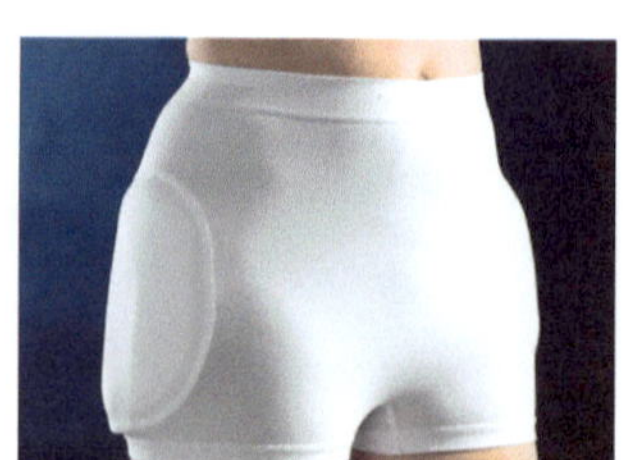

____

D)

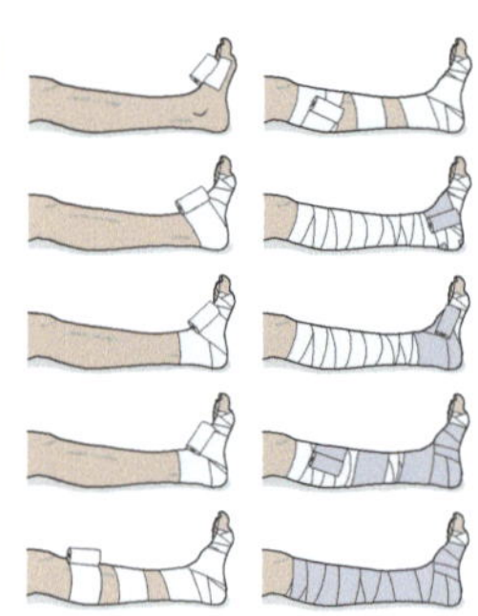

____

Vokabular zum Dialog

Was passt? Verbinden Sie die Wörter mit den Definitionen.

Aufgabe 8

1	das Gelenk / Gelenke	**a**	Ein Löffel ist rund, ein Messer ist …
2	steif	**b**	Eine Wunde, die durch Druck auf die Haut entsteht.
3	verformt	**c**	zum Beispiel: Gymnastik
4	spitz	**d**	hart, unbeweglich
5	die Bewegungsübung / -übungen	**e**	Eine verklebte Masse Blut bildet sich und kann die Adern verstopfen/ blockieren.
6	eingeschränkt, die Bewegungseinschränkung / -einschränkungen	**f**	fest, hart, verklebt
7	das Druckgeschwür / -geschwüre	**g**	Etwas hat keine normale Form mehr.
8	der Positionswechsel, die Position ändern	**h**	Man kann sich nur begrenzt bewegen, nicht komplett.
9	die Venenkompression / -kompressionen	**i**	bewegliche Verbindung von zwei oder mehr Knochen
10	die Freilage, frei lagern	**j**	Das Bett ist sehr tief und nah am Boden.
11	der Blutpfropf / -pfropfen	**k**	Von außen kommt Druck auf die Venen.
12	geronnen (das geronnene Blut, das Blut gerinnt)	**l**	Wenn der Boden nass ist, dann ist es …, und man kann ausrutschen.
13	die Frühmobilisation	**m**	zum Beispiel: vom Rücken auf den Bauch drehen
14	das Niederflurbett / -betten	**n**	Wenn die Schuhe offen sind, kann man …
15	stolpern	**o**	Nach einer Operation steht man ganz schnell wieder aus dem Bett auf.
16	rutschig	**p**	Zum Beispiel: Bei bettlägerigen Pflegebedürftigen liegt unter den Fersen ein Handtuch → Füße nicht auf Matratze, sondern in der Luft.

Aufgabe 9 Hören Sie den Dialog, und lesen Sie den Text.

Hörtext 9.1 **Prävention ist nicht nur für Pflegebedürftige wichtig – Fortsetzung**

Reza Ahmadi: „Frau Rieder, ich habe eine Frage: Was sind Kontrakturen? Und was ist eine Kontrakturenprophylaxe?"

Frau Rieder: „Bei einer Kontraktur kann man Gelenke nicht mehr gut oder auch gar nicht mehr bewegen. Die Gelenke sind dann steif, und das bleibt oft für immer."

Cristina López: „Das kenne ich. Eine Patientin auf der internistischen Station ist bettlägerig. Ihre Füße sind verformt: Die Zehen zeigen spitz nach vorne und sind ganz steif."

Frau Rieder: „Genau. Diese Kontraktur nennt man auch einen ‚Spitzfuß'. Das soll nicht passieren, da sind Kontrakturenprophylaxen sehr wichtig. Man sollte mit den Pflegebedürftigen immer Bewegungsübungen machen. Und besonders bettlägerige Menschen muss man regelmäßig mobilisieren und ihre Gelenke bewegen."

Reza Ahmadi: „Ok, ich verstehe. Und bei einer Dekubitusprophylaxe sollte man auch auf regelmäßige Mobilisierung achten, oder?"

Frau Rieder: „Ja, aber das hat einen anderen Grund: Ein Dekubitus ist ein Druckgeschwür. Das passiert, wenn zu lange zu viel Druck auf einer Hautstelle ist. Hier ist es auch wichtig, dass man gefährdete Stellen* frei lagert, zum Beispiel eine Freilage von den Füßen."

Cristina López: „Verstehe! Ich habe auch Schmerzen, wenn ich im Unterricht die ganze Zeit auf meinem Handy in der Hosentasche sitze. Vielleicht sollte ich es besser auf den Tisch legen." *(lacht)*

Frau Rieder: „Richtig, das ist ein gutes Beispiel! Aber bettlägerige oder immobile Menschen können sich nicht immer selbst bewegen. Sie können nicht die Position ändern, wenn sie Schmerzen haben. Und so entsteht dann nach einiger Zeit ein Dekubitus."

Cristina López: „Als Thromboseprophylaxe kenne ich nur die Venenkompression. Ich ziehe dann MTS an oder wickele die Beine mit einem speziellen Verband. Es soll sich kein Blutpfropf aus geronnenem Blut bilden. Gibt es da noch andere Prophylaxen?"

Reza Ahmadi: „Ja, zum Beispiel mit Medikamenten: Man spritzt den Patienten Heparin. So kann das Blut nicht gerinnen und fließt besser. Oder eine Frühmobilisation. Das ist auch sehr wichtig!"

Frau Rieder: „Sehr gut, Reza! Auf eurem Aufgabenblatt ist eine Aufgabe dazu. Guckt doch mal, ob ihr die beantworten könnt. Wisst ihr, was ein Niederflurbett ist? Für welche Prophylaxe ist es gut? Oder wann können Menschen stolpern? Wo ist es oft rutschig?"

* die gefährdete Stelle / Stellen: die Stellen sind in Gefahr / bedroht / problematisch.

Aufgabe 10 Helfen Sie Reza und Cristina mit der Aufgabe: Beenden Sie die Sätze.

Blutpfropfbildung Bewegungseinschränkung Bewegungsübungen Druckgeschwür Freilage
Medikamente Niederflurbett rutschig stolpern Venenkompression Wechseldruckmatratze

1. Bei einem Dekubitus bildet sich ein Geschwür durch Druck auf eine Hautstelle. Ein Dekubitus ist also ein ______________________.

   Für eine Dekubitusprophylaxe können Pflegende ...
   - die Bewegung der Pflegebedürftigen fördern.
   - öfter einen Positionswechsel machen.
   - gefährdete Körperstellen frei lagern (______________________).
   - den Druck auf die Haut reduzieren, zum Beispiel durch eine ______________________.

2. Wenn Pflegebedürftige stürzen/fallen, können sie sich verletzen. Das ist besonders gefährlich für alte Menschen. Ein Sturz kann viele Gründe haben: Die Pflegebedürftigen rutschen im Bad aus, weil der Boden nass und ______________________________ ist oder weil sie nur Socken anhaben. Sie ______________________________ über ihre Schnürsenkel, über einen Teppich oder ein Kabel. Verwirrte Menschen fallen auch oft aus dem Bett.

   Für eine Sturzprophylaxe können Pflegende ...
   - kontrollieren, ob die Pflegebedürftigen die richtigen Schuhe tragen.
   - im Bad Anti-Rutsch-Matten hinlegen (zum Beispiel in die Dusche).
   - schauen, dass der Boden nicht nass ist.
   - beachten, dass nichts im Weg ist (Schnürsenkel, Teppich, Kabel etc.).
   - Pflegebedürftige in ein ______________________________ betten, wenn möglich.

3. Bei einer Kontraktur kann man Gelenke nicht mehr gut bewegen. Diese Situation bleibt – man hat für immer eine Einschränkung in der Bewegung. Eine Kontraktur ist also eine bleibende ______________________________. Der Grund ist oft zu wenig Bewegung.

   Für eine Kontrakturenprophylaxe können Pflegende ...
   - die Beweglichkeit von den Gelenken fördern (zum Beispiel durch ____________________).
   - öfter kleine Positionswechsel machen.
   - Pflegebedürftige gut beobachten: Gibt es ein Risiko für eine Kontraktur?
   - besonders bettlägerige Pflegebedürftige regelmäßig mobilisieren.

4. Bei einer Thrombose bildet sich ein Pfropf von geronnenem Blut (*Thrombus*) in der Blutstrombahn (Arterie oder Vene). Eine Thrombose ist also eine ______________________________. Das ist sehr gefährlich, weil der Blutpfropf die Blutstrombahn verstopfen kann, und so das Blut nicht mehr fließt.

   Für eine Thromboseprophylaxe können Pflegende ...
   - eine ______________________________ durchführen, zum Beispiel MTS anziehen oder die Beine wickeln.
   - eine Frühmobilisation durchführen.
   - Bewegungsübungen machen und die Pflegebedürftigen informieren.
   - ______________________________ geben, zum Beispiel Heparin injizieren (Achtung: nur nach schriftlicher Anordnung/Anweisung vom Arzt!).

Kennen Sie noch mehr Prophylaxen? Sprechen Sie mit einem Partner.

9.3 Kommunikation – Kleidung von Pflegebedürftigen II, Beratung von Pflegebedürftigen und Angehörigen zu Präventionsmaßnahmen

Aufgabe 11

Hörtext 9.2

Kleidung als Prophylaxe bei bettlägerigen Pflegebedürftigen. Drei Pflegekräfte geben Tipps. Lesen Sie erst die Tabelle, und vermuten Sie: Welcher Tipp passt wo? Kreuzen Sie an. Hören Sie dann die Pflegekräfte, und kontrollieren Sie Ihre Vermutungen.

Tipp!

(hin) fallen, stürzen

(aus) rutschen

umknicken

	Sturzprophylaxe	Dekubitusprophylaxe	Thromboseprophylaxe
kontrollieren: Kleidung faltenfrei*?			
nicht auf Socken laufen			
MTS anziehen			
feste Schuhe mit Gummisohle** tragen			
prüfen: <u>leichter</u> Druck auf dem Bein?			
Kleidung glattziehen*, wenn nötig			
beachten: Passen die Strümpfe?			
knöchelhohe Schuhe anziehen			
Kleidung aus Naturfasern*** tragen			

* Kleidung/Bettwäsche: glatt/grade/gespannt/faltenfrei ↔ faltig / mit Falten / nicht glatt…

** die Sohle: unter dem Schuh

*** Material aus natürlichen Produkten (tierisch oder pflanzlich)

Was sagen die Pflegekräfte: Warum sollte man die Tipps beachten? Hören Sie noch einmal, und stoppen Sie nach jeder Person.

Zum Beispiel:

- *Bei einer (Sturzprophylaxe) sollten die Pflegebedürftigen (…), weil sie (…)*
- *Man sollte bei einer (Dekubitusprophylaxe) (…), denn sonst (…)*

Beratung von Angehörigen zu Präventionsmaßnahmen

Hören Sie das Gespräch. Welche Wörter fehlen? Schreiben Sie.

Aufgabe 12

Hörtext 9.3

Herr Atayev wird bald entlassen*. Aber er ist noch schwach und kann nicht gut alleine gehen. Er hat Angst, dass er zu Hause stürzt. Seine Schwester, Frau Melnikow, möchte ihm helfen. Cristina macht ein Beratungsgespräch mit der Angehörigen: Sie redet mit ihr über Präventionsmaßnahmen für eine Sturzprophylaxe.

Cristina López: „Hallo, Frau Melnikow. Nächste Woche wird Ihr Bruder entlassen. Er freut sich sehr, aber er ist noch schwach, und das Gehen fällt ihm schwer. Er hat Angst, dass er ______________________________. Das ist sehr gefährlich!"

Frau Melnikow: „Ja, das stimmt. Ich möchte ihm gerne helfen. Was kann ich als ______________________________ denn machen? Wie kann ich ihn unterstützen?"

Cristina López: „Das ist sehr nett von Ihnen. Sie können sehr viel machen. Wichtig ist, dass Sie verschiedene Maßnahmen für eine Sturzprophylaxe kennen. Die sind zur ______________________________, denn Ihr Bruder darf nicht stürzen."

Frau Melnikow: „Ok. Und welche Maßnahmen sind das?"

Cristina López: „In der Dusche oder Badewanne kann es oft sehr ______________________________ sein. Es gibt spezielle Anti-Rutsch-Matten. Die legen Sie in die Dusche oder Badewanne rein, dann rutscht man nicht so schnell aus."

Frau Melnikow: „Natürlich, die kenne ich. Unsere Mutter hatte auch eine!"

Cristina López: „In einer Wohnung kann man schnell stürzen. Zum Beispiel über ______________________________. Tun Sie die weg, wenn möglich! Oder Kabel, zum Beispiel von Fernseher, Computer oder Telefon. Es sollten keine Kabel auf dem Boden liegen."

Frau Melnikow: „Das mache ich! Vielleicht können wir auch sein Bett an einen anderen Platz stellen, dann kann er besser zur Toilette gehen. Jetzt ist der Weg vom Schlafzimmer zum Badezimmer sehr lang."

Cristina López: „Das ist eine gute Idee. Aber reden Sie bitte vorher mit Herrn Atayev. Es ist sehr wichtig, dass Sie ihm helfen, aber nicht für ihn entscheiden. Auch wenn er Hilfe braucht, sollte er ______________________________ sein und für sich selbst entscheiden. Er sagt, was er möchte und was nicht. Wir können nur ______________________________."

Frau Melnikow: „Ok, keine Sorge. Haben Sie noch einen Tipp für mich?"

Cristina López: „Er sollte immer genug trinken! Das ist auch sehr wichtig für die Sturzprophylaxe. Wenn er nicht genug trinkt, dann wird ihm ______________________________. Und dann ist die Gefahr groß, dass er stürzt."

Frau Melnikow: „Vielen Dank, Frau López. Ihre Beratung hat mir sehr geholfen."

---

* Er wird entlassen. = Er darf das Krankenhaus verlassen und nach Hause gehen.

Aufgabe 13 Wie sagt man das? Informieren Sie die Pflegebedürftigen: Was wollen Sie machen? Warum wollen Sie das machen?

Sie möchten einem Patienten Heparin injizieren/spritzen.

Hallo. Darf ich Ihnen Heparin injizieren/spritzen? Das ist wichtig, denn Sie sollen keine Thrombose bekommen.

Sie möchten einem Patienten Schuhe anziehen.

Entschuldigen Sie, passt es Ihnen, wenn ich

____?

Das ist wichtig, denn …

____

Sie möchten mit einem Patienten Bewegungsübungen machen.

Guten Morgen. Ist es Ihnen recht, wenn ich

____?

Das ist wichtig, weil …

____

Sie möchten mit einem bettlägerigen Patienten einen Positionswechsel machen.

Guten Abend. Ist es ok für Sie, wenn ich

____?

Das ist wichtig, denn …

____

Sie möchten bei einem Patienten an einer roten Hautstelle an der Ferse einen Fingerdrucktest machen.

Hallo. Sind Sie einverstanden, wenn ich

____?

Das ist wichtig, weil …

____

REDEMITTEL:

Darf ich ...?
Kann ich bitte ...?
Ist es Ihnen recht, wenn ich ...?
Ist es ok für Sie, wenn ich ...?
Ist es in Ordnung, wenn ich ...?
Passt es Ihnen, wenn ich ...?
Sind Sie einverstanden, wenn ich ...?

Fallen Ihnen noch mehr Beispiele ein? Was können Sie noch fragen, wenn Sie Prophylaxen durchführen möchten? Überlegen Sie mit einem Partner.

Aufgabe 14

Anziehen, ausziehen, aufmachen, zumachen. Ordnen Sie die Bilder den Beschreibungen zu.

1 

2 

3 

4 

5 

a die Stiefel anziehen

b das T-Shirt ausziehen

c in den Ärmel (rein)schlüpfen

d den Reißverschluss aufmachen

e in die Hose (rein)steigen

f das Hemd / die Knöpfe zuknöpfen

g die Mütze aufsetzen

h die Schnürsenkel binden/zumachen

i den Pullover über den Kopf ziehen

j den Klettverschluss zumachen

6 

7 

8 

9 

10 

> **Tipp!**
> anziehen/ausziehen ↔ <u>sich</u> anziehen/ausziehen
> ➤ Kapitel 9.5 Grammatik – Reflexive Verben

Aufgabe 15 Passende Kleidung. Pflegebedürftige sollten immer die passende Kleidung für ihre Erkrankung/Situation tragen. Aber es ist auch wichtig, dass sie schnell wieder ihre eigene „normale" Kleidung tragen. Was denken Sie, warum? Notieren Sie Ihre Ideen, und diskutieren Sie dann.

____

____

Was sollten diese Pflegebedürftigen tragen? Was raten Sie? Schreiben Sie.

1. Herr Franz ist 85 Jahre alt und kann alleine am Stock oder mit dem Rollator laufen. Es regnet, aber er möchte trotzdem im Krankenhaus-Park spazieren gehen.
   Regenjacke, ______________________________
2. Heidi ist 6 Jahre alt, hat die Schulter gebrochen und muss 4 Wochen im Bett liegen. Heute Morgen helfen Sie ihr beim Anziehen.
   ____
3. Herr O'Donnell ist bettlägerig und hat einen schweren Dekubitus. Nach dem Waschen sollen Sie ihn anziehen.
   ____
4. Frau Hayek hat starke Kreislaufprobleme, aber sie will aufstehen und im Aufenthaltsraum sitzen. Sie möchte „sich schick machen" und auch ihren Schmuck tragen.
   ____

Suchen Sie jetzt einen Partner, und spielen Sie die Situationen. Einer ist Pflegekraft, der andere ist Herr Franz / Heidi … Beraten Sie die Pflegebedürftigen zum Thema Kleidung, und helfen Sie dann beim Anziehen. Benutzen Sie auch die Wörter aus Aufgabe 12.

REDEMITTEL

Pflegebedürftiger:
- Heute möchte ich (…) anziehen.
- Was soll ich nur anziehen?
- Ja danke, Sie haben recht. Das ist besser.

Pflegekraft:
- Was möchten Sie heute anziehen?
- Ich schlage vor, dass Sie heute (das hier / …) tragen.
- Das ist eine / leider keine gute Idee, denn …
- Möchten Sie nicht vielleicht lieber (…) anziehen?
- Darf ich Ihnen beim (Ausziehen/Zuknöpfen…) helfen?
- Können Sie alleine (in den Ärmel schlüpfen)? Oder soll ich Ihnen helfen?
- So, zuerst (ziehe ich Ihnen die Jacke an), dann (mache ich den Reißverschluss zu). Danach (setze ich Ihnen die Mütze auf).

9.4 Lernen durch Ankreuzen – Rückenschonendes Arbeiten

Richtig oder falsch? Kreuzen Sie an. **Aufgabe 16**

1. Rückenschonendes Heben und Tragen bedeutet: Die Beine bleiben gerade*, der Rücken biegt sich**.
   - □ a) richtig
   - □ b) falsch

2. Schwere Sachen sollte man nicht alleine tragen, sondern einen Kollegen um Hilfe bitten.
   - □ a) richtig
   - □ b) falsch

3. Es ist immer gut, wenn man in der Freizeit Sport macht. So kann man die Rückenmuskeln trainieren und stärken.
   - □ a) richtig
   - □ b) falsch

4. Es gibt in der Pflege keine Hilfsmittel für rückenschonendes Arbeiten.
   - □ a) richtig
   - □ b) falsch

5. Es gibt Entspannungs-Übungen für die Rückenmuskulatur. Man lehnt sich zum Beispiel mit dem Rücken an die Wand.
   - □ a) richtig
   - □ b) falsch

---

* etwas ist gerade, z. B. diese Linie: —

** etwas/jemand biegt sich, z. B. diese Linien: ≈

> **Tipp!**
> **aus – bei – mit – nach – seit – von – zu** → immer mit **Dativ**
> **durch – für – gegen – ohne – um** → immer mit **Akkusativ**
> Rest: Wechselpräpositionen ➤ Kapitel 11, Grammatik 11.5

9.5 Grammatik – Verben mit Präpositionen, Reflexive Verben

Verben mit Präpositionen

Einige Verben brauchen ein **Objekt mit einer Präposition**, zum Beispiel:

- achten auf (+ Akk.): Cristina achtet bei Patienten auf die richtigen Schuhe.
- denken an (+ Akk.): Denkst du bitte an die MTS für Frau Rudow?
- telefonieren mit (+ Dat.): Herr Dr. Martinez telefoniert oft mit seinen Kollegen.
- teilnehmen an (+ Dat.): Hannah nimmt an einem Prophylaxe-Training teil.

Seltener gibt es zwei Präpositionen:

- sprechen/diskutieren mit jemandem (+ Dat.) über etwas (+ Akk.): Ich spreche mit der Patientin über die Dekubitusprophylaxe.

Aufgabe 17 Verb + Präposition + Akkusativ. Was passt? Verbinden Sie.

> **Tipp!**
> **Akkusativ:** achten auf – ankommen auf – aufpassen auf – bitten um – denken an – lachen über – nachdenken über – sprechen über – diskutieren über – warten auf

1	Bitte denken Sie	a	über die Thromboseprophylaxe!
2	Ich denke oft	b	auf mich! Ich bin nicht so schnell!
3	Ja, natürlich passe ich kurz	c	über Rezas Witze.
4	Welche Kleidung Sie tragen sollen? Das kommt	d	an feste Schuhe, wenn Sie rausgehen!
5	Moment, warte bitte	e	um Ihre Mithilfe!
6	Markus und Layla lachen	f	auf Ihre Tasche auf.
7	Bitte achten Sie	g	über meine berufliche Zukunft nach.
8	Und morgen sprechen wir nochmal	h	auf das Wetter an.
9	Hygiene-Vorschriften: Wir bitten	i	auf passende Kleidung!

Aufgabe 18 Verb + Präposition + Dativ. Was passt? Kreuzen Sie an.

> **Tipp!**
> **Dativ:** abhängen von – einladen zu – erzählen von – fragen nach – gratulieren zu – sprechen mit – diskutieren mit – teilnehmen an – telefonieren mit – träumen von

1. Ich gratuliere Ihnen ☐ **zu** ☐ **mit** der neuen Stelle!
2. Miro nimmt ☐ **bei** ☐ **an** einem Deutschkurs in Bonn teil.
3. Der Chirurg diskutiert ☐ **an** ☐ **mit** seinen Kollegen über die Patienten.
4. Träumst du manchmal ☐ **von** ☐ **aus** der Arbeit?
5. Wann Sie aufstehen dürfen? Das hängt ☐ **an** ☐ **von** der Heilung ab.
6. Wir laden Sie herzlich ☐ **nach** ☐ **zu** unserem Informationsabend ein!
7. Die Ärztin telefoniert ☐ **mit** ☐ **von** Frau Niemayers Angehörigen.
8. Die Patientin fragt ☐ **zu** ☐ **nach** einer Schmerztablette.
9. Erzählen Sie mir etwas mehr ☐ **von** ☐ **bei** dem Sturz. Wann ist das passiert?

Reflexive Verben

Reflexive Verben haben ein *Reflexivpronomen*. Die meisten Reflexivpronomen sind wie die Akkusativpronomen, Ausnahme: 3. Person SG./PL. (*sich*)!
Das Pronomen muss die gleiche Form haben wie das Subjekt:

sich bewegen

ich bewege **mich**	**wir** bewegen **uns**
du bewegst **dich**	**ihr** bewegt **euch**
er/sie/es bewegt **sich**	**sie/Sie** bewegen **sich**

Reflexive Verben. Welche Beispiele passen zu welcher Regel? Ordnen Sie zu.

Aufgabe 19

Regel	Beispiele
1 Es gibt Verben, die (fast) immer reflexiv sind. Hier hat das Reflexivpronomen oft keine Bedeutung.	sich küssen: Magda und Arthur küssen sich. (= Sie küsst ihn, und er küsst sie.) sich treffen: Treffen wir uns um 3 Uhr? (= Ich treffe dich, und du triffst mich.) → sich kennen(lernen), sich unterhalten, sich verlieben …
2 Es gibt Verben, die manchmal reflexiv sind und manchmal nicht (dann mit Akk.-Objekt!).	→ sich ausruhen, sich beeilen, sich erholen, sich fühlen, sich konzentrieren, sich langweilen, sich verlaufen …
3 Viele reflexive Verben haben auch eine Präposition.	(sich) waschen: Ich wasche mich. ↔ Ich wasche den Mann. (sich) anziehen: Du ziehst dich an. ↔ Du ziehst das Kind an. → (sich) bewegen, (sich) verletzen, (sich) bilden, (sich) (hin) setzen, (sich) (hin)legen, (sich) (hin)stellen, (sich) (an)lehnen, (sich) festhalten, (sich) aus-/umziehen, (sich) schminken …
4 Manchmal bedeutet das Reflexivpronomen auch, dass zwei Personen gegenseitig etwas tun.	sich erinnern an (+ Akk.): Erinnerst du dich an Eva? sich kümmern um (+ Akk.): Die Pflegekraft kümmert sich um die Pflegebedürftigen. Akk. → sich entscheiden für, sich ärgern über, sich beschweren über, sich entschuldigen für, sich freuen auf/über, sich bewerben um, sich gewöhnen an, sich interessieren für, sich streiten über, sich verlassen auf, sich verlieben in, sich vorbereiten auf … Dat. → sich beschäftigen mit, sich beschweren bei, sich bewerben bei, sich entschuldigen bei, sich melden bei, sich streiten mit, sich verabreden mit …

Aufgabe 20

> **Tipp!**
> **Imperativ** (➤ Kapitel 2, 2.5 Grammatik – Imperativ):
> ~~du~~ erhol~~st~~ dich → Erhol dich!
> ~~ihr~~ erholt euch → Erholt euch!

1. Regel: Setzen Sie das passende Reflexivpronomen ein. Bilden Sie dann den Imperativ.

1. Wenn Sie grade eine Operation hatten, müssen Sie *sich* danach erholen.
   Erholen Sie sich!
2. Wenn ihr am Morgen zu spät aufsteht, müsst ihr ______ beeilen.
   ____
3. Wenn Sie spazieren gegangen sind, sollten Sie ______ erstmal ausruhen!
   ____
4. Wenn du mehr schläfst, kannst du ______ besser konzentrieren.
   ____

Aufgabe 21

> **Tipp!**
> Ich wasche mich. *(sich waschen)*
> Ich wasche die Hände. *(waschen + Akk.-Objekt)*

2. Regel: reflexiv oder nicht reflexiv? Setzen Sie ein Reflexivpronomen ein, wenn nötig.

Herr Jablonski hat einen schweren Dekubitus und kann ______ nur schlecht bewegen. Reza Ahmadi wäscht ______ ihn heute.

Reza: „Bitte setzen Sie ______ hin, dann kann ich ______ Sie besser waschen. Zuerst ziehen wir ______ den Schlafanzug aus. Moment, ich stelle ______ mal hierhin, dann geht es besser. Jetzt wasche ich ______ Ihren Rücken. Das war es schon. Können Sie ______ alleine anziehen, oder soll ich ______ Ihnen helfen? *(Herr Jablonski stöhnt.)* Ok, kein Problem.

So, jetzt haben wir ______ es geschafft. Bald fühlen Sie ______ sicher wieder besser! Kevin, was machst du denn hier? Hast du ______ verlaufen?"

Kevin: „Nein, ich wollte ______ einfach mal ein bisschen bewegen!"

Reza: „Bitte geh ______ zurück in dein Zimmer, und leg ______ wieder hin! Beeil ______! Aufstehen ist gar nicht gut für die Heilung! Und wenn du ______ langweilst, beschäftige ______ mit einem Buch oder Spiel. Oder melde ______ bei uns, dann helfen wir ______!"

Aufgabe 22

> **Tipp!**
> **Reflexive Verben ...**
> ... stehen direkt nach dem Verb auf Position 3, in Ausnahmen auf Position 4 (wenn Subjekt auf 3): Ich gewöhne **mich** nie an das Wetter! ≠ An das Wetter gewöhne ich **mich** nie.
> ... bilden das Perfekt immer mit „haben": sie **hat** sich beworben, er **hat** sich entschuldigt

3. Regel: Ordnen Sie die Sätze, und schreiben Sie. Vergleichen Sie dann mit einem Partner.

1. beworben – um eine Stelle – hat – Jessica – beim ambulanten Pflegedienst – sich
   Jessica ______________________________
   sich – vor – auf das Vorstellungsgespräch – bereitet – sie - Jetzt
   Jetzt ______________________________
2. Ich werde heute 40! freue – sehr – Über – die tollen Geschenke – mich – ich
   Über ______________________________
   ich – auf die Geburtstagsparty – Aber – freue – am Samstag – mich – noch mehr
   ____
3. gestritten – wieder – mit Erwin – mich – habe – über das Kochen – Gestern – ich
   ____
   beschwert – über das Essen – Er – immer – sich, nie – kocht – aber – selbst – er
   ____
   bei mir – Später – entschuldigt – sich – aber – hat – für sein Verhalten – er
   ____

Aufgabe 23

4. Regel: Welches Verb passt wo? Schreiben Sie in der richtigen Form.

sich unterhalten sich küssen sich kennenlernen sich verlieben sich treffen

Lara und Johnny ______________

Sie ______________ oft im Park und ______________ stundenlang.

Sie ______________, und …

… sie ______________. Drei Monate später heiraten sie.

Aufgabe 24

Trainieren Sie die reflexiven Verben und die Verben mit Präpositionen. Bilden Sie zuerst drei Gruppen, und setzen Sie sich an einen Gruppentisch. Jede Gruppe hat eine andere Aufgabe:

Gruppe A
Erstellen Sie ein **Lernplakat** mit den wichtigsten Verben mit Präpositionen. Ordnen Sie nach Präpositionen, und markieren Sie Akk./Dat.:

Gruppe B
Erstellen Sie **Wendekarten**. Auf die eine Seite schreiben Sie ein Verb, auf die andere Seite die passende Präposition und Akk./Dat.:

Gruppe C
Erstellen Sie **Domino-Spiele**. Kopieren Sie das Beispiel auf ein Papier, und schreiben Sie geteilte Sätze. Am Ende zerschneiden Sie alles wie markiert:

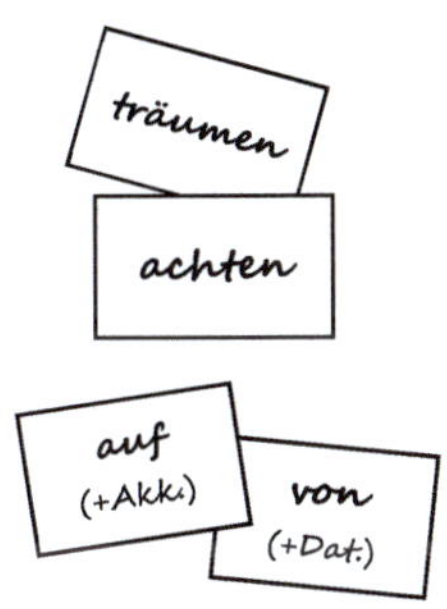

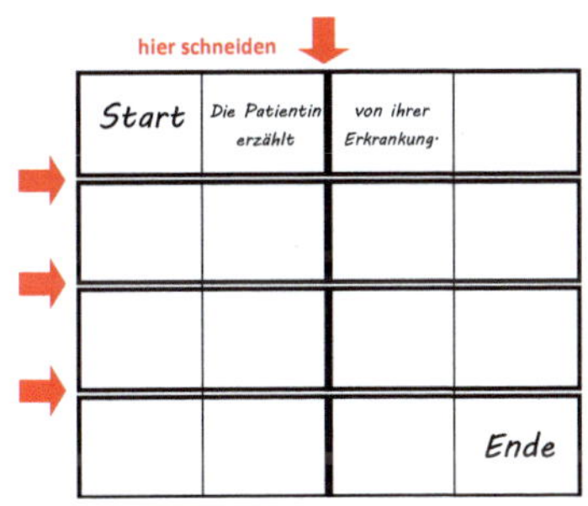

Stationenlernen. Fertig? Lassen Sie nun Ihr Material auf dem Tisch, und gehen Sie zu einem anderen Gruppentisch. Bearbeiten Sie die Aufgabe.

Tisch A Sehen Sie das Plakat an. Nehmen Sie einen Würfel, und spielen Sie mit einem Partner. Sie sagen ein Verb, Ihr Partner würfelt und bildet einen Satz mit dem Verb und der gewürfelten Person: 1 = ich, 2 = du, 3 = er/sie, 4 = wir, 5 = ihr, 6 = Sie

→ z. B.: *„Sich kümmern um!" – „Hm, eine 5 … Ihr kümmert euch um die Pflegebedürftigen!"*

Tisch B Trainieren Sie mit den Wendekarten! Schreiben Sie gerne mehr.

Tisch C Spielen Sie Domino! Basteln Sie eventuell ein eigenes.

Fertig? Wechseln Sie ein letztes Mal.

9.6 Das Quiz – Kapitel 9

Beantworten Sie das Quiz zu Kapitel 9 alleine.
Vergleichen Sie dann mit einem Partner oder in der Gruppe!

Aufgabe 1 Welche Berufskleidung tragen Pflegekräfte im Krankenhaus? Und was haben Pflegebedürftige oft an?

____

____

____

Aufgabe 2 Was ist eine Kontrakturenprophylaxe?

____

____

____

Aufgabe 3 Schreiben Sie drei Präventionsmaßnahmen für ein rückenschonendes Arbeiten.

____

____

____

Aufgabe 4 Warum ist es besonders bei bettlägerigen/immobilen Menschen gefährlich, wenn sie einen Dekubitus bekommen?

____

____

____

Aufgabe 5 Welche Präposition haben die Verben? Schreiben Sie. Ergänzen Sie auch den Kasus und ein Reflexivpronomen, wenn nötig.

erinnern – freuen – warten – teilnehmen – kümmern – achten

____

____

____

10 Pflege in der Endphase des Lebens

In diesem Kapitel geht es um:

Kompetenzfelder Pflege
- Palliative Pflege und Hospizarbeit
  - Symptomkontrolle
  - Begleitung und Versorgung von Sterbenden
- SAPV (Spezielle ambulante Palliativversorgung)

Wortschatz und Kommunikation
- Heimat und Kultur
- Sterben und Tod in Kulturen und Religionen
- Gespräche mit Angehörigen

Grammatik
- Wiederholung Perfekt
- Präteritum

Aufgabe 1
Sehen Sie das Foto an und sprechen Sie!

Was sehen Sie auf dem Foto?
Was machen die Personen?
Kennen Sie diese Situation?
Warum ist diese Situation wichtig in der Pflege? Was denken Sie?

Redemittel
Da ist … / Das ist … / Da sind … / Ich sehe …
Die Personen …
Vielleicht …
Ja, ich habe schon mal …
Nein, ich habe noch nie …
Diese Situation ist wichtig, weil …
Ich denke, in der Pflege ist es wichtig, dass …

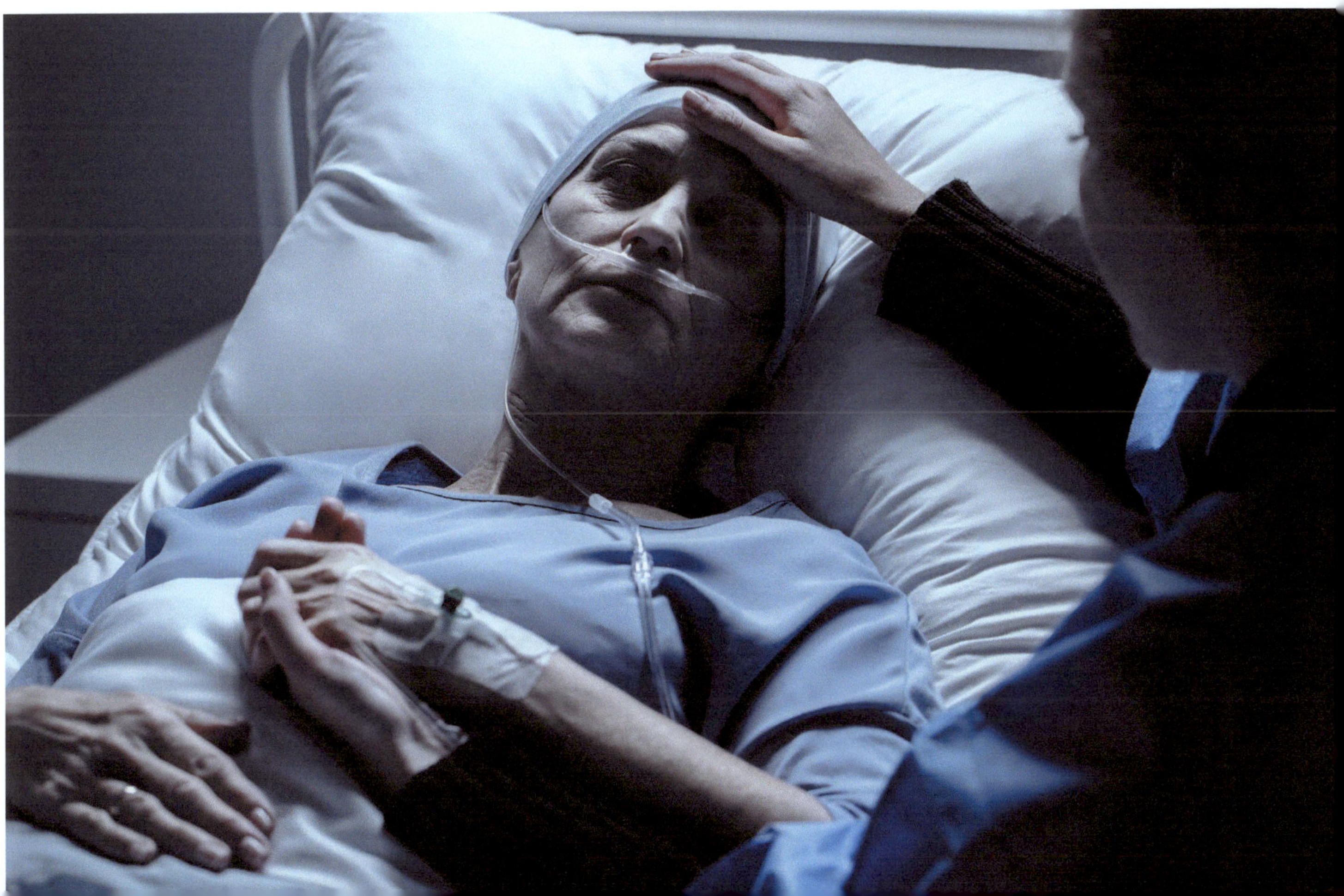

10.1 Wortschatz – Heimat und Kultur

Aufgabe 2

Pflege im Hospiz. Hören Sie das Gespräch, und kreuzen Sie an: richtig oder falsch?

☐ Hörtext 10.1

> **Tipp!**
> **die Palliativpflege** = Pflege für Schwerkranke
> **das Hospiz** / Hospize = wie ein kleines Pflegeheim für Schwerkranke, wo man sie bis zum Tod begleitet; Ort für Sterbebegleitung
> **die Palliativstation** = Abteilung im Krankenhaus für Patienten mit unheilbaren Erkrankungen, die z. B. starke Schmerzen haben oder eine spezielle Pflege brauchen

	richtig	falsch
Im Hospiz werden die Leute auch wieder gesund.	☐	☐
Die Angehörigen von den Pflegebedürftigen sind oft Tag und Nacht da.	☐	☐
Die Pflegebedürftigen erzählen nur von persönlichen Ereignissen.	☐	☐
Arun war ein Jahr alt, da sind seine Eltern nach Kambodscha geflüchtet.	☐	☐

Pflegende im Hospiz. Hören Sie noch einmal, und schreiben Sie.

Was hilft Arun, wenn ihn etwas belastet?

____

____

Was gefällt Arun an seiner Arbeit?

____

____

Möchten Sie gerne im Hospiz arbeiten? Warum (nicht)?

Aufgabe 3

Lesen Sie die Definition zu „Herkunftsland". Und was ist „Heimat"? Arbeiten Sie mit einem Partner, und schreiben Sie eine Definition. Vergleichen Sie dann im Kurs.

Her·kunfts·land
/ˈheːɐ̯kunftslant,Hérkunftsland/
Substantiv, Neutrum [das]

Land, aus dem jemand, etwas kommt

Definition „**Heimat**":

____

____

Gibt es das Wort „Heimat" (oder ein ähnliches) in Ihrer Sprache?

Zum Beispiel:

- *Auf Französisch sagen wir „la patrie". Das ist so ähnlich wie „Heimat".*
- *Und „Heimatland" heißt „le pays natal".*
- *Auf Englisch gibt es kein richtiges Wort. Man sagt „homeland" oder „home". Aber das ist nicht dasselbe, finde ich…*

Was ist „Heimat" für <u>Sie</u>? Woran denken Sie: Ort, Gebäude, Natur, Personen, Geräusch, Geruch, Geschmack, Symbol, Tradition …? Suchen Sie ein Foto (ein privates oder aus dem Internet).

Klassenspaziergang. Gehen Sie nun durch die Klasse, und zeigen Sie Ihr Foto. Erzählen Sie: Warum haben Sie das Motiv gewählt?

REDEMITTEL

Das ist …
Ich habe dieses Motiv/Foto/Bild gewählt, weil …
Dieses Motiv/Foto/Bild erinnert mich an …
Das Geräusch / Der Geruch / Der Geschmack von … erinnert mich an „Heimat".
Wenn ich … sehe/höre/rieche/schmecke, denke ich an „Heimat".
„Heimat" ist für mich …

Internet-Tipp
„Was ist Heimat?"
Umfragen:
https://de.statista.com/statistik/daten/studie/222338/umfrage/bedeutung-des-begriffs-heimat-in-deutschland/
https://live0.zeit.de/infografik/2019/Vermaechtnis-Studie_Broschuere_2019.pdf (Seite 25)
Vokabeln:
https://deutschtraining.org/wp-content/uploads/2015/09/Heimat-Wortschatz-Deutsch.png

Aufgabe 4

Das Eisberg-Modell. Wenn man auf eine neue Kultur trifft, kann man einige Dinge direkt sehen, sie sind sichtbar. Andere lernt man erst mit der Zeit kennen, sie bleiben oft erst mal unsichtbar oder versteckt. Was ist sichtbar, was ist unsichtbar? Schreiben Sie in den Eisberg.

Sprache/Schrift Emotionen Essen/Trinken Religion Zeitgefühl Bildung/Erziehung Humor Literatur/Philosophie Mimik/Gestik Politik/Geschichte/Wirtschaft Architektur Traditionen/Rituale Denkweise/Interpretation Kleidung Konfliktverhalten Gesellschaftsordnung Musik/Kunst/Film Höflichkeit Hierarchien Freizeitangebote Werte/Ziele

Bilden Sie Kleingruppen. Vergleichen Sie Ihre Eisberge, und diskutieren Sie folgende Fragen:
Was zeigt das Eisberg-Modell?
Was sollte man beachten, wenn man Kontakt mit einer fremden Kultur hat?
Gehört man immer nur zu einer Kultur, oder kann man auch zu mehreren gehören? Wenn ja: Welche Arten von Kultur gibt es? Nennen Sie Beispiele.

REDEMITTEL

Das Eisberg-Modell ist ein Symbol für … / zeigt …
Beim Kontakt mit einer fremden Kultur sollte man beachten, dass …
Ich denke/glaube/finde, dass man nur zu einer Kultur gehört. Diese Kultur ist / lernt man …
Ich denke/glaube/finde, dass man auch zu mehreren Kulturen gehören kann.
Es gibt zum Beispiel eine eigene Kultur in jedem/jeder …
Es gibt viele verschiedene Arten von Kulturen, zum Beispiel …

10.2 Pflegesituation – Palliative Pflege und Hospizarbeit

Vokabular zum Text

die Musiktherapeutin / -therapeutinnen

die Kunsttherapeutin / -therapeutinnen

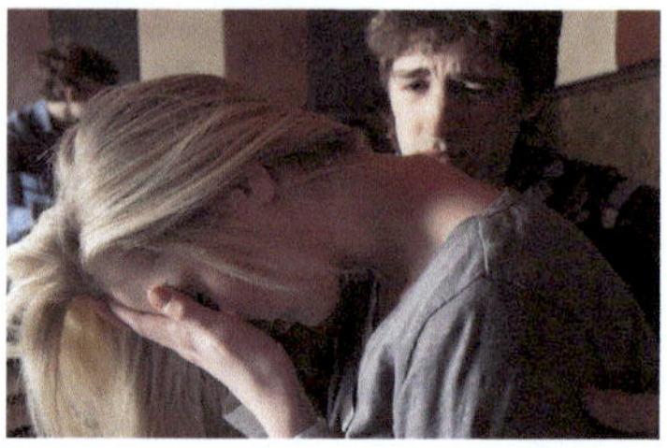

die Angst / Ängste (Angst vor etwas oder jemandem haben)
die Sorge / Sorgen (Sorgen haben, sich um etwas Sorgen machen)

die Kerze / Kerzen (eine Kerze anzünden)

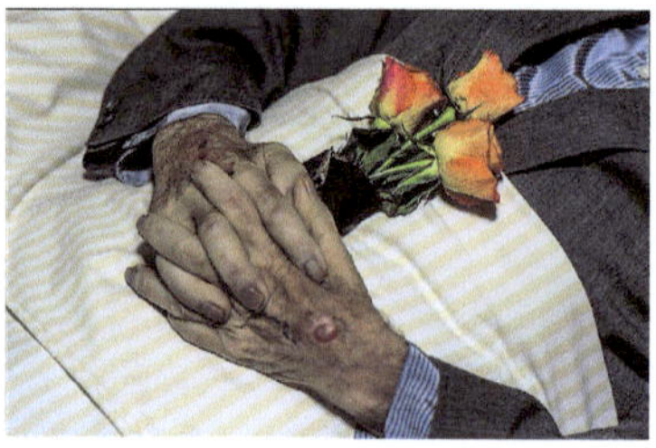

der Verstorbene / Verstorbene, die Verstorbenen

die Physiotherapeutin / -therapeuten

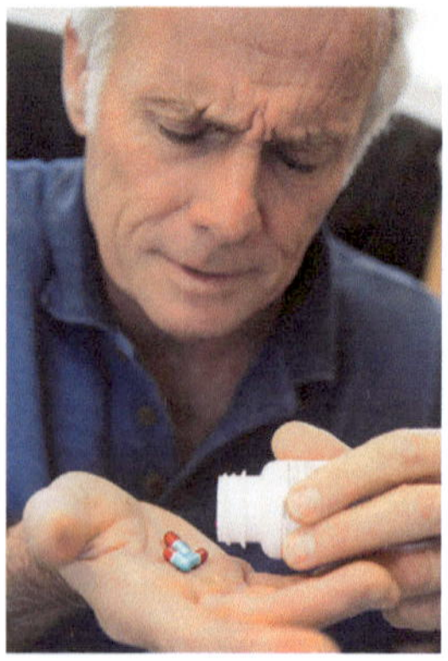

Medikamente einnehmen

das Körper-Öl / -Öle

der Lavendel (immer SG.) (etwas riecht nach Lavendel)

das Haustier / Haustiere

Lesen Sie den Text. **Aufgabe 5**

Im Hospiz ist vieles anders

Diese Woche arbeitet Cristina López in einem Hospiz. Dieser Teil der Ausbildung ist freiwillig*. Nicht jeder Pflegeauszubildende möchte in einem Hospiz arbeiten, denn hier begleitet man Menschen beim Sterben. Reza möchte das nicht. Aber Cristina freut sich. Denn viele Kollegen haben ihr gesagt, dass die Arbeit schwer, aber auch sehr schön ist.

Im Hospiz ist vieles anders als im Krankenhaus: Es gibt zum Beispiel eine große Küche und ein Esszimmer. Auch Angehörige können hier kochen und zusammen mit ihrer Familie essen. Jeder Pflegebedürftige hat sein eigenes Zimmer. Es gibt auch viele Kerzen. Wenn jemand stirbt, dann zünden die Pflegenden eine Kerze für den Verstorbenen an. In einem Hospiz arbeiten auch sehr viele Menschen. Cristina wusste das nicht und ist überrascht: Es gibt Pflegefachpersonen. Viele Pflegende haben eine spezielle Weiterbildung**: „Palliative Care". Die Pflegefachpersonen mit der Palliative-Care-Weiterbildung wissen besonders gut, wie man schwerkranke Menschen pflegt und auch den Angehörigen hilft. Denn für Angehörige ist es oft sehr schwer, einen Menschen zu verlieren. Es gibt auch Pflegehelfer. Und regelmäßig sind auch Ärzte im Hospiz. Das sind Ärzte mit einer Weiterbildung in Palliativmedizin, also Palliativmediziner.

Zweimal in der Woche kommt eine Musiktherapeutin ins Hospiz. Sie macht mit den Pflegebedürftigen Musik. Viele finden das sehr schön. Und jeden Donnerstag kommt Frau Weber, die Kunsttherapeutin. Wer möchte, kann mit ihr zusammen malen, auch die Pflegebedürftigen, die im Bett liegen. Sie haben dann viel Spaß und vergessen oft ihre Ängste und Sorgen. Die Physiotherapeutin kommt auch jeden Tag. Sie macht Bewegungsübungen mit den Pflegebedürftigen. Im Hospiz ist auch ein Raum für Gespräche: Hier arbeiten Sozialarbeiter. Sie reden mit den Angehörigen und unterstützen sie. Und dann gibt es noch ganz viele Menschen, die ohne Bezahlung hier arbeiten. Sie werden „ehrenamtliche Helfer"*** genannt. Sie helfen viel: kochen, helfen den Pflegebedürftigen beim Essen, spielen mit ihnen Karten und vieles mehr. Sie sind sehr wichtig für das Hospiz und eine sehr große Hilfe.

Cristina gefällt die Arbeit. Gerade ist sie mit der Pflegefachfrau Theresa Schöneberg in dem Zimmer von Frau Russo. Frau Russo ist 63 Jahre alt und sehr krank. Sie und ihre Familie wissen, dass die Krankheit nicht heilbar ist und sie nicht mehr lange leben wird. Jetzt ist es wichtig, dass Frau Russo noch eine schöne Lebenszeit hat. Deshalb ist palliative Pflege sehr wichtig. Theresa Schöneberg und Cristina nehmen sich Zeit: Sie reden mit Frau Russo und fragen, ob sie Schmerzen hat. Sie geben ihr auch Medikamente, die sie dann einnimmt, und cremen ihre Beine, Arme und Brust mit einem Körper-Öl ein. Das Körper-Öl riecht nach Lavendel und ist beruhigend für Frau Russo – sie mag den Geruch. Frau Russo ist Italienerin und hat eine große Familie. Ihre fünf Kinder und ihr Mann kommen sie jeden Tag besuchen. Sie bringen ihr immer etwas zum Essen mit. Dann essen alle zusammen im Hospiz. Das ist hier kein Problem, denn wichtig ist, dass die Pflegebedürftigen und ihre Angehörigen eine schöne letzte Zeit zusammen haben. Das steht in der palliativen Pflege im Mittelpunkt.

Cristina und Theresa Schöneberg sind fertig mit der Pflege bei Frau Russo. Da klopft es an der Tür. Es ist Frau Russos Ehemann. Er hat eine besondere Überraschung für seine Frau: ihr Haustier, die Katze Milo. Frau Russo freut sich sehr darüber, und Cristina findet das auch sehr schön – im Hospiz ist wirklich vieles anders.

* freiwillig: optional, von selbst, selbstständig
** die Weiterbildung: die Zusatz-Qualifikation/Spezialisierung für den Beruf
*** ehrenamtlich: ohne Geld, freiwillig

Wer arbeitet in einem Hospiz? Schreiben Sie. **Aufgabe 6**

____

____

____

Vokabular zum Dialog

Aufgabe 7 Was passt? Schreiben Sie.

Dyspnoe kontrolliert kurative Mundtrockenheit lindern Lebensphase Symptom Symptomkontrolle Übelkeit Wunsch

Fieber ist keine Krankheit, es ist ein S____________________.

Bei der S____________________ fragen die Pflegenden zum Beispiel, ob die Pflegebedürftigen Schmerzen haben. Sie fragen nach Symptomen.

Oft haben sehr kranke Menschen einen trockenen Mund. Sie leiden unter M____________________.

Auf der internistischen Station sollen die Menschen wieder gesund werden. Hier steht die k____________________ Pflege und Medizin im Mittelpunkt.

Durch Medikamente werden Schmerzen oft weniger, und es geht dem Menschen besser. Die Medikamente l____________________ die Schmerzen.

Wenn sich Menschen übergeben müssen, haben sie Ü____________________. Das ist ein Symptom dafür, dass im Körper etwas nicht stimmt.

Wenn jemand keine Luft bekommt / nicht atmen kann, dann nennt man das *D*____________________. Das ist der Fachbegriff für Atemnot.

Cristina fragt Frau Russo, ob sie Schmerzen hat. Sie k____________________, ob sie Schmerzen hat.

Bevor man stirbt, lebt man den letzten Teil vom Leben, also die „Endphase" im Leben oder die „letzte L____________________".

Frau Russo freut sich sehr, dass sie ihre Katze nochmal sieht. Das war ein großer W____________________ von ihr.

Hören Sie den Dialog, und lesen Sie den Text.

Aufgabe 8

Hörtext 10.2

Im Hospiz ist vieles anders – Fortsetzung

Theresa Schöneberg: „Cristina, weißt du was eine Symptomkontrolle ist?"

Cristina López: „Ich glaube, eine Symptomkontrolle ist zum Beispiel, wenn wir Frau Russo fragen, ob sie Schmerzen hat."

Theresa Schöneberg: „Das ist richtig. Die Symptomkontrolle ist sehr wichtig in der palliativen Pflege. Menschen mit sehr schweren Erkrankungen haben oft sehr viele Symptome. Kennst du noch andere?"

Cristina López: „Ja, zum Beispiel Mundtrockenheit oder *Dyspnoe*."

Theresa Schöneberg: „Genau! In der kurativen Pflege und Medizin steht im Mittelpunkt, dass kranke Menschen wieder gesund werden, also dass man sie heilt. Aber in der palliativen Pflege und Medizin ist am wichtigsten, dass kranke Menschen nicht leiden* müssen. Wir lindern ihre Schmerzen, ihre Atemnot, ihre Übelkeit und viele andere Symptome."

Cristina López: „Und deshalb ist es so wichtig, dass wir immer kontrollieren, ob die Pflegebedürftigen Symptome haben. Verstehe ich das richtig?"

Theresa Schöneberg: „Ja, die Menschen hier leben oft nicht mehr lange. Unsere Aufgabe ist es, dass wir die letzte Lebensphase so schön wie möglich für sie machen."

Cristina López: „Ich verstehe. Deshalb darf Herr Russo auch die Katze mitbringen. Frau Russo hat sich so gefreut!"

Theresa Schöneberg: „Wir möchten den Pflegebedürftigen viele letzte Wünsche erfüllen."

Cristina López: „Das ist wirklich schön. Die palliative Pflege gefällt mir sehr gut."

* jemand leidet: es geht ihm schlecht, er ist krank / hat Schmerzen oder Sorgen

Was bedeuten Schmerzen für Sie? An welche Gefühle denken Sie? Schreiben Sie. Reden Sie danach mit einem Partner.

Aufgabe 9

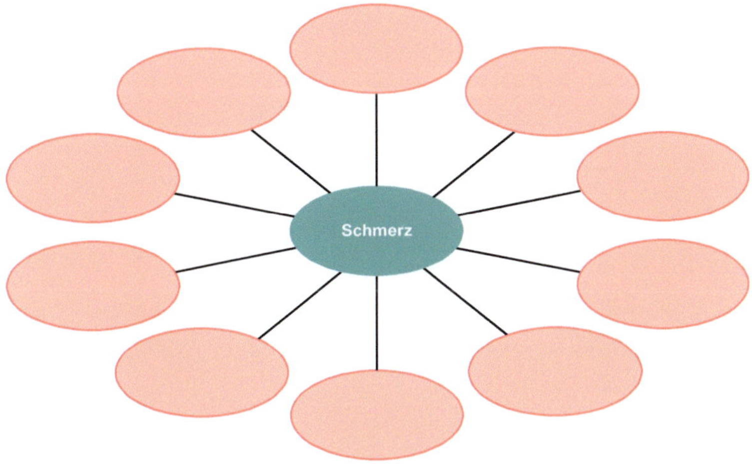

REDEMITTEL

Schmerzen bedeuten für mich / Bei „Schmerzen" denke ich direkt an (Angst, Wut, wenig Schlaf, müde sein, alleine sein, Trauer / traurig sein, Mitleid*, nicht denken können …).

* das Mitleid: etwas tut mir leid; ich leide/fühle mit jemandem

Aufgabe 10

Welche Symptome haben sich hier versteckt? Markieren Sie, und schreiben Sie.

INNEREMEDIZINFIEBERDEKUBITUSSCHMERZENCHIRURGIEÜBELKEITPATIEN
TENBETTSTATIONSZIMMERDYSPNOEATEMNOTMITTAGESSENMUNDTROCKENHEITA
PPETITLOSIGKEITPULLOVER

Fieber, ...

Aufgabe 11

Kurative Pflege und palliative Pflege – was ist der Unterschied? Schreiben Sie.

Aufgabe 12

Richtig oder falsch? Kreuzen Sie an, und schreiben Sie.

	richtig	falsch
Der Geruch von Lavendel beruhigt.	☐	☐
In der palliativen Pflege ist es sehr wichtig, dass man sich Zeit für die Pflegebedürftigen nimmt.	☐	☐
Die kurative Pflege steht bei Frau Russo im Mittelpunkt.	☐	☐

10.3 Kommunikation – Sterben und Tod in Kulturen und Religionen, Gespräche mit Angehörigen

Erfahrungen mit dem Tod. Sehen Sie die Fotos an, und lesen Sie. Was denken Sie: Welches Foto passt zu welcher Person?

Aufgabe 13

Arzt   Angehörige   Krankenpflegerin   Pflegebedürftiger

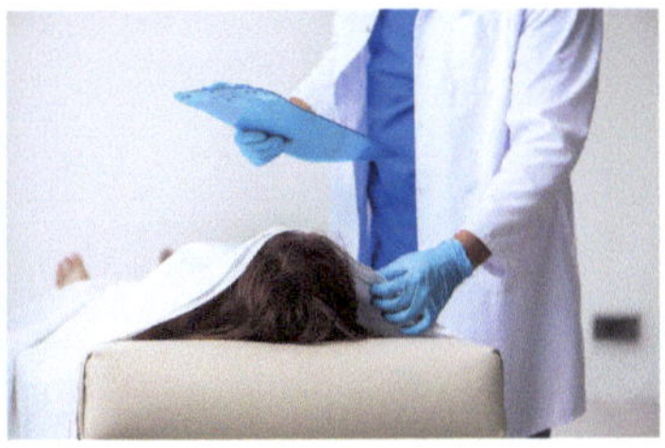

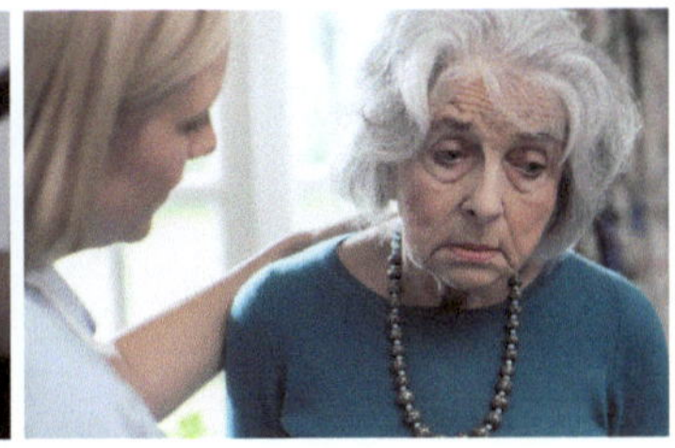

Hören Sie nun die Personen. Kreuzen Sie alle <u>richtigen</u> Aussagen an. Vergleichen Sie dann mit Ihrem Partner.

Hörtext 10.3

der Arzt
1. Der Arzt sieht täglich Fälle, die tödlich enden. ☐
2. Man bringt die Leiche oft in die Notaufnahme. ☐

die Pflegebedürftige in der Endphase des Lebens
3. Die Pflegebedürftige wird bald sterben und ist traurig. ☐
4. Sie glaubt, dass die Seele nach dem Tod in den Himmel kommt. ☐

die Krankenpflegerin
5. Krankenpfleger sollten die Hinterbliebenen unterstützen. ☐
6. Wenn sie trauern, sollte man trösten und Beileid aussprechen. ☐

die Angehörige
7. Die Beerdigung soll nächste Woche auf dem Friedhof stattfinden. ☐
8. Im Testament steht: Die Schwester erbt/bekommt das Haus. ☐

Tipp!
der To**d** ↔ Jemand ist to**t**.
Etwas ist tödlich.
der Tote, ein Toter, die Toten …
sterben – ist gestorben
versterben – ist verstorben
der Verstorbene, ein Verstorbener, die Verstorbenen
die Leiche/-n = (der) tote Körper

Haben Sie schon Erfahrung mit dem Tod, privat oder im Beruf? Erzählen Sie.

REDEMITTEL

Ja, ich habe schon Erfahrung. Mein (Großvater/Onkel …) ist vor … Jahren gestorben …
Ja, (als Kind/Jugendlicher … in …) habe ich gesehen/erlebt, dass/wie …
Ich war schon einmal auf einer Beerdigung (auch: einem Begräbnis / einer Bestattung) …
Ja, ich habe schon in/mit … gearbeitet. Da habe ich … / Da waren …
Ja, in/bei … habe ich einmal erlebt, dass …
Nein, ich habe noch keine Erfahrung mit dem Tod.

Aufgabe 14 Sterben und Tod in verschiedenen Religionen.

Tipp!
die Trauer
um jemanden trauern
traurig sein
der Trost
jemanden trösten

„Die Kultur eines Volkes erkennt man daran, wie sie mit ihren Toten umgeht." (Perikles)
Wenn eine geliebte Person stirbt, trauert jeder Mensch. Aber: Wie jemand die Trauer zeigt, ist abhängig von Persönlichkeit, Alter, Alltags-/Lebenserfahrungen, Sozialisierung und von Kultur und Religion.
Achtung! Auch innerhalb von Kulturen und Religionen gibt es unterschiedliche Rituale und Traditionen! Außerdem können diese sich im Lauf der Zeit verändern.

Welche Unterschiede gibt es in den Religionen? Bilden Sie Kleingruppen mit fünf Personen. Zeichnen Sie die Tabelle groß auf ein Papier oder in Ihr Heft.
Lesen Sie dann jeder einen Text, und machen Sie Notizen in der Tabelle. Präsentieren Sie dann reihum Ihren Text. Eine Person präsentiert, die anderen machen Notizen in der Tabelle.

	Buddhismus	**Christentum**	**Hinduismus**	**Islam**	**Judentum**
Gefühle zeigen					
Begräbnis/ Zeremonie					
Sonstige Rituale, Trauerzeit					
Trauer-Farbe, Kleidung	*Weiß*				
Leben nach dem Tod					

Buddhismus
Buddhisten glauben an Wiedergeburt (Reinkarnation). Mit dem Tod beginnt man ein neues Leben in einem anderen Körper. Als was man wiedergeboren wird (Mensch/Tier, reich/arm ...), ist abhängig von guten oder schlechten Taten im Leben. Das höchste Ziel ist, diesen Kreislauf zu stoppen und das ***Nirwana*** zu erreichen: das Paradies, wo die Seele für immer Ruhe und Frieden hat.
Buddhisten zeigen ihre Trauer meistens ganz offen. Die Familie bahrt den Toten einige Tage auf*, dann verbrennt man die Leiche. Oft zündet man Räucherkerzen an. Die Farbe der Trauer ist weiß.

* **aufbahren: einen Toten vor dem Begräbnis in einen Raum legen/betten**

Christentum
Für Christen endet mit dem Tod das Leben auf der Erde. Die Seele aber kommt zu Gott in den Himmel und lebt dort ewig weiter. Wenn man aber im Leben ein schlechter Mensch war, kommt man in die Hölle.
Auch im Christentum bahrt man den Toten oft vor dem Begräbnis auf. Man schließt ihm die Augen, wäscht und schminkt den Körper und zieht ihn schick an. Am Tag der Beerdigung tragen alle schwarze Kleidung, und es gibt einen „Leichenschmaus", ein Essen, wo man sich an den Verstorbenen erinnert und sich tröstet. Die Trauerzeit ist im Allgemeinen ein Jahr lang.

Hinduismus
Hindus glauben wie Buddhisten an Wiedergeburt. Der Tod ist nicht das Ende, sondern ein Neubeginn, und das höchste Ziel ist ***Moksha***: die Befreiung aus dem Kreislauf und Frieden für die Seele.
Auch im Hinduismus ist die Trauerfarbe Weiß. Noch am Todestag reinigt man die Leiche und verbrennt sie. Bei dieser Zeremonie darf kein Fremder anwesend sein. Die Asche soll man spätestens drei Tage nach der Verbrennung in einen Fluss oder ein Meer streuen. Am bekanntesten ist dafür die Stadt Varanasi am Fluss Ganges, weil beide für Hindus heilig sind.

Islam

Leben und Tod gehören für Muslime zusammen, das Leben auf der Erde ist die Vorbereitung auf das Paradies. Ähnlich wie im Christentum glaubt man, dass der Tod für gute Menschen die Heimkehr zu Gott ist, schlechte Menschen kommen aber in die Hölle.

Wenn jemand stirbt, muss man ihn innerhalb von 24 Stunden begraben, mit dem Gesicht Richtung Mekka. Vorher wäscht man den Körper und kleidet ihn in Weiß. Im traditionellen Islam trauern Männer und Frauen getrennt. In Teilen Ägyptens gibt es heute noch „Klageweiber", also Frauen, die laut weinen/klagen. Normalerweise trauert man nicht so offen, denn so zweifelt man an Gottes Entscheidung („Herr über Leben und Tod"). Schiiten denken jedes Jahr im Trauermonat ***Muharram*** an die Verstorbenen.

Judentum

Im Judentum gibt es verschiedene Vorstellungen, was nach dem Tod passiert. Viele glauben wie Christen und Muslime, dass die Seele den Körper verlässt und aufsteigt.

Auch hier soll man Tote innerhalb von 24 Stunden begraben, Verbrennen ist nicht erlaubt. Weil im Tod alle gleich sind, kleidet man den Toten in ein weißes Tuch und legt ihn in einen einfachen Holzsarg. Auf das Grab legt man keine Blumen, sondern Steine. Das wichtigste Ritual ist die ***Schiwa*** („sieben"): Nach der Beerdigung kommen sieben Tage lang Besucher zu der Familie nach Hause und „sitzen ***Schiwa***". Sie trösten und bringen Essen. Man betet das ***Kaddisch*** (das Totengebet) 11 Monate jeden Tag.

Aufgabe 15

Sterben und Tod in verschiedenen Kulturen und Ländern. Suchen Sie einen Partner, und beantworten Sie die Fragen. Nur eine Antwort ist richtig. Sie haben 10 Minuten Zeit. Welches Paar hat die meisten richtigen Antworten?

Internet-Tipp
Interviews mit verschiedenen Kulturen über Sterben und Tod (teilweise auf Englisch): https://player.vimeo.com/video/79076525?title=0&byline=0&portrait=0&autoplay=true&api=1&player_id=vimeoplayer

1. Gelb ist die Trauerfarbe im …
   a) alten Rom.
   b) alten Ägypten.
2. In Äthiopien rasiert man sich als Zeichen der Trauer …
   a) den Bart.
   b) den Kopf.
3. Eine Beerdigung ist ein großes Fest, das oft tagelang dauert. Es kommen viele Gäste, und die Kosten sind manchmal höher als für eine Hochzeit. Das passiert in …
   a) Ghana.
   b) Bolivien.
4. In Asien ist die Trauerfarbe meistens …
   a) Schwarz.
   b) Weiß.
5. Auf Bali (Indonesien) lächelt man oft bei einem Begräbnis, weil …
   a) man seine Gefühle nicht zeigen, sondern kontrollieren möchte.
   b) dort immer viele Fotografen sind.
6. In Mexiko feiert man am 1. November den *Día de los muertos* („Tag der Toten"). Man trägt bunte Kostüme, schminkt sich als Skelett und trifft sich auf dem Friedhof, weil …
   a) man glaubt, dass dann alle bösen Geister fern bleiben.
   b) man glaubt, dass die Verstorbenen einmal pro Jahr an diesem Tag auf die Erde zurückkommen und ihre Familie besuchen.

Kennen Sie andere Rituale und Traditionen? Wie trauert man bei Ihnen / in Ihrer Familie / in Ihrem Heimatland / in Ihrer Kultur?

10.4 Lernen durch Ankreuzen – SAPV

Aufgabe 16 Richtig oder falsch? Kreuzen Sie an.

1. SAPV steht für „Spezielle ambulante Palliativversorgung".
   - □ a) richtig
   - □ b) falsch

2. SAPV-Teams versorgen Menschen mit unheilbaren Erkrankungen zu Hause.
   - □ a) richtig
   - □ b) falsch

3. In einem SAPV-Team sind nur Pflegefachpersonen.
   - □ a) richtig
   - □ b) falsch

4. In einem SAPV-Team sind Pflegefachpersonen, Ärzte und Sozialarbeiter.
   - □ a) richtig
   - □ b) falsch

5. SAPV-Teams dürfen die Pflegebedürftigen nur zu Hause versorgen und nicht in Alterspflegeheimen.
   - □ a) richtig
   - □ b) falsch

10.5 Grammatik – Wiederholung Perfekt, Präteritum

Präteritum – Gebrauch

Im Deutschen benutzt man zwei Formen der Vergangenheit:
- Perfekt beim Sprechen (➢ Kapitel 1)
- Präteritum beim Schreiben (Zeitungsartikel, Nachrichten, Bücher, Märchen …)

Einige Verben verwendet man auch beim Sprechen im Präteritum, zum Beispiel:
- die Hilfsverben *haben* (er **hatte**), *sein* (er **war**), *werden* (er **wurde**)
- Modalverben (er **konnte**, er **wollte**, er **musste** …; ➢ Kapitel 4)
- die Verben *wissen* (er **wusste**), *finden* (er **fand**), *denken* (er **dachte**), *meinen* (er **meinte**), *heißen* (er **hieß**)
- Konstruktionen wie *es gibt* (es **gab**), *es geht* (es **ging**)

Eine Lebensgeschichte. Frau Hatoum-Wellinger erzählt. Lesen Sie, und markieren Sie alle Perfekt-Formen in einer Farbe und alle Präteritum-Formen in einer anderen Farbe. Ordnen Sie dann zu. **Aufgabe 17**

Neue Heimat

„Ich wurde 1930 in Palästina geboren, in Bethlehem. Meine Eltern sind im Jahr 1920 aus Ägypten eingewandert*. Ich bin auch in Bethlehem aufgewachsen und habe dort meine Kindheit verbracht. Sie war sehr schön. Wir haben in einem guten Viertel gewohnt, und meine kleine Schwester und ich hatten viele Freunde.

1947 gab es dann Krieg, und eine Bombe hat unser Haus getroffen. Gott sei Dank ist nichts passiert! Aber meine Eltern haben schnell entschieden, dass wir nach Deutschland auswandern*, weil dort mein Onkel gelebt hat. So bin ich nach Bremen gekommen. Der Anfang war wirklich schwer für uns. Wir haben kein Deutsch verstanden, und meine Eltern konnten nicht arbeiten. Ich hatte solches Heimweh**, und ich habe meine Großmutter sehr vermisst, die in Bethlehem geblieben ist. Es ging mir nicht gut, und ich habe mich lange fremd und einsam gefühlt …

Aber dann haben wir alle ziemlich schnell Deutsch gelernt. Zuerst meine Schwester und ich, und wir haben dann meinen Eltern geholfen. Wir haben uns mit der Zeit an das Leben in Deutschland gewöhnt. Meine Mutter hat eine Stelle als Köchin gefunden, und mein Vater hat bei der Post gearbeitet. Meine Schwester und ich durften studieren. Ich habe Medizin studiert und wurde Ärztin, sie war Lehrerin. Bei der Arbeit habe ich dann meinen Mann kennengelernt. Er hieß Arthur und ist leider schon vor 15 Jahren gestorben. Wir haben geheiratet und 4 Kinder bekommen. Heute habe ich 12 Enkel, die sind mein ganzer Stolz. Ich finde, ich hatte ein schönes Leben."

* die Migration: einwandern = immigrieren, in ein anderes Land (um)ziehen ↔ auswandern = emigrieren, aus einem Land wegziehen

** das Heimweh = man vermisst seine Heimat

Hilfsverben: ____________________

Modalverben: ____________________

Sonstiges Präteritum: ____________________

Perfekt trennbare Verben: ____________________

Perfekt untrennbare Verben (**be-**, **emp-**, **ent-**, **er-**, **ge-**, **ver-**, **zer-**): ____________________

Sonstiges Perfekt: ____________________

Alte Heimat – neue Heimat. Wie war die Situation für Sie, als Sie nach Deutschland gekommen sind? Und wie fühlen Sie sich jetzt? Sprechen Sie mit Ihrem Partner.

Internet-Tipp
Migranten in Deutschland
www.tatsachen-ueber-deutschland.de/de/rubriken/gesellschaft/moderne-einwanderungsgesellschaft
„Deutschlandlabor"
Migration: www.goethe.de/de/spr/ueb/dlb/mig.html
Mentalität: www.goethe.de/de/spr/ueb/dlb/men.html

REDEMITTEL

Ich bin vor … Jahren nach Deutschland gekommen.
Am Anfang … / Später … / Mit der Zeit … / Jetzt …
Meine Familie …
Bei uns / in meinem Heimatland / meiner Heimatstadt / meiner Heimatregion …
Ich habe (oft/manchmal/nie) Heimweh.
Ich vermisse … (nicht). / Mir fehlt … (nicht).
In Deutschland gefällt mir … (nicht). / In Deutschland gefällt mir (nicht), dass …

Präteritum – Formen

Das regelmäßige Präteritum bildet man mit dem Verbstamm und der Endung ***-te-***:
hör~~en~~ → ich hör**te**, du hör**test**, er/sie/es hör**te**, wir hör**ten**, ihr hör**tet**, sie/Sie hör**ten**
leb~~en~~ → ich leb**te**, du leb**test**, er/sie/es leb**te**, wir leb**ten**, ihr leb**tet**, sie/Sie leb**ten**
Achtung! Wenn der Verbstamm auf ***-t/-d*** endet, ergänzt man ein ***-e-***:
arbeit~~en~~ → ich arbeit<u>e</u>**te**, du arbeit<u>e</u>**test**, er/sie/es arbeit<u>e</u>**te** …
Genau wie beim Perfekt gibt es auch beim Präteritum viele unregelmäßige Formen, die man auswendig lernen muss:
gehen → ich **ging**, kommen → ich **kam**, sehen → ich **sah**, essen → ich **aß** …

Aufgabe 18 Unregelmäßige Formen. Ergänzen Sie den Infinitiv.

blieb – ______	gab – ______	starb – ______
bekam – ______	lief – ______	traf – ______
brachte – ______	saß – ______	trank – ______
fing an – ______	schlief – ______	verbrachte – ______
fuhr – ______	stand auf – ______	zog um – ______

Aufgabe 19 Trainieren Sie die unregelmäßigen Formen. Bilden Sie Gruppen mit vier Personen. Basteln Sie ein Memory. Schneiden Sie zuerst kleine Kärtchen aus Papier. Schreiben Sie auf ein Kärtchen einen Infinitiv und auf das zweite die unregelmäßige Präteritum-Form.

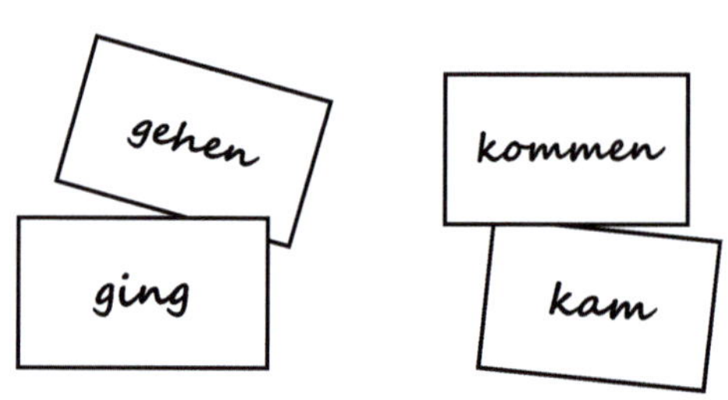

Tauschen Sie jetzt Ihr Memory mit einer anderen Gruppe. Spielen Sie!

Aufgabe 20

Schreiben Sie die Lebensgeschichte von Frau Hatoum-Wellinger aus Aufgabe 17 in Ihr Heft. Schreiben Sie alles im Präteritum.

Frau Hatoum-Wellinger wurde 1930 in Palästina geboren, in Bethlehem. Ihre Eltern wanderten im Jahr 1920 aus Ägypten ein. Sie wuchs auch in Bethlehem auf und ...

Aufgabe 21

Ein Zeitungsartikel. Ergänzen Sie die Formen im Präteritum.

Nach Koma: Koreaner spricht fließend Deutsch

Unglaublich, was am Samstagmorgen in Seoul, Korea ______ (passieren)! Der Koreaner Jonghyun Park ______ (liegen) nach einem Autounfall zwei Wochen im Koma. Als er ______ (aufwachen), ______ (vergessen) er seine Muttersprache Koreanisch, dafür ______ (sprechen) er aber fließend Deutsch! Als Erstes ______ (fragen) er die erstaunte Pflegerin nach einem Bier, danach ______ (versuchen) er, mit seiner Familie zu sprechen, die ihn aber leider nicht ______ (verstehen). Jonghyun ______ (lernen) zwar in seiner Jugend ein bisschen Deutsch, ______ (können) die Sprache aber nie fließend. Weltweit ______ (geben) es schon einige Fälle wie den von Park, immer ______ (kommen) die Muttersprache nach einigen Tagen zurück. Wir berichten!

Suchen Sie einen Partner, und schreiben Sie gemeinsam einen kurzen Zeitungsartikel. Wählen Sie einen Titel von unten oder einen eigenen.
Hängen Sie dann alle Artikel in der Klasse auf und lesen Sie.

Der dümmste Todesfall der Welt!
Eine ganz besondere Beerdigung!
Unfall auf Friedhof in Heidelberg!

10.6 Das Quiz – Kapitel 10

Beantworten Sie das Quiz zu Kapitel 10 alleine.
Vergleichen Sie dann mit einem Partner oder in der Gruppe!

Aufgabe 1 Wählen Sie eine Kultur oder Religion, und berichten Sie kurz über den Umgang mit Sterben und Tod (Rituale, Leben nach dem Tod, Begräbnis …).

Aufgabe 2 Warum gefällt Cristina López die palliative Pflege so gut?

Aufgabe 3 Schreiben Sie drei Symptome von schwer kranken Menschen.

Aufgabe 4 Kurativ und palliativ – was ist der Unterschied?

Aufgabe 5 Schreiben Sie die Präteritum-Formen von folgenden Verben:
gehen – denken – kommen – wissen – bringen – geben – sterben

11 Qualitätssicherung in der Pflege

In diesem Kapitel geht es um:

Kompetenzfelder
- Pflegedokumentation
- Pflegediagnostik
- Datenschutz

Wortschatz und Kommunikation
- Medien
- E-Mails schreiben
- Pflegeassessment

Grammatik
- Lokale Wechsel-Präpositionen

Aufgabe 1
Sehen Sie das Foto an, und sprechen Sie!

Was sehen Sie auf dem Foto?
Welche Personen sehen Sie?
Was machen die Personen?

Redemittel
Da ist … / Das ist … / Ich sehe …
Die Pflegefachfrau …

11.1 Wortschatz – Medien

Aufgabe 2 Wie heißen die Medien? Ordnen Sie die Buchstaben. Recherchieren Sie, und schreiben Sie auch den Plural.

der ______ (PPTALO) /______

der PC, der ______ (MUORCTPE) /______

das ______ (TBEATL) /______

das Handy, das ______ (HOASRTPNME) /______

das (Festnetz-) ______ (FNTEELO) /______

der ______ (KCRRDUE) /______

der ______ (REFSHNERE) /______

das ______ (OIDRA) /______

die (Digital-) ______ (AAERKM) /______

der ______ (3PM-YERLAP) /______

Wie oft benutzen Sie diese Medien? Beruflich oder privat? Sprechen Sie mit einem Partner.

REDEMITTEL

immer – oft – manchmal – selten – nie
einmal/zweimal/dreimal (…) pro Tag/Woche/Monat/Jahr
täglich/wöchentlich/monatlich/jährlich
Ich benutze (nie / einmal pro Monat …) einen Drucker / ein Tablet …
Ich benutze (…) beruflich / auf der Arbeit einen Computer.
Ich benutze (…) privat / zu Hause einen Laptop.
Ich **arbeite** (…) am Computer / **telefoniere** (…) mit dem Festnetz-Telefon / **drucke** (…) etwas **aus** / **sehe** (…) **fern** / **fotografiere** (…) mit einer Digital-Kamera / **höre** (…) **Radio** …

Aufgabe 3 Klassenspaziergang „Private Medien-Nutzung". Formulieren Sie Fragen aus den Aussagen. Gehen Sie durch die Klasse, und fragen Sie verschiedene Personen.

Internet-Tipp
Infos zu Handy und Internet www.goethe.de/prj/mwd/de/idl/all/tel.html
Interaktive Übungen zum Thema Handy-Vertrag www.goethe.de/prj/mwd/de/deu/mse/fo8.html

1. ______________ telefoniert oder chattet 2 bis 3 Stunden pro Tag mit seiner Familie.
2. ______________ benutzt täglich soziale Medien (Twitter, Instagram, Facebook …).
3. ______________ liest gerne online die Zeitung und die Nachrichten.
4. ______________ checkt nur einmal pro Woche die E-Mails.
5. ______________ lädt gerne Musik aus dem Internet runter. ([he]runterladen = downloaden)
6. ______________ sieht oft stundenlang Serien oder Filme im Internet.
7. ______________ kauft gerne Sachen online (Kleidung, elektronische Geräte, Bücher …).
8. ______________ benutzt das Internet auch zum Lernen (Online-Übungen, Apps, Videos …).
9. ______________ postet gerne Fotos auf Instagram oder Facebook.
10. ______________ mag „richtige" Bücher lieber als E-Books.

Zum Beispiel:

- *Siehst du fast täglich Serien oder Filme im Internet?*
- ▸ *Nein, das mache ich nicht.*
- *Benutzt du täglich soziale Medien?*
- ▸ *Ja, ich bin täglich auf Instagram und auf Facebook.*

Aufgabe 4

Hörtext 11.1

Müssen Sie auf der Arbeit auch oft/manchmal telefonieren und Anrufe annehmen?

Lesen Sie den Dialog, und klären Sie unbekannte Wörter. Vermuten Sie: Was passt wo? Hören Sie dann das Gespräch, und vergleichen Sie.

ausrichten buchstabiere Nachricht besetzt dringend erreichen

Cristina López: „Krankenhaus Brück, Station für Gynäkologie, Cristina López hier. Guten Tag!"

Frau Dr. Schmittgen: „Ja hallo Frau – ääh – egal. Hier ist Dr. Schmittgen aus der Chirurgie. Ich versuche schon die ganze Zeit, Frau Dr. Fomin zu ______ , aber auf der Durchwahl ist immer ______, oder sie geht nicht ran! Und ich will nicht auf den AB, also den Anrufbeantworter sprechen. Können Sie ihr etwas ______?"

Cristina López: „Ähm, entschuldigen Sie, aber ich verstehe nicht ganz. Meinen Sie, ich soll Frau Dr. Fomin etwas sagen?"

Frau Dr. Schmittgen: „Ja genau! Ich möchte ihr eine ______ hinterlassen. Sie soll mich bitte schnellstmöglich zurückrufen, es ist ______!"

Cristina López: „Ok, sie soll Sie anrufen. Ich sage ihr Bescheid. Entschuldigung, wie war Ihr Name?"

Frau Dr. Schmittgen: „Sehr gut, vielen Dank! Mein Name ist Frau Dr. Schmittgen. Ich ______: S-C-H-M-I-T-T-G-E-N. Ich lege dann jetzt auf! Auf Wiederhören!"

Cristina López: „Danke und auf Wiederhören!"

> **Tipp!**
> **die Telefonnummer:**
> 030 / 1636 - 78
> 030 = die Vorwahl (für eine Stadt)
> - 78 = die Durchwahl (für eine bestimmte Person)

Aufgabe 5

Spielen Sie Telefongespräche. Eine Person ist Pflegehelferin auf einer Station, die andere ist der Anrufer und möchte etwas, zum Beispiel:

- Jemand möchte Informationen über den Gesundheitszustand von seiner Mutter.
- Eine Kollegin möchte wissen, wann sie nächste Woche arbeiten muss.
- Ein Pfleger von einer anderen Station möchte die Durchwahl vom Chefarzt.
- Ein Pfleger von der Notaufnahme fragt, ob ein Bett für einen neuen Patienten frei ist.
- Eine Pflegefachfrau von der Intensivstation sagt, dass ein Patient wieder zurück auf die Station kommt.
- Eine Ärztin möchte, dass man einen Patienten aus dem Aufwachraum abholt.

11.2 Pflegesituation – Pflegedokumentation und Pflegediagnostik

Vokabular zum Text

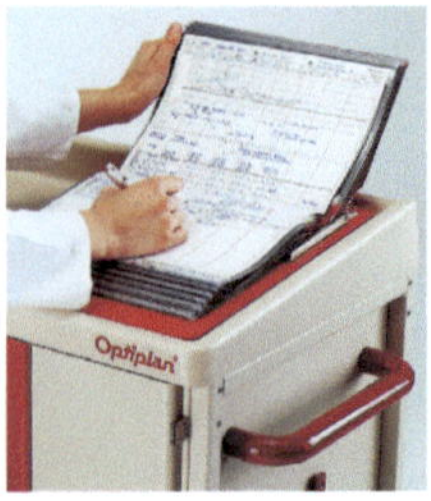

der Pflegewagen / -wagen mit offenem Kurvenkardex
etwas in den Kurvenkardex eintragen

die Unterlagen / meistens PL. = die Dokumente, die Papiere

das Aufnahmegespräch / -gespräche
das Aufnahmegespräch führen

das Stammblatt / -blätter
das Stammblatt ausfüllen

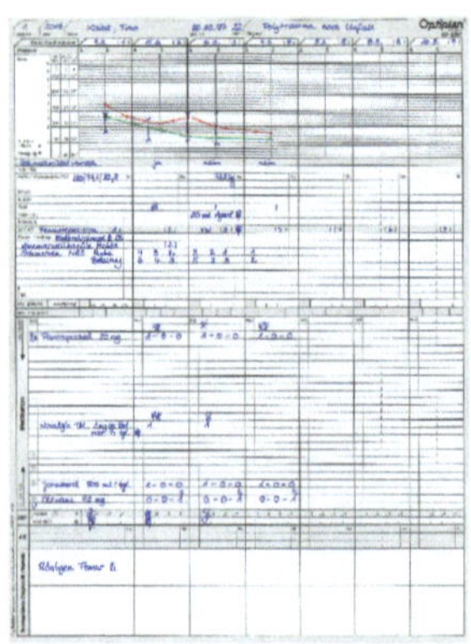

das Kurvenblatt / -blätter etwas in das Kurvenblatt eintragen

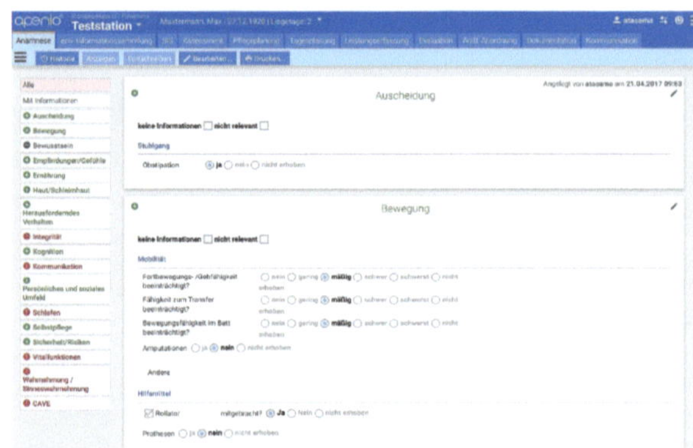

die elektronische/computergestützte Dokumentationsmappe / -mappen

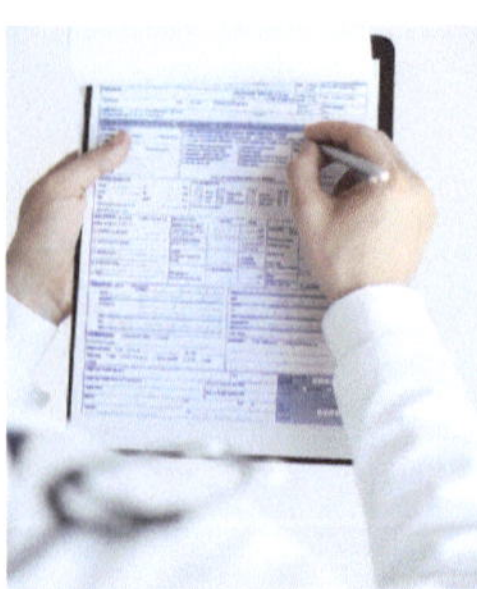

der Wert / Werte
einen Wert eintragen

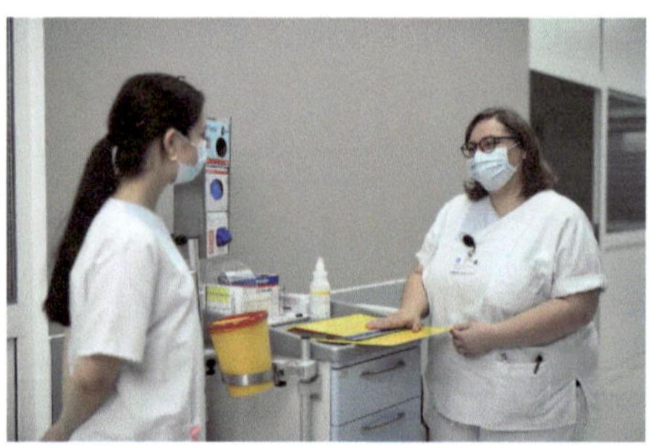

der Datenschutz (immer SG.)

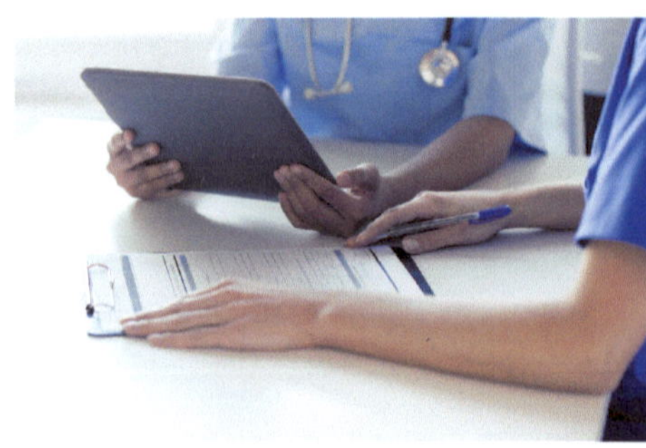

der Bericht / Berichte
einen Bericht schreiben

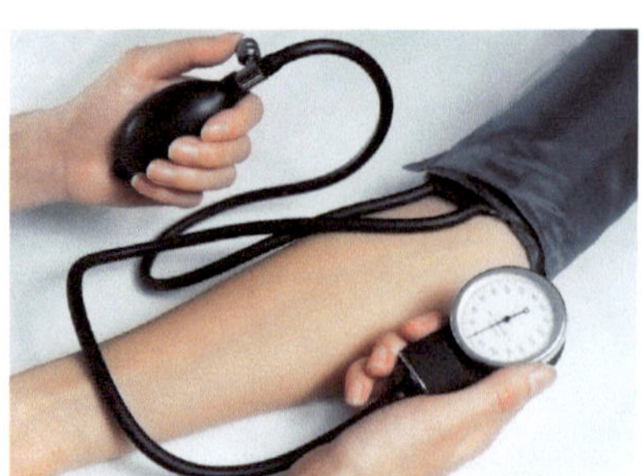

der Blutdruck (immer SG.)
den Blutdruck messen

Aufgabe 6

Lesen Sie den Text.

Wer schreibt, der bleibt!

Reza ist mit seiner Arbeit im Pflegeheim fertig. Jetzt arbeitet er wieder im Krankenhaus, auf der internistischen Station. Die Praxisanleiterin Frau Kiesling zeigt Reza die Station. Dann geht sie mit ihm zusammen in das erste Patientenzimmer. Sie nehmen einen Pflegewagen mit in das Zimmer. Auf dem Pflegewagen liegt ein Kurvenkardex, ein System für Pflegedokumentationen. Reza öffnet den Kurvenkardex. Hier findet er viele verschiedene Unterlagen für alle Pflegebedürftigen auf der Station: Auf den Stammblättern stehen alle wichtigen Informationen zu einem Patienten. Zum Beispiel das Geburtsdatum, die Namen und die Telefonnummern von den Angehörigen und vieles mehr. Die Pflegefachpersonen führen mit jedem Patienten ein Aufnahmegespräch. So können sie das Stammblatt ausfüllen. Dann gibt es noch die Kurvenblätter. Auf dem Kurvenblatt trägt man jeden Tag ein, wie es den Pflegebedürftigen geht. Man schreibt zum Beispiel: Wie hoch ist der Blutdruck? Wie hoch ist der Puls? Welche Medikamente hat der Patient bekommen? Hatte der Patient Stuhlgang? Und vieles mehr. Reza hat das Kurvenblatt von Frau Kölsch in der Hand. Frau Kölsch ist die Patientin im ersten Pflegebett. Frau Kiesling misst den Blutdruck von Frau Kölsch. Dann sagt sie Reza den Wert. Reza trägt den Wert in das Kurvenblatt ein. Dann gibt die Praxisanleiterin der Patientin ihre Medikamente. Die Medikamente stehen auch im Kurvenkardex von Frau Kölsch. Reza schreibt sein Kürzel* dazu. Das bedeutet, dass Frau Kölsch ihre Medikamente bekommen hat.

Reza und Frau Kiesling verlassen das Patientenzimmer. Reza schiebt den Patientenwagen. Der Kurvenkardex auf dem Patientenwagen ist noch offen. Reza möchte noch etwas eintragen. Aber Frau Kiesling erklärt ihm, dass das nicht geht. Auf dem Stationsflur dürfen die Unterlagen nicht offen sein. Das ist wichtig für den Datenschutz. Keine fremden Personen (zum Beispiel Angehörige von anderen Pflegebedürftigen) dürfen die Unterlagen lesen.

Reza und seine Praxisanleiterin gehen in das Stationszimmer. Reza setzt sich an den Schreibtisch vor den Computer. Er soll die elektronische/computergestützte Dokumentationsmappe von Frau Kölsch öffnen. Dann soll er noch etwas in den Pflegebericht scheiben. Also zum Beispiel, wie es der Pflegebedürftigen heute geht und ob etwas Spezielles passiert ist. Reza mag das nicht. Er schreibt nicht gerne. Aber Frau Kiesling sagt ihm: „Das ist wichtig, Reza. Wer schreibt, der bleibt!" und lacht. Reza beginnt mit dem Schreiben ...

* das Kürzel / Kürzel: Reza Ahmadi = Name, RZ = Kürzel

Aufgabe 7

Ergänzen Sie.

1. Ein Kurvenkardex ist ein System für ______________________ .
2. Die Telefonnummern von den Angehörigen schreibt man in das ______________________ .
3. Den Blutdruckwert schreibt man in das ______________________ .
4. Der Kurvenkardex muss auf dem Stationsflur geschlossen sein. Das ist wichtig für den______________________ .
5. Am Computer schreibt Reza in die ______________________ .

Aufgabe 8

Wer schreibt, der bleibt. Was ist damit gemeint? Reden Sie mit einem Partner.

Vokabular zum Dialog

Aufgabe 9 Welches Zitat passt? Verbinden Sie.

1	„Die Dokumente im Kurvenkardex sind nicht ordentlich. Ich ändere das jetzt."	**a**	dokumentieren
2	„Frau Kölsch ist dehydriert."	**b**	die Pflicht / Pflichten
3	„Die Dokumente im Kurvenkardex sind geordnet. Jetzt kann man alle Dokumente gut sehen. Sie sind ..."	**c**	das Gesetz / Gesetze
4	„Das ist nicht freiwillig. Du musst das machen."	**d**	sich strafbar machen
5	„Pflegende müssen das Krankenpflegegesetz beachten, sonst bekommen sie eine Strafe. Sie müssen dann zum Beispiel Geld zahlen, oder sie verlieren ihren Arbeitsplatz."	**e**	der Verstoß / Verstöße
6	„Alles, was Pflegende machen, nennt man ..."	**f**	etwas ordnen
7	„Ich schreibe den Pflegebericht. Denn ... ist sehr wichtig."	**g**	Übersichtlich
8	„Pflegeleistungen kosten Geld. Alle Pflegeleistungen werden dokumentiert. Dann hat man eine ..."	**h**	der Nachweis / Nachweise
9	„Was hier steht, ist Pflicht!"	**i**	die Pflegeleistung / -leistungen
10	„Was du machst, ist gegen das Gesetz. Das ist ganz klar ein ..."	**j**	die Abrechnung / Abrechnungen die Rechnung / Rechnungen
11	„In dem Pflegebericht steht, dass ich die Medikamente gegeben habe. Ich habe also einen ..., dass Frau Kölsch die Medikamente genommen hat."	**k**	die Diagnose stellen

Hören Sie den Dialog, und lesen Sie den Text.

Aufgabe 10

Hörtext 11.2

Wer schreibt, der bleibt! – Fortsetzung

Frau Kiesling: „Das ist wichtig, Reza! Wer schreibt, der bleibt! Wir müssen immer alles direkt dokumentieren, also aufschreiben. Weißt du, warum das in unserem Beruf so wichtig ist?"

Reza Ahmadi: „Weil es wichtig ist, dass alle Kollegen wissen, wie es den Patienten geht?"

Frau Kiesling: „Ja, das auch. Aber es ist auch wichtig, weil Dokumentation Pflicht ist. Es ist nicht freiwillig. Das steht im Krankenpflegegesetz und im Pflegeberufereformgesetz."

Reza Ahmadi: „Ok, das wusste ich nicht! Das bedeutet, wenn ich nicht dokumentiere, mache ich mich strafbar?"

Frau Kiesling: „Ganz genau, das ist ein Verstoß gegen das Gesetz. Die Dokumentation hat aber noch mehr Ziele: Informationen übersichtlich ordnen und Nachweise für Pflegeleistungen und auch für die Abrechnung sammeln. Das heißt, dass zum Beispiel das Krankenhaus eine Liste von den Therapien hat. Dafür wird dann eine Rechnung gemacht. Und in die Dokumentation schreiben wir auch unsere Pflegediagnosen. So können wir immer nachlesen, ob es den Pflegebedürftigen besser geht oder nicht."

Reza Ahmadi: „Ich kenne den Begriff ‚Pflegediagnose', aber ich bin unsicher, was genau das heißt."

Frau Kiesling: „Wir Pflegenden müssen jeden Tag die pflegebedürftigen Menschen beobachten. Wir fragen sie, wie es ihnen geht, und messen verschiedene Werte, zum Beispiel den Blutdruckwert. So bekommen wir Informationen über die Pflegebedürftigen. Durch diese Informationen können wir erkennen, beschreiben und beurteilen*, wie es den Pflegebedürftigen geht. Das nennt man auch diagnostizieren oder ‚eine Pflegediagnose stellen'."

Reza Ahmadi: „Ich verstehe, wir sammeln also Informationen. Und dann beurteilen wir diese Informationen. Ich habe bemerkt, dass ich allen Pflegebedürftigen auf der Station jeden Tag zwei neue Wasserflaschen bringen soll, aber Frau Kölsch braucht die gar nicht. Ihre Wasserflasche ist immer voll. Und heute hat sie mir gesagt, dass ihr schwindelig ist. Und ich habe gesehen, dass sie Probleme beim Gehen hat. Ich habe also Informationen und Beobachtungen, die mir zeigen, dass sie zu wenig trinkt und vielleicht dehydriert. Dann habe ich auch eine Pflegediagnose gestellt, oder?"

Frau Kiesling: „Perfekt, Reza! Und das schreibst du jetzt alles direkt in den Pflegebericht!"

Reza Ahmadi: „Ach, neee ..." *(lacht)*

* beurteilen: prüfen, identifizieren, interpretieren

Welche Ziele hat die Dokumentation in der Pflege? Schreiben Sie.

Aufgabe 11

Informationen an Kollegen weitergeben
Pflicht durch das Gesetz erfüllen
Informationen übersichtlich ordnen
Nachweise für die Pflegeleistungen sammeln
Nachweise für die Abrechnung sammeln
Pflegediagnosen stellen
Auszubildende ärgern
Schreiben üben
Lesen üben
Kontrakturenprophylaxe
Dekubitusprophylaxe
freiwillige Arbeit erfüllen

___

___

___

Aufgabe 12 Ergänzen Sie.

1. Pflegende sammeln jeden Tag ______________________ (nenmatlniofor).
2. Durch die Informationen können Pflegende erkennen, beschreiben und ______________________ (nelurteibe).
3. Das Beurteilen von Informationen nennt man ______________________ (gnoaidierenstiz).
4. Pflegende stellen und dokumentieren ______________________ (diasengnolegePf).
5. Dokumentation ist Pflicht. Das steht im ______________________ (pflenkenarKsetzgeg).

Aufgabe 13 Helfen Sie Reza. Schreiben Sie den Pflegebericht von Frau Kölsch.

Die Patientin Frau K. hat heute gesagt, dass …

____

Es ist auffällig, dass …

____

Es könnte sein, dass / Es besteht die Gefahr, dass …

____

Die Pflegenden erklären Frau K., dass …

____

sonst ______________________.

Aufgabe 14 Welche Formulare für Pflegedokumentation und Organisation findet man im Stationszimmer? Verbinden Sie die Beispiele.

Anamnese	verordnung
Patienten	planung
Pflegeberichts	plan
Fieber-/Blutdruck	bogen
Pflege	bogen
Medikamenten	formular
Ernährungs	akte
Dienstübergabe	kurve

11.3 Kommunikation – E-Mails und Berichte schreiben, Pflegevisite

Aufgabe 15

Schriftliche Kommunikation am Arbeitsplatz. Was müssen Sie auf der Arbeit am Computer machen? Kreuzen Sie an.

- E-Mails schreiben/beantworten ☐
- die Arbeitsstunden eintragen ☐
- mit Angehörigen kommunizieren ☐
- Dokumente raussuchen ☐
- Dokumente ausdrucken ☐
- Formulare (he)runterladen/downloaden ☐
- Bescheinigungen ausfüllen ☐
- eine Pflegedokumentation schreiben ☐

Gefällt Ihnen die Arbeit am Computer? Was machen Sie (nicht) gerne? Was können Sie gut, wo gibt es Schwierigkeiten?

REDEMITTEL

Die Arbeit am Computer gefällt mir (nicht so gut).
Ich schreibe (nicht) gerne E-Mails / fülle (gar nicht gerne) Bescheinigungen aus …
Nein, es gibt selten/nie Probleme. Die Arbeit am Computer macht mir Spaß. Ich kann (schon sehr/ziemlich) gut E-Mails beantworten / Dokumente runterladen …
Ich habe (immer/oft/manchmal…) Schwierigkeiten mit der Pflegedokumentation / dem Schreiben / der Technik generell …

Aufgabe 16

E-Mails senden. Welches Wort passt? Ordnen Sie zu.

Empfänger setzen Papierkorb Anrede Absender anhängen Ordner schicken Grußformel Thema

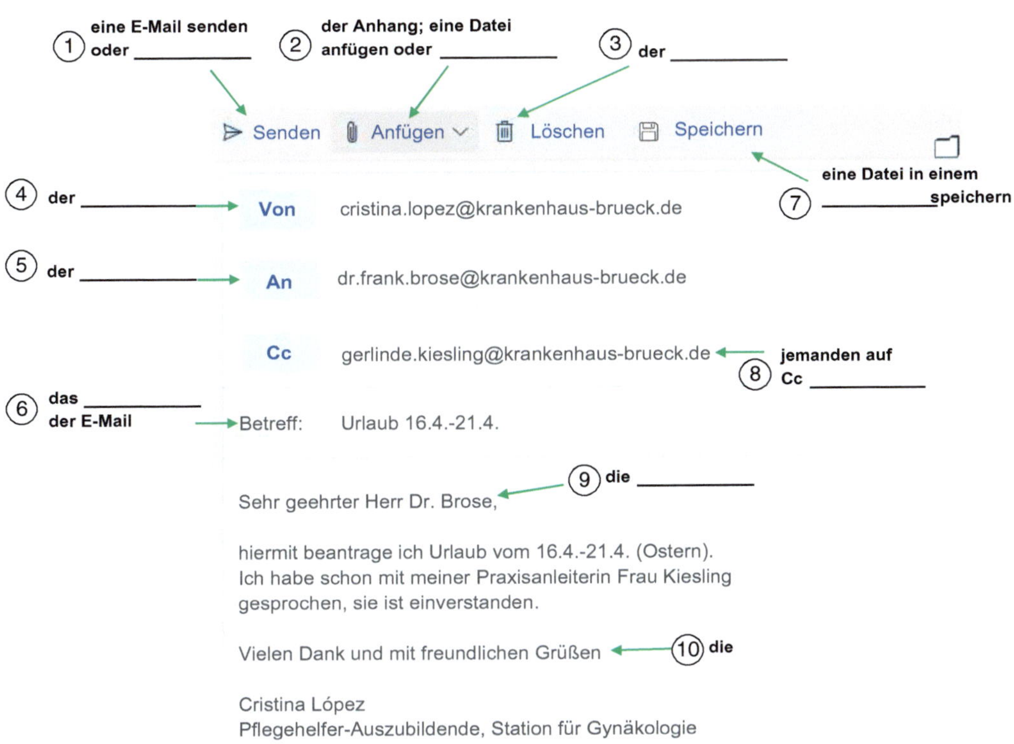

Aufgabe 17 Offizielle und persönliche E-Mails. Ordnen Sie die Formulierungen in die Tabelle ein.

Internet-Tipp
Berufliche E-Mails schreiben
www.goethe.de/de/spr/ueb/daa/all/gk0/gk1.html
www.germancenter-st.com/de/deutsch-online-uebungen/wortschatz/180-briefeund-emails-auf-deutsch
www.wirtschaftsdeutsch.de/lehrmaterialien/

Vielen Dank für Ihre E-Mail/Nachricht.
Ich freue mich, wenn du dich / ihr euch bald wieder bei mir meldest/meldet!
Sehr geehrter Herr Ahmadi,
Ich habe mich sehr über deine/eure E-Mail gefreut!
Liebe/Viele Grüße (auch: LG/VG)
Mit freundlichen Grüßen (auch: MfG)
Hallo Sarah,
Freundliche/Schöne Grüße
Sehr geehrte Damen und Herren,
~~Vielen Dank im Voraus.~~
Ich schreibe Ihnen/dir/euch, weil …
Schreib/Schreibt mir bald wieder!
Wie geht es dir/euch? Mir geht es …
Liebe Cristina/Lieber Reza,
Hiermit möchte ich (Ihnen mitteilen, dass … / fragen, ob … / Ihnen … senden / …)
Sehr geehrte Frau Dr. Fomin, …

	offiziell	**persönlich**
Anrede		
Beginn		
Schluss/Ende	*Vielen Dank im Voraus.*	
Grußformel		

Schreiben Sie nun eine offizielle und eine persönliche E-Mail auf ein Papier. Wählen Sie aus jeder Kategorie eine Situation.

1. **offiziell:**
   - Sie sind krank und schreiben Ihrer Chefin, dass Sie heute nicht zur Arbeit kommen können.
   - Ein Angehöriger möchte Informationen über die Besuchszeiten. Antworten Sie ihm.
   - Ein Hausarzt hat wichtige Dokumente über einen Patienten geschickt. Schreiben Sie, dass Sie alles weitergeleitet haben und dass der Chefarzt sich bald melden wird.
2. **persönlich:**
   - Ein Mitschüler aus der Berufsschule schreibt Ihnen. Er war heute nicht da und fragt, was Sie gelernt haben und ob Sie ihm die Hausaufgaben senden können.
   - Eine Kollegin von einer anderen Station fragt, ob Sie bald mal wieder zusammen Mittagspause machen. Antworten Sie, und machen Sie einen Vorschlag.
   - Ein Kollege aus einem früheren Job fragt, wie es Ihnen geht und ob Ihnen die Ausbildung gefällt.

Tauschen Sie Ihre E-Mails mit einem Partner, und korrigieren Sie gegenseitig.

Pflegeassessment

Aufgabe 18

Durch Pflegeassessments kann man Therapien, Pflegemaßnahmen und den Zustand von Pflegebedürftigen **bewerten** und **beurteilen** *(engl. to assess = „bewerten, beurteilen“)*. Man erkennt also, wie es den Pflegebedürftigen geht („Haben Sie Schmerzen? Leiden Sie an Demenz?“ …).

Assessmentinstrumente helfen bei der Beurteilung. Hier sehen Sie drei Beispiele. Welches Assessmentinstrument ist für was? Ordnen Sie zu.

Schmerz-Assessment   Ernährungszustand-Assessment
Schmerz-Assessment für Neugeborene

1.

1 Die meisten von uns haben von Zeit zu Zeit Schmerzen (z.B. Kopfschmerzen, Zahnschmerzen, bei Verstauchungen). Hatten Sie **heute andere als diese Alltagsschmerzen?**
☐ ja ☐ nein

2 Schraffieren Sie in nachstehender Zeichnung die Gebiete, in denen Sie Schmerzen haben. Markieren Sie mit "X" die Stelle, die Sie am meisten schmerzt.

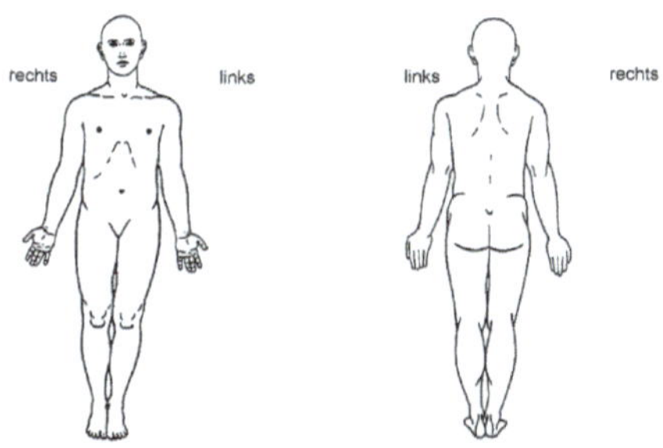

3 Kreisen Sie die Zahl ein, die Ihre **stärksten** Schmerzen in den letzten 24 Stunden beschreibt:
0 kein Schmerz 1 2 3 4 5 6 7 8 9 10 stärkste vorstellbare Schmerzen

4 Kreisen Sie die Zahl ein, die Ihre **geringsten** Schmerzen in den letzten 24 Stunden beschreibt:
0 kein Schmerz 1 2 3 4 5 6 7 8 9 10 stärkste vorstellbare Schmerzen

5 Kreisen Sie die Zahl ein, die Ihre **durchschnittlichen** Schmerzen in den letzten 24 Stunden beschreibt:
0 kein Schmerz 1 2 3 4 5 6 7 8 9 10 stärkste vorstellbare Schmerzen

6 Kreisen Sie die Zahl ein, die aussagt, welche Schmerzen Sie **in diesem Moment** haben:
0 kein Schmerz 1 2 3 4 5 6 7 8 9 10 stärkste vorstellbare Schmerzen

3.

Mini Nutritional Assessment
MNA®

Nestlé NutritionInstitute

Name: Vorname:
Geschlecht: Alter (Jahre): Gewicht (kg): Größe (m): Datum:

Füllen Sie den Bogen aus, indem Sie die zutreffenden Zahlen in die Kästchen eintragen. Addieren Sie die Zahlen des Screenings. Ist der Wert ≤ 11, fahren Sie mit dem Assessment fort, um den Mangelernährungs-Index zu erhalten.

Screening

A **Hat der Patient während der letzten 3 Monate wegen Appetitverlust, Verdauungsproblemen, Schwierigkeiten beim Kauen oder Schlucken weniger gegessen?**
0 = starke Abnahme der Nahrungsaufnahme
1 = leichte Abnahme der Nahrungsaufnahme
2 = keine Abnahme der Nahrungsaufnahme ☐

B **Gewichtsverlust in den letzen 3 Monaten**
0 = Gewichtsverlust > 3 kg
1 = nicht bekannt
2 = Gewichtsverlust zwischen 1 und 3 kg
3 = kein Gewichtsverlust ☐

C **Mobilität**
0 = bettlägerig oder in einem Stuhl mobilisiert
1 = in der Lage, sich in der Wohnung zu bewegen
2 = verlässt die Wohnung ☐

D **Akute Krankheit oder psychischer Stress während der letzten 3 Monate?**
0 = ja 2 = nein ☐

E **Neuropsychologische Probleme**
0 = schwere Demenz oder Depression
1 = leichte Demenz
2 = keine psychologischen Probleme ☐

F **Body Mass Index (BMI): Körpergewicht (kg) / Körpergröße² (m²)**
0 = BMI < 19
1 = 19 ≤ BMI < 21
2 = 21 ≤ BMI < 23
3 = BMI ≥ 23 ☐

Ergebnis des Screenings (max. 14 Punkte) ☐☐
12-14 Punkte: Normaler Ernährungszustand
8-11 Punkte: Risiko für Mangelernährung
0-7 Punkte: Mangelernährung

Für ein tiefergehendes Assessment fahren Sie bitte mit den Fragen G-R fort

Assessment

G **Lebt der Patient eigenständig zu Hause?**
1 = ja 0 = nein ☐

H **Nimmt der Patient mehr als 3 verschreibungspflichtige Medikamente pro Tag?**
0 = ja 1 = nein ☐

I **Hat der Patient Druck- oder Hautgeschwüre?**
0 = ja 1 = nein ☐

J **Wie viele Hauptmahlzeiten isst der Patient pro Tag?**
0 = 1 Mahlzeit
1 = 2 Mahlzeiten
2 = 3 Mahlzeiten ☐

K **Eiweißzufuhr: Isst der Patient**
- mindestens einmal pro Tag Milchprodukte (Milch, Käse, Joghurt)? ja☐ nein☐
- mindestens zweimal pro Woche Hülsenfrüchte oder Eier? ja☐ nein☐
- täglich Fleisch, Fisch oder Geflügel? ja☐ nein☐

0,0 = wenn 0 oder 1 mal «ja»
0,5 = wenn 2 mal «ja»
1,0 = wenn 3 mal «ja» ☐,☐

L **Isst der Patient mindestens zweimal pro Tag Obst oder Gemüse?**
0 = nein 1 = ja ☐

M **Wie viel trinkt der Patient pro Tag? (Wasser, Saft, Kaffee, Tee, Milch ...)**
0,0 = weniger als 3 Gläser / Tassen
0,5 = 3 bis 5 Gläser / Tassen
1,0 = mehr als 5 Gläser / Tassen ☐,☐

N **Essensaufnahme mit / ohne Hilfe**
0 = braucht Hilfe beim Essen
1 = isst ohne Hilfe, aber mit Schwierigkeiten
2 = isst ohne Hilfe, keine Schwierigkeiten ☐

O **Wie schätzt der Patient seinen Ernährungszustand ein?**
0 = mangelernährt
1 = ist sich unsicher
2 = gut ernährt ☐

P **Im Vergleich mit gleichaltrigen Personen schätzt der Patient seinen Gesundheitszustand folgendermaßen ein:**
0,0 = schlechter
0,5 = weiß es nicht
1,0 = gleich gut
2,0 = besser ☐,☐

Q **Oberarmumfang (OAU in cm)**
0,0 = OAU < 21
0,5 = 21 ≤ OAU ≤ 22
1,0 = OAU > 22 ☐,☐

R **Wadenumfang (WU in cm)**
0 = WU < 31
1 = WU ≥ 31 ☐

Assessment (max. 16 Punkte) ☐☐,☐
Screening ☐☐,☐
Gesamtauswertung (max. 30 Punkte) ☐☐,☐

Auswertung des Mangelernährungs-Index
24-30 Punkte ☐ Normaler Ernährungszustand
17-23,5 Punkte ☐ Risiko für Mangelernährung
Weniger als 17 Punkte ☐ Mangelernährung

Ref. Vellas B, Villars H, Abellan G, et al. Overview of MNA® - Its History and Challenges. J Nut Health Aging 2006; 10: 456-465.
Rubenstein LZ, Harker JO, Salva A, Guigoz Y, Vellas B. Screening for Undernutrition in Geriatric Practice: Developing the Short-Form Mini Nutritional Assessment (MNA-SF). J. Geront 2001; 56A: M366-377.
Guigoz Y. The Mini-Nutritional Assessment (MNA®) Review of the Literature – What does it tell us? J Nutr Health Aging 2006; 10: 466-487.

Mehr Informationen unter: www.mna-elderly.com

2.

UniversitätsSpital Zürich — **Dept. Frauenheilkunde Klinik für Neonatologie**

Name: ______________________

Berner Schmerzscore für Neugeborene (BSN)

Parameter	0	1	2	3	Zeit und Score
Schlaf	Ruhiger Schlaf oder Phase physiolog scher Wachheit	Oberflächlicher Schlaf mit Augenblinzeln	Erwacht spontan	Kann nicht einschlafen	
Weinen	Kein Weinen	Kurze Weinphase (weniger als 2 Minuten	Vermehrtes Weinen (mehr als 2 Minuten)	Vermehrtes und schrilles Weinen (mehr als 2 Minuten)	
Beruhigung	Keine Beruhigung notwendig	Weniger als 1 Minute zur Beruhigung nötig	Mehr als 1 Minute zur Beruhigung nötig	Mehr als 2 Minuten zur Beruhigung nötig	
Hautfarbe	Rosig	Gerötet	Leicht blass, evtl. marmoriert	Blass, marmoriert, zyanotisch	
Gesichtsmimik	Gesicht entspannt	Vorübergehendes Verkneifen des Gesichts	Vermehrtes Verkneifen des Gesichts und Zittern des Kinns	Dauerhaftes Verkneifen des Gesichts und Zittern des Kinns	
Körperausdruck	Körper entspannt	Vorwiegend entspannt, kurze Verkrampfung	Häufige Verkrampfung, aber auch Entspannung möglich	Permanente Verkrampfung	
Atmung	Normal und ruhig (Ausgangswert)	Oberflächlich, Zunahme der Frequenz um 10 bis 14 innerhalb von 2' und/oder thorakale Einziehungen	Oberflächlich, Zunahme der Frequenz um 15 bis 19 innerhalb von 2'. Vermehrt thorakale Einziehungen	Oberflächlich und unregelmässig. Deutliche Zunahme der Frequenz um gleich oder mehr als 20 innerhalb von 2' und/oder starke thorakale Einziehungen	
Kein Schmerz: 0-8 Punkte		**Schmerz:** ≥9 Punkte		**Total subjektive Indikatoren ⇨**	
Herzfrequenz	Normal (Ausgangswert)	Zunahme von 20 bpm oder mehr bpm vom Ausgangswert innerhalb von 2 **mit** Rückgang zum Ausgangswert innerhalb von 2'	Zunahme von 20 bpm oder mehr bpm vom Ausgangswert innerhalb von 2' **ohne** Rückgang zum Ausgangswert innerhalb von 2'	Zunahme von 30 bpm oder mehr bpm vom Ausgangswert oder vermehrte Bradykardien innerhalb von 2'	
O_2-Sättigung	Senkung von 0% bis 1,9%	Senkung von 2% bis 2,9%	Senkung von 3% bis 4,9%	Senkung von 5% und mehr	
			Kein Schmerz: 0-10 Punkte **Schmerz:** ≥ 11 Punkte	**Total Gesamtskala ⇨**	

© Cignacco & Stoffel, Frauenklinik INSELSPITAL, 2001   O:\Kliniken\Neo\NEO Pflege\Fachgruppen\Schmerz\Scoreblatt\Schmerzscore1.doc

Formulare

Aufgabe 19

Arbeiten Sie mit dem ersten Assessmentinstrument: Suchen Sie einen Partner. Einer ist die Pflegefachperson, der andere ist der Pflegebedürftige. Die Pflegefachperson liest die Punkte 1 bis 6 vor. Der Pflegebedürftige antwortet auf die Punkte 1 bis 6. Dann tauschen Sie die Rollen.

11.4 Lernen durch Ankreuzen – Datenschutz

Aufgabe 20 Richtig oder falsch? Kreuzen Sie an.

1. Datenschutz bedeutet: Nicht jeder darf Informationen über Pflegebedürftige wissen (zum Beispiel Adresse, Alter, Krankheit etc.). Man muss die Daten schützen.

☐ a) richtig

☐ b) falsch

2. Pflegefachpersonen dürfen die Patienten alles fragen. Zum Beispiel, warum sie keine Kinder haben.

☐ a) richtig

☐ b) falsch

3. Alle Angehörigen dürfen immer wissen, wie es den Pflegebedürftigen geht.

☐ a) richtig

☐ b) falsch

4. Am Telefon müssen die Pflegefachpersonen sagen, wie es den Pflegebedürftigen geht.

☐ a) richtig

☐ b) falsch

5. Neben dem Datenschutz ist auch die Schweigepflicht* sehr wichtig.

☐ a) richtig

☐ b) falsch

* die Schweigepflicht: Man darf nicht über alles reden; es ist die Pflicht von Pflegefachpersonen, bestimmte Informationen nicht allen anderen Personen zu erzählen = Sie haben eine Schweigepflicht.

11.5 Grammatik – Lokale Wechselpräpositionen

Einige Präpositionen haben Sie schon in ➤ Kapitel 5 (Temporale Präpositionen) und in ➤ Kapitel 7 (Feste lokale Präpositionen) kennengelernt.

Zur Erinnerung:

- **aus, bei, mit, nach, seit, von, zu** folgt immer ein Nomen/Pronomen im **Dativ**.
- **durch, für, gegen, ohne, um** folgt immer ein Nomen/Pronomen im **Akkusativ**.

Tipp!
in das ↔ ins
an das ↔ ans
auf das ↔ aufs
...

Aufgabe 21

Sehen Sie noch einmal die (jetzt komplette) Übersicht aus Kapitel 7, Aufgabe 19 an. Ergänzen Sie die Regel.

	Wo ist Reza? Er ist ...		**Wohin** geht/fährt Reza? Er geht/fährt ...		**Woher** kommt Reza? Er kommt ...	
Personen	**bei**	Cristina. dem Pfleger. der Ärztin.	**zu**	Cristina. dem Pfleger. der Ärztin.	**von**	Cristina. dem Pfleger der Ärztin.
Gebäude, Räume (Ausnahme: Plätze)	**in**	**dem** OP. **der** Teeküche. (aber: zu Hause, am Alexanderplatz!)	**zu** **in**	dem OP. der Teeküche. (aber: nach Hause, zum Alexanderplatz!) den OP. die Teeküche.	**von/ aus**	dem OP. der Teeküche. (aber: von zu Hause, vom Alexanderplatz!)
Städte, Länder	**in**	Köln. Deutschland. (aber: **dem** Iran, **der** Türkei, **den** USA!)	**nach**	Köln. Deutschland.	**aus**	Köln. Deutschland. (aber: **dem** Iran, **der** Türkei, **den** USA!)

Wechselpräpositionen

in, an, auf, über, unter, vor, hinter, neben, zwischen sind Wechselpräpositionen.
Auf eine Frage mit „Wo?" folgt immer ein ______, auf eine Frage mit „Wohin?" ein ______, zum Beispiel:
Wo bist du? – Ich bin ______ Krankenhaus / ______ *der* Station ...
Wohin gehen Sie? – Ich gehe ______ *das* Krankenhaus / *auf die* Station ...

im Akkusativ auf Dativ in

Aufgabe 22

Wo – wohin – woher. Schreiben Sie die passenden Präpositionen und den Dativ oder Akkusativ.

Wo ist Cristina? **Sie ist ...**	**Wohin geht Cristina?** **Sie fährt ...**	**Woher kommt Cristina?** **Sie kommt ...**
______ Arzt.	______ Arzt.	______ Arzt.
______ Pflegeheim.	______ Pflegeheim.	______ Pflegeheim.
______ Wäscherei.	______ Wäscherei.	______ Wäscherei.
______ Marktplatz.	______ Marktplatz.	______ Marktplatz.
______ Hause.	______ Hause.	______ Hause.
______ Libanon.	______ Libanon.	______ Libanon.

Aufgabe 23 Würfel-Spiel. Bilden Sie Gruppen mit 3 bis 4 Personen, und nehmen Sie einen Würfel pro Gruppe. Der/Die Jüngste beginnt. Würfeln Sie dreimal, und bilden Sie einen Satz. Die anderen kontrollieren. Dann würfelt der nächste.

1. Mal würfeln	**2. Mal würfeln**	**3. Mal würfeln**
1. ich	1. sein	1. die Schule
2. du	2. bleiben	2. das Schwimmbad
3. Reza/Cristina	3. gehen	3. die Praxisanleiterin
4. wir	4. laufen	4. der Garten
5. ihr	5. fahren	5. die Mitarbeiter
6. sie/Sie	6. kommen	6. der Computerraum

Zum Beispiel:

- *Ich bin dran! So, eine 5, nochmal eine 5 und eine 1. Ihr, fahren, die Schule.*
  Äh… **Ihr fahrt zur Schule**. *Richtig?*
- ▸ *Ja, aber man kann auch sagen,* **Ihr fahrt in die Schule**, *oder?*
- *Ja, das ist beides ok. Jetzt bist du dran!*

Aufgabe 24 Sitzen/setzen – stehen/stellen – liegen/legen.
Akkusativ (Wohin?) oder Dativ (Wo?)? Welche Form passt? Streichen Sie die falsche.

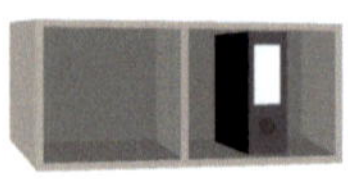

Der Ordner steht im/~~ins~~ Regal.

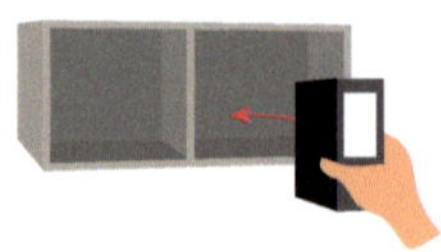

Ich stelle den Ordner im/ins Regal.

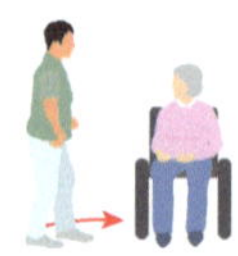

Er stellt sich neben der/die Pflegebedürftige.

Die Dokumente liegen auf dem/den Tisch.

Ich lege die Dokumente auf dem/den Tisch.

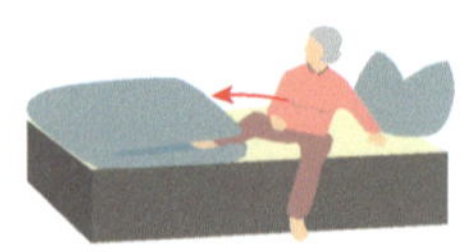

Frau Müller legt sich im/ins Bett.

Das Kind sitzt auf der/die Bank.

Ich setze das Kind auf der/die Bank.

Sie setzen sich an dem/den Computer.

Aufgabe 25 Ergänzen Sie die Formen aus Aufgabe 24 im Infinitiv, und kreuzen Sie an: Dativ oder Akkusativ?

☐ **DAT.** ☐ **AKK.**	☐ **DAT.** ☐ **AKK.**	☐ **DAT.** ☐ **AKK.**
______ (stand – hat gestanden)	stellen (stellte – hat gestellt)	______ (stellte sich – hat sich gestellt)
liegen (lag – hat gelegen)	______ (legte – hat gelegt)	sich legen (legte sich – hat sich gelegt)
______ (saß – hat gesessen)	setzen (setzte – hat gesetzt)	______ (setzte sich – hat sich gesetzt)

Arbeiten Sie mit einem Partner. Sehen Sie das Bild an. Bilden Sie abwechselnd Sätze, und benutzen Sie so viele Präpositionen wie möglich.

Aufgabe 26

REDEMITTEL (BEISPIELE)

… steht auf dem/der …
… sitzt neben dem/der …
… hängt an dem/der …
… läuft vor die/das/den …
… stellt … in die/das/den …
… legt … auf die/das/den …

Aufgabe 27

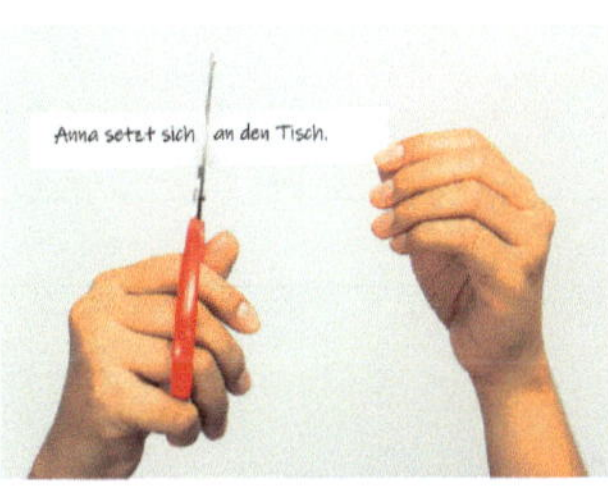

Suchen Sie einen neuen Partner. Nehmen Sie Papierstreifen. Schreiben Sie Sätze mit den Verben aus Aufgabe 26. Benutzen Sie auch das Perfekt.
Fertig? Zerschneiden Sie die Papierstreifen. Schneiden Sie immer vor der Präposition. Tauschen Sie dann mit einem anderen Paar, und setzen Sie die Sätze wieder zusammen.

Internet-Tipp
Wechselpräpositionen
https://mein-deutschbuch.de/grammatikuebungen-wechselpraepositionen.html
www.testedich.de/quiz29/quiz/1302793739/Stellen-haengen-legen-setzen

11.6 Das Quiz – Kapitel 11

Beantworten Sie das Quiz zu Kapitel 11 alleine.
Vergleichen Sie dann mit einem Partner oder in der Gruppe!

Aufgabe 1

Welche Medien benutzen Sie auf der Arbeit, und was machen Sie damit?

____

____

____

Aufgabe 2

Was ist eine Pflegediagnose?

____

____

____

Aufgabe 3

Schreiben Sie vier Ziele von einer Pflegedokumentation.

____

____

____

____

Aufgabe 4

Schreiben Sie drei Assessmentinstrumente.

____

____

____

Aufgabe 5

Schreiben Sie drei feste Präpositionen mit Dativ, drei feste mit Akkusativ und drei Wechselpräpositionen.

____

____

____

12 Diagnostische und therapeutische Maßnahmen

In diesem Kapitel geht es um:

Kompetenzfelder
- Wundheilung und Verbandswechsel
- Assistenz bei der venösen Blutabnahme

Wortschatz und Kommunikation
- Ratschläge und Tipps
- Vorschläge machen und Treffen planen
- Infusionen und subkutane Injektionen (s.c. Injektionen)

Grammatik
- Konjunktiv II Präsens

Aufgabe 1
Sehen Sie das Foto an, und sprechen Sie!

Was sehen Sie auf dem Foto?
Kennen Sie diese Situation?
Haben Sie damit schon Erfahrungen?
Welche therapeutischen Maßnahmen machen Sie schon?

Redemittel
Da ist … / Das ist … / Ich sehe …
Die Pflegefachperson / Die Pflegefachfrau / Die Pflegehelferauszubildende …
Ja, ich habe schonmal … / Natürlich, ich … jeden Tag …
Nein, ich habe noch nie …
Ich kann schon …

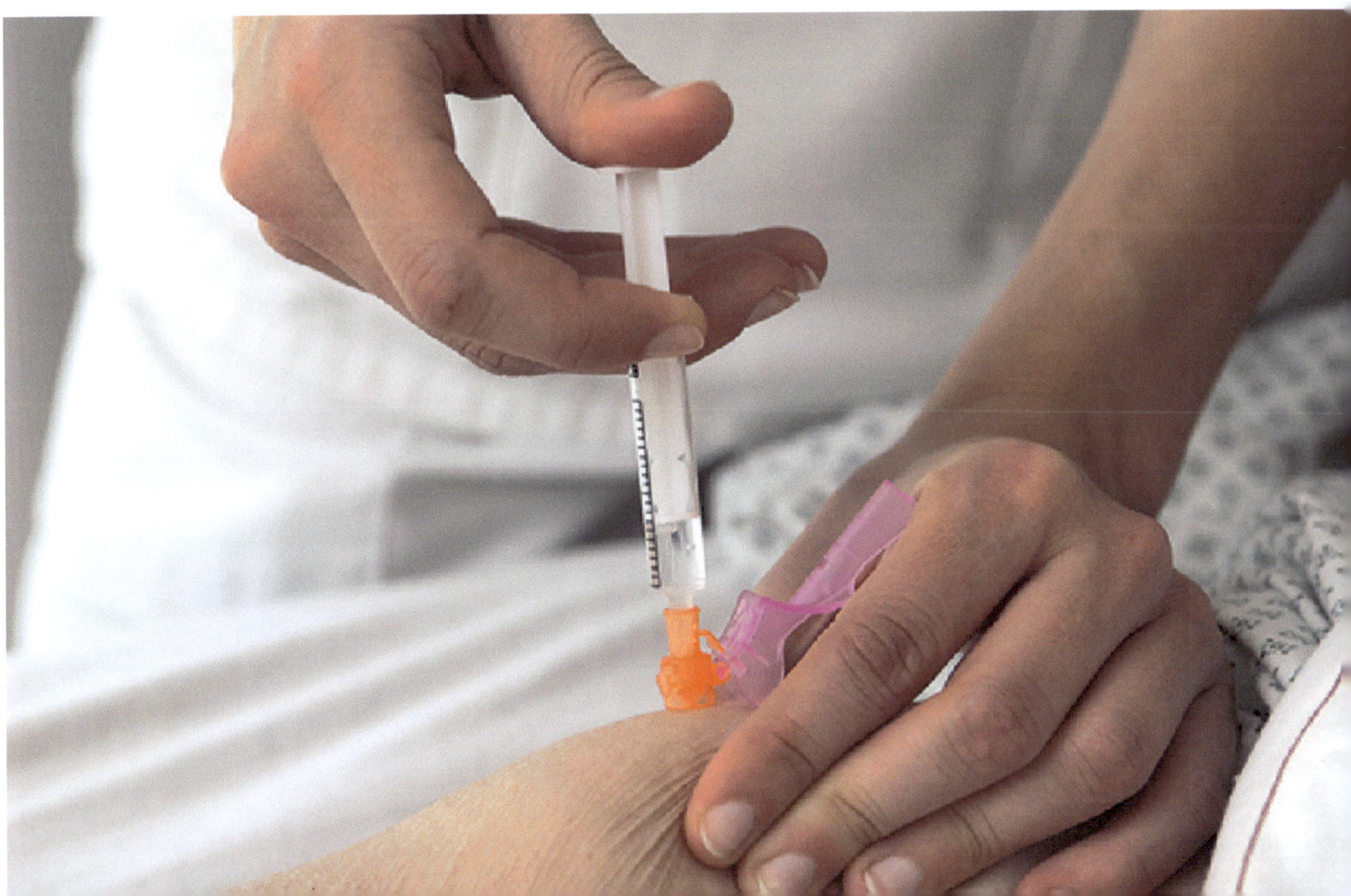

12.1 Wortschatz – Ratschläge und Tipps

Aufgabe 2

REDEMITTEL

Ratschläge und Tipps geben und bekommen
der Ratschlag / Ratschläge
der Rat (immer SG.)
der Tipp / Tipps
die Empfehlung / Empfehlungen
jemandem einen Rat/Tipp (…) geben
Jemandem etwas raten/empfehlen
von jemandem einen Rat/Tipp (…) bekommen

Hörtext 12.1

Tayo gibt Tipps. Reza und Cristina verbringen heute die Mittagspause mit Tayo, Pfleger auf der Station für Orthopädie und Unfallchirurgie. Sie haben sich auf der Mitarbeiterparty kennengelernt. Hören Sie das Gespräch, und kreuzen Sie an: richtig oder falsch?

	richtig	falsch
1. Reza und Cristina möchten mehr Deutsch lernen und fragen Tayo nach Tipps.	☐	☐
2. Tayo hat im Deutschkurs richtig gut sprechen gelernt.	☐	☐
3. Er hat viele Freunde im Sport-Verein kennengelernt.	☐	☐
4. Seine Frau Malia hat direkt eine feste Stelle in einem sozialen Nachbarschafts-Projekt für Geflüchtete bekommen.	☐	☐
5. In den Einrichtungen gibt es genug medizinisches Personal.	☐	☐
6. Cristina und Reza fragen, ob Tayo mit ihnen den Verbandswechsel bei großen Wunden üben kann.	☐	☐

Welche Redemittel und Konstruktionen verwendet Tayo, wenn er Tipps gibt? Hören Sie noch einmal, und verbinden Sie.

Tipp!
sollte, könnte, würde, wäre ➤ 12.5 Grammatik – Konjunktiv II Präsens

1	Macht	a	einen Verein suchen!
2	Ihr solltet	b	doch mal im Internet!
3	An eurer Stelle würde ich	c	auf jeden Fall auch privat viel Deutsch sprechen!
4	Wie wäre es, wenn	d	euch keine Sorgen, das wird schon!
5	Schaut	e	ihr das auch mal probiert?

Aufgabe 3

Gesundheitsprobleme. Benutzen Sie die Redemittel, und schreiben Sie Ratschläge.

Tee mit Honig trinken   Sport machen   zum Arzt / ins Krankenhaus gehen   schlafen   eine Tablette nehmen   im Bett bleiben   sich bewegen   die Stelle röntgen lassen   …

REDEMITTEL

Imperativ: (Mach/Nimm …) doch (Sport / eine Tablette …)!
Du solltest (ins Krankenhaus gehen / einen Tee mit Honig trinken …).
An deiner Stelle würde ich (im Bett bleiben / die Stelle röntgen lassen …).
Wie wäre es, wenn du (dich mehr bewegst / mehr Sport machst …).
Wenn ich du wäre, würde ich (mehr schlafen / zum Arzt gehen …).

1. „Ich fühle mich nicht wohl. Mir ist übel."

___

2. „Ich habe 39 Grad Fieber und fühle mich schwach."

___

3. „Mein Hals tut weh, und ich habe Husten."

___

4. „Ich habe starke Rückenschmerzen."

___

5. „Ich leide an Migräne."

___

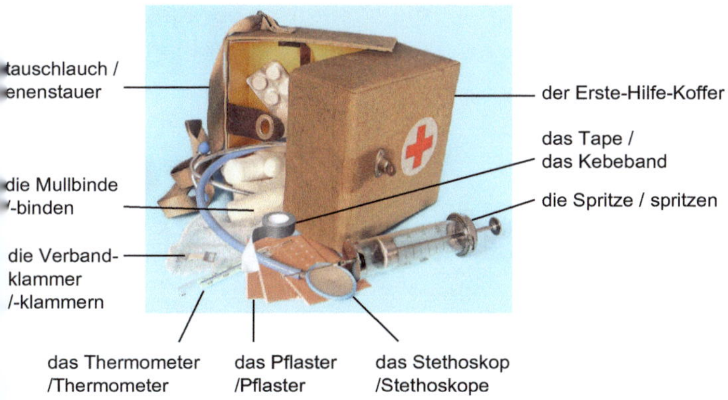

Aufgabe 4

Der Erste-Hilfe-Koffer. Sehen Sie das Foto an, und verbinden Sie die Maßnahmen.

Tipp!
die Maßnahme / Maßnahmen = eine Aktion/ Handlung mit einem bestimmten Ziel
➢ Kapitel 14 – Notfallsituationen

1	Erste Hilfe	a	(drauf)kleben
2	einen Verband	b	versorgen
3	die Wunde	c	desinfizieren
4	ein Pflaster auf die Wunde	d	leisten
5	eine Mullbinde um (den Kopf)	e	geben
6	Fieber mit dem Thermometer	f	anlegen
7	die Wunde mit Alkohol	g	wickeln
8	eine Spritze	h	messen

Aufgabe 5

Was sollte man machen, wenn …? Schreiben Sie Ratschläge. Benutzen Sie die Wörter aus Aufgabe 4 oder eigene Ideen.

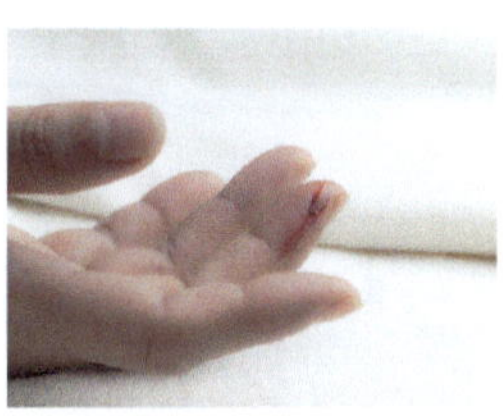

die Schnittwunde / -wunden (am Finger)

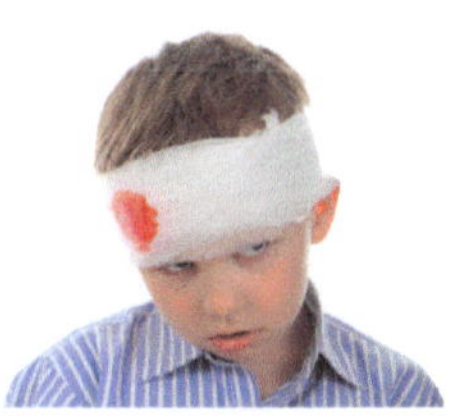

die Verletzung / Verletzungen (am Kopf)

die Platzwunde / -wunden (am Knie nach einem Unfall)

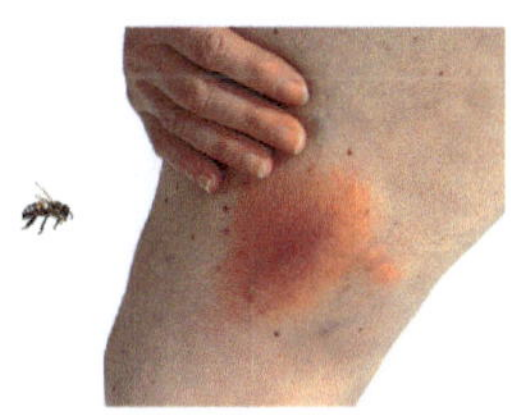

die allergische Reaktion / Reaktionen (nach einem Insekten-Stich)

REDEMITTEL

Wenn man eine Schnittwunde am Finger hat, sollte man (ein Pflaster draufkleben / …).
Wenn man eine allergische Reaktion nach einem Insektenstich hat, sollte man (…).

12.2 Pflegesituation – Wundheilung und Verbandswechsel

Vokabular zum Text

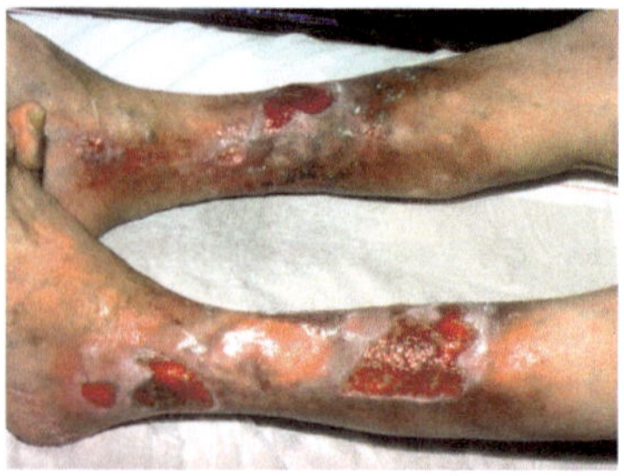

Ulcus crusis / Ulcera cruris
(an den Unterschenkeln)
= das „offene Bein“

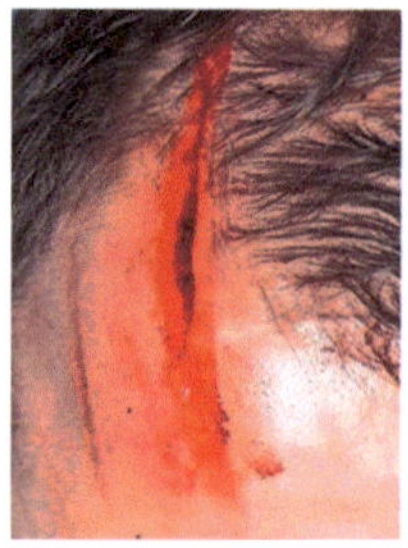

die Platzwunde / -wunden

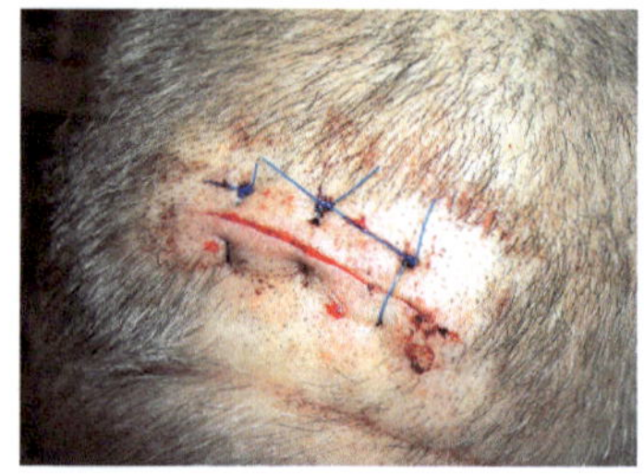

die chirurgisch versorgte / genähte Wunde nähen,
die Naht / Nähte

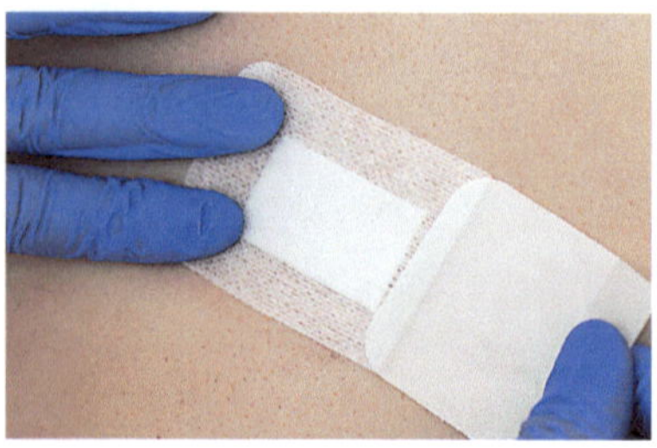

der Wundschnellverband / -verbände

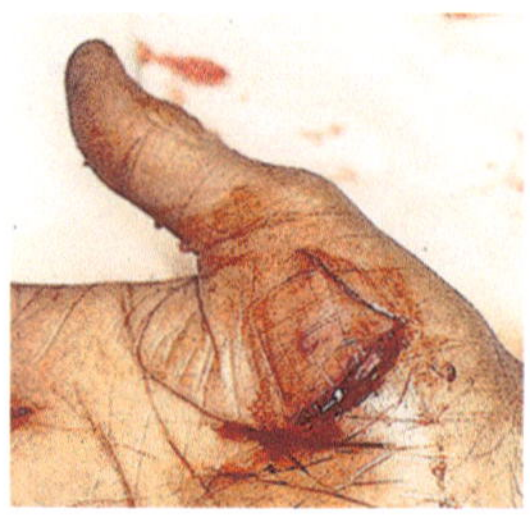

die Schnittwunde / -wunden

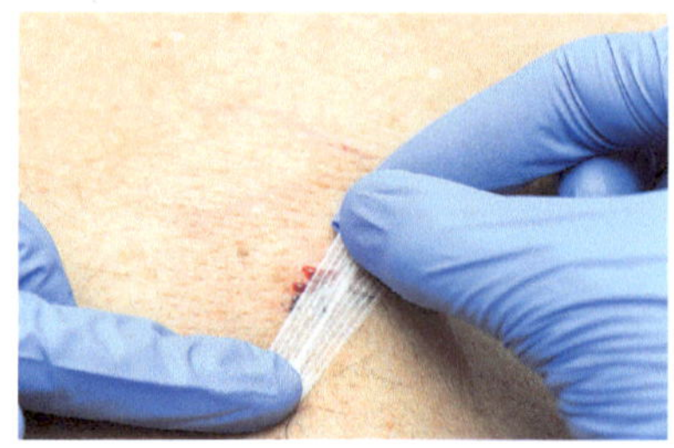

die Wunde mit Steristrips verschließen

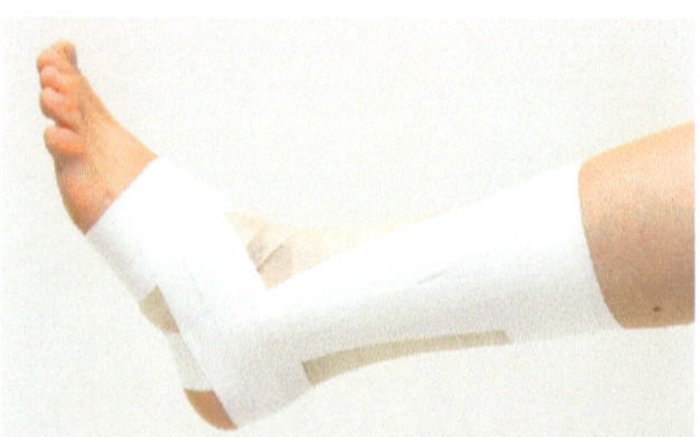

der Tapeverband / -verbände

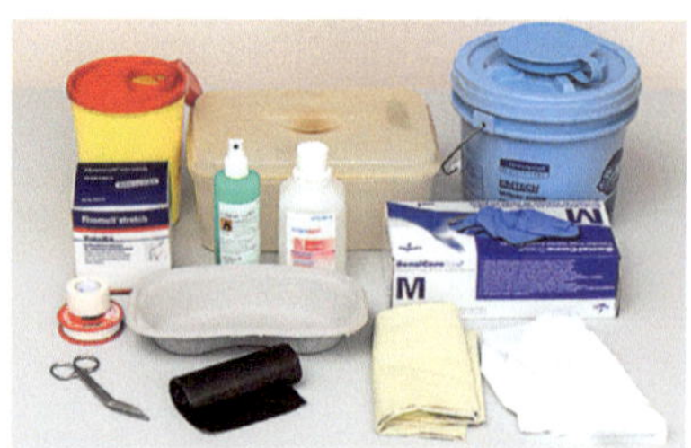

das unsterile Verbandsmaterial / -materialien
das sterile Verbandsmaterial / -materialien
(z. B. die sterile Kompresse / Kompressen)

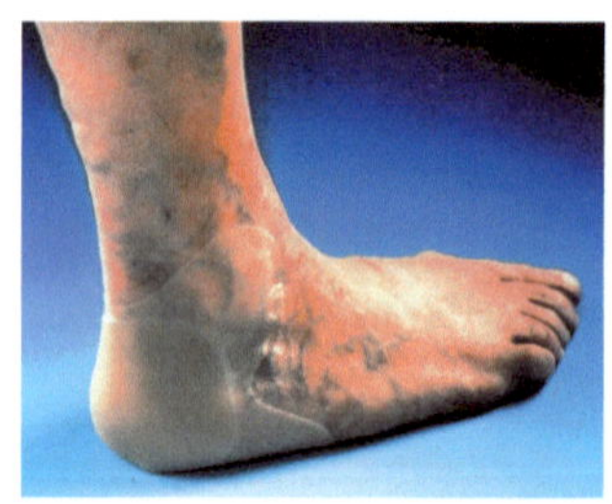

der Hydrokolloidverband / -verbände (auf der Ferse)

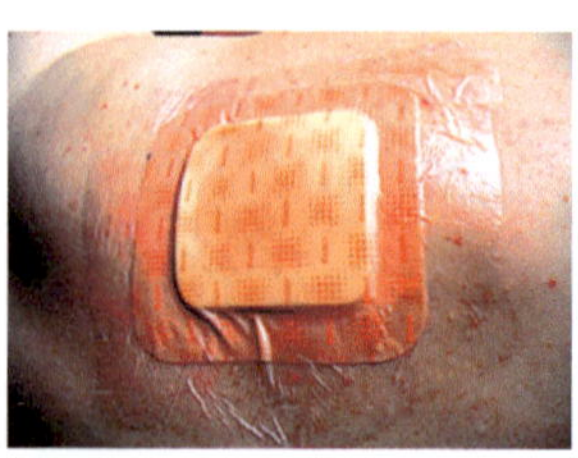

der Polyurethanschaumverband / -verbände

Lesen Sie den Text. **Aufgabe 6**

Wundverbände und ein paar nette Worte für Frau Shirvani

Es ist 8.30 Uhr auf der internistischen Station. Reza hat wieder Frühdienst. Heute gibt es viel zu tun, denn es sind viele Neuaufnahmen* auf der Station. In dem Patientenbett neben Frau Kölsch liegt jetzt Frau Shirvani, eine sehr nette 74-jährige Dame. Leider hat sie viele Erkrankungen, zum Beispiel *Ulcera cruris*. Das sind große Wunden an den Unterschenkeln. Einen *Ulcus cruris* nennt man auch „offenes Bein". Reza kann sich diesen Begriff gut merken, denn Frau Shirvanis Beine sind wirklich offen. Er hat so große Wunden noch nie gesehen. An ihrer Ferse ist auch eine kleine Wunde: Hier hat sich ein Dekubitus gebildet. Ihm tut die Dame leid, aber er findet die pflegerische Behandlung und den Verbandswechsel auch sehr interessant. Es gibt sehr viele verschiedene Verbände – für alle Arten von Wunden und Verletzungen. Im Altenpflegeheim hatten einige Bewohner Platzwunden, weil sie gestürzt sind. Manchmal mussten die Ärzte die Platzwunden chirurgisch versorgen und nähen. Auf die Naht kommt dann oft noch ein Wundschnellverband. Den durfte Reza ein paar Mal über die Wunden kleben. Auf der chirurgischen Station hat er auch schon oft Schnittwunden gesehen. Die muss man auch oft nähen oder, wenn sie klein sind, mit Steristrips verschließen. Reza hat auch schon oft Tapeverbände gesehen. Aber Frau Shirvani braucht etwas ganz anderes. Die Praxisanleiterin Frau Kiesling bereitet mit Reza alles für den Verbandswechsel vor. Zuerst desinfizieren sich beide die Hände. Dann bereitet Frau Kiesling eine Arbeitsfläche vor und verteilt hier die Verbandsmaterialien. Sie braucht sterile und unsterile Materialien, zum Beispiel sterile Kompressen und eine unsterile Schere. Frau Kiesling sieht sich die Wunden genau an, denn sie muss alles dokumentieren. Die Praxisanleiterin zieht sich unsterile Einmalhandschuhe an. Dann reinigt sie die Wunden mit einer Wunddesinfektionslösung** und sterilen Kompressen. Danach klebt Reza einen Hydrokolloidverband auf Frau Shirvanis Ferse. Frau Kiesling legt auch vorsichtig Hydrokolloidverbände auf die Unterschenkel und zusätzlich einen Polyurethanschaumverband auf eine Wunde am rechten Unterschenkel. „So viele unterschiedliche Verbände!", denkt Reza und beobachtet genau, was die Praxisanleiterin macht. Da sieht er, dass Frau Shirvani nicht glücklich aussieht. Er sagt ein paar nette Worte auf Persisch zu ihr. Frau Shirvani versteht sofort und freut sich sehr!

* die Neuaufnahme / -aufnahmen: neue Pflegebedürftige/Patienten auf einer Station / im Krankenhaus

** die Lösung / Lösungen: Flüssigkeit; hier: um Wunden zu säubern/reinigen

Richtig oder falsch? Kreuzen Sie an, und schreiben Sie. **Aufgabe 7**

Einen *Ulcus cruris* nennt man auch ein „geschlossenes Bein".	☐	☐
Frau Shirvani hat einen Dekubitus an der Ferse.	☐	☐
Reza klebt einen Polyurethanschaumverband auf die Ferse.	☐	☐
Welche Verbände kennt Reza schon?		

Vokabular zum Dialog

Aufgabe 8 Was passt? Ordnen Sie zu.

1) 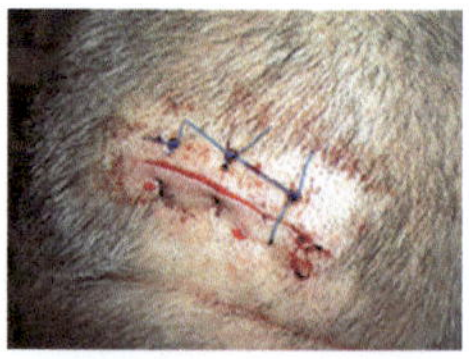

2) 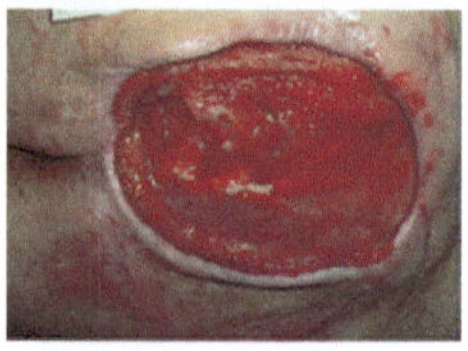

3) 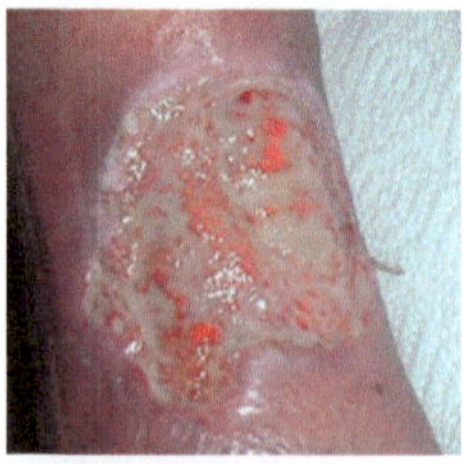

4) 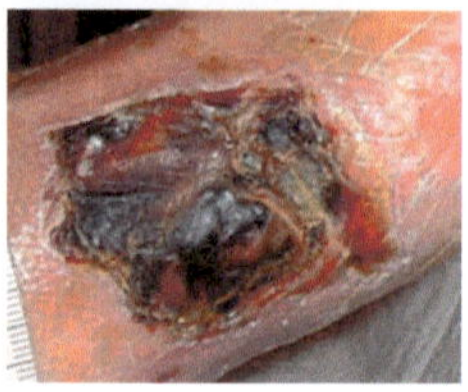

a) die offene Wunde

b) die feuchte Wunde / die Wunde mit feuchten Belägen

c) die trockene Wunde mit (schwarzen) Nekrosen

d) die geschlossene Wunde

Aufgabe 9 Setzen Sie die Wörter in die folgenden Sätze ein.

Aufkleben Wundauflage Beläge glänzt

A) Es gibt Verbände, die wie Pflaster sind. Das sind Verbände zum ________________.

B) Eine Wundversorgung kann ein Verband sein oder etwas anderes Heilendes, das man auf die Wunde legt. Das nennt man eine ________________.

C) Wenn die Wunde (noch) nicht sauber ist, sind oft gelbe oder dunkle ________________ darauf.

D) Die Wunde ist feucht oder nass. Sie ________________ / ist glänzend.

Hören Sie den Dialog, und lesen Sie den Text.

Aufgabe 10

Wundverbände und ein paar nette Worte für Frau Shirvani – Fortsetzung

Frau Kiesling und Reza Ahmadi sind fertig mit der Wundversorgung. Sie gehen in das Stationszimmer.

Hörtext 12.2

Frau Kiesling: „Das hast du sehr gut gemacht, Reza."

Reza Ahmadi: „Danke, aber das war ja nur ein Verband zum Aufkleben. So schwer ist das ja nicht."

Frau Kiesling: „Das meine ich nicht. Du guckst dir den Verbandswechsel genau an. Aber du siehst auch, dass Frau Shirvani traurig ist. Und dann machst du sie mit ein paar netten Worten wieder etwas glücklicher.

Reza Ahmadi: „Ok, das freut mich!"

Frau Kiesling: Wir dürfen nie vergessen, dass nicht die Wunden am wichtigsten sind. Pflegen bedeutet immer, dass man sich um den ganzen Menschen sorgt."

Reza Ahmadi: „Ich finde die Wundversorgung auch sehr interessant! Aber auch nicht so leicht. Es gibt so viele Verbände! Wann nehme ich welchen?"

Frau Kiesling: „Du musst dir die Wunden genau ansehen. Es gibt verschiedene Wunden, und für jede Wunde auch verschiedene Wundauflagen und Verbände. Zum Beispiel gibt es geschlossene Wunden und offene Wunden, und es gibt feuchte Wunden und trockene Wunden mit schwarzen Nekrosen."

Reza Ahmadi: „Ich habe gehört, dass es drei Heilungsphasen bei Wunden gibt. Stimmt das?"

Frau Kiesling: „Ja, das stimmt. Bei einer Wundheilung gibt es drei Phasen: Die erste Phase heißt Exsudationsphase, das ist die Reinigung von der Wunde. Hier sind oft gelbe und dunkle Beläge auf der Wunde. Die zweite Phase heißt Proliferationsphase. Hier ist die Wunde oft sauber, ohne Beläge. Sie ist rot, feucht und glänzend."

Reza Ahmadi: „Und die dritte Phase ist die Regenerationsphase, richtig?"

Frau Kiesling: „Richtig! Hier ist die Wunde wieder rosa. Man kann sie noch sehen, aber sie ist wieder geschlossen. Wichtig ist bei der Wundversorgung: Die Wunde muss feucht sein. So heilt sie am besten. Es muss aber auch Sauerstoff* an die Wunden kommen, und es dürfen kein Schmutz oder keine Keime in die Wunde kommen. Und die Wunden dürfen nicht kalt werden. Wenn sie zu kalt sind, dann heilen sie nicht. Verbandswechsel sollte man auch nicht zu oft machen – Wunden brauchen Zeit zum Heilen."

Reza Ahmadi: „Oh je … Ich glaube, das lerne ich nie!"

Frau Kiesling: „Keine Sorge, Reza. Das Wichtigste weißt du doch schon: Nicht nur die Wunde ist wichtig – wir pflegen den ganzen Menschen!"

* der Sauerstoff: O_2; die Luft

Aufgabe 11 Die drei Heilungsphasen von einer Wunde. Was passt? Ordnen Sie zu.

1. die Proliferationsphase
2. die Regenerationsphase
3. die Exsudationsphase

A) 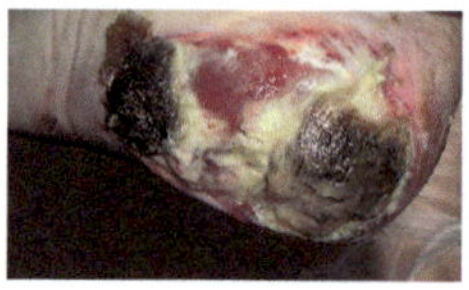 ______

B) 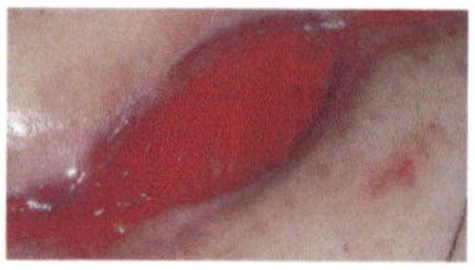 ______

C)  ______

Aufgabe 12 Wundversorgung. Was stimmt? Markieren Sie.

1. Wunden heilen am besten, wenn sie

☐ a) trocken sind.
☐ b) alt sind.
☐ c) feucht und warm sind.

2. Wunden brauchen

☐ a) Sauerstoff.
☐ b) Keime.
☐ c) Schmutz.

3. Eine Wunde, die heilt, ist

☐ a) schwarz
☐ b) gelb.
☐ c) rot oder rosa.

12.3 Kommunikation – Vorschläge machen und Treffen planen, Infusionen und Injektionen

Vorschläge machen und Treffen planen

der Vorschlag / Vorschläge
man gibt Optionen/Alternativen; auch: Empfehlung, die der andere ablehnen kann
(ähnlich wie Ratschlag: persönlicher; jemand hat ein Problem, und man empfiehlt eine Lösung)
jemandem **einen Vorschlag machen**
jemandem **etwas vorschlagen**

Aufgabe 13
Hörtext 12.3

Cristina, Reza und Tayo wollen sich treffen. Sie versuchen, einen Termin zu finden. Hören Sie das Gespräch aus Aufgabe 2 weiter, und korrigieren Sie die falschen Informationen.

1. ~~Reza~~ schlägt vor, dass sie sich am Mittwochabend treffen.
   Tayo
2. Aber dann vereinbaren sie den Donnerstagabend.
   ____
3. Sie verabreden sich um halb 4 in Tayos Garten.
   ____
4. Cristina und Reza sollen Kuchen und Verbandsmaterial mitbringen.
   ____
5. Tayo wohnt in der Rosenstraße 12, Haltestelle Iriswe g.
   ____
6. Cristina und Reza wollen zusammen mit dem Bus dorthin fahren.
   ____

Hören Sie das Gespräch noch einmal, und kreuzen Sie an: Wer sagt was?

	Tayo	Cristina	Reza
Mittwochabend passt mir gut.	☐	☐	☐
Da bin ich schon verabredet.	☐	☐	☐
Nachmittags habe ich noch nichts vor.	☐	☐	☐
Ich kann auch.	☐	☐	☐
Geht vielleicht auch ein bisschen später?	☐	☐	☐
Einverstanden?	☐	☐	☐
Lass uns zusammen hinfahren!	☐	☐	☐

Aufgabe 14 Treffen planen. Ordnen Sie die Redemittel aus Aufgabe 13 den Kategorien zu. Ergänzen Sie auch die aus dem Kasten.

Tut mir leid, ich muss leider absagen. Fahren wir (morgen) zusammen zur Schule?
Können wir unser Treffen auf (Montag) verschieben? Kommst du mit (zum Pausenraum)?
Ja gerne, ich freue mich schon! Ich schaffe es (heute) erst (um 3 Uhr). Ist das ok?
Ok, einverstanden! Sollen wir am Wochenende (zusammen lernen)?
Das ist eine gute Idee! Ich schaffe es leider (heute) nicht.
Hast du Lust auf (einen Kaffee nach der Arbeit)? Dann sehen wir uns (am Samstag um 2)!
Wir könnten uns (bei mir) treffen. Ich kann leider doch nicht kommen.
Das klingt gut! Ich schlage vor, dass wir uns (um 3) treffen. Dann also (am Dienstag um 7)!

?? etwas vorschlagen	☺ zusagen / etwas vereinbaren	→ verschieben	✗ absagen

Bilden Sie Kleingruppen. Sie möchten zusammen lernen. Finden Sie einen Termin, und verabreden Sie sich.

Zum Beispiel:

- *Hallo Leute! Sollen wir morgen zusammen lernen?*
- ▶ *Ja gerne, das ist eine gute Idee! Wo treffen wir uns?*
- *Wir könnten in die Bibliothek gehen.*
- ▶ *Hm, lasst uns doch lieber in den Park gehen! Dann können wir auch ein Picknick machen! …*

Aufgabe 15 Ratschläge und Vorschläge. Ein Mitschüler aus der Berufsschule hat ein Problem und braucht Ihren Rat. Antworten Sie ihm, und geben Sie Tipps. Machen Sie auch einen Vorschlag für ein Treffen. Schreiben Sie in Ihr Heft.

Hey,

wie geht's?

Ich habe mal eine Frage an dich, du sprichst doch schon so gut Deutsch! Ich habe immer Schwierigkeiten mit dem Hören, ich verstehe die Leute im Krankenhaus einfach nicht! Grammatik, Lesen und Schreiben sind kein Problem, aber Hören und Sprechen! Wie kann ich das trainieren, was soll ich tun? Hast du einen Tipp für mich?

Wir müssen uns bald wieder treffen. Wann hast du Zeit?

Danke und viele Grüße

Yun

Infusionen und Injektionen

Aufgabe 16

Hören Sie, und lesen Sie den Text. Ordnen Sie dann die Bilder zu.

Hörtext 12.4

Frau Kölsch bekommt heute eine subkutane Injektion und eine *Infusion (3)* und eine ______ . Reza darf die subkutane Injektion geben. Er hat ein ______ vorbereitet. Auf dem Tablett sind ein Abwurfbehälter, ein Hautdesinfektionsmittel, Handschuhe, Tupfer, eine Spritze und eine Ampulle mit dem Arzneimittel. Reza ______ . Dann fragt er Frau Kölsch, ob er ihr die Spritze geben darf. Die Patientin nickt mit dem Kopf. Zuerst ______ . Dann macht er mit einer Hand ______ . Mit der anderen Hand ______ . „Gut gemacht!", sagt Frau Kölsch. „Das hat nicht weh getan!" Jetzt bekommt die Patientin noch die Infusion. Sie bekommt Flüssigkeit, weil sie nicht genug trinkt. An der Hand hat Frau Kölsch eine ______ . Man kann die Infusion also direkt anschließen*. Reza nimmt den ______ . Jetzt lässt er die Luft aus dem Infusionsschlauch. Das ist sehr wichtig! Er füllt den Schlauch mit der Infusionslösung. Jetzt kann Reza ______ . Frau Kölsch bedankt sich. Reza lächelt und räumt alle Materialien auf.

* etwas anschließen: etwas verbinden

Infusion | eine Hautfalte | subkutane Injektion | Spritzentablett | Venenverweilkanüle | gibt er die Spritze | desinfiziert er die Hautstelle an Frau Kölschs Oberschenkel | Infusionsschlauch und drückt ihn in die Infusionsflasche | zieht das Arzneimittel aus der Ampulle in die Spritze auf | die Infusion bei Frau Kölsch anlegen

1

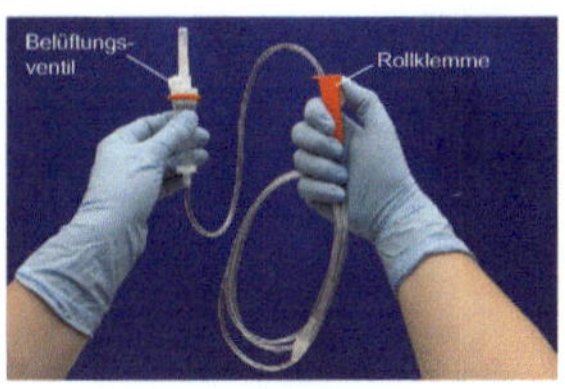

2

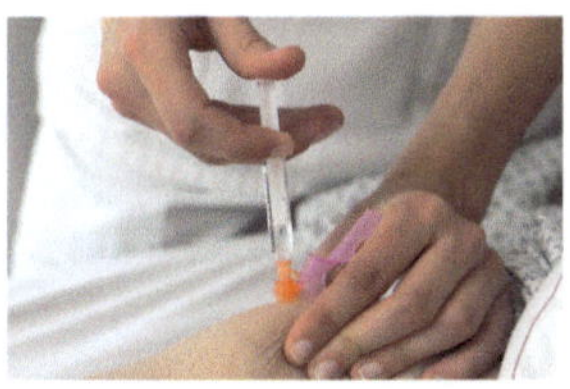

3

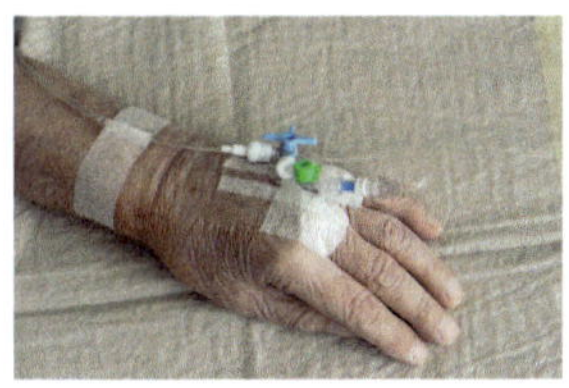

4

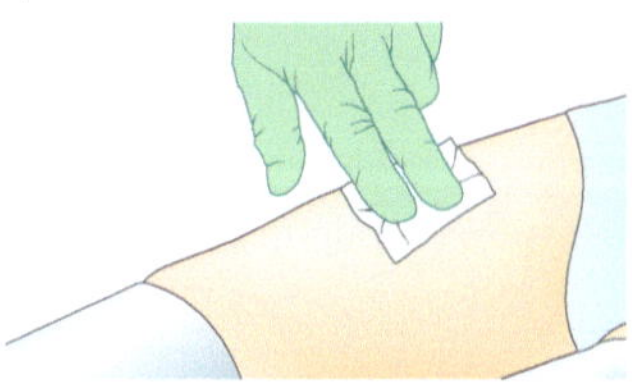

5

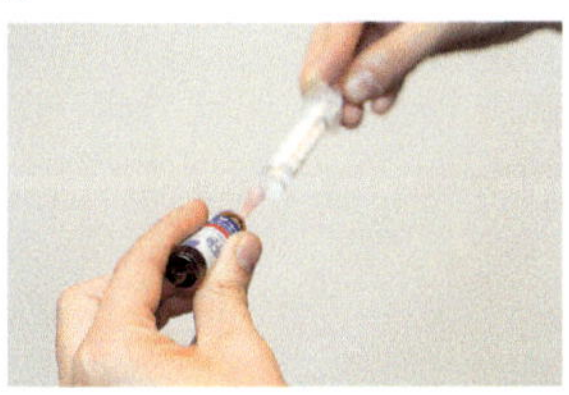

6

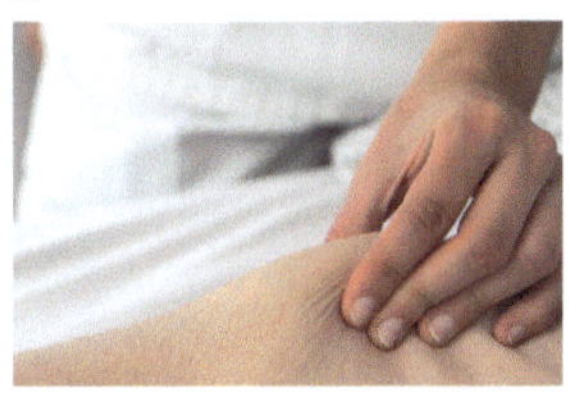

7

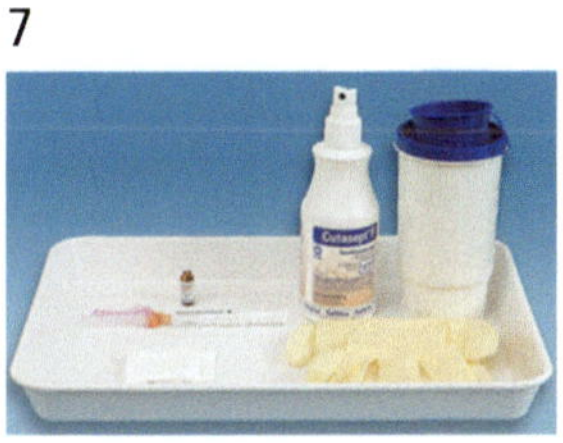

8

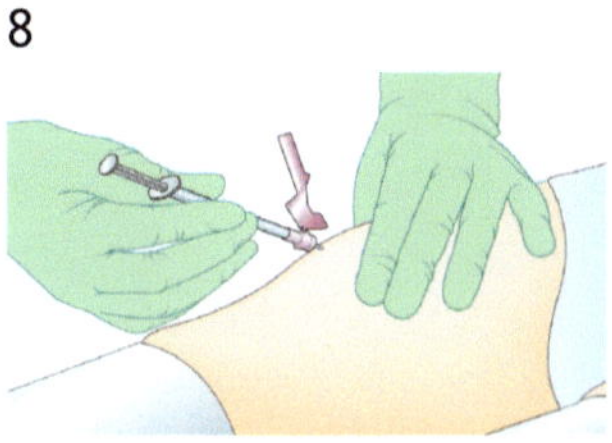

9

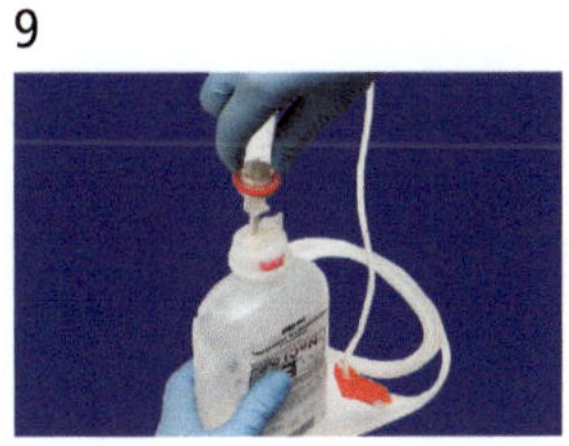

10

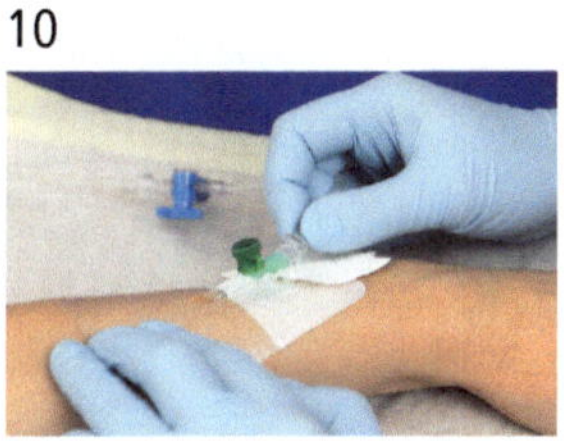

12.4 Lernen durch Ankreuzen – Assistenz bei der venösen Blutabnahme

Aufgabe 17 Richtig oder falsch? Kreuzen Sie an.

1. Die Pflegefachpersonen bereiten das Material für die Blutabnahme auf einem Spritzentablett vor.

☐ a) richtig

☐ b) falsch

2. Vielen Patienten wird bei der Blutabnahme schlecht.

☐ a) richtig

☐ b) falsch

3. An der Punktionsstelle (Hautstelle, wo man das Blut abnimmt) kleben die Pflegefachpersonen ein Pflaster auf.

☐ a) richtig

☐ b) falsch

4. Man muss die Patienten nicht über die Blutabnahme informieren. So bekommen sie keine Angst.

☐ a) richtig

☐ b) falsch

5. Bei Kindern darf man kein Blut abnehmen.

☐ a) richtig

☐ b) falsch

12.5 Grammatik – Konjunktiv II Präsens

Konjunktiv II Präsens: Formen

Im Konjunktiv II bildet man die meisten Verben mit **würde-** + Infinitiv:
Reza **würde** gerne 3 Kilo **abnehmen**.
Würden Sie mir ein Glas Wasser **holen**?
Ausnahmen sind *sein*, *haben* und die *Modalverben*. Diese Formen sind ähnlich wie die Präteritum-Formen, sie haben allerdings (meistens) noch einen Umlaut.

Ergänzen Sie die restlichen Formen.

Aufgabe 18

würde … (+ Infinitiv)	**wäre**	**hätte**	**müsste** … (+ Infinitiv)
ich **würde**	ich	ich	ich
du	du **wärst**	du	du
er/sie/es	er/sie/es	er/sie/es **hätte**	er/sie/es
wir	wir	wir	wir **müssten**
ihr	ihr	ihr	ihr
sie/Sie	sie/Sie	sie/Sie	sie/Sie
könnte … (+ Infinitiv)	**sollte** … (+ Infinitiv)	**wollte** … (+ Infinitiv)	**dürfte** … (+ Infinitiv)
ich	ich	ich	ich
du	du	du **wolltest**	du
er/sie/es	er/sie/es	er/sie/es	er/sie/es **dürfte**
wir	wir	wir	wir
ihr **könntet**	ihr	ihr	ihr
sie/Sie	sie/Sie **sollten**	sie/Sie	sie/Sie

Tipp!
Wäre und **hätte** stehen alleine, es folgt kein Infinitiv:
Ich **wäre** gerne zu Hause. (seltener: Ich ***würde*** gern zu Hause ***sein***.)
Er **hätte** gern einen Kaffee. (seltener: Er ***würde*** gern einen Kaffee ***haben***.)

Konjunktiv II Präsens: Bedeutung und Gebrauch

Der Konjunktiv II drückt oft aus, dass etwas nicht real (= irreal) ist, zum Beispiel Wünsche, Träume, Phantasien, Handlungen, Bedingungen … Außerdem benutzt man den Konjunktiv II, wenn man besonders höflich sein möchte, oder für einen Ratschlag/Vorschlag.

Ordnen Sie die Bedeutungen den Beispielen zu.

Aufgabe 19

Höflichkeit Vorschlag irreale Situation Wunsch Ratschlag

1. ________________ Du **solltest** dich mehr bewegen.
2. ________________ Wir **könnten** uns bei mir im Garten treffen!
3. ________________ **Könnten/Würden** Sie mir den Tupfer geben?
4. ________________ Ich **würde** gerne / lieber / am liebsten als Ärztin arbeiten.
5. ________________ Wenn ich du **wäre, würde** ich die Wunde desinfizieren.

Tipp!
Übungen Ratschlag/Vorschlag
➤ Aufgaben 3, 5, 15

Aufgabe 20 Höflichkeit. Formulieren Sie die Aufforderungen höflicher. Achten Sie auf die richtige Anrede (du/ihr/Sie?)

Beeilt euch! *Würdet ihr euch bitte beeilen?*
Könntet ihr euch bitte beeilen?

Hilf mir! ______

Lassen Sie mich vorbei! ______

Bring mir den Verband! ______

Seid leise! ______

Geben Sie mir die Kompresse! ______

Aufgabe 21 Wünsche und Träume. Was wünscht sich Reza? Schreiben Sie Sätze.

Tipp!
Für einen Wunsch benutzt man meistens den Konjunktiv II + **gerne/lieber/am liebsten**.

1. Er ist Pflegehelfer-Auszubildender. (Pfleger) *Aber er wäre gerne Pfleger.*
2. Er arbeitet grade im Pflegeheim. (Krankenhaus) ______
3. Er verdient nicht so viel Geld. (mehr Geld) ______
4. Er hat ein Fahrrad. (Auto) ______
5. Er ist Single. (verheiratet) ______
6. Er spricht gut Deutsch. (perfekt Deutsch) ______

Welche Wünsche und Träume haben Sie? Schreiben Sie zu jedem Thema einen Satz. Vergleichen Sie dann mit einem Partner.

1. Wohnen:
   Zum Beispiel: *Ich würde gerne in Berlin wohnen. / Ich hätte gern eine große Wohnung.)*
2. Beruf: ______
3. Alter: ______
4. Familie/Partner: ______
5. Sprachen: ______
6. Sport: ______
7. Reisen/Urlaub: ______

Aufgabe 22

Irreale Situationen/Bedingungen. Was würden Sie machen, wenn …? Suchen Sie einen Partner, und ergänzen Sie die Sätze.

- Wenn ich im Lotto gewinnen würde, __________

  Zum Beispiel: … *würde ich eine Party machen / wäre ich total glücklich / müsste ich nie mehr arbeiten.*
- Wenn ich nie mehr arbeiten müsste, __________
- (für die Männer:) Wenn ich eine Frau wäre, __________

  (für die Frauen:) Wenn ich ein Mann wäre, __________
- Wenn ich fliegen könnte, __________
- Wenn ich Deutschlehrer wäre, __________
- Wenn ich perfekt Deutsch sprechen könnte, __________
- Wenn ich 10 Kinder hätte, __________
- Wenn ich König von Deutschland wäre, __________

Tipp!
Für irreale Situationen/Bedingungen benutzt man meistens eine Konstruktion mit **„wenn … / dann …"**. In beiden Sätzen steht der Konjunktiv II.

Internet-Tipp
Rio Reiser – *König von Deutschland* (1986)
Hören Sie das Lied, und ergänzen Sie den Lückentext.
Lied: www.youtube.com/watch?v=BzGHhaMUqSQ
Lückentext: https://buongiornoprof.files.wordpress.com/2009/11/rio_reiser_koenig_von_deutschland.pdf

Schreiben Sie nun mindestens drei eigene Sätze.

Wenn ich __________

Wenn ich __________

Wenn ich __________

Gehen Sie durch die Klasse, und fragen Sie: „Was würden Sie / würdest du machen, wenn …?" Benutzen Sie die Sätze, die Sie schon geschrieben haben.

Zum Beispiel:

- *Was würdest du machen, wenn du im Lotto gewinnen würdest?*
- ▶ *Wenn ich im Lotto gewinnen würde, wäre ich total glücklich. Und du? …*
- *Was würden Sie machen, wenn Sie perfekt Deutsch sprechen könnten?*
- ▶ *Wenn ich perfekt Deutsch sprechen könnte, würde ich als Deutschlehrer arbeiten. Und Sie? …*

12.6 Das Quiz – Kapitel 12

Beantworten Sie das Quiz zu Kapitel 12 alleine.
Vergleichen Sie dann mit einem Partner oder in der Gruppe!

Aufgabe 1 Sie möchten einen Ratschlag geben. Nennen Sie drei Redemittel dafür.

Aufgabe 2 Schreiben Sie drei Arten von Verbänden.

Aufgabe 3 Schreiben Sie die drei Heilungsphasen von einer Wunde.

Aufgabe 4 Was ist sehr wichtig, wenn man einem Patienten eine Infusion gibt?

Aufgabe 5 Nennen Sie den Konjunktiv II Präsens von folgenden Verben:
haben – arbeiten – können – sein – müssen – sollen – sagen

13 Arzneimittellehre: Grundlagen

In diesem Kapitel geht es um:

Kompetenzfelder
- Arzneimittel verabreichen
  - Arzneimittelformen
  - Verabreichungsarten/Applikationsarten
  - Richten und Stellen von Arzneimitteln

Wortschatz und Kommunikation
- Recycling und Umwelt
- Wetter
- Arzneimittelgruppen

Grammatik
- Kausal- und Konzessiv-Sätze: *deshalb, trotzdem, obwohl*

Aufgabe 1

Sehen Sie das Foto an und sprechen Sie!

Was sehen Sie auf dem Foto?

Was macht die Pflegefachfrau?

Kennen Sie die Situation von Ihrem Arbeitsplatz / von Ihrer Ausbildung?

Dürfen Sie an Ihrem Arbeitsplatz mit Medikamenten arbeiten?

Wenn ja, was machen Sie?

Redemittel

Da ist … / Das ist … / Ich sehe …
Die Pflegefachfrau …
Ja / Nein, ich …
An meinem Arbeitsplatz / In meiner Ausbildung darf ich schon / noch nicht …

13.1 Wortschatz – Recycling und Umwelt

Aufgabe 2 **Müll & Recycling. Cristina und Reza sollen die Station aufräumen. In der Teeküche gibt es viele abgelaufene*, alte und kaputte Dinge. Sie wollen sie wegwerfen. Aber was kommt in welchen Mülleimer? Verbinden Sie.**

Tipp!
der Müll (immer SG.)
der Abfall / Abfälle
der Mülleimer / -eimer (auch: der Papierkorb / -körbe)
die Mülltonne / -tonnen (Mülltonne = draußen ↔ Mülleimer = drinnen)
der Müllsack / -säcke (groß; kleiner: der Müllbeutel / -beutel)
etwas wegwerfen/wegschmeißen/entsorgen
den Müll trennen
recyceln, das Recycling (immer SG.)

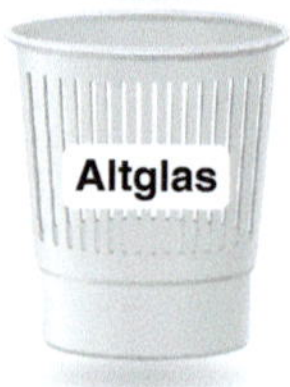

eine faule Banane
ein Becher mit abgelaufenem Joghurt
eine Packung mit saurer Milch
ein Kaffeefilter mit Kaffeesatz
faule Eier im Eierkarton
eine Flasche mit abgelaufenem Ketchup
eine kaputte Tasse
ein alter Putzschwamm
eine leere Cola-Dose
alte Zeitungen

* abgelaufen: Das Produkt ist nicht mehr gut (z. B.: Heute ist der 12.5., und das Produkt war haltbar bis 1.5. → das Verfallsdatum/Mindesthaltbarkeitsdatum ist abgelaufen).

Vergleichen Sie jetzt mit einem Partner. Sprechen Sie.

REDEMITTEL

Wohin / In welchen Mülleimer kommt/kommen (die faule Banane / die Eier …)?
Ich glaube/denke/meine, (die faule Banane / die Eier …) kommt/kommen …
- in den (schwarzen/gelben …) Mülleimer.
- in den Biomüll / in den Restmüll / in den Verpackungsmüll (auch: in den „gelben Sack").
- ins Altpapier / ins Altglas.
- zum Pfand / zu den Pfandflaschen.

Ja, du hast recht. / Das stimmt. / Genau. / Das glaube ich auch.
Bist du sicher? Ich denke, (die/der/das …) kommt/kommen …

Internet-Tipp
Deutsch Perfekt: „Was kommt in welche Mülltonne?" – **Deutsche und Recycling**
www.deutsch-perfekt.com/deutsch-lesen/was-kommt-in-welche-muelltonne
Deutschlandlabor „Müll"
www.goethe.de/de/spr/ueb/dlb/mue.html

Welche Sachen kommen sonst noch in den Restmüll / ins Altpapier …? Finden Sie Beispiele.

Zum Beispiel:
- *Ok, was wirft man noch alles in den Verpackungsmüll?*
- ▸ *Ich glaube, Dosen, wo kein Pfand drauf ist.*
- *Ja, das stimmt. Zum Beispiel die Dosen von Mais oder Tunfisch.*

Cristina und Reza sind fertig mit der Teeküche und gehen ins Stationszimmer. Dort sollen sie weiter aufräumen. Neben dem Medikamentenschrank steht eine Kiste mit abgelaufenen Medikamenten.
Lesen Sie die Sätze. Hören Sie dann das Gespräch zweimal, und kreuzen Sie an: Was ist richtig?

Aufgabe 3

Hörtext 13.1

1. Frau Kiesling
   - □ a) holt und entsorgt die Medikamente.
   - □ b) sendet die Medikamente zurück in die Apotheke.
2. Benutzte Spritzen und Kanülen
   - □ a) kommen in stichfeste Plastik-Behälter*.
   - □ b) kommen auch zurück in die Apotheke.
3. Die Behälter für infektiöse Abfälle, Blutbeutel und Infusionen
   - □ a) darf man in die „normalen" Tonnen werfen.
   - □ b) sind mit Schildern gekennzeichnet.
4. Hygiene-Artikel
   - □ a) sammelt man in reißfesten und dichten Müllsäcken.
   - □ b) wirft man in den Biomüll.
5. Cristina
   - □ a) ist keine Veganerin, sondern Vegetarierin.
   - □ b) ist sehr umweltfreundlich und kauft meistens Bio-Produkte.

* der Behälter / das Behältnis: der Container, die Box, die Kiste, der Kasten

Test: Wie umweltfreundlich sind Sie? Kreuzen Sie die Antwort an, die am besten zu Ihnen passt.

Aufgabe 4

1. Trennen Sie Müll? Recyceln Sie? a) Ja natürlich, alles. b) Papier und Glas, der Rest kommt in eine Tonne. c) Was ist recyceln?	**2. Essen Sie Fleisch?** a) Klar! Fleisch ist mein Gemüse! b) Ich bin Vegetarier! Kein Tier soll für mich sterben! c) Wenig, vielleicht ein- oder zweimal pro Woche.
3. Wie transportieren Sie Ihren Einkauf? a) Ich bin sehr umweltbewusst und nehme natürlich eine Tüte oder Tasche mit. b) Warum kosten die Plastiktüten hier etwas? Ich brauche immer viele! c) Oft habe ich ein schlechtes Gewissen und kaufe dann eine Papiertüte oder einen Stoffbeutel.	**4. Kaufen Sie Bio-Produkte im Supermarkt?** a) Manchmal, aber nur einige Produkte, zum Beispiel Obst und Gemüse, Eier ... b) Nie, die sind ja superteuer! Der Supermarkt will nur Geld machen ... c) Supermarkt?? Ich kaufe nur im Bio-Markt ein!
5. In welcher Verpackung kaufen Sie Getränke? a) Ich kaufe fast nur Pfandflaschen und bringe die immer zurück zum Supermarkt. b) Naja, also ich kaufe schon oft Plastikflaschen ... Aber immerhin werfe ich die in die Plastik-Tonne! c) Milch in Tüten, Cola in Dosen. Und die ganzen Bierflaschen kommen in den Glas-Container.	**6. Benutzen Sie Energiesparlampen, und schalten Sie unnötiges Licht aus?** a) Ich bin selten zu Hause. Da spare ich schon genug Energie! b) Ich versuche es, aber es klappt selten ... c) Ich habe nur Energiesparlampen. Und das Licht mache ich aus, wenn ich nur 3 Minuten rausgehe!
7. Wie kommen Sie normalerweise zur Arbeit oder bewegen sich in der Stadt? a) Meistens benutze ich öffentliche Verkehrsmittel. Oder ich gehe zu Fuß. b) Mit meinem Auto. Mein ganzer Stolz! c) Ich fahre viel Fahrrad. Das macht Spaß!	**8. Es ist Winter und kalt in Ihrem Wohnzimmer. Was machen Sie?** a) Ich ziehe mehr Kleidung an. Die Heizkosten sind unglaublich hier! b) Na, ich drehe natürlich die Heizung höher. Ich will nicht frieren! c) Ich gehe zu einem Freund oder einer Freundin.
9. Sie putzen sich die Zähne. Machen Sie den Wasserhahn zu? a) Na klar! Alles andere ist Wasserverschwendung! b) Äh, meistens nicht... Ich putze sowieso nur kurz die Zähne ... c) Nö. Warum?	**10. Machen Sie die Waschmaschine immer voll?** a) Wenn ich etwas brauche, wasche ich auch mal nur ein oder zwei Teile. b) Ja, ich warte mit dem Waschen, bis sie voll ist. c) Mama* wäscht für mich! (*oder jemand anders)

Punkte:
1. a = 5, b = 3, c = 1 / 2. a = 1, b = 5, c = 3 / 3. a = 5, b = 1, c = 3 / 4. a = 3, b = 1, c = 5 / 5. a = 5, b = 3, c = 1 /
6. a = 1, b = 3, c = 5 / 7. a = 3, b = 1, c = 5 / 8. a = 5, b = 1, c = 3 / 9. a = 5, b = 3, c = 1 / 10. a = 1, b = 5, c = 3

Rechnen Sie nun ihre Punkte zusammen, und lesen Sie auf Seite 274 Ihr Test-Ergebnis. Passt es? Sprechen Sie in Gruppen: Was kann/sollte man noch tun, wenn man die Umwelt schützen möchte?

Zum Beispiel:

- *Man kann das Licht ausmachen, wenn man aus dem Zimmer geht.*
- *Ja, stimmt. Und man sollte seinen eigenen Kaffee-Becher dabei haben und nicht die zum Mitnehmen kaufen.*

13.2 Pflegesituation – Arzneimittel verabreichen

Vokabular zum Text

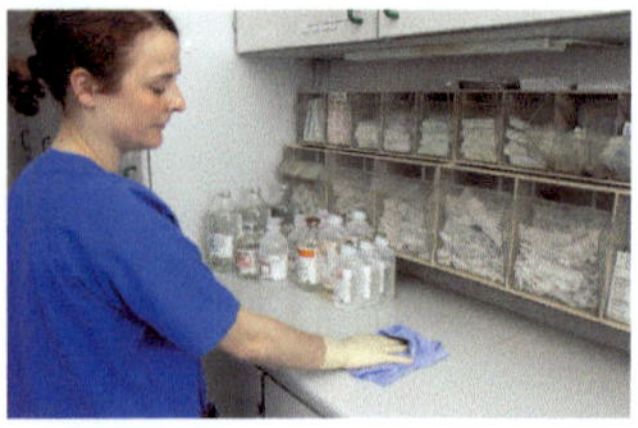

die Arbeitsfläche / -flächen
die Arbeitsfläche reinigen

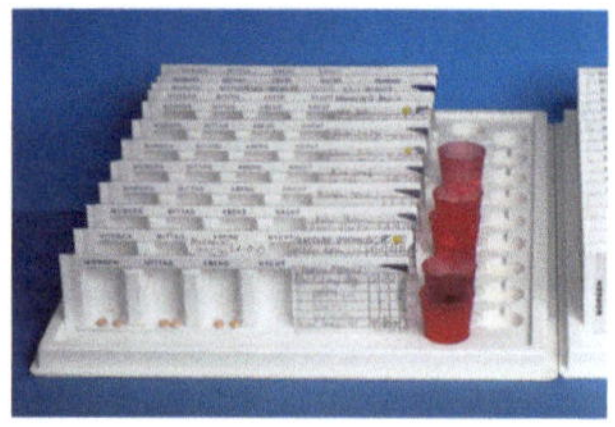

das Stationstablett / -tabletts
(mit Dispensern und Tropfenbechern)

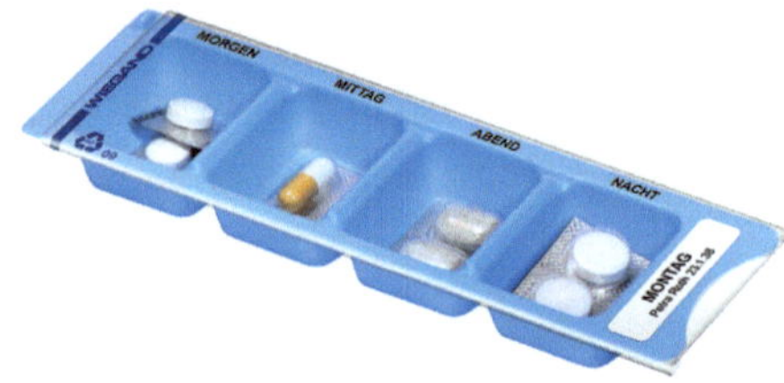

der (Arzneimittel-)Dispenser /
Dispenser (mit Fächern)
das Fach / Fächer

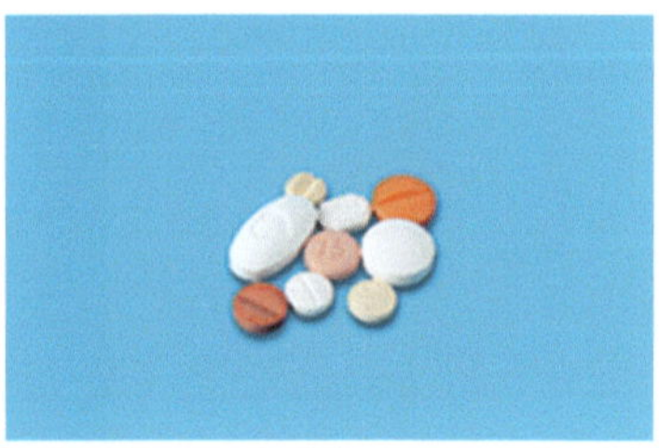

die Tablette / Tabletten

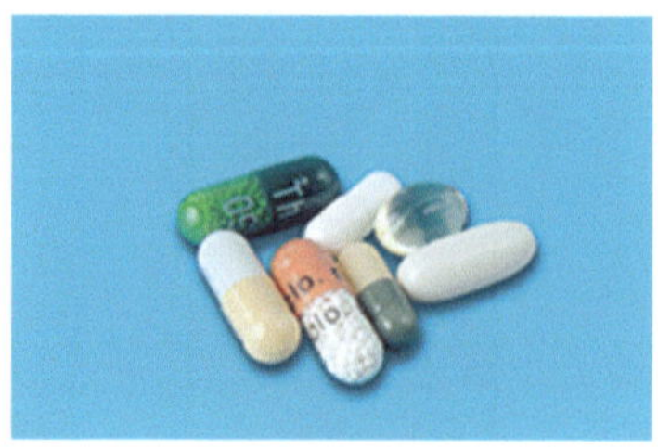

die Kapsel / Kapseln

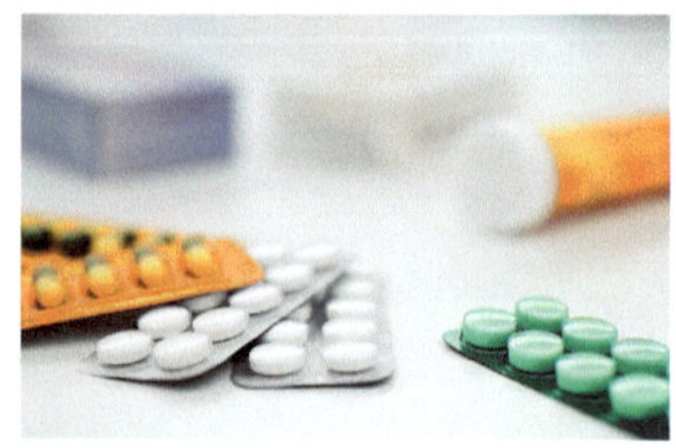

die Blisterverpackung / -verpackungen

der Tablettenteiler / -teiler
eine Tablette teilen / halbieren
(die Hälfte / Hälften)

der Tropfen / Tropfen

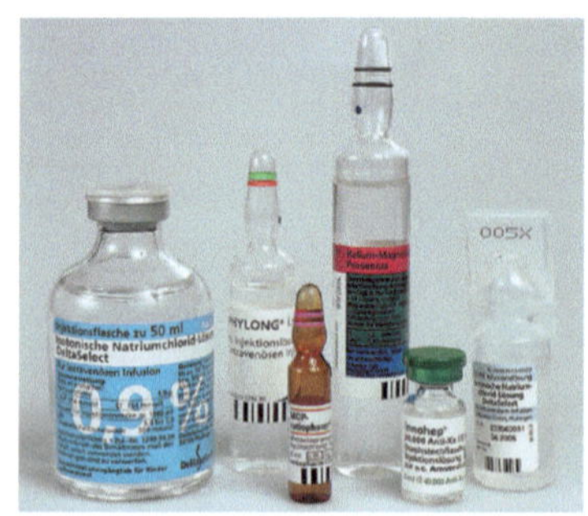

die Ampulle / Ampullen

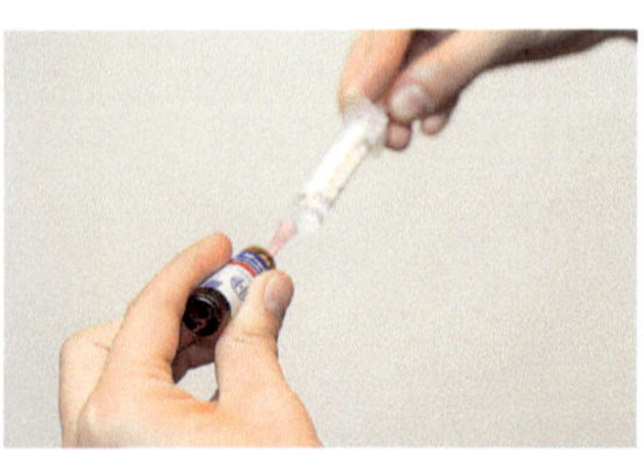

die Injektionslösung / -lösungen aufziehen

Lesen Sie den Text.

Aufgabe 5

Lieber einmal zu viel fragen als einmal zu wenig!

Cristina López arbeitet noch eine Woche im Hospiz. Dann muss sie wieder ins Krankenhaus. Im Hospiz hat sie viel gelernt. Zum Beispiel das Richten und Stellen von Arzneimitteln*. Jeden Tag hilft Cristina den Pflegefachpersonen beim Vorbereiten und Verteilen der Arzneimittel für die Pflegebedürftigen. Dabei muss sie sich sehr konzentrieren. Es ist sehr gefährlich, wenn jemand das falsche Medikament bekommt. Deshalb fragt sie lieber öfter ihre Kollegen. Die sagen immer: „Lieber einmal zu viel fragen als einmal zu wenig!"

Cristina ist zusammen mit der Pflegefachfrau Theresa Schöneberg im Stationszimmer. Dort richten sie die Arzneimittel für alle Patienten im Hospiz. Cristina reinigt zuerst die Arbeitsfläche. Dann holt sie ein Stationstablett mit leeren Dispensern. Auf jedem Dispenser steht der Name und das Geburtsdatum von einem Pflegebedürftigen. Jeder Dispenser hat vier Fächer. Unter den Fächern steht „Morgen", „Mittag", „Abend" und „Nacht". Die Pflegefachpersonen schauen, was der Arzt verordnet** hat, und verteilen dann die Medikamente in die Fächer: Medikamente, die man morgens einnimmt, kommen in das Fach „Morgen" usw. Cristina und Theresa verteilen nur Tabletten und Kapseln in die Dispenser. Dabei drücken sie die Tabletten aus den Blisterverpackungen direkt in die Dispenser rein und fassen sie nicht an. Das nennt man die „*Non-Touch*-Technik", also auf Deutsch: die „Nicht-Anfassen-Technik". Manchmal geht das aber nicht. Dann muss man die Tabletten teilen: Frau Russo bekommt zum Beispiel am Morgen und am Abend nur eine halbe Schmerztablette. Also nimmt Cristina den Tablettenteiler und halbiert die Tablette. Eine Hälfte legt sie in das „Morgen"-Fach, und die andere Hälfte in das „Abend"-Fach. Theresa füllt noch die Tropfen in die Tropfenbecher und zieht die Injektionslösungen aus den Ampullen auf.

Dann gehen Cristina und sie in die Patientenzimmer und verteilen die Arzneimittel. Theresa fragt Cristina nach der „6-R-Regel". Was war das nochmal? Cristina überlegt.

* das Richten und Stellen von Arzneimitteln: Man bereitet Medikamente für jeden Pflegebedürftigen vor und verteilt sie dann.

** Medikamente anordnen/verordnen/verschreiben: Der Arzt schreibt, dass ein Pflegebedürftiger ein spezielles Medikament/Arzneimittel nehmen soll oder kann (auch: die Arztanordnung).

Richtig oder falsch? Kreuzen Sie an, und schreiben Sie.

Aufgabe 6

	richtig	falsch
Auf den Dispensern steht der Name und die Telefonnummer von den Pflegebedürftigen.	☐	☐
In die Dispenser kommen nur Tropfen und Injektionslösungen.	☐	☐
Zum Halbieren braucht man einen Tablettenteiler.	☐	☐
Lieber einmal zu viel fragen als einmal zu wenig! – Warum ist das beim Richten und Stellen von Arzneimittel so wichtig? Haben Sie eine Idee?		

Vokabular zum Dialog

Aufgabe 7 Welche Arzneimittelformen kennen Sie schon? Verbinden Sie.

1		a	die Tablette / Tabletten die Schmelztablette die Brausetablette
2	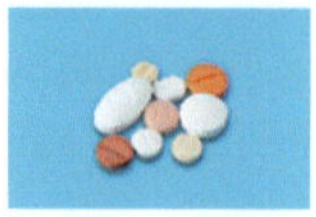	b	die Salbe / Salben die Paste / Pasten die Creme / Cremes
3	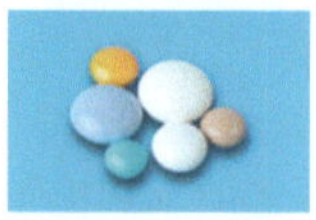	c	das Transdermale Therapeutische System (TTS) das Pflaster mit Wirkstoff*
4	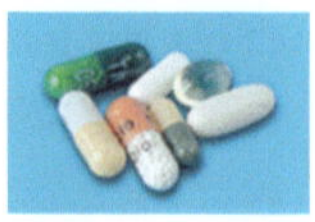	d	das Granulat / Granulate
5		e	das Aerosol / Aerosole
6		f	die Filmtablette das Dragee / Dragees
7		g	die Suspension / Suspensionen
8		i	das Zäpfchen / Zäpfchen
9		j	die Tropfen / Tropfen die Lösung / Lösungen
10		k	die Kapsel / Kapseln die Zerbeißkapsel**

* der Wirkstoff /-stoffe: aktive Substanz in einem Arzneimittel

** zerbeißen: im Mund kaputt machen / knacken

Welche Verabreichungsformen* (Applikationsformen) kennen Sie schon? Verbinden Sie.

Aufgabe 8

1	*Bukkal*	a	auf die Haut (z. B. Salbe oder Creme)
2	*Intraarteriell (i. a.)*	b	durch den Mund (z. B. Tablette schlucken)
3	*Intramuskulär (i. m.)*	c	in den Mund
4	*Intravenös (i. v.)*	d	in den Mastdarm** (z. B. Zäpfchen)
5	*Kutan*	e	in die Arterie
6	*Nasal*	f	unter die Haut (durch Injektion)
7	*Oral*	g	in die Vene (durch Injektion)
8	*Rektal*	h	in die Nase (z. B. Nasenspray)
9	*Subkutan (s. c.)*	i	in den Muskel*** (durch Injektion)
10	*Sublingual*	j	unter die Zunge

* verabreichen: geben, verteilen, abfüllen/aufziehen/eingießen

** der Mastdarm: letzter Teil vom Darm; hier auch: in das Gesäß / den Anus / den Po

*** der Muskel / Muskeln: trainiert man im Fitnessstudio (z. B. Bizeps, Trizeps etc.)

Hören Sie den Dialog, und lesen Sie den Text.

Aufgabe 9

Hörtext 13.2

Lieber einmal zu viel fragen als einmal zu wenig! – Fortsetzung

Theresa Schöneberg: „Jetzt verteilen wir die Arzneimittel, Cristina. Aber denk bitte immer an die ‚6-R-Regel', die ist eine gute Hilfe. So machst du keine Fehler beim Verabreichen von Medikamenten. Manche richten sich auch nach der ‚10-R-Regel', aber ich erkläre dir jetzt erst einmal die ‚6-R-Regel'."

Cristina López: „Oh je, ich glaube, ich erinnere mich nicht mehr daran. Kannst du sie mir bitte nochmal sagen, Theresa?"

Theresa Schöneberg: „Natürlich. Die ‚6 R' stehen für: richtiger Patient, richtiges Arzneimittel, richtige Dosierung*, richtige Applikationsart, richtiger Zeitpunkt, richtige Dokumentation. So kannst du immer prüfen, ob du auch alles richtig gemacht hast."

Cristina López: „Ah ja, jetzt erinnere mich! Danke, Theresa!"

Theresa Schöneberg: „Kein Problem. Du weißt ja: Frag lieber einmal zu viel als zu wenig! Es dürfen keine Fehler passieren. Ach, kannst du Frau Russo gleich das Zäpfchen und die Insulin-Injektion geben, bitte?"

Cristina López: „Ja, natürlich."

Theresa Schöneberg: „Du weißt ja, wie da die Applikationsformen sind, oder?"

Cristina López: „Ich glaube schon. Das Zäpfchen gibt man *rektal* und das Insulin *subkutan*. Aber wofür ist dieses Pflaster? So etwas kenne ich noch gar nicht. Ist das auch für Frau Russo?"

Theresa Schöneberg: „Ja, das nennt man *Transdermales Therapeutisches System* oder kurz TTS. Wenn man das Pflaster auf die Haut klebt, dann gibt es einen Wirkstoff ab. Die Applikationsform ist also *kutan* oder auch *transdermal*. TTS sind gut für sehr kranke Menschen mit starken Schmerzen. Es ist angenehmer für sie, wenn man die Medikamente über die Haut verabreicht. Dann müssen sie nicht so viele Tabletten schlucken und Injektionen bekommen."

Cristina López: „Das verstehe ich. Darf ich das Pflaster aufkleben?"

Theresa Schöneberg: „Ok, aber du musst Handschuhe anziehen. So kann der Wirkstoff nicht an deine Haut kommen."

* dosieren, die Dosierung / Dosierungen: die Portionierung, die Einteilung, die richtige Menge Wirkstoff

Aufgabe 10 Was steht auf einer Arzneimittel-Verpackung? Ordnen Sie zu.

Inhalt nach Stückzahl* Zulassungsnummer (Zul.-Nr.) Arzneimittelform
Hinweis „verschreibungspflichtig" Verfallsdatum (verwendbar bis)
Chargennummer (Ch.-B.) Dosierung des Arzneimittels Name des Arzneimittels

* Inhalt nach Stückzahl: Wieviel Stück/Tabletten sind in der Packung?

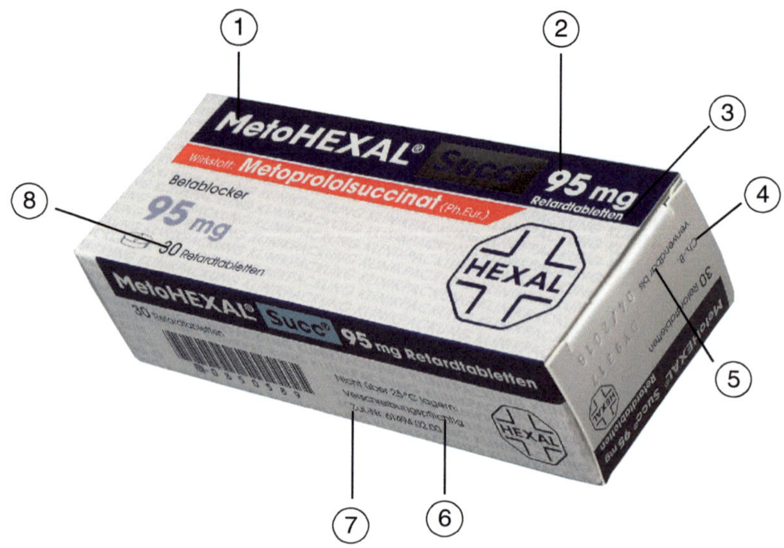

Aufgabe 11 Wie verabreicht man was? Schreiben Sie.

1. Das Zäpfchen verabreicht man ____________________.
2. Das Transdermale System verabreicht man ____________________.
3. Die Salbe verabreicht man ____________________.
4. Die Nasentropfen verabreicht man ____________________.
5. Das Insulin verabreicht man ____________________.
6. Die Tabletten verabreicht man ____________________.

Aufgabe 12 Schreiben Sie die „6-R-Regel".

1. **R**____________________
2. **R**____________________
3. **R**____________________
4. **R**____________________
5. **R**____________________
6. **R**____________________

13.3 Kommunikation – Arzneimittelgruppen, Wetter

Arzneimittelgruppen

Aufgabe 13

Was bekommen die Patienten? Lesen Sie die Tabelle.

Diuretika	Fördern die Flüssigkeitsausscheidung = Sorgen dafür, dass die Flüssigkeitsausscheidung besser funktioniert/geht; man muss oft Urin/Wasser lassen; man muss oft auf die Toilette; wichtig, wenn zu viel Wasser im Körper ist.
Laxantien	Fördern die Stuhlausscheidung = Man hat viel Stuhlgang; man muss oft auf die Toilette; wichtig, wenn Pflegebedürftige lange keinen Stuhlgang haben / unter Obstipation (Verstopfung) leiden.
Antidepressiva	Wirken stimmungsaufhellend = Man ist wieder glücklicher/zufriedener; wichtig für Menschen, die oft sehr traurig und ängstlich sind.
Antiemetika	Wirken gegen Übelkeit/Erbrechen = Man muss sich nicht mehr übergeben/erbrechen; den Pflegebedürftigen ist nicht mehr schlecht.
Antikoagulantien	Hemmen die Blutgerinnung = Das Blut verklumpt nicht; es bilden sich keine Blutgerinnsel/Blutpfropfen in der Blutbahn; wichtig für die Thromboseprophylaxe.
Antiarrythmika	Regulieren Herzrhythmusstörungen = Das Herz schlägt wieder richtig; wichtig für Menschen mit Herzerkrankungen.

Aufgabe 14

Hörtext 13.3

Hören Sie den Dialog.

Jetzt erklären Sie den Pflegebedürftigen, welche Medikamente/Arzneimittel sie einnehmen sollen. Die Tabelle von Aufgabe 13 und die Redemittel helfen Ihnen. Schreiben Sie.

REDEMITTEL

Das ist/sind ...
Dieses Medikament heißt ... und gehört zur Arzneimittelgruppe ...
Diese Arzneimittel heißen ... und gehören zur Arzneimittelgruppe ...
Diese Tabletten/Tropfen wirken gegen / sind (wichtig) für / helfen bei / regulieren / hemmen / fördern ...
Dieses Arzneimittel sollen Sie nehmen, weil ...
Ich bin mir nicht sicher, warum ...
Ich frage meine Kollegen, warum ...

Frau Russo: *Entschuldigen Sie, was sind das für Tabletten? Und warum soll ich sie nehmen?* (Diuretika – viel Wasser in den Beinen)

Pflegender: *Das sind Diuretika. Die sollen Sie nehmen, weil Sie sehr viel Wasser in den Beinen haben. Diese Tabletten sind gut für die Flüssigkeitsausscheidung.*

Herr Atayev: *Entschuldigung, was sind das für Tropfen?* (Laxantien – Obstipation)

Pflegender: *Das sind …*

____

____

Frau Kölsch: *Einen Moment, bitte. Können Sie mir sagen, was für eine Tablette das ist? Die habe ich noch nie genommen.* (Antiemetika – Übelkeit/Erbrechen – sich übergeben)

Pflegender: *Die Tablette gehört zur Arzneimittelgruppe …*

____

____

Herr Schmitz: *Ich habe eine Frage: Was für eine Spritze ist das, die Sie mir jeden Tag geben?* (Thromboseprophylaxe – Heparin – Antikoagulatien – Blutgerinnung)

Pflegender: *Die Spritze ist wichtig für …*

____

____

Aufgabe 15 Hören Sie den Dialog nochmal. Beantworten Sie die Fragen.

Hörtext 13.3

Was möchte Cristina López Frau Russo geben?

____

Warum soll Frau Russo die Antiemetika nehmen?

____

Cristina López will ihre Kollegen etwas fragen. Was?

____

Wetter

Aufgabe 16 Herr Fuchs ist wetterfühlig*. Bei welchem Wetter hat er Gesundheitsprobleme? Hören Sie, und schreiben Sie.

Hörtext 13.4

1. Herr Fuchs findet, er nimmt fast keine ______.
2. Wenn es ______ ist und ______, bekommt er Grippe und nimmt Fiebertabletten, Nasentropfen und Hustensaft.
3. Bei hoher Luftfeuchtigkeit, also wenn es viel ______ oder ______, bekommt er Atem-Probleme und nimmt Asthma-Spray.
4. Wenn das Wetter schnell ______ (Regen, Sonne, ______), hat er Migräne und nimmt starke Kopfschmerztabletten.
5. Wenn es ______ ist und die Sonne ______, nimmt er Antihistaminika gegen seine Sonnenallergie und Herztabletten gegen seine Herz-Rhythmus-Störungen.

* wetterfühlig, die Wetterfühligkeit (Meteoropathie/Meteorotropismus): jemand reagiert sensibel/empfindlich auf Wetter(wechsel)

Wetter. Tragen Sie die Wörter aus Aufgabe 17 in die Tabelle ein.

Aufgabe 17

1		die Sonne / Sonnen	Die Sonne ______.	Es ist sonnig.
2		der Regen (immer SG.)	Es ______.	Es ist regnerisch.
3		die Wolke / ______	—	Es ist bewölkt/wolkig.
4		das Gewitter / Gewitter (der Donner, der Blitz / Blitze)	Es ______. Es gibt ein Gewitter. (Es donnert/blitzt.)	Es ist gewittrig.
5		der Schnee (immer SG.)	Es ______.	Es ist verschneit.
6		die Kälte (immer SG.)	—	Es ist ______/kühl.
7	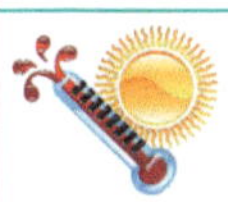	die Hitze (immer SG.) die Wärme (immer SG.)	—	Es ist ______. Es ist warm.
8		die Temperatur / Temperaturen	Die Temperatur steigt ↑ / sinkt ↓ / schwankt ↑↓↑↓.	Es ist 1 Grad. Es sind 20 Grad.
9		der Wind / Winde der Sturm / Stürme	Der Wind weht. Es stürmt.	Es ist windig. Es ist stürmisch.
10		der Regenbogen / -bögen	Es gibt einen Regenbogen.	—
11		der Wetterwechsel / -wechsel	Das Wetter ______.	Es ist wechselhaft.

Tipp!
***Es ist** warm/heiß.* oder
***Mir ist** warm/heiß.* (= *Ich schwitze.*)
***Es ist** kühl/kalt.* oder
***Mir ist** kühl/kalt.* (= *Ich friere.*)

Sprechen Sie mit einem Partner. Wie ist das Wetter im Moment, an Ihrem Wohnort in Deutschland, in Ihrer Heimatstadt, in Ihrem Heimatland?
Welches Wetter mögen Sie am liebsten? Und welches gar nicht?
Sind Sie auch wetterfühlig und haben Gesundheitsprobleme?

Internet-Tipp
Wetter:
www.schule.at/portale/deutsch-als-zweitsprache-und-ikl/detail/daz-lern-paket-wetter-1.html
Deutschlandlabor „Kälte":
www.goethe.de/de/spr/ueb/dlb/kae.html

REDEMITTEL

Im Moment ist das Wetter sehr schön / nicht so gut / ziemlich schlecht. Es (regnet / ist heiß …)
An meinem Wohnort / In meiner Heimatstadt ist das Wetter normalerweise … Es …
Am liebsten mag ich (Sonne/Regen/Schnee …).
Am liebsten mag ich, wenn es (schneit / gewittrig ist …).
Ja, ich bin auch (sehr/etwas) wetterfühlig. / Nein, ich bin (gar) nicht wetterfühlig.

13.4 Lernen durch Ankreuzen – Gesetze* und Vorschriften**

Aufgabe 18 Richtig oder falsch? Kreuzen Sie an.

1. Ein Pflegebedürftiger möchte von Ihnen ein Arzneimittel haben, aber der Arzt hat das nicht angeordnet. Sie dürfen das Arzneimittel verabreichen.
   - □ a) richtig
   - □ b) falsch

2. Es gibt spezielle Arzneimittel. Sie müssen immer in einem verschlossenen*** Schrank sein. Den Schlüssel für den Schrank hat die Stationsleitung.
   - □ a) richtig
   - □ b) falsch

3. Wenn ein Patient schläft, dann dürfen Sie ihm trotzdem ein Arzneimittel verabreichen, zum Beispiel *subkutan*.
   - □ a) richtig
   - □ b) falsch

4. Es gibt keine Gesetze für die Verabreichung von Arzneimitteln.
   - □ a) richtig
   - □ b) falsch

5. Wenn Sie ein Arzneimittel verabreichen, dann müssen Sie das immer dokumentieren.
   - □ a) richtig
   - □ b) falsch

---

* das Gesetz / Gesetze: regelt/bestimmt/sagt, wie Menschen sich verhalten müssen (z. B. das Pflegeberufegesetz); durch die Politik/Volksvertretung vorgegeben

** die Vorschrift / Vorschriften (auch: die Anweisung/Anordnung, der Befehl): regelt/bestimmt/sagt, wie Menschen sich verhalten sollen; ABER: nicht im Gesetz oder durch Politik vorgegeben

*** verschlossen = mit einem Schlüssel zugemacht/abgeschlossen

13.5 Grammatik – Kausal- und Konzessiv-Sätze: *deshalb, trotzdem, obwohl*

Mit **Kausal-Sätzen** sagt man einen **Grund** oder eine **erwartete** oder **logische Konsequenz/Folge**:
- Ich nehme Kopfschmerztabletten, **weil** ich Migräne habe.
- Ich nehme Kopfschmerztabletten, **denn** ich habe Migräne.
- Ich habe Migräne. **Deshalb** nehme ich Kopfschmerztabletten.

Mit **Konzessiv-Sätzen** sagt man einen **Gegen-Grund** oder eine **nicht erwartete oder nicht logische Konsequenz/Folge**:
- Ich nehme keine Kopfschmerztabletten, **obwohl** ich Migräne habe.
- Ich habe Migräne. **Trotzdem** nehme ich keine Kopfschmerztabletten.

Sehen Sie die Beispiele oben an, und ergänzen Sie die Tabelle.

Aufgabe 19

Tipp!
Für „deshalb" gibt es viele Alternativen, alle bedeuten dasselbe:
deshalb, deswegen, darum, daher, aus diesem Grund …

	Hauptsatz Verb = Position 2 (Konjunktion = 0)	**Hauptsatz Verb = Position 2, (Konjunktion = 1/3)**	**Nebensatz Verb = Ende**
kausal	denn		
konzessiv			

Ergänzen Sie auch die Übersicht: Was passt wo?

Gegen-Grund   Grund   (erwartete) Folge   (nicht-erwartete) Folge

____________	____________
Weil es heute regnet,	bleibt Max zu Hause.
Es regnet heute.	*Deshalb bleibt Max zu Hause.*

____________	____________
Obwohl es heute regnet,	geht Max spazieren.
Es regnet heute.	*Trotzdem geht Max spazieren.*

Weil oder *obwohl*? Kreuzen Sie an.

Aufgabe 20

Ioana ist schon seit einigen Tagen erkältet, …

1. ☐ weil ☐ obwohl sie ohne Jacke draußen war und gefroren hat.
2. ☐ weil ☐ obwohl sie ein gutes Immunsystem hat.
3. ☐ weil ☐ obwohl sie viele Medikamente einnimmt.
4. ☐ weil ☐ obwohl sie nicht im Bett bleibt und sich nicht genug ausruht.
5. ☐ weil ☐ obwohl ihre Freundin ihr den ganzen Tag Ingwer-Tee kocht.

Aufgabe 21 *Deshalb* und *trotzdem*. Ordnen Sie die Sätze.

Herr Schmitz hat *Diabetes mellitus Typ 2*, …

1. spritzen – regelmäßig – er – muss – Insulin – deshalb – .

   ____

2. ab und zu – Süßigkeiten – trotzdem – darf – essen – er – .

   ____

3. und – nicht – genug – sich – bewegt – er – Sport – trotzdem – keinen – macht – .

   ____

4. er – und – sich – müde – deshalb – schwach – fühlt – oft – .

   ____

Aufgabe 22 Verbinden Sie die Sätze mit den Konjunktionen.

1. Viele Menschen müssen regelmäßig Medikamente einnehmen. Sie sind chronisch krank.

   weil:

   ____

   denn:

   ____

   deshalb:

   ____

2. Frau Reiber nimmt keine Salbe. Sie hat eine starke Verbrennung an der Hand.

   obwohl:

   ____

   trotzdem:

   ____

3. Cristina fragt oft ihre Kollegen. Es ist gefährlich, wenn jemand das falsche Medikament bekommt.

   weil:

   ____

   denn:

   ____

   deswegen:

   ____

4. Monica soll eigentlich die Medikamente verteilen. Sie quatscht mit ihrer Kollegin.

   obwohl:

   ____

   trotzdem:

   ____

Weil, deshalb, obwohl, trotzdem. Was passt? Schreiben Sie. **Aufgabe 23**

Ein Pech-Tag*

Gestern war wirklich ein Pech-Tag. Zuerst habe ich verschlafen, ______ mein Wecker nicht geklingelt hat. Ich bin schnell zur Bushaltestelle gelaufen, aber ______ habe ich den Bus verpasst. ______ war ich dann zu spät in der Berufsschule. Meine Lehrerin war ein bisschen böse, ______ ich sonst immer pünktlich komme! Dann haben wir einen Test über Arzneimittelkunde geschrieben. Ich wusste leider ziemlich wenig, ______ ich das ganze Wochenende gelernt habe! In der Mittagspause gab es mein Lieblingsessen – Spaghetti! Ich habe ______ nichts gegessen, ______ mir übel war... Es wurde auch nach der Pause nicht besser, ______ bin ich dann irgendwann nach Hause gegangen. Dort habe mich wieder ins Bett gelegt, ______ ich gar nicht müde war. Ich hoffe, heute wird ein besserer Tag!

* das Pech = das Unglück

Bilden Sie Gruppen mit 3 bis 4 Personen, und nehmen Sie einen Würfel. Füllen Sie zuerst die leeren Felder mit eigenen Sätzen. Spielen Sie dann: **Aufgabe 24**

Der jüngste Spieler beginnt und würfelt eine Konjunktion. Der rechte Sitznachbar wählt unten einen Satz aus. Nun bildet der Spieler mit diesem Satz und der Konjunktion einen passenden zweiten Satz. Die anderen kontrollieren, ob die Sätze zusammen Sinn machen.

Würfeln:

1 = weil
2 = denn
3 = deshalb/deswegen
4 = obwohl
5 = trotzdem
6 = wenn

Ich habe eine Erkältung.	Ich bin müde.	Ich habe (nicht) viel Geld.	Ich rauche (nicht).	Ich habe (k)ein Auto.
Ich möchte Pflegehelfer werden.	Ich gehe (nicht) gerne in die Berufsschule.	Die Sonne scheint, und es sind 30 Grad.	Ich mache (keinen) Sport.	Ich esse (kein) Fleisch.
Ich bin (nicht sehr) umwelt-bewusst.	Mir ist kalt.	Ich spreche (nicht so) gut Deutsch.	Ich bin (nicht) gut gelaunt.	Es gewittert.

Zum Beispiel:

- *Also, ich habe eine 5 gewürfelt, „trotzdem", und du hast „Mir ist kalt" für mich gewählt ... „Mir ist kalt, trotzdem ziehe ich keine Jacke an."*
- ▶ *Ja super, das macht Sinn!*
  Jetzt ich. Aha, eine 1, „weil"! Welchen Satz bekomme ich?
- *„Ich rauche (nicht)."*
- ▶ *Ok, das ist einfach: „Ich rauche nicht, weil es ungesund ist".*

13.6 Das Quiz – Kapitel 13

Beantworten Sie das Quiz zu Kapitel 13 alleine.
Vergleichen Sie dann mit einem Partner oder in der Gruppe!

Aufgabe 1 Wie entsorgt man: abgelaufene Medikamente, Spritzen, infektiöse Abfälle, Hygiene-Artikel?

Aufgabe 2 Schreiben Sie die „6-R-Regel".

Aufgabe 3 Schreiben Sie drei Verabreichungsformen/Applikationsformen.

Aufgabe 4 Was sind Diuretika?

Aufgabe 5 Formulieren Sie um.

obwohl/trotzdem: Ich arbeite gerne in der Pflege. Der Job ist oft anstrengend.

weil/denn/deswegen: Ich arbeite gerne in der Pflege. Ich mag die Arbeit mit Menschen.

14 (Erkennen von) Notfallsituationen

In diesem Kapitel geht es um:

Kompetenzfelder Pflege
- Lebenserhaltende Sofortmaßnahmen in der Pflege
- Verschlucken und Aspiration von Fremdkörpern
- Reanimation

Wortschatz und Kommunikation
- Orientierung in der Stadt, Wegbeschreibung
- Unfälle beschreiben
- Stabile Seitenlage
- Kommunikation in Notfallsituationen

Grammatik
- Passiv Präsens & Präteritum

Aufgabe 1
Sehen Sie das Foto an, und sprechen Sie!

Was sehen Sie auf dem Foto?
Was machen die Frauen?
Was ist hier vielleicht passiert?
Kennen Sie diese Situation?
Kennen Sie dieses Gerät? Wenn ja, wo haben Sie es gesehen?
Wann benutzt man dieses Gerät?

Redemittel
Da ist … / Das ist … / Ich sehe …
Die Frauen …
Eine Frau … / Die andere Frau …
Ja, ich habe schon mal …
Nein, zum Glück musste ich noch nie …
Das Gerät nennt man …
Man benutzt es …

14.1 Wortschatz – Orientierung in der Stadt, Wegbeschreibung

Aufgabe 2 Ein Notruf: Wen erreichen Sie unter welcher Telefonnummer? Verbinden Sie.

110 **112**

> **Tipp!**
> Umgangssprachlich hören Sie oft das Wort **Krankenwagen**.
> Das offizielle Wort ist aber **Rettungstransportwagen** (RTW).

der Rettungsdienst

die Feuerwehr

die Polizei

Aufgabe 3
Hörtext 14.1

Heute hat der Rettungsdienst viel zu tun. Gerade ist ein Verkehrsunfall im Industrie-Gebiet passiert (gelber Punkt). Das Unfallopfer muss ins Krankenhaus (roter Punkt). Wie kommen die Rettungssanitäter dorthin? Sehen Sie den Plan an, hören Sie das Gespräch, und zeichnen Sie den Weg ein.

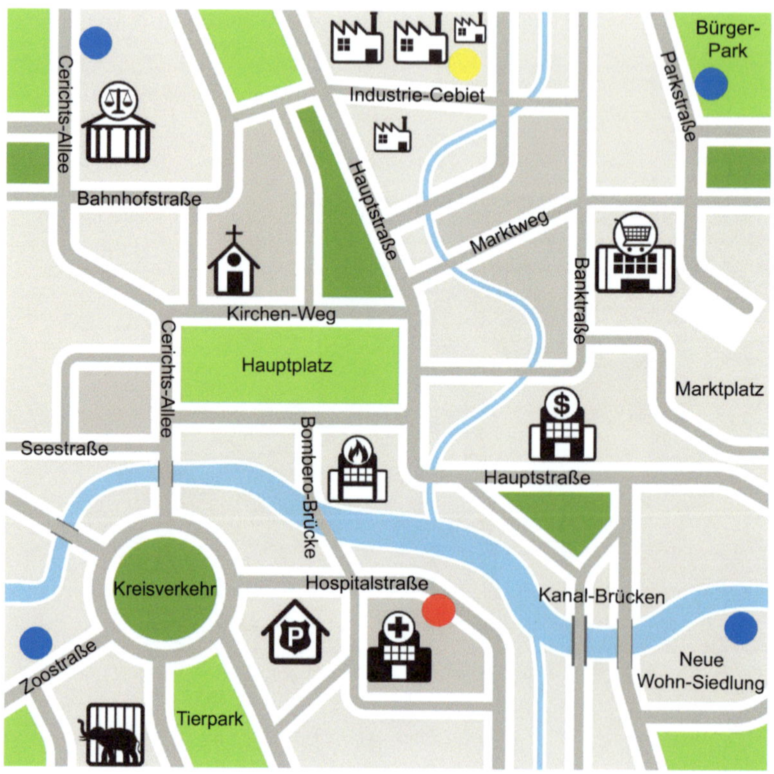

Wegbeschreibung. Arbeiten Sie mit einem Partner. Ordnen Sie zu: Was passt wo? Schreiben Sie unter die Fotos. Beschreiben Sie dann abwechselnd, welchen Weg der Wagen gefahren ist.

vor dem Kino rechts   bis zur Ampel   (nach) links/rechts fahren/abbiegen   die dritte (Straße) rechts   an der Schule vorbei   den Fluss / die Straße entlang   an der Kreuzung rechts   durch den Park   über den Platz   hinter dem Kino rechts   links in die Blumenstraße   über die Straße/Kreuzung/Brücke

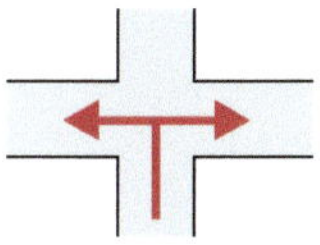

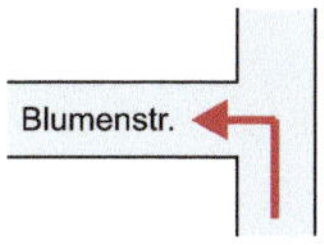

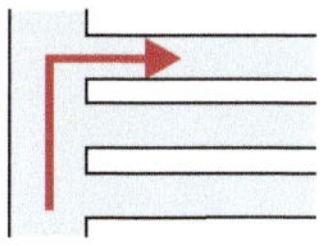

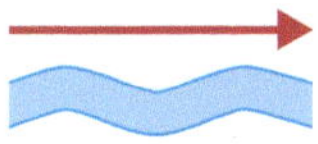

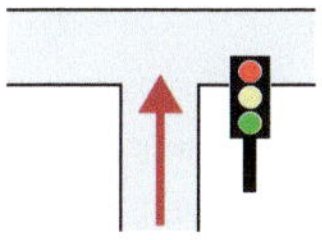

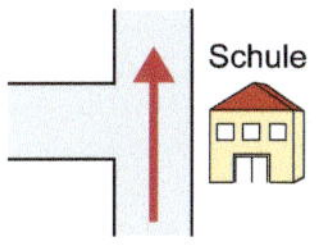

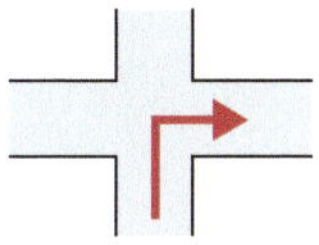

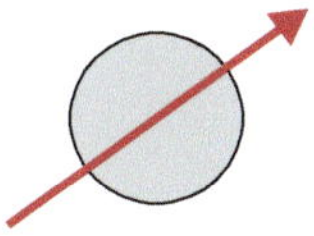

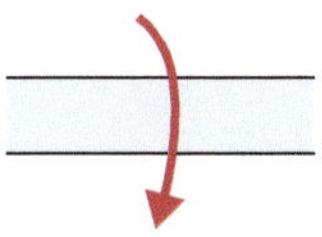

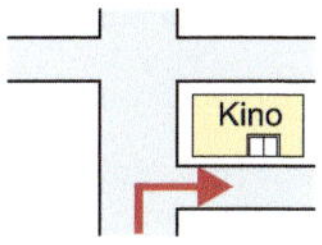

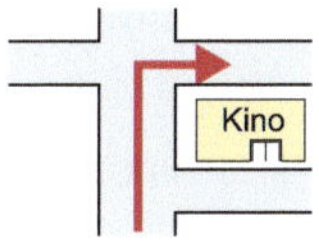

REDEMITTEL

Der Unfall **ist** im Industrie-Gebiet **passiert**. / Der Rettungsdienst war im Industrie-Gebiet. / Startpunkt war das Industrie-Gebiet.
Zuerst **ist** der Wagen (geradeaus / über die Straße / bis zur Ampel …) **gefahren**.
Dann **ist** er (rechts/links in die Blumenstraße …) **abgebogen**.
Danach ist er über die Hauptstraße gefahren / **hat** er die Hauptstraße **überquert**.
Schließlich **ist** er am Krankenhaus/Parkplatz **angekommen**.

Aufgabe 4

Suchen Sie einen anderen Partner. Sehen Sie noch einmal den Stadtplan aus Aufgabe 3 an. Auch an anderen Orten sind Notfälle passiert (blaue Punkte). Wählen Sie einen Notfall, und beschreiben Sie, wie der Rettungsdienst zum Krankenhaus fahren soll. Dann wechseln Sie, und Ihr Partner beschreibt.

1.) **Autounfall** am Gericht / an der Gerichts-Allee

2.) **Fahrradunfall** im Bürgerpark / an der Parkstraße

3.) **Sportunfall** in der neuen Wohnsiedlung / am Fluss

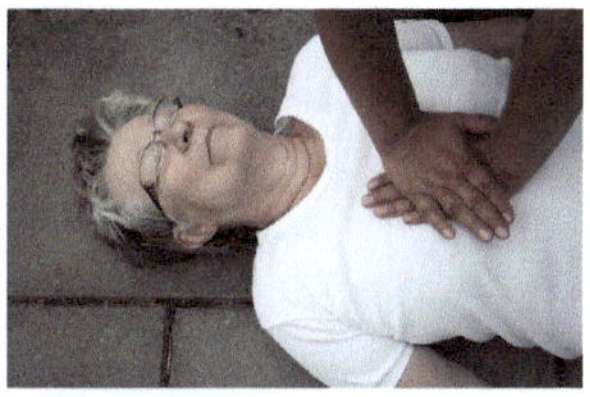

4.) **Frau ist bewusstlos** an der Zoostraße / in der Nähe vom Zoo.

Internet-Tipp
Online-Übungen & -Videos Stadt/Orientierung Goethe-Institut:
Mein Weg nach Deutschland – „Unterwegs in der Stadt"
www.goethe.de/prj/mwd/de/idl/all/uwg.html
Deutschlandlabor – „Auto"
www.goethe.de/de/spr/ueb/dlb/aut.html

Nehmen Sie einen Stadtplan aus Ihrer Stadt. Eine Person nennt einen Startpunkt und erklärt dann den Weg zu einem anderen Ort (Achtung! Nicht den Namen sagen!). Der Partner folgt dem Weg auf der Karte und sagt/rät am Ende, wo er ist. Dann wechseln Sie: Der Partner wählt einen Startpunkt und beschreibt.

Aufgabe 5 Öffentliche Gebäude und Orte. Bilden Sie zwei Gruppen, jede Gruppe bildet eine Schlange. Die beiden Schlangen stellen sich so gegenüber auf, dass die ersten beiden (die „Köpfe" der Schlangen) sich ansehen. Spielen Sie nun:

Der ältere Kopf beginnt und nennt ein Gebäude / einen Ort in der Stadt. Der andere Kopf nennt ein anderes. Dann stellen sich beide wieder hinten an. Nun sagen die nächsten beiden Köpfe etwas usw.

Achtung, jeder hat nur 3 Sekunden Zeit! Wenn eine Person nichts mehr sagen kann, scheidet sie aus*, und es geht mit der nächsten Person weiter.

Welche Schlange kann mehr Gebäude/Orte nennen und gewinnt?

* ausscheiden: nicht mehr mitspielen

14.2 Pflegesituation – Lebenserhaltende Sofortmaßnahmen in der Pflege

Vokabular zum Text

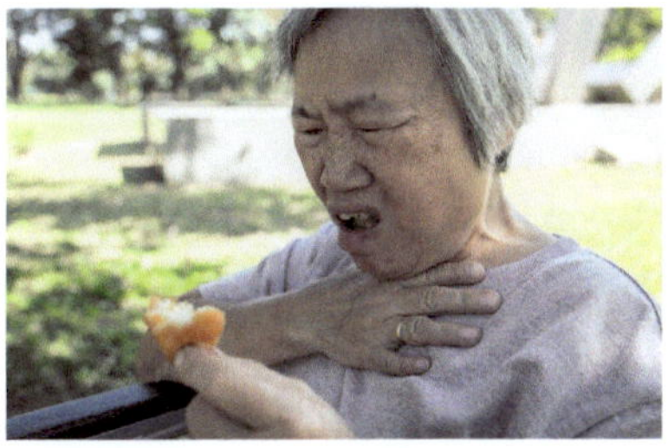

aspirieren, die Aspiration / Aspirationen
(= feste oder flüssige Dinge, z. B. Essen, Getränke, Gegenstände, kommen in die Atemwege/Luftröhre)

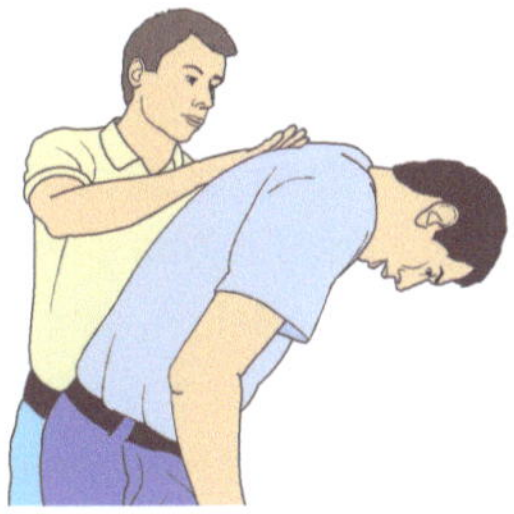

der Rückenschlag / -schläge
(zur Entfernung von aspirierten Dingen)

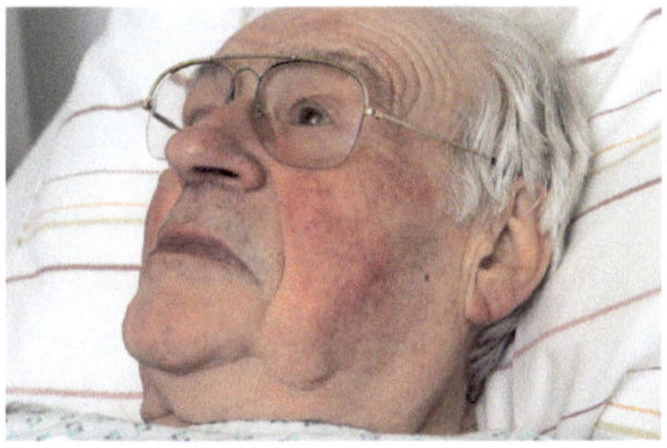

die Lippenzyanose / -zyanosen
(= die Lippen haben zu wenig Sauerstoff und werden blau)

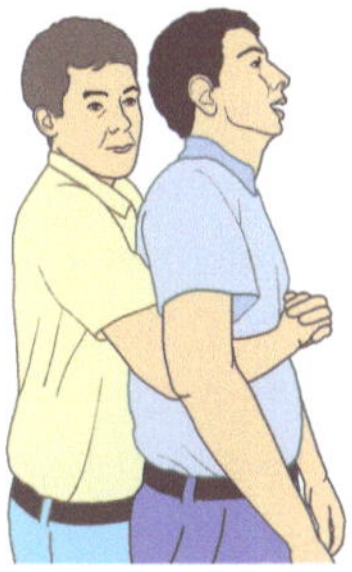

der Heimlich-Griff / -Griffe

ausspucken

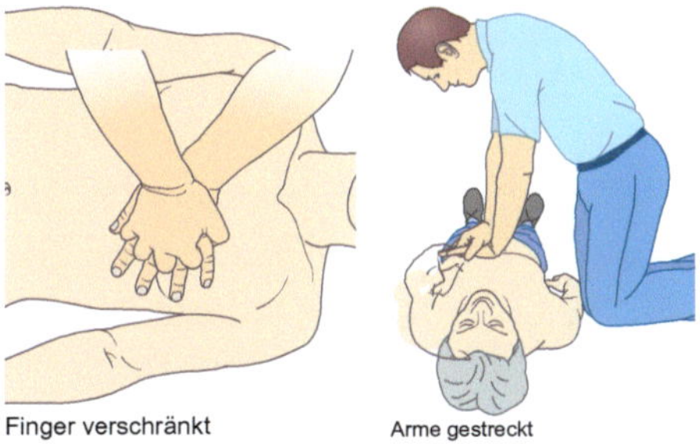

die Herzdruckmassage / -massagen

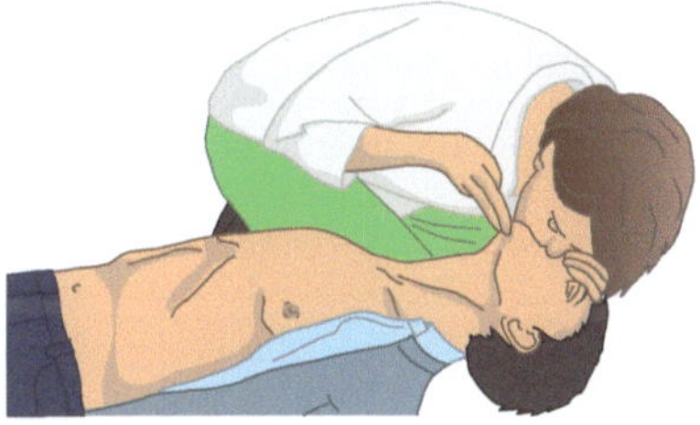

die Mund-zu-Mund-Beatmung / -Beatmungen

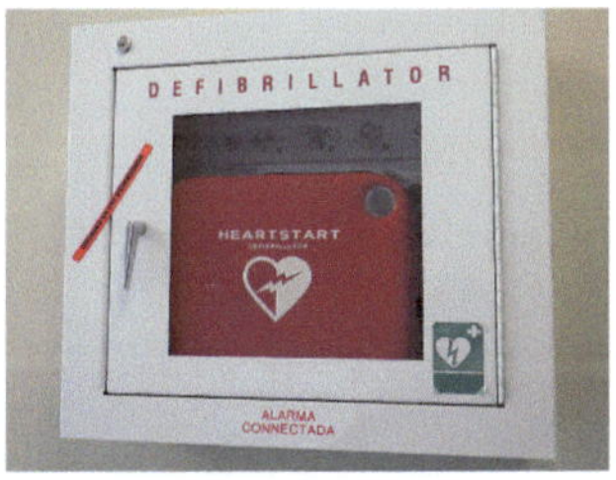

der Defibrillator / Defibrillatoren

die Theorie (hier: immer SG.)
etwas theoretisch lernen

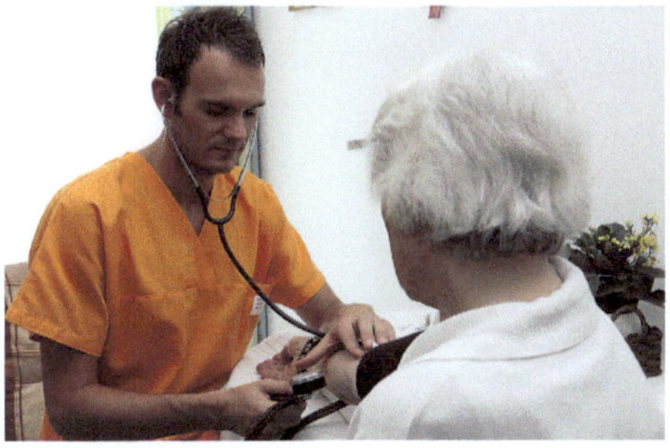

die Praxis (hier: immer SG.)
etwas praktisch lernen, praktisch arbeiten

Aufgabe 6 Lesen Sie den Text.

Theorie und Praxis sind zwei Paar Schuhe

Es ist 12.00 Uhr, Zeit für das Mittagessen auf der internistischen Station. Reza Ahmadi und Cristina López arbeiten hier heute zusammen. Es ist ihr letzter Tag auf dieser Station, dann ist dieser Teil der Ausbildung vorbei. Reza und Cristina sind etwas traurig. Die Arbeit hier hat beiden sehr gut gefallen. Zum Abschied haben sie für das ganze Team Kuchen mitgebracht. Jetzt verteilen die beiden Pflegehelferauszubildenden noch das Mittagessen, und dann gibt es eine kleine Abschiedsfeier im Stationsraum.

Cristina ist in dem Patientenzimmer von Frau Kölsch und Frau Shirvani. Sie gibt Frau Shirvani ihr Essen und wünscht einen guten Appetit. Dann geht sie aus dem Zimmer und holt das Essen für Frau Kölsch. Auf dem Stationsflur hört sie plötzlich Frau Kölsch laut rufen: „Hilfe!". Schnell geht sie wieder zurück in das Zimmer. Dort sieht sie, dass mit Frau Shirvani etwas nicht stimmt. Die Patientin macht komische Geräusche und hat ihre Hände an ihrem Hals. Ihre Augen sind ganz weit offen. Cristina merkt, wie ihr plötzlich ganz heiß wird und sie Panik bekommt. Sie weiß nicht, was sie machen soll. Frau Kölsch ruft laut: „Machen Sie doch etwas! Die Frau bekommt keine Luft! Sie erstickt*!" Dann drückt Frau Kölsch auf die Patientenklingel. Zum Glück kommen sofort Frau Kiesling und Reza. Frau Kiesling erkennt sofort die Notfallsituation: Frau Shirvani hat etwas aspiriert und kann nicht atmen. Schnell läuft sie zu Frau Shirvani und versucht mit Rückenschlägen, das aspirierte Essen zu entfernen**. Aber Frau Shirvani bekommt noch immer keine Luft. Jetzt sehen Cristina und Reza eine Lippenzyanose bei der Patientin: Die blauen Lippen bedeuten, dass ihr Körper nicht genug Sauerstoff bekommt. Cristina hat immer mehr Panik. Jetzt nimmt Frau Kiesling die ältere Dame von hinten und drückt ihr auf den oberen Teil vom Bauch. Das nennt man den Heimlich-Griff. Und es hilft! Frau Shirvani spuckt etwas Essen aus und atmet tief ein. Dann beginnt sie zu weinen. Frau Kiesling beruhigt sie und hilft ihr in das Patientenbett.

Kurze Zeit später auf dem Stationsflur weint auch Cristina. Es tut ihr sehr leid, dass sie nicht helfen konnte. Eigentlich hat sie schon viel über Notsituationen in der Pflege gelernt. Zum Beispiel wie eine Herzdruckmassage oder eine Mund-zu-Mund-Beatmung geht. Einmal haben sie in der Schule auch gelernt, wie man mit einem Defibrillator arbeitet. Und jetzt – sie hatte so große Angst! Frau Kiesling beruhigt die Schülerin und redet mit ihr. Sie erklärt Cristina, dass Notfallsituationen nie leicht sind – auch nicht für Pflegefachpersonen. Theorie und Praxis sind zwei Paar Schuhe. Cristina nickt mit dem Kopf. Aber Reza ist schon wieder verwirrt ... Was bedeutet das denn nun schon wieder?

* ersticken: man bekommt keine Luft mehr / kann nicht mehr atmen und stirbt

** entfernen: wegmachen, wegräumen, eliminieren

Aufgabe 7 Richtig oder falsch? Kreuzen Sie an, und schreiben Sie.

	richtig	falsch
Frau Kiesling hilft Frau Shirvani mit dem Heimlich-Griff.	☐	☐
Cristina drückt auf die Patientenklingel und holt Hilfe.	☐	☐
Bei einer Aspiration kommen feste oder flüssige Dinge in die Luftröhre.	☐	☐
Warum weint Cristina nach der Situation? Was glauben Sie?		

Vokabular zum Dialog

Aufgabe 8

Was passt? Verbinden Sie die Wörter mit den Definitionen.

1	die Theorie	a	Wenn man eine Ausbildung macht, hat man noch nicht viel ... Das kommt erst, wenn man länger in dem Beruf arbeitet.
2	die Praxis	b	Nach 14 Jahren Arbeit in der Pflege ist man eine ...
3	die Erfahrung	c	Was man in der Pflegeschule lernt, ist ...
4	sich schämen	d	Wenn man nicht richtig schluckt, kann man sich schnell .... Zum Beispiel, wenn Essen in die Luftröhre und nicht in die Speiseröhre kommt.
5	die erfahrene Pflegefachperson (in etwas erfahren sein)	e	Wenn etwas nicht so wichtig ist, dann ist das eine Nebensache. Wenn etwas wichtig ist, dann ist das ...
6	sich verschlucken	f	Durch eine Aspiration kann man sterben. Sie ist ...
7	lebensgefährlich	g	Wenn Personen etwas sehr unangenehm ist, werden viele rot. Sie ...
8	die Hauptsache	h	Die Arbeit im Krankenhaus ist keine Theorie, sondern ...

Aufgabe 9

Setzen Sie die Wörter aus Aufgabe 8 in die Sätze ein.

1. Frau Shirvani hat etwas aspiriert. Das ist ______________________.
2. Frau Kiesling weiß sofort, was sie machen muss. Sie hat sehr viel ______________________. Sie ist eine ______________________ Pflegefachfrau.
3. Die ______________________ ist, dass es Frau Shirvani wieder besser geht.
4. Wenn man Fehler macht, dann muss man sich nicht ______________________. Aber man sollte aus den Fehlern lernen.
5. Die Arbeit in der ______________________ ist manchmal anders als die ______________________ in der Schule.
6. Wenn man zu schnell trinkt, kann man sich ______________________.

Aufgabe 10 Hören Sie den Dialog, und lesen Sie den Text.

Hörtext 14.2

Theorie und Praxis sind zwei Paar Schuhe – Fortsetzung

Cristina, Reza und Frau Kiesling sitzen im Stationszimmer.

Cristina López: „Es tut mir so leid! Ich habe nicht geholfen. Ich bin keine gute Pflegerin …"

Frau Kiesling: „Nein, Cristina. Du hast nur noch nicht so viel Erfahrung. Du bist doch noch in der Ausbildung. In Notfallsituationen das Richtige tun – das braucht Zeit! Ich arbeite schon 14 Jahre als Pflegefachfrau. Nach so vielen Jahren kennst du auch verschiedene Notfallsituationen und kannst sofort helfen!"

Cristina López: „Das hoffe ich sehr! Die Situation ist mir sehr unangenehm. Ich schäme mich!"

Frau Kiesling: „Ach, Blödsinn! Nächstes Mal wirst du schon sicherer sein. Ich kenne viele junge Assistenzärzte, die in Notfallsituationen überfordert* waren. Die sind immer froh, wenn erfahrene Pflegefachpersonen mit ihnen arbeiten und helfen können. Das ist ganz normal."

Cristina López: „Ok. Ich möchte gleich mal nachsehen, wie es Frau Shirvani geht."

Frau Kiesling: „Ja, das ist eine gute Idee. Sich verschlucken klingt erstmal nicht so schlimm. Aber das kann lebensgefährlich sein!"

Reza Ahmadi: „Ich habe eine Frage: Was hat denn das alles mit Schuhen zu tun?"

Cristina López: „Äh, was meinst du?"

Reza Ahmadi: „Na, Theorie, Praxis, zwei Schuhe oder so. Ihr habt doch gerade so etwas geredet!"

Cristina López: *(Lacht laut)* „Nein! Theorie und Praxis sind oft zwei Paar Schuhe! Das bedeutet: Das, was wir in der Schule lernen, und die Arbeit im Krankenhaus sind oft sehr unterschiedlich. Ich habe etwas theoretisch verstanden. Aber das bedeutet nicht, dass ich es auch direkt in der Praxis, also bei der Arbeit, kann. Das sind zwei verschiedene Paar Schuhe. Das ist eine …"

Reza Ahmadi: „Jaaaa, jaaaa, ich weiß schon! Das ist mal wieder eine Redewendung! Wie viele gibt es davon eigentlich in Deutschland?! *(lacht auch)* Naja, Hauptsache, du lachst wieder!"

Frau Kiesling: „Genau. So, jetzt essen wir aber euren tollen Kuchen!"

* überfordert sein: etwas ist zu viel für jemanden; man weiß nicht, was man machen soll

Aufgabe 11 Was sind Notfallsituationen in der Pflege? Kreuzen Sie an.

- ☐ Eine Pflegebedürftige liegt bewusstlos* im Badezimmer auf dem Boden.
- ☐ Ein Pflegebedürftiger hat sich beim Essen sehr stark verschluckt und kann nicht atmen.
- ☐ Einem Patienten schmeckt das Essen nicht.
- ☐ Eine Patientin ist bewusstlos, und Sie können keinen Puls** fühlen.
- ☐ Eine Pflegebedürftige weint, weil sie traurig ist.
- ☐ Ein Bewohner stürzt und hat eine blutende Platzwunde.
- ☐ Einer Bewohnerin ist schwindelig, weil sie nicht genug trinkt.
- ☐ Eine Patientin mit *Diabetes mellitus* ist plötzlich sehr verwirrt.
- ☐ Ein Patient ist plötzlich bewusstlos und hat eine Lippenzyanose.

* bewusstlos sein: nicht bei Bewusstsein sein; die Person atmet, aber man kann nicht mit ihr reden.
** der Puls: kann man z. B. am Hals oder am Handgelenk fühlen; zeigt, ob das Herz schlägt.

Aufgabe 12 Welche Notfallsituationen haben Sie schon erlebt? Was ist da passiert? Reden Sie mit einem Partner.

14.3 Kommunikation – Unfälle beschreiben, Stabile Seitenlage, Kommunikation in Notfallsituationen

Aufgabe 13

Hörtext 14.3

In der Notaufnahme. Reza arbeitet für einige Wochen in der Notaufnahme. Heute sitzt er mit seiner Kollegin Melanie an der Anmeldung und soll die Anrufe annehmen. Hören Sie zwei Gespräche. Welches Foto passt zu Gespräch 1, welches zu Gespräch 2?

 = Gespräch ______

 = Gespräch ______

Melanie hat Reza ein paar Fragen aufgeschrieben, die er am Telefon fragen kann. Lesen Sie, und klären Sie unbekannte Wörter. Hören Sie dann noch einmal, und notieren Sie die Antworten in Stichworten.

Gespräch 1

Wurde (jemand / das andere Kind auch …) verletzt?

______

Wo ist der Unfall passiert? Wo sind Sie?

______

Können Sie (die Person / das Kind …) hier vorbeibringen?

______

Wurden (die Angehörigen / die Eltern …) schon informiert?

______

Entschuldigung, wie war nochmal Ihr Name?

______

Gespräch 2

Was genau ist passiert?

______

Ist (die Person / er …) leicht verletzt oder schwer verletzt?

______

Ist (die Person / er …) bewusstlos oder bei Bewusstsein?

______

Blutet (die Person / er …) leicht oder stark? Ist die Wunde groß oder eher klein?

______

Was macht (die Person / Ihr Mann …) gerade, wo ist er/sie?

______

Wo ist der Unfall passiert? / Wo wohnen Sie?

______

Könnten Sie selbst mit (der Person / Ihrem Mann …) herkommen?

______

Aufgabe 14 Suchen Sie nun einen Partner. Spielen Sie Gespräche an der Anmeldung der Notaufnahme. Einer ist Mitarbeiter, der andere hat einen Notfall (telefonisch oder persönlich). Benutzen Sie die Redemittel aus Aufgabe 13.

Zum Beispiel:

- *Guten Tag, was kann ich für Sie tun?*
- ▸ *Hallo, mein Name ist Serap Yildriz, und das ist mein Sohn Tarek. Wir haben einen Notfall! Vor ungefähr zwei Stunden ist er …*

Hatten Sie schon mal einen Unfall? Berichten Sie:

- Wo war das?
- Was/Wie ist der Unfall passiert?
- Wurden Sie verletzt? Wenn ja: Welche Verletzung hatten Sie?
- Waren Sie alleine oder war jemand dabei? Hat jemand geholfen?
- Was haben Sie danach gemacht? Hatte der Unfall Folgen/Konsequenzen?

Aufgabe 15 **Stabile Seitenlage**

Reza Ahmadi und Cristina López machen einen Erste-Hilfe-Kurs. Zuerst üben sie die stabile Seitenlage. Der Kursleiter* erklärt, wie sie funktioniert:

Kursleiter:

„Zuerst muss man nachsehen, ob die bewusstlose Person atmet.

Dann legt man einen Arm auf die Seite. Die Handinnenfläche** zeigt nach oben.

Den anderen Arm legt man über die Brust. Und den Handrücken*** an die Wange von der bewusstlosen Person.

Dann hebt**** man ein Bein der bewusstlosen Person und zieht sie zu sich.

Die bewusstlose Person liegt jetzt auf der Seite."

Jetzt ist Reza dran. Helfen Sie ihm – was muss er machen?

Reza:

„Zuerst muss ich nachsehen, ob die bewusstlose Person atmet.

Dann lege ich ______________________________

____

____

____

____

* der Kursleiter: Lehrer/Trainer im Unterricht oder in einem Kurs
** die Handinnenfläche: Teil der Hand (innen)
*** der Handrücken: Teil der Hand (außen)
**** heben: aufstellen, aufrichten: nach oben

Wie ist die richtige Reihenfolge (1 bis 4) bei der stabilen Seitenlage? Markieren Sie. **Aufgabe 16**

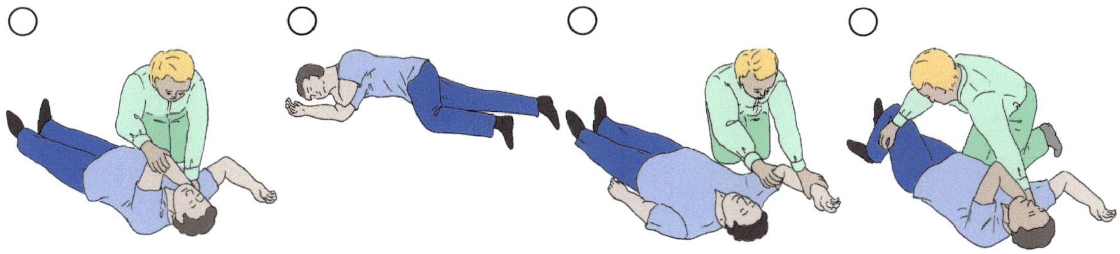

Jetzt sind Sie dran: Arbeiten Sie mit einem Partner. Üben Sie die stabile Seitenlage. Sagen Sie dabei laut, was Sie machen (siehe Aufgabe 15). **Aufgabe 17**

Kommunikation in Notfallsituationen

Aufgabe 18

Sie finden eine pflegebedürftige Person im Badezimmer auf dem Boden. Die Person ist bei Bewusstsein. Was sagen Sie? Schreiben Sie.

REDEMITTEL

Was .... / Können Sie mir sagen, was ...?
Haben Sie ...?
Können Sie ...?
Brauchen Sie ...?
Kann ich ...?
Einen Moment, ich ... sofort ...
Warten Sie, ich ... sofort ...
...

Tipp!
Was ist passiert?
Schmerzen?
Verletzungen?
Schwindel?
Aufstehen möglich?
Bewegen möglich? Hilfe?
Kollegen rufen
Hilfe holen

14.4 Lernen durch Ankreuzen – Reanimation

Aufgabe 19 Richtig oder falsch? Kreuzen Sie an.

1. Eine kardiopulmonale Reanimation nennt man auch eine „Herz-Lungen-Wiederbelebung"*.
   - □ a) richtig
   - □ b) falsch

2. Zuerst startet man mit der Reanimation, dann ruft man Hilfe.
   - □ a) richtig
   - □ b) falsch

3. Eine Reanimation macht man erst, wenn die Person nicht reagiert und keine Vitalfunktionen zeigt (normale Atmung, Puls).
   - □ a) richtig
   - □ b) falsch

4. Die richtige Reihenfolge ist: Vitalzeichen kontrollieren; Notruf (112) oder Notfallteam im Krankenhaus rufen; 30 × Thoraxkompression; 2 × Beatmung; wiederholen, bis Defibrillator/Rettungsteam/Notfallteam da ist.
   - □ a) richtig
   - □ b) falsch

5. Wenn ein Defibrillator an ist, darf man die Person am Defibrillator nicht anfassen.
   - □ a) richtig
   - □ b) falsch

* die Wiederbelebung: dafür sorgen, dass das Herz wieder schlägt.

14.5 Grammatik – Passiv Präsens & Präteritum

Passiv Präsens

In einem Aktiv-Satz ist die Person wichtig und was sie macht. WER macht WAS?
Zum Beispiel:
Der Pfleger röntgt den Fuß.
Die Sanitäter bringen das Unfallopfer ins Krankenhaus.
Man muss die ältere Frau stützen.
In einem Passiv-Satz ist die Aktion wichtiger als die Person. Wer die Aktion macht, ist nicht interessant oder nicht bekannt.
WAS passiert / wird gemacht?
Zum Beispiel:
Der Fuß *wird geröntgt.*
Das Unfallopfer *wird* ins Krankenhaus *gebracht.*
Die ältere Frau *muss gestützt werden.*

Ergänzen Sie weitere Regeln zum Passiv. Was passt wo?

Aufgabe 20

„von" + Dativ
Nominativ-Subjekt
konjugiertes Modalverb
Partizip II

1. Man bildet das Passiv mit einer konjugierten Form von *„werden"* + ____________________:
   Ich *werde untersucht.* Du *wirst abgeholt.* Der Junge *wird behandelt.* Ihr *werdet geimpft.* Sie *werden informiert.*
2. Das Akkusativ-Objekt im Aktiv-Satz wird ____________________ im Passiv-Satz:
   Der Arzt operiert **den Mann.** → **Der Mann** *wird operiert.*
3. Wenn man im Passiv-Satz doch sagen möchte, wer die Aktion macht, benutzt man ____________:
   Der Arzt operiert den Mann. → Der Mann *wird* **von dem Arzt** *operiert.*
4. Das Passiv mit Modalverb bildet man so: ____________ (Position 2) + *Partizip II* + *werden* (Ende):
   Der Arzt muss den Mann am Knie operieren. → Der Mann ***muss* am Knie *operiert werden*.**

Aufgabe 21 Ein Unfall. Was passiert? Schreiben Sie Sätze im Passiv.

1. Ein Radfahrer – von einem Auto – anfahren
   Ein Radfahrer wird von einem Auto angefahren.
2. Er – schwer – verletzen
   ____
3. Die Sanitäter – schnell – rufen
   ____
4. Der Mann – ins Krankenhaus – fahren
   ____
5. Dort – er – erfolgreich – operieren
   ____
6. Nach der OP – er – auf die Intensivstation – bringen
   ____
7. Die Angehörigen – informieren und beruhigen
   ____

Aufgabe 22 Es ist später Abend, und Reza hat bald Feierabend in der Notaufnahme! Vorher soll er das Stationszimmer aufräumen. Was muss gemacht werden? Schreiben Sie. Die Wörter helfen Ihnen.

aufräumen schließen gießen wegwerfen ordentlich hinstellen putzen leeren

Das Stationszimmer muss aufgeräumt werden. Die Pflanzen müssen …

____

____

____

Was wird auf Ihrer aktuellen Station gemacht? Was muss/soll gemacht werden? Schreiben Sie Sätze im Passiv.

____

____

____

____

Passiv Präteritum

Das Passiv Präteritum bildet man mit *„wurde" + Partizip II*:
Das Krankenhaus *wurde* von 1955 bis 1957 *gebaut.*
1958 *wurde* es mit einer großen Feier *eröffnet.*
Mit Modalverb: *konjugiertes Modalverb im Präteritum + Partizip II + werden*:
Das Krankenhaus *musste* 1985 *renoviert* und *vergrößert werden.*
Danach *konnten* mehr Patienten *aufgenommen werden.*

Aufgabe 23

Ein Quiz. Bilden Sie Gruppen mit 3 bis 4 Personen, und schreiben Sie die Fragen richtig. Schreiben Sie dann die Antworten in kompletten Sätzen. Achtung! Handys und Internet sind verboten! Welche Gruppe weiß am meisten?

1. 2005 – zur – Bundeskanzlerin – gewählt – wer – deutschen – wurde – ersten – ?

___

2. Kölner Dom – gebaut – wurde – wie lange – der – ?

___

3. wiedervereinigt* – wann – Ost- und Westdeutschland – offiziell – wurden – ?

___

4. in welchem – Röntgen-Strahlen – Land – entdeckt – wurden – die – ?

___

5. wurde – Deutschland – die – von – gewonnen – Fußball-Weltmeisterschaft – wie oft – ?

___

6. der – erfunden** – von wem – Buchdruck – wurde – ?

___

Erstellen Sie pro Gruppe ein eigenes Quiz! Schreiben Sie fünf Fragen im Passiv Präsens oder Präteritum auf ein Papier.
Die Lehrkraft kopiert alles, und jede Gruppe bekommt die Quizze von den anderen Gruppen. Kennen Sie alle Antworten?

Aufgabe 24

Formulieren Sie die Aktiv-Sätze im Passiv. Achtung: Präsens oder Präteritum?

1. Das Auto verletzte den Mann sehr schwer.
   Der Mann wurde (von dem Auto) sehr schwer verletzt.
2. Man transportierte das Unfallopfer im Rettungswagen.

___

3. Die Sanitäter mussten regelmäßig die Herzfrequenz überprüfen.

___

4. Die Ärztin muss den Patienten mit Blutkonserven versorgen.

___

5. Drei Chirurgen führen die Operation erfolgreich durch.

___

6. Gute Nachrichten: Die Pfleger können den Mann nun auf die Intensivstation bringen!

___

7. Man soll ihn dort noch circa 3 Wochen pflegen.

___

Internet-Tipp
Passiv:
https://mein-deutschbuch.de/files/zusatzmaterialien/uebungen/passiv-01.pdf

* sie werden wiedervereinigt = sie werden wieder ein Land
** etwas erfinden = etwas Neues schaffen/entwickeln/konstruieren

14.6 Das Quiz – Kapitel 14

Beantworten Sie das Quiz zu Kapitel 14 alleine.
Vergleichen Sie dann mit einem Partner oder in der Gruppe!

Aufgabe 1 Beschreiben Sie den Weg von Ihrem Zuhause zur Arbeit (oder von Ihrer aktuellen Station zum Haupteingang).

Aufgabe 2 Was ist eine Aspiration?

Aufgabe 3 Schreiben Sie drei Notfallsituationen.

Aufgabe 4 Wie nennt man eine kardiopulmonale Reanimation auch?

Aufgabe 5 Schreiben Sie die folgenden Sätze im Passiv:
Der Pfleger informierte die Angehörigen über den Gesundheitszustand.
Die Chirurgin muss den Patienten zuerst untersuchen.

15 Lösungen

Kapitel 1

1 (Beispiele)

Da / Das ist eine Pflegehelferin / ein Pflegehelfer / eine Pflegebedürftige / ein Pflegebedürftiger / ein pflegebedürftiges Kind im Bett …

Ich sehe eine Pflegehelferin / einen Pflegehelfer / eine Pflegebedürftige / einen Pflegebedürftigen / ein pflegebedürftiges Kind im Bett …

Die Pflegehelferin wäscht eine Pflegebedürftige / hilft einer pflegebedürftigen Frau beim Waschen / zieht eine Pflegebedürftige an / teilt das Essen aus / schreibt am Computer / wickelt die Beine …

Eine andere Aufgabe ist: mit Pflegebedürftigen sprechen / mit Pflegebedürftigen spielen / Pflegebedürftigen beim Hinsetzen, Aufstehen und Bewegen helfen / Informationen dokumentieren …

Ein Pflegehelfer arbeitet im Krankenhaus / auf verschiedenen Stationen / in der häuslichen Pflege / in einem Wohnheim für alte Menschen / in einem Wohnheim für Menschen mit Behinderung / in einer Kinderklinik …

2

Name	**Beruf**	**Arbeitsort**	**Tätigkeiten**
Danny Aquino	Auszubildender; Ausbildung als Pflegehelfer	ambulante/häusliche Pflege	zu alten oder kranken Menschen fahren, sie im Alltag unterstützen; beim Essen, Waschen, Aufstehen helfen; manchmal Verbände wechseln und einkaufen
Laura Wagner	Pflegefachfrau mit Schwerpunkt Kinderpflege	Kinderklinik, Neugeborenen-Station	sich um die Neugeborenen kümmern: füttern, wickeln, die Mütter unterstützen, vielleicht Medikamente geben; Eltern psychologisch unterstützen
Tayo Okeke	Pflegefachmann	Krankenhaus, Station für Orthopädie und Unfallchirurgie	Pflegebedürftige betreuen und versorgen; den Ärzten bei Untersuchungen assistieren; alles dokumentieren
Merve Aktaş	Pflegemanagerin, Leiterin	Altenwohnheim	organisieren, administrative Aufgaben; mit den älteren Leuten sprechen

4

Danny Aquino findet es …

gut: Die meisten Pflegebedürftigen sind nett und dankbar.

manchmal schwierig: Man muss oft sehr geduldig sein.

Laura Wagner findet es …

gut: Nach einer Geburt sind meistens alle glücklich.

manchmal schwierig: … und traurig, wenn ein Baby nicht gesund ist

Tayo Okeke findet es …

gut: Arbeit mit Menschen, es ist nie langweilig.

manchmal schwierig: Man hat oft Rückenschmerzen, weil man viel heben und tragen muss.

Merve Aktaş findet es …

gut: Die älteren Leute freuen sich, wenn sie mit ihnen spricht.

manchmal schwierig: Man hat sehr viel Verantwortung und nicht so viel Zeit für die Bewohner.

5

Mindmap – Berufe in Gesundheit und Pflege: Arzt, Pflegefachfrau, Pflegefachmann, Pflegehelfer, Stationshilfskraft, operationstechnischer Assistent, anästhesietechnischer Assistent, medizinisch-technischer Assistent, Ergotherapeut, Physiotherapeut, Logopäde, Hebamme/Entbindungspfleger, …

7

1. Cristina López und Reza Ahmadi unterhalten sich in einem Klassenzimmer. Das Klassenzimmer ist in der **Berufsfachschule** .
2. Im Krankenhaus sind viele pflegebedürftige Menschen. Aber auch viele **Angehörige** und Personen aus anderen Berufen.
3. Personen aus anderen Berufen sind zum Beispiel **Ärzte**, **Physiotherapeuten**, **Hebammen** oder **Logopäden** .

Cristina López hat viel Verantwortung, weil sie die Pflegebedürftigen versorgt und betreut. Die pflegebedürftigen Menschen sind oft sehr krank. Sie soll helfen, die Gesundheit zu fördern. Das ist eine sehr wichtige Aufgabe, und es gefällt ihr sehr.

8

1 g; 2 j; 3 l; 4 a; 5 f; 6 h; 7 e; 8 k; 9 i; 10 d; 11 c; 12 b

10

1 E; 2 K; 3 H; 4 J; 5 D; 6 B; 7 A; 8 L; 9 C; 10 I; 11 F; 12 G

11

Pflegende sind unterstützende Menschen für die Pflegebedürftigen: Die Pflegenden unterstützen, wenn die Pflegebedürftigen etwas allein nicht können.

Pflegende sind fremde Menschen für die Pflegebedürftigen: Die Pflegenden kennen die Pflegebedürftigen meistens nicht. Deshalb ist es wichtig, dass sie freundlich, aber auch etwas distanziert sind.

Pflegende sind beratende Menschen für die Pflegebedürftigen: Die Pflegenden beraten die Pflegebedürftigen. Das ist sehr wichtig, damit die pflegebedürftigen Menschen wissen, was gut für sie ist.

12

Ich heiße __. / Mein Name ist __.

Freut mich! Schön, Sie/dich kennenzulernen! Gefällt es Ihnen/dir hier bei uns?

Ja, es gefällt mir hier. / Nein, es gefällt mir leider nicht so gut hier.

Wie geht es Ihnen/dir?

Danke, es geht mir (sehr) gut. / Danke, es geht mir leider nicht (so) gut.

Sollen wir uns duzen? / Sollen wir „du" sagen?

Ja, wir können uns gerne duzen. / Ja, gern. / Ja, wir können gerne „du" sagen. / Es tut mir leid, aber ich würde lieber weiter „Sie" sagen.

Was sind Sie / bist du von Beruf?

Ich bin __ von Beruf.

Welche Ausbildung haben Sie / hast du gemacht?

Ich habe eine Ausbildung als __ gemacht. / Ich mache gerade eine Ausbildung als __. / Ich habe noch keine Ausbildung gemacht.

Auf welcher Station arbeiten Sie / arbeitest du?

Ich arbeite auf der Station für (Chirurgie). / … auf der (chirurgischen) Station.

Was genau machen Sie / machst du hier (im Krankenhaus / im Pflegeheim)?

Ich betreue die Pflegebedürftigen. / Ich kümmere mich um die Neugeborenen. / …

Wie lange arbeiten Sie / arbeitest du schon hier?

Ich arbeite seit 5 Jahren hier. / Ich bin neu hier. / Ich habe vor (2 Wochen) hier angefangen. / …

Was haben Sie / hast du vorher gemacht?

Vorher habe ich eine Ausbildung / … ein Praktikum als __ gemacht. / Vorher habe ich in meinem Heimatland als __ gearbeitet. / …

13

-Pflege- Pflegehelfer, pflegen, Pfleger, Pflegefachperson, Pflegefachmann, Pflegender, Pflegebedürftiger, Pflegeassistenz, Pflegeleiter, Pflegebranche, Pflegestufe, Pflegeheim, Pflegeversicherung, Pflegenotstand, Pflegedienst, Pflegefall, Pflegefamilie, Pflegezustand, Pflegeperson,

Gesundheits- und Krankenpflege, Kinderkrankenpflege, Altenpflege, Körperpflege, Tagespflege, Kurzzeitpflege …

-Kranken- Krankenpflege, Krankenhaus, Krankenkasse, Kranker, Krankenversicherung, Krankenversicherungspflicht, Krankengymnastik, Krankentransport …

-Gesundheit(s)- Gesundheits- und Krankenpfleger/in, Gesundheits- und Krankenpflege, gesundheitsfördernd, gesundheitsschädlich, Gesundheitslehre, Gesundheitsgefährdung, Gesundheitssystem, Gesundheitszeugnis, Gesundheitszustand …

-Arbeit(s)- arbeiten, Arbeiter, arbeitssuchend, arbeitslos, Arbeitsvertrag, Arbeitsanweisung, Arbeitserfahrung, arbeitsfähig, Arbeitsverweigerung, Kurzarbeit, zusammenarbeiten, Teamarbeit, Schichtarbeit …

-Beruf(s)- beruflich, Berufserfahrung, Berufsanfänger, Berufsausbildung, Berufsalltag, Berufsschule, Berufskleidung, berufstätig, Berufswunsch, Berufswahl, Berufsaussichten, berufsunfähig, Berufsberatung, berufsbegleitend, berufsbezogen, berufsvorbereitend, freiberuflich, hauptberuflich, nebenberuflich, Traumberuf …

14

Nominativ SG. mask.: Der Pflegebedürftige / **Ein Pflegebedürftiger** braucht Hilfe.

Akkusativ SG. fem.: Die Pflegefachfrau betreut **die/eine Pflegebedürftige**.

Akkusativ PL. indef.: Pflegehelfer versorgen **Pflegebedürftige**.

Dativ SG. mask.: Der Pflegefachmann gibt **dem/einem Pflegebedürftigen** Medizin.

16

1 f; 2 c; 3 e; 4 a; 5 b; 6 d

17

1 a; 2 a; 3 b; 4 a; 5 a

18

W-Frage: 1, 3, 5, 6, 7, 8, 9, 10

Ja-/Nein-Frage: 2, 4

Weitere W-Fragewörter: wann, wo, wohin, woher, was, wer, wen, wem, warum, wieso, wie (viel/oft/lange/spät), welche- …

19

1. Frau Andriu:	„**Wer** sind Sie denn?" → *Daniela ist die neue Pflegehelferauszubildende.*
2. Frau Andriu:	„**Woher** kommen Sie?" → *Daniela kommt aus Italien, aus Venedig.*
3. Frau Andriu	„ **Wie lange** sind Sie schon in Deutschland?" → *Sie ist seit 2 Jahren in Deutschland.*
4. Daniela:	„Auf **welcher** Station arbeite ich? Und **wann** fange ich morgens an?" → *Daniela fängt auf der gynäkologischen Station an. Sie beginnt jeden Morgen um 9 Uhr.*
5. Daniela:	„**Wie oft** pro Monat habe ich Berufsschule? Und **wohin** muss ich da gehen?" → *Das erklärt Frau Andriu später.*
6. Frau Andriu:	„**Warum** möchten Sie eigentlich Pflegehelferin werden?" → *Daniela möchte Pflegehelferin werden, weil sie gerne mit Menschen arbeitet, weil sie helfen möchte und weil sie Medizin interessant findet.*

20

Ich spreche Rumänisch, Englisch und ein bisschen Deutsch. Und du, **sprichst du auch (… und) ein bisschen Deutsch?**

Ich wohne in Bremen. Und Sie, **wohnen Sie auch in Bremen?**

Ich bin in Deutschland, weil ich hier arbeiten möchte. Und Sie, **möchten Sie auch hier arbeiten?**

Mir geht es gut in Deutschland. Und dir, **geht es dir auch gut in Deutschland?**

Ich bin verheiratet. Und du, **bist du auch verheiratet?**

Ich habe 2 Kinder. Und du, **hast du auch Kinder?**

21

1 b; 2 g; 3 h; 4 f; 5 a; 6 e; 7 d; 8 c

22

1 c; 2 d; 3 a; 4 e; 5 b

Ich **habe** Pflegewissenschaften **studiert.**

Der Chirurg **hat** die Patientin **operiert.**

Hast du schon mal Maultaschen **probiert**?

Alle Kollegen **haben** mir zum Geburtstag **gratuliert.**

Haben Sie schon Größe und Gewicht **notiert**?

23

1. Der Tag hat heute nicht gut begonnen.
2. Zuerst habe ich in der U-Bahn meinen Regenschirm verloren.
3. Im Café habe ich einen Kaffee mit Zucker bestellt, aber ich habe einen Kaffee mit Salz bekommen!
4. Im Büro habe ich die Geschichte einer Kollegin erzählt. Sie hat mir ein anderes Café empfohlen.
5. Ich bin dahin gegangen. Dort habe ich entdeckt, dass ich mein Portemonnaie vergessen habe.
6. Nochmal losgehen und Kaffee kaufen? Das habe ich dann gar nicht mehr versucht…
7. Dieser Tag hat mir gar nicht gefallen. Aber morgen wird bestimmt besser!

23

regelmäßig: hat ge-…-t	**trennbar: hat/ist …-ge-…**	**-ieren: hat …-iert**
arbeiten: ich habe gearbeitet	anfangen: ich habe angefangen	assistieren: ich habe assistiert
frühstücken: ich habe gefrühstückt	ankommen: ich **bin** angekommen	buchstabieren: er hat buchstabiert
hören: du hast gehört	aufräumen: sie hat aufgeräumt	fotografieren: ich habe fotografiert
sich kümmern: ich habe mich gekümmert	aufstehen: ich **bin** aufgestanden	gratulieren: sie haben gratuliert
lernen: ich habe gelernt	aufwachen: ich **bin** aufgewacht	motivieren: sie haben motiviert
machen: ich habe gemacht	einkaufen: ich habe eingekauft	notieren: Sie haben notiert
merken: ich habe gemerkt	einschlafen: ich **bin** eingeschlafen	operieren: er hat operiert
pflegen: ich habe gepflegt	fernsehen: ich habe ferngesehen	probieren: du hast probiert
sagen: ich habe gesagt	kennenlernen: ich habe kennengelernt	studieren: ich habe studiert
zeigen: sie hat gezeigt	teilnehmen: ich habe teilgenommen	**außerdem:**
außerdem:	umziehen: ich **bin** umgezogen	dokumentieren, absolvieren, organisieren, therapieren, akzeptieren, kontrollieren, telefonieren
kaufen, kochen, fragen, lesen, warten, öffnen, antworten, spielen, tanzen	**außerdem:**	…
…	abschließen, anfangen, aufhören, aufwecken, austeilen	
	…	

unregelmäßig: hat/ist ge-…	**untrennbar: be-, emp-, ent-, er-, ge-, ver-, zer-**	**spezielle Formen**
bringen: ich habe gebracht essen: Sie haben gegessen fahren: du **bist** gefahren finden: sie haben gefunden gehen: ich **bin** gegangen helfen: ich habe geholfen kommen: er **ist** gekommen nehmen: Sie haben genommen sprechen: ich habe gesprochen treffen: ich habe getroffen trinken: Sie haben getrunken wachsen: ich **bin** gewachsen werden: ich **bin** geworden **außerdem:** laufen, fliegen, denken, sehen, geben, schreiben, schlafen …	beenden: er hat beendet beginnen: hat begonnen bekommen: ich habe bekommen bestellen: ich habe bestellt besuchen: ich habe besucht betreuen: ich habe betreut sich bewerben: ich habe mich beworben bezahlen: ich habe bezahlt empfehlen: sie hat empfohlen entdecken: ich habe entdeckt sich entschuldigen: er hat sich entschuldigt erklären: er hat erklärt erleben: du hast erlebt erzählen: ich habe erzählt gefallen: er hat gefallen vergessen: ich habe vergessen verlieren: ich habe verloren versorgen: ich habe versorgt verstehen: ich habe verstanden versuchen: ich habe versucht **außerdem:** sich beschweren, bestehen, beraten, sich bewegen, sich beschäftigen, entscheiden, erhalten, erledigen, verabreichen, verordnen, verteilen …	haben: er hatte (oder er hat gehabt) sein: er war (oder er **ist** gewesen) bleiben: wir **sind** geblieben passieren: es **ist** passiert

24

1. In meinem Heimatland habe ich meine Ausbildung schon ~~gebeendet~~/**beendet**.
2. Dann bin ich in Deutschland **angekommen**/~~angekommt~~.
3. Am Anfang habe ich kein Deutsch **gesprochen**/~~gesprechen~~, und ich habe die Leute oft nicht gut ~~verstehen~~/**verstanden**.
4. Ich habe sofort an einem Deutschkurs ~~teilnommen~~/**teilgenommen**. Der Kurs hat mir sehr **gefallen**/~~gefällt~~.
5. Vor 2 Monaten habe ich mein Praktikum im Krankenhaus ~~geanfangen~~/**angefangen**.
6. Meine Kollegen haben mich immer ~~motivieren~~/**motiviert** und mir alles genau **erklärt**/~~geerklärt~~.
7. Ich freue mich, dass ich eine gute Stelle ~~gefinden~~/**gefunden** und meine Kollegen **kennengelernt**/~~gekennenlernt~~ habe!

25

Hallo, ich **bin** Eleni! Ich **habe** Pflegewissenschaften in Thessaloniki studiert. Nach dem Studium **bin** ich aber nicht dort geblieben, sondern ich **bin** nach Athen umgezogen. Dort **habe** ich mich lange beworben, aber ich **habe** keinen Job gefunden. Diese Zeit **ist** nicht so schön gewesen …

Dann **habe** ich meine Tante in Bonn besucht, und es **hat** mir dort sehr gefallen. Deshalb **bin** ich nach Deutschland gekommen. Mein Deutsch **ist** schnell besser geworden, und ich **habe** direkt eine Stelle in der ambulanten Pflege bekommen. Jetzt arbeite ich als Pflegefachfrau in einem Kinderkrankenhaus in Koblenz, und es **ist** toll!

26

Lösungsvorschlag:

Am Wochenende bin ich um (…) Uhr aufgewacht.

Ich habe (Brot und Tee) gefrühstückt.

Das Wetter war gut. / Das Wetter ist nicht so gut gewesen.

Dann bin ich (im Park) spazieren gegangen.

Ich habe im Supermarkt eingekauft.

Am Nachmittag bin ich zu Hause geblieben.

Ich habe ferngesehen.

Am Abend habe ich Freunde getroffen.

Das Quiz (Kap. 1)

1 – Mögliche Lösung: ➤ 1.1 Pflegeberufe und Arbeitsorte

2 – Mögliche Lösung: ➤ Aufgabe 7

3 – Mögliche Lösung: ➤ Aufgabe 11

4 – Mögliche Lösung: ➤ Aufgabe 12

5 – Mögliche Lösung: ➤ 1.5 Grammatik

Kapitel 2

1 (Beispiele)

Ich sehe eine Pflegehelferin. – Ich sehe einen Mann/Patienten im Bett. – Da ist eine Waschschüssel. – Das ist im Krankenhaus/Patientenzimmer. …

Die Pflegehelferauszubildende wäscht den Patienten. – Die beiden sprechen / unterhalten sich. – Der Patient braucht Hilfe beim Waschen. …

Ja, ich kenne diese Situation. Letzte Woche habe ich einer Patientin beim Waschen geholfen. – Natürlich, ich helfe den Patienten jeden Tag beim Duschen. – Nein, ich habe noch nie beim Waschen geholfen. Aber ich habe schon zugesehen. …

Man sollte freundlich und vorsichtig sein. – Man sollte kein heißes Wasser nehmen. …

Zähne putzen, Haare kämmen, Fingernägel schneiden, sich rasieren …

2

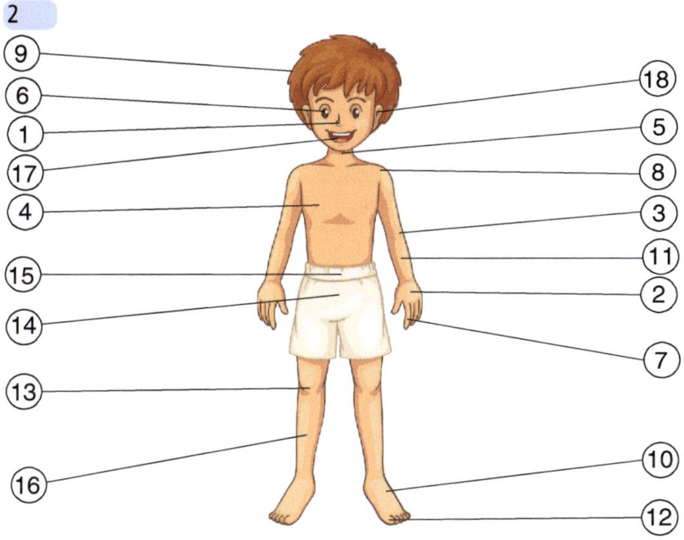

3

BUCHA	*Bauch*
HEZ	*Zeh (auch: Zehe)*
SLAH	*Hals*
TRECHSUL	*Schulter*
NEIK	*Knie*
CKÜRNE	*Rücken*
STRUB	*Brust*
OFKP	*Kopf*
GIFREN	*Finger*
UßF	*Fuß*

4

X	H	B	A	M	V	G	I	J	R	S	M
I	E	T	L	T	L	U	N	G	E	O	A
N	R	O	E	K	N	B	P	A	T	H	G
L	Z	D	B	L	D	A	R	M	W	X	E
C	Q	U	E	N	G	L	Q	U	M	K	N
R	J	F	R	C	I	N	T	E	I	D	S
U	A	Y	K	B	F	W	H	P	L	G	P
F	G	E	H	I	R	N	A	B	Z	Y	L
A	M	W	S	H	E	U	L	T	K	A	U
S	P	E	I	S	E	R	O	E	H	R	E

5

der (maskulin)	das (Neutrum)	die (feminin)
Bauch / Bäuche Zeh (aber: die Zehe) / Zehen Hals / Hälse Rücken / Rücken Kopf / Köpfe Finger / Finger Fuß / Füße Magen / Mägen Darm / Därme	Knie / Knie Herz / Herzen Gehirn / Gehirne	Schulter / Schultern Brust / Brüste Leber / Lebern Milz / Milzen Lunge / Lungen Speiseröhre / Speiseröhren

9

	richtig	falsch
Herr Atayev kann sich gut bewegen und komplett selbstständig waschen.	☐	✗
Herr Atayev hat Schmerzen in der Bauchfalte.	✓	☐
Cristina López zieht sterile Einmalhandschuhe an.	☐	✗

Die Haut in Herrn Atayevs Bauchfalte ist rot und wund. Was sollte Cristina López tun?

Sie sollte die Stelle mit klarem Wasser waschen und dann vorsichtig mit Kompressen trocken tupfen. Wenn es möglich ist, sollte sie Luft in die Hautfalte lassen.

Dann sollte Cristina Kompressen (oder kleine Baumwoll-Läppchen) in die Hautfalte legen, damit es dort weniger Schweiß gibt und nicht Haut auf Haut liegt. Spezielle Salben sollte man nur nehmen, wenn der Arzt das empfohlen hat.

Cristina López und ihre Kollegen sollten die wunde Hautstelle weiterhin regelmäßig beobachten.

10

1 d; 2 f; 3 j; 4 h; 5 i; 6 a; 7 g; 8 e; 9 c; 10 b

11

A) Lisas Hautfalte am Bauch ist rot und wund. Sie hat eine **Intertrigo**.
B) Damit es nicht mehr zu roten und wunden Hautstellen kommt, bekommt Lisa nun jeden Tag eine **(Intertrigo-)Prophylaxe** .
C) Wenn die Wunde feucht ist und aufquillt (dicker wird), ist das eine **Mazeration** .
D) Damit es aufhört zu bluten, klebt Sinja ein **Pflaster** um ihren Finger.
E) Dem Patienten geht es besser. Seine Wunde **heilt** .
F) Frau Yilmaz hat Schmerzen unter der Brust. Beim Anheben der Brust sieht sie, dass die Haut **wund** und **rot** ist.
G) Wenn man sich die **Leiste** bricht, kann das sehr gefährlich sein!
H) Frau Weber hat starke Schmerzen, wenn sie sich bewegt. Vielleicht ist es eine Form von **Rheuma** .
I) Die Pflegehelferin Cristina López hat sich in ihrer Pause heißen Kaffee über die Hand geschüttet. Das **Brennen** auf ihrer Haut tut sehr weh.
J) Damit Cristinas Hand heilt, benutzt sie mehrmals am Tag eine Brand**salbe.**

13

Was sollte Herr Atayev für die Hautpflege benutzen?

richtig ✓	**falsch ✗**
die ph-neutrale Hautcreme das normale Duschgel *(wenig!)* das klare Wasser	die parfümierte Hautcreme das heiße Wasser die enge Kleidung das Shampoo

Was sollte Cristina Lopez benutzen, um die wunde Haut zu versorgen?

richtig ✓	**falsch ✗**
die Kompresse das klare Wasser das Baumwoll-Läppchen unsterile Einmalhandschuhe	das Pflaster die Salbe Tabletten die Seife der Verband

16

Mögliche Lösungen:

Wie geht es Ihnen heute? / Wie fühlen Sie sich?

+ Danke, es geht mir gut. / Ich fühle mich gut.

– Danke, aber es geht mir nicht (so) gut. / Ich fühle mich nicht (so) gut.

Haben Sie letzte Nacht gut geschlafen?

+ Ja, ich habe (sehr) gut geschlafen.

– Nein, ich habe nicht (so) gut geschlafen.

Brauchen Sie Hilfe beim Ausziehen?

+ Ja. Bitte helfen Sie mir! / Können Sie mir helfen, bitte?

– Nein danke, ich mache das selbst.

Möchten Sie die Hose selbst anziehen?

+ Ja, ich möchte die Hose selbst anziehen. / Ich möchte das alleine machen.

– Nein, helfen Sie mir bitte.

Möchten Sie auf die Toilette gehen?

+ Ja, ich möchte/muss auf die (zur) Toilette gehen.

– Nein, ich möchte/muss nicht auf die (zur) Toilette gehen.

Können Sie das Gesicht selbst waschen?

+ Ja, ich kann das selbst waschen/machen.

– Nein, ich kann das nicht (so gut) selbst waschen/machen. Können Sie mir helfen?

17

1 c; 2 a; 3 e; 4 f; 5 b; 6 d

18

	richtig	falsch
Frau Schneider möchte einen Mann.	☐	✗
Reza soll Frau Lopez rufen.	✓	☐
Frau Schneider möchte ihr T-Shirt selbst ausziehen.	✓	☐
Sie möchte heißes Wasser und kein Duschgel.	☐	✗
Reza soll morgen wiederkommen.	✓	☐

19 (Beispiele)

Sie helfen …

… einer Mutter und ihrem sechs Monate alten Baby/Säugling: Baby hat Angst und schreit, mag kein Wasser am Kopf; Mutter muss stillen (Milch geben) …

… einem gläubigen Muslim: möchte sich vor dem Gebet waschen; möchte frisches und fließendes Wasser (keine Waschschüssel); möchte gleichgeschlechtlichen Pfleger (Mann/Mann, Frau/Frau); möchte, dass immer ein Familienmitglied da ist …

… einem dreijährigen Kind: hat Angst und schreit; Mutter soll kommen / da sein; kann noch nicht gut sprechen oder richtig erklären, was weh tut …

… einer älteren Frau mit Fraktur am Arm: ist nicht so mobil/beweglich; möchte/muss sitzen; möchte, dass immer ein Familienmitglied da ist; hat vielleicht Angst und ist verwirrt …

20

1 a; 2 b; 3 a; 4 b; 5 b

21

	Infinitiv	informell SG. du	informell PL. ihr	formell SG. PL. Sie
regelmäßig	nehmen	**Nimm!**	Nehmt!	**Nehmen Sie!**
unregelm. (ä = a)	waschen	Wasch!	**Wascht!**	**Waschen Sie!**
	sein	Sei!	Seid!	Seien Sie!
	haben	Hab!	**Habt!**	**Haben Sie!**
trennbar	anziehen	**Zieh an!**	**Zieht an!**	Ziehen Sie an!

22

Nehmen Sie bitte klares Wasser! Ziehen Sie doch bitte die Schuhe aus! Kämmen Sie mal bitte die Haare! Benutzen Sie bitte kein Pflaster (für die wunde Hautstelle)! Beobachten Sie bitte die Haut! Ziehen Sie mal bitte die Hose an!

23

Können Sie mir beim Füße-Waschen helfen **und** meine Beine eincremen?

Sollen wir heute die Nägel schneiden **oder** lieber morgen?

Normalerweise kann ich das selbst, **aber** heute brauche ich Hilfe.

Ich möchte meinen Oberkörper waschen, **denn** ich schwitze stark.

24

Ich wasche am Morgen mein Gesicht und am Abend meine Füße. / Ich wasche am Morgen mein Gesicht(,) und ich wasche am Abend meine Füße.

Ich versorge die wunde Haut, denn sie soll schnell heilen.

Ich soll 3 Minuten die Zähne putzen, aber ich putze sie meistens 4 Minuten.

25

Martin ist Pflegehelfer und arbeitet in einem Wohnheim für Jugendliche mit körperlicher Behinderung.

Sein Liebling ist der 10-jährige Elias, denn er ist lustig und lacht viel. / …, denn er lacht viel und ist lustig.

Martin möchte ihm wie immer beim Waschen helfen, aber Elias hat heute Morgen keine Lust. / …, aber heute Morgen hat Elias keine Lust.

Martin sagt: „Komm jetzt bitte, oder muss ich den ganzen Tag warten?"

Das Quiz (Kap. 2)

1 – Mögliche Lösung: > Aufgabe 2 und 3

2 – Mögliche Lösung: > Aufgabe 10

3 – Mögliche Lösung: > Aufgabe 10, 11, 12, 13

4 – Mögliche Lösung: > Aufgabe 15, 16, 17

5 – Mögliche Lösung: > Aufgabe 22

Kapitel 3

1 (Beispiele)

Ich sehe eine Pflegehelferin. – Ich sehe einen Mann/Pflegebedürftigen im Bett. – Das ist im Krankenhaus.

Die Pflegehelferin hilft dem Mann beim Essen. – …

Ja, ich helfe immer/oft/manchmal beim Essen. Ich trage Tabletts. – Ich teile Essen aus. – Ich helfe den Pflegebedürftigen. – Ich füttere die Pflegebedürftigen. – …

Nein, ich habe noch nie beim Essen geholfen.

Ich esse gerne (*Gemüse*). – Ich trinke nicht gerne (*Kaffee mit Milch*). – …

Zum Frühstück esse ich (*Brot mit Käse*), und ich trinke (*schwarzen Tee*). – Zum Abendessen esse ich (*Salat und Reis oder Kartoffeln*), und ich trinke (*Apfelsaft*). – …

3

das Obst (SG.) das Gemüse (SG.)	das Fleisch (SG.) der Fisch / Fische	das Milchprodukt / -produkte	die Beilage / Beilagen	das Dessert / Desserts die Süßigkeit / Süßigkeiten	sonstige Gerichte
die Tomate / Tomaten der Salat / Salate der Kürbis / Kürbisse die Gurke / Gurken der Spargel / Spargel die Aubergine / Auberginen der Spinat / Spinate die Paprika / Paprikas die Bohne / Bohnen der Brokkoli / Brokkoli die Zucchini / Zucchinis die Kartoffel / Kartoffeln die Möhre / Möhren; auch: die Karotte / Karotten der Champignon / Champignons; generell: der Pilz / Pilze der Apfel / Äpfel die Birne / Birnen	das Rind-fleisch (SG.) der (Rinder-) Braten / -Braten das Hack-fleisch (SG.) die Pute / Puten; das Putenschnitzel / -schnitzel das Geflügel (SG.) die Bratwurst / -würste das Fischfilet / -filets das Hühnerfri-kassee / -frikassees **außerdem:** das Hühnchen, Hähnchen / Hähnchen das Schwein; das Schweine-fleisch (SG.) das Lamm / Lämmer das Kalb / Kälber …	der Joghurt / Joghurts der (Mozzarella-) Käse (SG.) der (Feta-) Käse (SG.) der (Frucht- / Kräuter-) Quark / Quarks der (Vanille-) Pudding / Puddings **außerdem:** die Milch (SG.) die Butter (SG.) der Frischkäse (SG.) die Sahne (SG.) das Eis (SG.) der Kefir (SG.) die Butter-milch (SG.) …	der Reis (SG.) die Nudel / Nudeln die Pommes Frites (PL.) der (Kartoffel-Möhren-) Brei (SG.) das Kartoffel-püree / -pürees der Knödel / Knödel; auch: der Kloß / Klöße die Sauce / Saucen; auch: die Soße / Soßen **außerdem:** die Bratkar-toffeln (PL.) der Nudel-/ Kartoffelsalat / -salate der Couscous (SG.) die Polenta / Polentas	der Pudding / Puddings die Rote Grütze (SG.) das Apfelmus (SG.) das (Birnen-) Kompott (SG.) (der Joghurt / Joghurts) (der Frucht-Quark / Quarks) (der Vanille- Pudding / Puddings) **außerdem:** der Kuchen / Kuchen die Schokolade / Schokoladen der Keks / Kekse; auch: das Gebäck (SG.) das Bonbon / Bonbons (das Eis (SG.) …	der Eintopf / Eintöpfe die Suppe / Suppen die Maultasche / -taschen der Tofu / Tofus der (Soja-) Bratling / Bratlinge die Blätterteig-tasche / -taschen **außerdem:** …
außerdem: die Banane / Bananen die Orange / Orangen die Erdbeere / Erdbeeren die Kirsche / Kirschen …					

Getränke:

das Wasser (SG.), das stille Wasser / das Mineralwasser, der Tee / Tees, der Kaffee / Kaffees, die Milch (SG.), der Saft / Säfte, das Bier / Biere, der Kefir (SG.). die Buttermilch (SG.), die Limonade / Limonaden, der Schnaps / Schnäpse …

5

1. Magen-Probleme
2. verdauen
3. Vollkost
4. abnehmen
5. Reduktionskost
6. Gewicht

6

7. Getränke	Trinken Sie viel Wasser …
2. Gemüse, Salat	Essen Sie viel Gemüse und Obst …
3. Obst	
5. Fleisch, Wurst, Fisch, Eier	Tierische Produkte sollte man nicht jeden Tag essen …
1. Getreide, Getreideprodukte, Kartoffeln	Kohlenhydrate sind auch wichtig …
6. Fette, Öle	Man sollte nur sehr wenig Öl und Fett essen …
4. Milch, Milchprodukte	Essen Sie jeden Tag Käse oder Joghurt …

8

	richtig	falsch
Herr Atayev braucht Hilfe beim Essen und Trinken.	☐	✗
Damit Herr Schmitz gerade sitzen kann, legt Cristina López ihm ein Kissen hinter seinen Rücken.	✓	☐
Herr Atayev beschwert sich. Das Essen sieht nicht appetitlich aus.	✓	☐
Was macht Cristina López, um auf die Aspirationsprophylaxe zu achten? *Sie stellt das Kopfteil vom Bett hoch; sie legt ein Kissen hinter seinen Rücken; sie schneidet das Fleisch und die Kartoffeln klein.*		

9

die Kopfschmerzen: Schmerzen im oder am Kopf

dehydriert: Das passiert mit dem Körper, wenn Flüssigkeit fehlt. Er ist …

appetitlich anrichten: Machen, dass etwas lecker aussieht.

Der Durchfall: Das hat man (vielleicht), wenn man sehr oft auf die Toilette gehen muss.

Das Mineralwasser: Getränk mit oder ohne Kohlensäure

Die Exsikkose: Situation, wenn der Körper viel Flüssigkeit verloren hat (zum Beispiel nach Durchfall).

10

~~eiweißreich~~ – **fettarm**: wenig Fett und deshalb weniger Kalorien

Durst – ~~Hunger~~: Man möchte dringend etwas trinken. Man hat …

mindestens – ~~höchstens~~: Man sollte *ein Minimum* von 1,5 Litern pro Tag trinken.

das Getränk – ~~die Mahlzeit~~: Das braucht man, wenn man Durst hat.

12

Exsikkose bedeutet Austrocknung. Das heißt, im Körper ist zu wenig **Flüssigkeit**. Der Körper ist **dehydriert** . Das kann zum Beispiel passieren, wenn Menschen Durchfall haben oder sich oft übergeben*. Für **ältere** und pflegebedürftige Menschen ist das besonders gefährlich, weil sie oft zu wenig trinken und essen. Manchmal können sich ältere Menschen auch nicht mehr gut bewegen. Sie haben dann oft keinen **Durst** . Aber genug trinken ist sehr wichtig! Man kann eine Exsikkose durch eine **trockene** Haut erkennen. Oft sind dehydrierte Menschen schwach und motivationslos. Es ist also sehr wichtig, dass man gefährdeten Menschen immer **Getränke** anbietet, zum Beispiel Wasser, Tee oder Säfte. Aber auch kleine Kinder können schnell dehydrieren, wenn sie viel erbrechen oder Durchfall haben.

13

ältere Menschen, pflegebedürftige Menschen, kranke Menschen, Herr Atayev, Kleinkinder

14

Ich kann...

... den Pflegebedürftigen sehr oft ein Getränk anbieten.

... die Pflegebedürftigen nach ihren Lieblingsgetränken fragen.

... aufpassen, dass die Pflegebedürftigen die Getränke greifen können (zum Beispiel bei Pflegebedürftigen, die das Bett nicht verlassen dürfen).

... mit den Pflegebedürftigen reden und ihnen erklären, wodurch sie eine Exsikkose bekommen können.

... aufschreiben, wieviel die Pflegebedürftigen am Tag trinken.

15 (Beispiele)

Was ist Ihr/dein Lieblingsessen/Lieblingsgetränk?
Mein Lieblingsessen ist (Pizza). Mein Lieblingsgetränk ist (Orangensaft).

Finden Sie / Findest du Fisch lecker?
Ja, ich finde Fisch lecker. / Nein, ich finde Fisch nicht lecker.

Essen Sie / Isst du gerne Gemüse?
Ja, ich esse gerne Gemüse. / Nein, ich esse nicht gerne Gemüse.

Trinken Sie / Trinkst du gerne Mineralwasser?
Ja, ich trinke gerne Mineralwasser. / Nein, ich trinke nicht gerne Mineralwasser.

Mögen Sie / Magst du deutsches Essen?
Ja, ich mag deutsches Essen. / Nein, ich mag deutsches Essen nicht (so gerne).

Schmeckt Ihnen/dir das Essen im Krankenhaus?
Ja, das Essen im Krankenhaus schmeckt mir. / Nein, das Essen im Krankenhaus schmeckt mir nicht (so gut).

Was mögen Sie / magst du lieber: Kaffee oder Tee?
Ich mag lieber Kaffee als Tee. / … Tee als Kaffee.

Was essen Sie / isst du am liebsten zum Frühstück/Mittagessen/Abendessen?
Zum Frühstück esse ich am liebsten (Brötchen mit Marmelade). / Zum Mittagessen esse ich am liebsten (Salat mit Pute). / …

17

Pflegebedürftiger:	Ich bin **1,65** Meter groß. Und ich wiege ungefähr **90** Kilogramm.
Pflegebedürftiger:	Ich bin **32** Jahre alt.
Pflegehelfer:	Das heißt, Sie haben einen BMI von **33,1**. Sie haben **Übergewicht**.
Pflegebedürftiger:	Ich esse regelmäßig, meistens **6 große** Mahlzeiten pro Tag. … Ich trinke nur circa **2 bis 3** Gläser.
Pflegebedürftiger:	Ich bin allergisch gegen **Nüsse**, Soja und **Fisch**.
Pflegebedürftiger:	Ich bin Muslim und esse aus religiösen Gründen kein **Schweinefleisch**.
Pflegehelfer:	Ich empfehle Ihnen **Reduktionskost**.

20

1 b; 2 a; 3 a; 4 b; 5 b

21

Mit „(nicht) mögen" sagt man,dass man etwas gut oder nicht gut findet.

Meistens folgt ein Objekt im Akkusativ, das kann eine Person oder eine Sache sein.

Manchmal kombiniert man „mögen" auch mit einem anderen Verb im Infinitiv: Ich mag lesen.

22

1. Herr Atayev **mag** keinen Tee.
2. Wir **mögen** unseren neuen Lehrer.
3. **Magst** du gern Bücher?
4. Cristina und Reza **mögen** ihre Kollegen sehr gerne.
5. Ich **mag** kein schlechtes Wetter!
6. **Mögt** ihr die Arbeit im Krankenhaus?

23

„mögen": Die aktive Person ist das Subjekt im Nominativ. Es gibt auch ein (direktes) Objekt im **Akkusativ** (Gegenstand, andere Person).

„gefallen": Hier ist die aktive Person das (indirekte) Objekt im **Dativ**! Der Gegenstand oder die Person, die man gut findet, ist das Subjekt im **Nominativ**.

24

Das Dessert **schmeckt** den Pflegebedürftigen heute nicht so gut. Es ist zu süß.

Die Blumen im Pausenraum **gefallen** mir sehr gut! Und dir?

Die Arbeit **gefällt** ihr, weil sie interessant ist.

Die Nudeln **schmecken** dem Kind nur mit viel Ketchup.

27

Ich mag meine Kollegen sehr gerne. = Meine Kollegen gefallen mir sehr gut.

Teamarbeit gefällt mir. = Ich arbeite gerne im Team.

Was schmeckt dir am besten: …? = Was magst du am liebsten: …?

28

Das Auge isst mit!

Es ist 12.00 Uhr – Zeit für das Mittagessen im Krankenhaus. Cristina López soll die Essenstabletts austeilen. Diese Arbeit gefällt **ihr** (Cristina) sehr. Auf jedem Tablett steht der Name von einem Pflegebedürftigen. **Sie** (Cristina) nimmt das Tablett für Herrn Atayev und klopft an seine Tür. **Sie** (Cristina) geht rein und stellt **es** (das Tablett) auf den Tisch.

Herr Atayev sitzt auf dem Bett. Cristina hilft **ihm** (Herrn Atayev) beim Anziehen und beim Gehen. **Er** (Herrn Atayev) setzt sich und dankt **ihr** (Cristina). Dann beginnt **er** (Herr Atayev) mit dem Essen. Cristina sagt: „**Ich** (Cristina) wünsche **Ihnen** (Herrn Atayev) einen guten Appetit!"

Im Bett neben Herrn Atayev liegt Herr Schmitz. Herr Schmitz muss im Bett bleiben und darf nicht aufstehen. **Er** (Herr Schmitz) braucht auch Hilfe beim Essen und Trinken.

Cristina bringt **ihm** (Herrn Schmitz) sein Tablett. **Sie** (Cristina) fragt **ihn** (Herrn Schmitz): „Haben **Sie** (Herr Schmitz) Hunger?" und Herr Schmitz nickt. Cristina stellt das Kopfteil vom Bett hoch. Und **sie** (Cristina) legt ein Kissen hinter seinen Rücken, dann kann Herr Schmitz gerade sitzen. Cristina sitzt an der Bettkante. Jetzt gibt **sie** (Cristina) **ihm** (Herrn Schmitz) einen Löffel mit Essen und hält seinen Arm. So kann **er** (Herr Schmitz) das Besteck oder eine Tasse alleine zum Mund führen, das weiß Cristina von ihren Kollegen.

Herr Schmitz kann nicht gut greifen, also benutzt **er** (Herr Schmitz) einen Besteckhalter und einen Trinkbecher mit Handgriff für das Getränk. **Er** (Herr Schmitz) hat auch Probleme mit dem Schlucken. Cristinas Praxisanleiterin hat gesagt, **sie** (Cristina) soll auf die Aspirationsprophylaxe achten. Cristina schneidet also das Fleisch und die Kartoffeln klein. Herr Schmitz kann die sehr kleinen Stücke dann gut essen. **Es (generell, das Essen)** schmeckt **ihm** (Herr Schmitz).

In diesem Moment ruft Herr Atayev: „Frau López, das Dessert sieht heut nicht sehr lecker aus! Können **Sie** (Frau López/Cristina) **es** (das Dessert) **mir** (Herrn Atayev) bitte appetitlich anrichten? Das Auge isst mit!" Cristina wundert sich. **Sie** (Cristina) versteht nicht, was **er** (Herr Atayev) meint …

29

1 d; 2 e; 3 f; 4 c; 5 b; 6 a

Regel a) → Beispiel 3f

Regel b) → Beispiel 6a, 3f

Regel c) → Beispiel 2e

30

1. Ich wünsche **mir/dir/ihm/ihr/uns/euch/ihnen/Ihnen** einen schönen Tag!
2. Hier habe ich das Mittagessen für **mich/dich/ihn/sie/uns/euch/sie/Sie**.
3. Der Pfleger hilft **mir/dir/ihm/ihr/uns/euch/ihnen/Ihnen** beim Essen.
4. Ich kümmere mich gerne um **mich/dich/ihn/sie/uns/euch/sie/Sie**.
5. Wie geht es **mir/dir/ihm/ihr/uns/euch/ihnen/Ihnen** heute?
6. Der Arzt hat **mir/dir/ihm/ihr/uns/euch/ihnen/Ihnen** empfohlen, abzunehmen.

31

David macht ein Praktikum als Pfleger. **Er** hat heute seinen ersten Tag. Ein Kollege zeigt **ihm** das Krankenhaus. Dann soll David beim Frühstück helfen. Er nimmt ein Tablett und trägt **es** in das Zimmer von Frau Vogt. Er wünscht **ihr** einen guten Morgen und sagt: „Ich habe Frühstück für **Sie.**" Danach unterstützt er **sie** beim Trinken. Er gibt ihr den Schnabelbecher. Frau Vogt kann **ihn** alleine halten und zum Mund führen. Da kommt Davids Kollege rein. Er sagt: „David, komm mal mit! Ich möchte **dir** Cristina und Reza vorstellen. Sie sind sehr nett." Draußen begrüßen die beiden David: „Herzlich Willkommen, **wir** sind Cristina und Reza. Wir können gerne ‚du' sagen." David antwortet: „Hallo! Ich freue mich, dass ich **euch** kennenlerne! Macht **ihr** auch ein Praktikum hier?" „Nein, wir machen eine Ausbildung. Sie gefällt **uns** gut."

Das Quiz (Kap. 3)

1 – Mögliche Lösung: ➤ Aufgabe 6 und 11

2 – Mögliche Lösung: ➤ Aufgabe 7, 17, 18, 19

3 – Mögliche Lösung: ➤ Aufgabe 12 und 13

4 – Mögliche Lösung: ➤ Aufgabe 7

5 – Mögliche Lösung: ➤ Aufgabe 21 bis 26

Kapitel 4

1 (Beispiele)

Da/Das sind eine Pflegehelferin und ein Pflegehelfer. Da ist auch ein Pflegebedürftiger.

Ich sehe eine Pflegehelferin und einen Pflegehelfer und einen Pflegebedürftigen.

Die Pflegehelfer helfen dem Pflegebedürftigen, denn er muss auf die Toilette gehen. Sie haben ein Steckbecken …

Ja, ich helfe immer/oft/manchmal, wenn jemand nicht alleine auf die Toilette gehen kann. Ich bringe das Steckbecken und Toilettenpapier. Oder den Toilettenstuhl. Dann helfe ich beim Ausziehen/Abwischen …

Nein, ich habe noch nie dabei geholfen.

Man sollte beachten, dass der Pflegebedürftige Ruhe hat. Er sollte am besten allein im Raum sein …

Man sollte vorsichtig und diskret sein. Das ist wichtig!

2

Frau Wagner	Cristina López	Herr Rubens	Frau Kiesling
☐ hat es eilig.	☐ ist alleine.	☑ schämt sich.	☑ist gut gelaunt.
☑ ist gestresst und erschöpft.	☑ ist nervös.	☐ ist erleichtert.	☐ ist genervt.

Frau Wagner: Der Nachtdienst war sehr **anstrengend**.
Cristina López: Ich habe ein bisschen **Angst**.
Herr Rubens: Der Toilettengang ist mir **peinlich**.
Frau Kiesling: Ich **freue** mich über den schönen Tag!

1 d; 2 a; 3 b; 4 c

3

1. überrascht, erschrocken
2. erleichtert
3. verliebt
4. verwirrt
5. schlecht gelaunt
6. traurig, unglücklich
7. wütend, böse
8. genervt, gelangweilt

4

Zum Beispiel:

1. Das ist ja toll! Super! Das ist aber schön! Ich freue mich für dich! Das freut mich!
2. Ich verstehe, dass die Situation schwierig ist. Was kann ich machen, dass es Ihnen besser geht? Kann ich etwas für Sie tun? Keine Sorge! Machen Sie sich keine Sorgen! Beruhigen Sie sich erst mal!
3. Ich verstehe, dass die Situation schwierig ist. Was kann ich machen, dass es Ihnen besser geht? Kann ich etwas für Sie tun? Sie schaffen das!
4. Ich verstehe, dass die Situation schwierig ist. Was kann ich machen, dass es Ihnen besser geht? Kann ich etwas für Sie tun? Keine Sorge! Machen Sie sich keine Sorgen! Beruhigen Sie sich erst mal! Sie schaffen das!
5. Das ist ja toll! Super! Das ist aber schön! Ich freue mich für dich/euch! Das freut mich! Das ist aber eine Überraschung!
6. Das muss Ihnen nicht unangenehm/peinlich sein. Ich verstehe, dass die Situation schwierig ist. Kann ich etwas für Sie tun? Kein Problem, es ist alles in Ordnung! Keine Sorge! Machen Sie sich keine Sorgen!
7. Das tut mir leid. Wie blöd! Ich verstehe, dass die Situation schwierig ist. Kann ich etwas für dich tun? Ich hoffe, es geht dir bald besser!
8. Ich verstehe, dass die Situation schwierig ist. Was kann ich machen, dass es Ihnen besser geht? Kann ich etwas für Sie tun? Beruhigen Sie sich erst mal! Das muss Ihnen nicht unangenehm sein. Sie schaffen das!

6

	richtig	falsch
Herr Wagner braucht Hilfe, wenn er „klein" muss. Denn er darf das Bett nicht verlassen.	✓	☐
Herr Palluzzo braucht auch eine Urinflasche.	☐	✗
Herr Palluzzo braucht einen Toilettenstuhl.	☐	✗
Er bittet die Angehörigen freundlich, dass sie das Zimmer verlassen, weil es wichtig ist, dass man die Intimsphäre von Pflegebedürftigen wahrt.		

7

1 d; 2 e; 3 c; 4 b; 5 a; 6 f

9

Harninkontinenz bedeutet, dass Menschen Urin verlieren. Das passiert nicht nur älteren Menschen. Auch **junge** Menschen haben Harninkontinenz. Für die Menschen ist das oft sehr schwer. Sie schämen sich. Für die Haut kann das auch gefährlich sein, denn sie ist oft **feucht** vom Urin. Man muss aufpassen, dass die **Hautstellen** nicht rot und **wund** werden. Pfleger können spezielle Hautschutzlösungen auftragen und so die Haut schützen. Puder darf man nicht verwenden, das ist nicht gut für die Haut.

Für Menschen mit Inkontinenz gibt es verschiedene **Hilfsmittel** . Sie saugen den **Urin** auf, und die Haut wird nicht feucht. Zum Beispiel: Slipeinlagen, Schutzhosen/Inkontinenzhosen oder Bettschutzunterlagen, die man ins Bett legen kann. Vorsicht! Durch Schutzhosen/Inkontinenzhosen kommt keine Luft an die Haut. So kann man eine **Intertrigo** bekommen! Man sollte die Hosen also oft wechseln.

1. Einmalunterlage
2. Mehrweg-Bettschutz
3. Einlagen, Schutzhosen
4. Hautschutzlösung

10

1 a; 2 b; 3 c

11

1. Im Krankenhaus sagt man „Ausscheidungen" für **Urin** und Kot.
2. Etwas **ausscheiden** bedeutet: Der Körper gibt etwas ab oder verliert etwas.

3. Das hört man auch oft: urinieren, Miktion, Wasser lassen oder die **Blase** entleeren.
4. Für „Stuhlgang haben" sagt man auch: koten, Defäkation, Verdauung haben oder den **Darm** entleeren.
5. Ein anderes Wort für „Toilette" ist Klo oder Klosett. Auf Türen liest man auch **WC** .

Umgangssprachlich hört man oft auch folgende Ausdrücke:

- **(auf) die Toilette (gehen):** klein/groß müssen, aufs Klo / auf den Pott müssen, stilles Örtchen, Scheißhaus …
- **Urin ausscheiden**: klein müssen, pissen, pinkeln, pieseln/bieseln, Pipi machen, schiffen …
- **Kot ausscheiden**: groß müssen, Aa/Kaka machen, scheißen, kacken …

12

Start	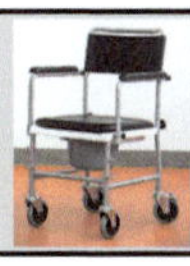	die Intimsphäre wahren	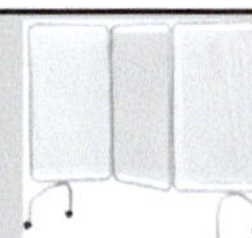		die Toilette, das WC oder das Klo(sett)	
						Urin ausscheiden, urinieren, Harn lassen, die Blase entleeren
		auf die / zur Toilette gehen, aufs Klo gehen		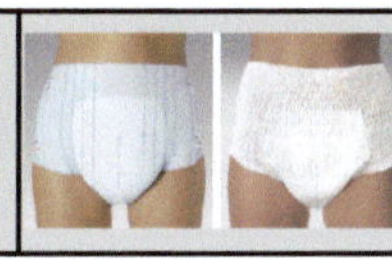	den Sichtschutz aufstellen	
Steckbecken im Spülautomaten reinigen						
Einlagen können Urin aufsaugen/ absorbieren			Hautschutzlösung auftragen	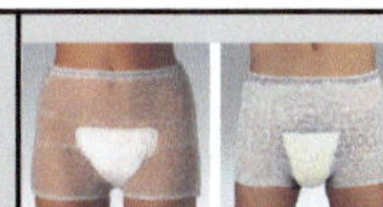	Kot ausscheiden, koten, Stuhlgang haben, den Darm entleeren	Ziel

14

Soll ich Ihnen eine Urinflasche holen?

+ *Danke, das ist sehr nett, wenn Sie mir eine Urinflasche holen.*

– *Danke, aber ich brauche keine Urinflasche.*

Hatten Sie heute schon Stuhlgang?

+ *Ja, ich hatte heute schon Stuhlgang.*

– *Nein, heute hatte ich noch keinen Stuhlgang.*

Können Sie nicht auf die Toilette gehen? / Leiden Sie an Verstopfung?

+ *Ja, ich kann oft nicht auf die Toilette gehen. / Ja, ich leide oft an Verstopfung. Manchmal habe ich viele Tage keinen Stuhlgang.*

– *Nein, ich kann (fast) immer auf die Toilette gehen. / Ich leide nicht an Verstopfung. Ich habe regelmäßig Stuhlgang.*

Müssen Sie sehr oft auf die Toilette gehen? / Leiden Sie an Durchfall (Diarrhöe)?

+ *Ja, ich muss sehr oft auf die Toilette gehen. / Ja, ich leide an Durchfall.*

– *Nein, ich gehe nicht so oft / ganz normal auf die Toilette. / Ich leide nicht an Durchfall.*

Brauchen Sie eine frische Schutzhose?

+ *Danke, ja, bitte bringen Sie mir eine frische Schutzhose.*

– *Danke, aber meine Schutzhose ist noch sauber.*

Haben Sie Schmerzen beim Wasserlassen/Urinieren?

+ *Ja, ich habe Schmerzen beim Wasserlassen. Es brennt manchmal.*

– *Nein, beim Urinieren habe ich keine Schmerzen.*

Haben Sie Schmerzen bei der Stuhlausscheidung?

+ *Ja, beim Stuhlgang habe ich Schmerzen.*

– *Nein, bei der Stuhlausscheidung habe ich keine Schmerzen.*

15

Lassen Sie den Pflegebedürftigen gerade/aufrecht **sitzen** .

Halten/Unterstützen Sie den **Kopf** vom Pflegebedürftigen.

Geben Sie ihm eine **Nierenschale** zum Reinbrechen.

Wechseln Sie schmutzige **Kleidung** und **Bettwäsche** .

Bringen Sie das Erbrochene schnell aus dem **Zimmer**.

Reden Sie mit dem Pflegebedürftigen, und **beruhigen** Sie ihn.

16

1 a; 2 a; 3 b; 4 a; 5 b

17

können	man ist fähig / hat das gelernt etwas ist **möglich** etwas ist (nicht) verboten
wollen	**starker** Wunsch/Plan höflicher: möchten
müssen	man hat keine **Wahl**; die Pflicht etwas ist nötig
sollen	Auftrag/Erwartung an andere Personen weitergeben fragen, was man tun soll sollte: Rat/**Empfehlung**
dürfen	etwas ist **erlaubt** nicht dürfen: etwas ist verboten höfliche Frage/Bitte

18

Präsens					
	können	**wollen**	**müssen**	**sollen**	**dürfen**
ich	kann	will	muss	soll	darf
du	kannst	willst	musst	sollst	darfst
er, sie, es	kann	will	muss	soll	darf
wir	können	wollen	müssen	sollen	dürfen
ihr	könnt	wollt	müsst	sollt	dürft
sie, Sie	können	wollen	müssen	sollen	dürfen

19

1. Man darf den OP-Bereich nicht betreten.
   Man muss/soll draußen bleiben.
   Man darf nicht reingehen.
2. Man darf/kann telefonieren.
   Man darf/kann das Handy benutzen.
3. Man darf nicht sprechen.
   Man muss/soll leise/ruhig sein.
4. Man kann hier auf die Toilette gehen.
   Man kann hier das WC benutzen.
5. Man kann/soll/darf hier die Hände waschen.
6. Man darf/kann von 8 bis 12:30 und von 14 bis 20 Uhr Pflegebedürftige besuchen.
   Man darf/kann (...) Besuch bekommen/empfangen.

20

Präteritum					
	können	**wollen**	**müssen**	**sollen**	**dürfen**
ich	konnte	wollte	musste	sollte	durfte
du	konntest	wolltest	musstest	solltest	durftest
er, sie, es	konnte	wollte	musste	sollte	durfte
wir	konnten	wollten	mussten	sollten	durften
ihr	konntet	wolltet	musstet	solltet	durftet
sie, Sie	konnten	wollten	mussten	sollten	durften

21

Reza hat gestern die Urinflasche gereinigt.	☐	✗
Nathalie wollte gestern mit Herrn Virkow einen Tee trinken.	☐	✗
Nathalie will ihr Handy benutzen. Sie will wissen, wie es der Familie geht.	✓	☐

1. **Nathalie:** Genau, ich **musste** spontan auf einer anderen Station helfen. Und dann **sollte** ich noch Frau Kiesling beim Bettenmachen unterstützen.
2. **Reza:** Ich war ja da und **konnte** es machen.
3. **Nathalie:** **Darf** ich dich noch etwas anderes fragen? Bei meinem letzten Job **durfte** ich immer kurz auf mein Handy gucken, wenn Zeit war.
4. **Reza:** Warum **möchtest** du es denn so dringend benutzen?
5. **Nathalie:** Die Kinder **dürfen** nicht so lange fernsehen, das **muss** ich kontrollieren!

Das Quiz (Kap. 4)

1 – Mögliche Lösung: > Aufgabe 8

2 – Mögliche Lösung: > Aufgabe 15

3 – Mögliche Lösung: > Aufgabe 13

4 – Mögliche Lösung: > Aufgabe 5, 6, 7, 8, 9, 15

5 – Mögliche Lösung: > Aufgabe 18 und 20

Kapitel 5

1

Da/Das ist eine Pflegerin / eine Pflegebedürftige / ein Fotoalbum.

Ich sehe eine Pflegerin und eine ältere Frau.

Die beiden Frauen sehen Fotos an / haben Fotos.

Die Pflegerin und die Pflegebedürftige unterhalten sich.

Man kann mit Pflegebedürftigen spielen / Sport treiben / (vor)lesen / Musik hören / singen / Handarbeiten machen / im Garten arbeiten / malen / basteln / Kaffee oder Tee trinken / reden …

Man kann zum Beispiel diese Aktivitäten anbieten: …

Ja, ich habe schon mal etwas mit älteren/pflegebedürftigen Menschen unternommen!

Nein, ich habe noch nie etwas mit älteren/pflegebedürftigen Menschen unternommen.

Ja, ich denke, das ist wichtig, weil man so die Selbstständigkeit und die Aktivität fördert. Die Menschen sind dann zufriedener, glücklicher und fitter.

Nein, ich finde das nicht so wichtig; andere Sachen sind wichtiger.

3

Freizeitaktivitäten: Sport treiben (Fußball, Yoga, schwimmen, Gymnastik, Fitnessstudio …), spazieren gehen, lesen, kochen, backen, Freunde treffen, Kaffee trinken, im Internet chatten, am PC arbeiten/spielen, Musik hören, singen, ein Instrument spielen, Handarbeiten (nähen/stricken), malen, basteln, Spiele spielen (Karten, Schach, Bingo), Fotos ansehen, etwas sammeln, im Garten arbeiten, in der Werkstatt arbeiten, ins Theater gehen, auf den Flohmarkt gehen, ins Kino gehen, shoppen gehen, in die Disco gehen, kegeln …

Für **ältere Menschen**: Yoga, schwimmen, Gymnastik, spazieren gehen, lesen, kochen, backen, Freunde treffen, Kaffee trinken, Musik hören, singen, ein Instrument spielen, Handarbeiten, malen, basteln, Spiele spielen, Fotos ansehen, etwas sammeln, im Garten arbeiten, in der Werkstatt arbeiten, kegeln …

Für **Menschen mit Demenz**: spazieren gehen, schwimmen, Gymnastik, zusammen kochen/backen, Freunde treffen, Kaffee trinken, Musik hören, singen, malen, Fotos ansehen, etwas sammeln, im Garten arbeiten, in der Werkstatt arbeiten, auf den Flohmarkt gehen, kegeln …

Für **Kinder**: Sport treiben (Fußball, Schwimmen, Gymnastik …), spazieren gehen, lesen, zusammen kochen/backen, Freunde treffen, Musik hören, singen, ein Instrument spielen, malen, basteln, Spiele spielen, etwas sammeln, im Garten arbeiten, auf den Flohmarkt gehen, ins Kino gehen, kegeln …

Für **Menschen mit körperlicher Behinderung**: spazieren fahren, vorlesen, Freunde treffen, Kaffee trinken, Musik hören, singen, einfache Spiele spielen, Fotos ansehen, etwas sammeln, im Garten arbeiten, ins Theater/Kino gehen, auf den Flohmarkt gehen …

5

Für die Bewohner gibt es viele Angebote. Zum Beispiel **Gymnastik.**

Die Bewohner können auch in der **Werkstatt** arbeiten oder **Spiele** spielen.

Reza bringt die Bewohner in den **Gemeinschaftsraum** .

Reza sieht die **Fotos** an. Darauf ist Frau Schneider noch ganz jung.

Reza bringt eine CD und spielt sie auf einem **CD-Spieler** ab.

Frau Schneider singt gerne **Lieder**.

Reza will mit der Bewohnerin morgen wieder **Musik** hören.

6

die Küche: Zimmer zum Kochen und Backen

die Familie: Ich habe 5 Brüder und zwei Schwestern. Wir sind eine große ...

die Damen: die Frauen

die Plätzchen: leckeres Gebäck, oft an Weihnachten

die Geschichten: Vor dem Schlafen erzählt man oft ...

die Jugend: Wenn man jung ist.

7

1 c; 2 d; 3 b; 4 a

9

Wochenplan mit Tagesstrukturierung							
Uhrzeit	Montag	Dienstag	Mittwoch	Donnerstag	Freitag	Samstag	Sonntag
7:30 – 9:00	Frühstück	Frühstück	Frühstück	Frühstück	Frühstück	Frühstück	Frühstück
9:00 – 10:00	Werkstatt	Backen	Singen	Malen	Gartenarbeit	Singen	Gottesdienst
10:15 – 11:30	Spazierengehen	Spazierengehen	Spazierengehen	Spazierengehen	Spazierengehen	Spazierengehen	Spazierengehen
11:30 – 12:30	Mittagessen	Mittagessen	Mittagessen	Mittagessen	Mittagessen	Mittagessen	Mittagessen
12:30 – 14:00	Entspannung/ Schlafen	Entspannung/ Schlafen	Entspannung/ Schlafen	Entspannung/ Schlafen	Entspannung/ Schlafen	Entspannung/ Schlafen	Entspannung/ Schlafen
14:00 – 15:00	Kaffee und Kuchen	Kaffee und Kuchen	Kaffee und Kuchen	Kaffee und Kuchen	Kaffee und Kuchen	Kaffee und Kuchen	Kaffee und Kuchen
15:00 – 16:00	im Garten arbeiten	Tanzen	Kegeln	Singen	Karten spielen	Kegeln	Karten spielen
17:30 – 18:30	Abendessen	Abendessen	Abendessen	Abendessen	Abendessen	Abendessen	Abendessen
18:30 – 19:30	Pflege	Pflege	Pflege	Pflege	Pflege	Pflege	Pflege
19:30	Spiele-Abend	Kino-Abend	Karaoke-Abend	Fernseh-Abend	Konzert-Abend	Theater-Abend	Kino-Abend

10

Frau Schneider ...

1. ... ist schon alt. Sie hat wahrscheinlich schon viele Menschen in ihrem Leben verloren.
2. ... schafft ihr Leben nicht mehr so wie früher. Sie braucht Hilfe.
3. ~~... möchte wahrscheinlich nochmal eine Ausbildung machen.~~
4. ... hat andere Gefühle als ein junger Mensch. Zum Beispiel fühlt sie sich vielleicht oft einsam und alleine.
5. ... hat schon viel Lebenserfahrung.
6. ... kann nicht mehr alles machen, was sie als junge Frau machen konnte. Trotzdem freut sie sich über das, was sie noch kann. Zum Beispiel singen.
7. ~~... freut sich nicht mehr über Beschäftigungsmöglichkeiten.~~
8. ... ist nicht mehr so schnell wie ein junger Mensch. Es ist schön, wenn man sich für Gespräche mit ihr mehr Zeit nehmen kann.
9. ... merkt, dass sich ihr Körper verändert hat.
10. ... denkt wahrscheinlich oft an alte Zeiten und vermisst viele Personen.
11. ... hat vielleicht Angst, dass sie nicht mehr über ihr Leben bestimmen kann.
12. ... weiß, dass ihr Leben bald enden wird.

11

Mögliche Antworten für Reza Ahmadi:

1. ... ist noch jung. Er hat wahrscheinlich noch nicht viele Menschen in seinem Leben verloren.
2. ... schafft sein Leben gut alleine. Er braucht keine Hilfe.
3. ... macht gerade eine Ausbildung.
4. ... ist ein junger Mensch. Er hat andere Gefühle als ein alter Mensch.
5. ... hat noch nicht so viel Lebenserfahrung wie ein alter Mensch.
6. ... kann noch fast alle Dinge machen, die er machen will.
7. ... freut sich über Beschäftigungsmöglichkeiten. Aber er muss auch viel arbeiten.
8. ... reagiert schneller als ein alter Mensch.
9. ... hat einen jungen, gesunden Körper.
10. ... denkt wahrscheinlich nicht so oft an alte Zeiten.
11. ... bestimmt selbst über sein Leben.
12. ... hat noch ein langes Leben vor sich.

12

Ich kann dort sehr oft mit den Bewohnern etwas **unternehmen**. Es ist wichtig für die älteren Menschen, dass sie einen Tagesablauf und **Freizeitangebote** haben.

Meine Praxisanleiterin Regina hat mir erklärt, dass man sich in der Altenpflege immer viel **Zeit** für die Menschen **nehmen** sollte.

Das bedeutet, dass nicht nur kranke Menschen Pflege und **Unterstützung** brauchen.

Wenn man etwas über die **Biografie** weiß, dann kann man viel besser pflegen.

Im Altenpflegeheim pflegt man Menschen mit viel **Lebenserfahrung**.

Eine Bewohnerin ist schon **97** Jahre alt.

Man lernt die Menschen und ihre **Geschichten** kennen.

Meine Freundin arbeitet sehr gerne mit Kindern und **Säuglingen**.

13 (Beispiele)

Nach der Ausbildung möchte ich gerne (im Altenpflegeheim / im Krankenhaus / im Kinderkrankenhaus / auf der chirurgischen Station / auf der internistischen Station ...) arbeiten, weil ...

Ich arbeite sehr gerne / Mir gefällt die Arbeit mit (Kindern / älteren Menschen / jungen Menschen / Menschen in jedem Alter ...)

Die Pflege von älteren Menschen finde ich (interessant/schön/spannend/langweilig ...), weil (ältere Menschen viel Lebenserfahrung haben / viele interessante Geschichten erzählen / oft sehr dankbar sind), weil man (die Pflegebedürftigen manchmal bis zum Tod begleitet / mit vielen verschiedenen Kulturen arbeitet) ...

Die Pflege von Kindern finde ich (interessant/schön/spannend/langweilig ...), weil (ich gerne mit Kindern zusammen bin / die Eltern oft sehr dankbar sind / man viel mit Kindern lachen kann) ...

Die Pflege von Menschen im Krankenhaus finde ich (interessant/schön/spannend/langweilig ...), weil man (auch viel über Medizin lernt / mit vielen anderen Berufsgruppen zusammen arbeitet / viele verschiedene Pflegebedürftige pflegt / mit vielen verschiedenen Kulturen arbeitet) ...

Mit älteren Menschen / Kindern kann man gut (reden / lachen / Musik hören / Spiele spielen / Geschichten lesen ...).

14

private Feste	**„offizielle" Feste, Feiertage**	**religiöse Feste**
Geburtstag Hochzeit Schulabschluss Taufe Jahrestag	deutscher Nationalfeiertag, „Tag der Deutschen Einheit" (3.10.) Karneval/Fasching Silvester (31.12.) Valentinstag (14.2.) Tag der Arbeit (1.5.) Muttertag/Vatertag Neujahr (1.1.)	**Judentum:** *Chanukka* („Lichterfest") *Shabbat* **Christentum:** Ostern Weihnachten 1.–4. Advent **Islam:** *Ramadan* *Id al-Adha* („Opferfest") **Buddhismus:** *Vesakh* („Buddhas Geb.") **Hinduismus:** *Divali* („Lichterfest")

15

Buddhismus: Personen: Buddha; der Mönch, der Priester; Gebetshaus: der Tempel; Feste: *Vesakh* („Buddhas Geb."); Schriften: *Tripiṭaka*; Symbole: Dharma-Rad („Rad der Lehre"), Lotusblüte, Ewiger Knoten

Christentum: Personen: Dreifaltigkeit: Vater (Gott), Sohn (Jesus), Heiliger Geist; der Pfarrer, die Nonne; Gebetshaus: die Kirche; Schriften: die Bibel (Altes/Neues Testament); Feste: Weihnachten (Jesus Geburt), Ostern (Jesus Tod), Pfingsten, Reformationstag; Symbole: Kreuz, Fisch, Alpha/Omega

Hinduismus: Personen: Brahma, Vishnu, Shiva, Krishna, Ganesha, der Priester; Gebetshaus: der Tempel; Schriften: 4 Veden, *Bhagavad-Gita*; Feste: *Divali* („Lichterfest"), *Holi* („Farbenfest"); Symbole: *Omm*, Swastika

Islam: Personen: Allah, Mohamed (Prophet); der Imam; Gebetshaus: die Moschee; Schriften: der Koran; Feste: *Ramadan, Id al-Adha* („Opferfest"), *Id al-Fitr* („Zuckerfest"); Symbole: Halbmond und Stern, Kalligrafie, Farbe Grün

Judentum: Personen: Im Judentum spricht man den Namen von „Gott" nicht aus, sondern sagt *Adonai* („mein Herr") oder *Ha-Shem* („der Name"), an anderen Stellen auch *Elohim* („Gott, Götter"); Gebetshaus: die Synagoge; Schriften: der Tanach (*Tora, Newiim, Ketuvim*), der Talmud; Feste: *Shabbat, Chanukka* („Lichterfest"), *Yom Kippur* („Versöhnungstag"), *Pessach* („Befreiungsfest"); Symbole: Davidstern, Menora

18

1 b; 2 a; 3 a; 4 a; 5 b

19

	richtig	falsch
1. Die meisten temporalen Präpositionen benutzt man mit dem Akkusativ.	☐	✗
2. Für Tageszeiten verwendet man *im*.	☐	✗
3. Jahreszahlen sagt man ohne Präposition.	✓	☐
4. Es ist korrekt zu sagen: „Ich arbeite heute von Vormittag bis Nachmittag."	☐	✗
5. ***Seit*** benutzt man meistens mit dem Präsens und *vor* mit einer Vergangenheitsform.	✓	☐
6. Mit *ab* und *in* spricht man über die Zukunft.	✓	☐
7. „Bei der Arbeit" und „während der Arbeit" bedeuten dasselbe.	✓	☐

20

von 11 bis 12 Uhr	im Frühling
am Dienstag	am Nachmittag
— 2015	im März
um 17 Uhr	in der Nacht
im Herbst	am Wochenende
vom 5.5. bis zum 12.5.	um Viertel vor eins
um halb 5	am Morgen
am 26.11.	— 1981

21

Wann? vor dem Frühstück, ab morgen, vor einer Woche, während der Pause, von 11 Uhr an, in 3 Stunden, für 5 Monate, zwischen 9 und 18 Uhr, nach der Arbeit, im Frühling, am Dienstag, am Nachmittag, 2015, im März, in der Nacht, im Herbst, am Wochenende, am Morgen, am 26.11., 1981, um 17 Uhr, um Viertel vor eins, um halb 5, von 11 bis 12 Uhr, vom 5.5. bis zum 12.5.

Um wie viel Uhr? zwischen 9 und 18 Uhr, von 11 Uhr an, um 17 Uhr, um Viertel vor eins, um halb 5

Wie lange? 2 Stunden, bis zum Sommer, für 5 Monate, zwischen 9 und 18 Uhr, von 11 bis 12 Uhr, vom 5.5. bis zum 12.5.

Von wann bis wann? zwischen 9 und 18 Uhr, von 11 bis 12 Uhr, vom 5.5. bis zum 12.5.

Seit wann? seit einem Monat, seit gestern

Bis wann? bis zum Sommer, bis Viertel nach 9, bis morgen

23

danach, nie, jetzt, dann, plötzlich, früher, morgen, heutzutage, immer, gestern, gleich

Aus Aufgabe 5:

Zeitadverbien, *temporale Präpositionen*

… *Während seiner Ausbildung* als Pflegehelfer lernt er viele verschiedene Arbeitsorte kennen. *Seit einer Woche* arbeitet er in einem Altenpflegeheim … Zum Beispiel bringt er die Bewohner *vor dem Essen* in den Gemeinschaftsraum. **Danach** bringt er sie wieder in ihre Zimmer …

Leider kann Frau Schneider fast **nie** an den Angeboten teilnehmen. Sie ist 90 Jahre alt und wohnt schon *seit 15 Jahren* im Pflegeheim … *Nach dem Abendessen* bringt Reza Frau Schneider in ihr Zimmer, denn sie ist müde … Schade, dass Frau Schneider sie **jetzt** nicht mehr ansehen kann. **Dann** hat Reza eine Idee! … **Plötzlich** singt Frau Schneider. Sie hat eine sehr schöne Stimme und erzählt Reza, dass sie **früher** Sängerin war! Die beiden unterhalten sich noch *bis 21 Uhr* über alte Zeiten. **Morgen** will Reza wieder mit Frau Schneider zusammen Musik hören …

Aus Aufgabe 9:

Frau Schneider:	„… Sie erinnert mich an meine Jugend. Aber das war *vor vielen Jahren*… **Heutzutage** hört mir niemand mehr *beim Singen* zu."
Reza Ahmadi:	„…, ich höre Ihnen **immer** gerne zu!" …
Frau Schneider:	„Hören wir **morgen** wieder zusammen Musik?" …
Reza Ahmadi:	„**Gestern** habe ich Frau Horvat bei der Körperpflege geholfen. Sie singt auch **immer** und spricht gerne über alte Zeiten." …
Reza Ahmadi:	„*In 5 Minuten* bin ich zurück!"
Frau Schneider:	„*Bis* **gleich**!"

Das Quiz (Kap. 5)

1 – Mögliche Lösung: > Aufgabe 3
2 – Mögliche Lösung: > Aufgabe 5, > Aufgabe 3
3 – Mögliche Lösung: > Aufgabe 9
4 – Mögliche Lösung: > Aufgabe 5
5 – Mögliche Lösung: > Aufgabe 18

Kapitel 6

1 (Beispiele)

Da/Das ist ein Junge. / Ich sehe einen Jungen.

Der Junge hat eine Spritze/Injektion. Er spritzt sich (in sein Bein).

Er könnte Diabetes/Zucker haben. / Vielleicht hat er Diabetes/Zucker. / Ich vermute, er hat Diabetes/Zucker.

Ja, ich habe schon mal / oft / manchmal / selten Spritzen gegeben.

Das waren Spritzen/Medikamente gegen … / Die Person hatte Diabetes/Zucker/Tetanus.

Das war eine Impfung.

Nein, ich habe noch nie eine Spritze gegeben.

Es gibt / Ich kenne Asthma, Diabetes, COPD …

2

1. Sie ist **erkältet**.
   Symptome: Fieber, Halsschmerzen, Schnupfen, Kopfschmerzen, Atembeschwerden, Schwindel, Schüttelfrost, Niesen, Husten, Appetitlosigkeit
2. Er hat eine **Allergie**.
   Symptome: Heu-Schnupfen, Niesen, Atembeschwerden, Jucken
3. Ihr ist **übel**.
   Symptome: Schwindel, Erbrechen/Übelkeit, Kreislaufstörung, Magen-/Bauchschmerzen, Appetitlosigkeit
4. Sie hat **Ausschlag**.
   Symptome: Jucken, Entzündung
5. Sein Kopf tut **weh**.
   Symptome: Kopfschmerzen, Migräne
6. Ihr Bein ist **gebrochen.**
   Symptome: Verletzung, Bruch, eingeschränkte Bewegung

3 (Beispiele)

- **Verstopfung**: man kann nicht auf Toilette gehen; Magenschmerzen, Krämpfe
- **Magersucht**: man möchte (fast) nichts essen; Gewichtsverlust, Verstopfung, Haarausfall, trockene Haut
- **Bulimie**: man erbricht nach dem Essen; Gewichtsverlust, Schäden an der Speiseröhre
- **Adipositas** (starkes Übergewicht): Schwitzen, eingeschränkte Bewegung, Kurzatmigkeit, Herzkrankheiten, Diabetes
- **Depression**: man ist sehr oft traurig; Weinen, Müdigkeit/Energiemangel, Angst, Lustlosigkeit/Apathie, Schlafstörungen, Appetitlosigkeit
- **Schlafstörungen**: man kann nicht schlafen; Nervosität, Frieren, Konzentrationsschwäche
- **Bandscheibenvorfall**: man kann sich nicht gut bewegen; starke Rückenschmerzen, Schmerzen strahlen in Beine/Füße aus
- **Wurzelentzündung**: starke Zahnschmerzen, Migräne, Zahnfleischentzündung

- **Lungenentzündung**: starker Husten, Schüttelfrost, Fieber, Atemnot, Brustschmerzen
- **Blinddarmentzündung**: starke Bauchschmerzen auf der rechten Seite, Übelkeit, Erbrechen, Fieber, Verdauungsprobleme, Schwitzen
- **Alkoholvergiftung**: Übelkeit, Erbrechen, Bewusstseins-/ Gleichgewichts-Störungen
- **tiefe Schnittwunde**: Bluten, Schmerzen, Brennen, Taubheit

4

1 c; 2 b; 3 a; 4 c; 5 a; 6 b

5

Zuordnen: 1 d; 2 f; 3 e; 4 a; 5 b; 6 c

Welche Fachärzte sind hier gemeint? Narkosen, Schmerzbehandlung = Anästhesist; Operationen = Chirurg; Innere Medizin = Internist; Magen-Darm-Krankheiten = Gastroenterologe; Nervenheilkunde = Neurologe; Störungen im Bewegungsapparat = Orthopäde; „bildgebende Verfahren", z. B. Röntgen = Radiologe; Harn/Urin, männliche Geschlechtsorgane = Urologe

Weitere Fachärzte: Onkologe (Krebs); Zahnarzt (Zahnerkrankungen); Endokrinologe (Hormon-Krankheiten); Hämatologe (Blut-Krankheiten); Nephrologe (Nieren-Krankheiten); Pneumologe/Pulmologe (Lungen-Krankheiten); Psychiater (psychische Krankheiten) …

6

Facharzt (lat./griech.)	Facharzt (dt./ugs.)	Krankheiten, Beschwerden, Grund für Besuch (Beispiele)
	Allgemeinmediziner / Praktischer Arzt (Hausarzt)	Erkältung/Grippe, Allergie, Übelkeit, Kopfschmerzen/Migräne, Haut-Ausschlag, Magen-/Bauchschmerzen, Verletzung, depressive Verstimmung
Anästhesist	Facharzt für Anästhesie	Narkose, Betäubung, Schmerzbehandlung
Chirurg	F. für Chirurgie	alle Arten von Operationen
Dermatologe	Hautarzt, F. für Dermatologie	Haut-/Geschlechts-Krankheiten: Ausschlag, Akne (Pickel), Fuß-/Nagelpilz, Neurodermitis (Schuppenflechte), Hautkrebs (Melanom)
Endokrinologe	F. für Endokrinologie	Hormon-Krankheiten: Diabetes mellitus, Adipositas, Osteoporose, Schilddrüsenkrebs, Schilddrüsenüberfunktion/-unterfunktion
Gastroenterologe	F. für Gastroenterologie	Magen-Darm-/Verdauungs-Krankheiten; Bauch-/Magenschmerzen, Magengeschwür, Leberzirrhose, Gelbsucht, chronische/r Durchfall/Verstopfung
Gynäkologe	Frauenarzt, F. für Gynäkologie/Frauenheilkunde	Schwangerschaft, Unterleibserkrankungen, Beschwerden in den Wechseljahren / mit der Menstruation, (Vorsorge) Gebärmutterhals-/Brustkrebs, Hormon-/Zyklusstörungen,
Hämatologe	F. für Hämatologie	Blut-Krankheiten, Tumore bei Krebs (z. B. Leukämie), Lymphome
Homöopath	F. für Homöopathie	ganzheitlicher Ansatz: sieht nicht nur die einzelnen Symptome, sondern Körper und Seele zusammen, arbeitet meistens mit Naturmedizin / pflanzlichen Medikamenten
Internist	F. für Innere Medizin	siehe Allgemeinmedizin; Kombination aus Rheumatologie, Endokrinologie, Gastroenterologie, Kardiologie etc.
Kardiologe	Herzspezialist, F. für Kardiologie	Herzkrankheiten: Herzinfarkt, Herzklappenfehler, Herzrhythmusstörung, Herzschwäche (Herzinsuffizienz), Erkrankungen der Herzkranzgefäße (Koronare Herzkrankheit), Herzmuskelentzündung (Myokarditis)
Nephrologe	F. für Nephrologie	Nieren-Krankheiten: Nierenschwäche (Niereninsuffizienz), Nierensteine
Neurologe	Nervenarzt, F. für Neurologie/Nervenheilkunde	Schlaganfälle, Multiple Sklerose, Epilepsie, Hirnblutungen, Schädel-Hirn-Trauma, Parkinson, Migräne, Demenz, ADHS, Hirnhautentzündungen
Onkologe	Krebsspezialist, F. für Onkologie	alle Arten von Krebs
Ophthalmologe	Augenarzt, F. für Ophthalmologie/Augenheilkunde	Augen-Krankheiten: Grauer/Grüner Star (Augenkrebs), Bindehautentzündung, Gerstenkorn, Entzündungen
Orthopäde (und Unfallchirurg)	F. für Orthopädie (und Unfallchirurgie)	Knochenkrankheiten/-verletzungen, Störungen im Bewegungsapparat: Bruch, Verstauchung, Prellung, Bänderriss, Arthrose, Rückenschmerzen, Tennisarm, Bandscheibenvorfall, Osteoporose

Facharzt (lat./griech.)	Facharzt (dt./ugs.)	Krankheiten, Beschwerden, Grund für Besuch (Beispiele)
Oto-Rhino-Laryngologe	HNO-Arzt (Hals-Nasen-Ohren-Arzt), F. für Oto-Rhino-Laryngologie	Grippe/Erkältung, Sinusitis, Pfeiffersches Drüsenfieber, Mittelohr-/Mandel-Entzündung, Hals-/Nasen-Ohrenschmerzen
Pädiater	Kinderarzt, F. für Pädiatrie	Kinderkrankheiten: Masern, Windpocken, Scharlach, Mumps, Röteln, Keuchhusten, Hand-Fuß-Mund-Krankheit
Pathologe	F. für Pathologie, (Rechtsmediziner, Forensiker)	Prävention von Krankheiten; untersucht Proben von kranken Organen & Gewebe (z. B. Tumore), Obduktion/Autopsie
Pneumologe/Pulmologe	F. für Pulmologie/Pneumologie/Lungenheilkunde	Lungen-Krankheiten: Atembeschwerden, Asthma (bronchiale), Bronchitis, COPD, Lungenkrebs, Mukoviszidose, Lungenembolie, Lungenentzündung (Pneumonie), Rippenfellentzündung
Podologe	F. für Podologie/Fußheilkunde	medizinische Fußprobleme: Warzen, Hühneraugen, Nagel-/Fußpilz, diabetisches Fußsyndrom
Psychiater	F. für Psychiatrie/Seelenheilkunde	psychische Krankheiten: Depressionen, Schlafstörungen, Magersucht/Bulimie, soziale Phobien, Psychosen, bipolare Störungen, generalisierte Angststörung
Radiologe	F. für Radiologie/Strahlenheilkunde	Experte für „bildgebende Verfahren": Röntgen, Strahlenbehandlung, CT (Computertomographie), Ultraschall, Kernspintomographie, MRT (Magnet-Resonanz-Tomographie), Mammographie
Urologe	F. für Urologie	Harn-/Nieren-/Blasenkrankheiten, männliche Geschlechtsorgane: Inkontinenz, Nieren- und Blasensteine, Unfruchtbarkeit (Infertilität), Blasenentzündung, Impotenz (Erektile Dysfunktion), Hoden-/Prostata-Krebs, Prostatavergrößerung, Harnröhrenverengung
	Zahnarzt, F. für Zahnheilkunde	Zahn-/Mund-/Kiefererkrankungen: Karies, Zahnfleischentzündung, Wurzelentzündung, schmerzempfindliche Zähne, Paradontitis, Zahnschmerzen; Zähne stehen schief (Fehlstellung): Kieferorthopäde

8

Herr Schmitz hat *Diabetes mellitus Typ 1.*	☐	✗
Cristina López injiziert das Langzeitinsulin in den Bauch.	☐	✗
Cristina López will den Blutzuckerwert messen. Dafür braucht sie einen Tropfen Blut von Herrn Schmitz.	✓	☐
Cristina López injiziert Herrn Schmitz ein Langzeitinsulin. Warum? **Sie** injiziert Herrn Schmitz ein Langzeitinsulin, **weil** er *Diabetes mellitus Typ 2* hat. Er bekommt das Langzeitinsulin täglich am Abend. So bleibt sein Blutzuckerwert normal und steigt nicht an. Er braucht kein Kurzzeitinsulin, weil sein aktueller Blutzuckerwert gut und nicht zu hoch ist.		

9

1 c; 2 d; 3 e; 4 a; 5 b

10

1b. Insulin durch Rollen oder Schwenken mischen (nur bei Misch-/Verzögerungsinsulin)
2c. neue Pen-Nadel auf Insulinpen aufschrauben
3d. Überprüfen, ob Pen funktioniert (etwas Insulin rausspritzen)
4e. Insulindosis durch Drehen einstellen
5a. Insulin injizieren

13

1. Das diabetische Fußsyndrom ist eine **Erkrankung**, die durch Diabetes mellitus entsteht.
2. Die Wunde an dem Fuß von Herrn Schmitz nennt man auch **Ulzera**.
3. Neuropathie bedeutet, dass man kaum **Schmerzen** an den Füßen spürt.
4. Es gibt viele Krankheiten, die durch **Diabetes mellitus** entstehen.
5. Wunden an den Füßen sind sehr gefährlich bei Diabetikern. Man darf die Fußnägel nur feilen und nicht **schneiden** !
6. Bei Diabetikern ist die Haut oft sehr **trocken** und rissig.

14

1. Diabetes mellitus – Folgeerkrankungen – ~~Dienstplan~~ – diabetisches Fußsyndrom
2. Folgeerkrankungen – Augenerkrankungen – Gefäßerkrankungen – Ulzera – ~~Körperpflege~~
3. Hypoglykämie – sehr niedriger Blutzuckerwert – ~~Durchfall~~ – Schwitzen – Unruhe
4. Diabetische Nephropathie – ~~Stationszimmer~~ – Sensibilitätsstörungen – Schmerzunempfindlichkeit
5. ~~Toilettenstuhl~~ – Druckstellen – Verbrennungen – Wunden – Infektionen

15

ASTHMA – DEMENZ – COPD – CHRONISCHER SCHMERZ – DIABETES MELLITUS – MORBUS PARKINSON – CVI

16

Nein, **Morbus Parkinson ist eine Nervensystem-Erkrankung.**

Nein, **Demenz ist eine neurologische Erkrankung.**

Nein, **COPD ist eine Lungen-Erkrankung.**

Nein, **CVI ist eine Venen-Erkrankung.**

17 (Beispiele)

	Arzt	Kollege	Pflege-bedürftiger
„Hallo, ich bin Nikola. Sollen wir uns duzen?"		(✗)	
„Wie geht es Ihrer Frau?"		✗	✗
„Entschuldigung, das habe ich nicht verstanden."	✗	✗	✗
„Helfen Sie mir bitte mal kurz!"		✗	(✗)
„Herr Akbay hat Zucker."		(✗)	
„Oh, Sie haben keine Informationen? Das hat Herr Dr. Bernard sicher vergessen!"	Das sollten Sie niemals zu jemandem sagen.		

20

1 a; 2 a; 3 a; 4 b; 5 a

21

1. Possessivartikel haben meistens dieselbe **Endung** wie Artikel und Personalpronomen.
2. Feminin und Plural enden im Nominativ und **Akkusativ** immer mit *-e*.
3. Die **2. Person** Plural hat zwei Formen: euer und (wenn eine Endung dazu kommt)
   eur-. Zum Beispiel: euer Team, eure / mit eurer Chefin.
4. Possessivartikel haben zwei Teile. Der erste Teil hängt von der **Bezugsperson** ab, der zweite Teil von dem **Nomen** , das folgt. Außerdem ist der Kasus wichtig: Steht das Folge-Nomen im Nominativ, Dativ oder Akkusativ?

22

1.	**ich**	**Meine** Schwester hat *Diabetes mellitus.*
2.	**sie (SG.)**	Es gefährlich, wenn **ihr** Blutzucker zu niedrig ist.
3.	**er**	Max bekommt Insulin. **Sein** Blutzuckerwert ist zu niedrig.
4.	**wir**	**Unser** Team hat jeden Dienstag ein Meeting.
5.	**du**	Tut **dein** Fuß noch weh? Und ist **deine** Haut noch so trocken?
6.	**sie (PL.)**	Marie und Piotr finden, **ihre** Praxisanleiterin ist sehr nett.
7.	**ihr**	Sprecht ihr und **euer** Chef auch über private Themen?

Lieber Yuan,

danke, dass du heute *mein/***meinen** Dienst übernimmst. Hier sind noch ein paar Infos: Ich habe Herrn Schmitz schon **sein/***Ihr* Insulin gegeben und *sein/***seinen** Fuß versorgt. Frau Kiesling war dabei, ich glaube, sie fand *meine/***mein** erstes Blutzucker-Messen ganz gut!

Und ich habe **deine**/*deinen* Freundin Martha aus der Radiologie getroffen. Ich soll dir viele Grüße sagen. Sie freut sich auf **euer**/*eure* Treffen am Samstag. Sie ist echt nett, vielleicht können wir drei ja mal **unsere**/*eure* Pause zusammen verbringen!?

Viele Grüße und bis morgen

Cristina

24

Wie geht es dir und **deiner** Familie?	Wie geht es Ihnen und **Ihrer** Familie?	Wie geht es euch und **eurer** Familie?
Was machst du gerne in **deiner** Freizeit?	Was machen Sie gerne in **Ihrer** Freizeit?	Was macht ihr gerne in **eurer** Freizeit?
Hast du Spaß an **deinem** Arbeitsplatz?	Haben Sie Spaß an **Ihrem** Arbeitsplatz?	Habt ihr Spaß an **eurem** Arbeitsplatz?
Was gefällt dir nicht so gut bei **deiner** Arbeit?	Was gefällt Ihnen nicht so gut bei **Ihrer** Arbeit?	Was gefällt euch nicht so gut bei **eurer** Arbeit?
Sprichst du oft mit **deinen** Kollegen?	Sprechen Sie oft mit **Ihren** Kollegen?	Sprecht ihr oft mit **euren** Kollegen?
Hast du ein gutes Verhältnis zu **deinem** Praxisanleiter?	Haben Sie ein gutes Verhältnis zu **Ihrem** Praxisanleiter?	Habt ihr ein gutes Verhältnis zu **eurem** Praxisanleiter?
Sind Gespräche mit deutschen Ärzten ähnlich wie in **deinem** Heimatland?	… wie in **Ihrem** Heimatland?	… wie in **eurem** Heimatland / **euren** Heimatländern?
Sprechen Pfleger und Pflegebedürftige auch über Privates in **deiner** Heimat?	… in **Ihrer** Heimat?	… in **eurer** Heimat? (die Heimat = immer SG.)

Das Quiz (Kap. 6)

1 – Mögliche Lösung: ➤ Aufgabe 2

2 – Mögliche Lösung: ➤ Aufgabe 7 und ➤ Aufgabe 9

3 – Mögliche Lösung: ➤ Aufgabe 15

4 – Mögliche Lösung: ➤ Aufgabe 16 und ➤ Aufgabe 20

5 – Lösung: *dein Kopf, unsere Ohren, für seinen Rücken, für eure Ohren, mit meinem Finger, mit Ihrer Schulter;* 6.5 Grammatik – Possessivartikel

Kapitel 7

1

Da/Das sind zwei Frauen. Da/Das ist eine ältere Frau und eine jüngere Frau.

Ich sehe zwei Frauen / eine jüngere Frau und eine ältere Frau.

Die jüngere stützt die ältere Frau. Die ältere Frau hakt sich bei der jüngeren Frau ein.

Ja, ich denke, das ist eine Pflegesituation, weil es in der Pflege wichtig ist, dass man viel mit den Pflegebedürftigen redet und auch oft mit ihnen spazieren geht.

In der Pflege gibt es oft solche Situationen, zum Beispiel, wenn Pflegebedürftige Hilfe bei der Orientierung brauchen / verwirrt sind / Hilfe von Pflegenden brauchen / ihr Zimmer nicht wiederfinden …

Ja, ich kenne diese Situation aus meiner Ausbildung / einem früheren Job.

Wir sind spazieren gegangen / haben oft Kalender und Uhrzeit angeschaut …

Ich habe sie bei der Orientierung / beim Gehen unterstützt …

2

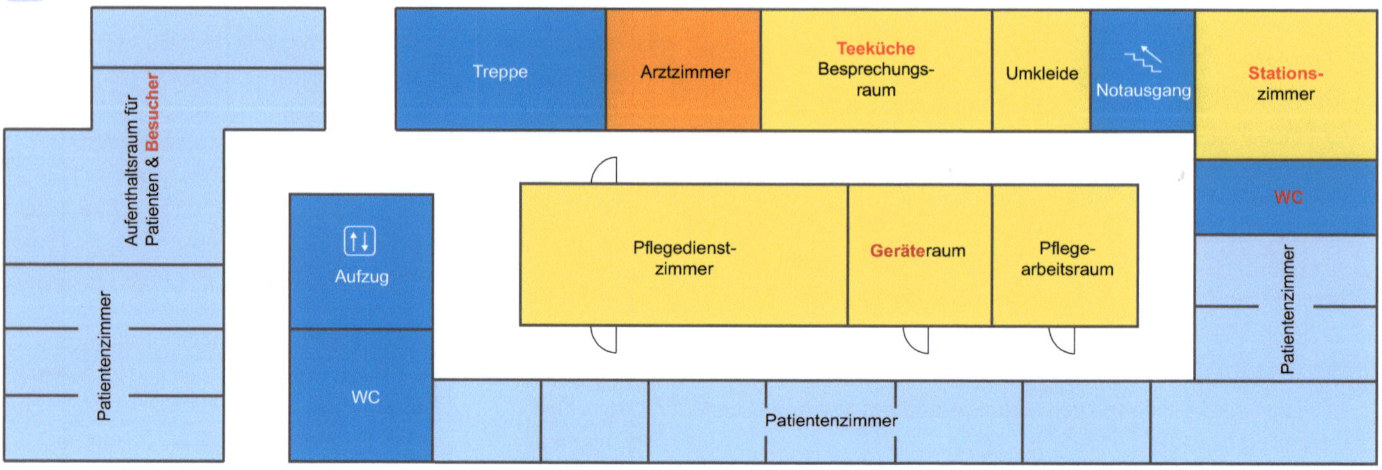

	richtig	falsch
Im Pflegedienstzimmer hängt auch der Dienstplan.	☑	☐
Hoa kann ihre Sachen in der Teeküche lassen.	☐	☑
Schutzkleidung, Medikamente und Dokumente findet man im Stationszimmer.	☐	☑
Für die Patienten gibt es Einbett-, Zweibett- und Mehrbettzimmer.	☑	☐
Im Geräteraum sind die Pflegematerialien, im Pflegearbeitsraum die Pflegewagen.	☐	☑

3

Arztzimmer: Stationsarzt, Tisch, Stühle

Patientenzimmer: Betten, Tisch, Trennwand, Nachttische, Stühle

Teeküche/Besprechungsraum: Mikrowelle, Kühlschrank, Tisch, Stühle, Herd mit Ofen, Getränkeautomat

Pflegedienstzimmer: Stationsleitung, Dienstplan, Tisch, Stühle

Stationszimmer: Tisch, Computer, Telefone, Medikamente, Dokumente/Formulare

Pflegearbeitsraum: Pflegematerialien & Materialien für Blutentnahme: Pflaster, Desinfektionsmittel, Einmalhandschuhe, Röhrchen, Nadel

Geräteraum: Pflegewagen, Infusionen, Infusionsständer, Trennwand

Umkleide: Schutzkleidung, Wertsachen, abschließbare Schränke, Stühle

Aufenthaltsraum: Patienten, Besucher, Tisch, Stühle

4

1. die Information
2. die Patienten-Aufnahme
3. die Notaufnahme
4. die EDV (Elektronische Datenverarbeitung)
5. die Kapelle
6. die Verwaltung/Administration
7. die Cafeteria
8. der OP (Operationssaal)

weitere Institutionen, Räume und Dinge: die Intensivstation, der Ultraschall-Raum, der Röntgen-Raum, der Sonografie-Raum, der Endoskopie-Raum, der Warteraum, der Behandlungsraum, die Physiotherapie, das Sozialarbeiter-Büro, die Küche …

6

	richtig	falsch
Frau Özcan ist auf der falschen Station.	✓	☐
Frau Özcan ist oft verwirrt, weil sie *Diabetes mellitus* hat.	☐	✗
Die Uhrzeit und ein Kalender helfen Frau Özcan bei der zeitlichen Orientierung.	✓	☐
Frau Özcan möchte Cristina López nicht die Hand geben. Aber Oliver Hartmann gibt sie ihre Hand. Warum? Haben Sie eine Idee? Sie möchte Cristina López nicht die Hand geben, weil sie die Pflegehelferauszubildende nicht kennt. Aber den Pfleger kennt sie und hat Vertrauen zu ihm. Er redet sie mit ihrem Namen an. So fühlt sich Frau Özcan wieder wie in einer gewohnten Umgebung.		

7

Es gibt die Hilfe zur:

1. **örtlichen Orientierung:**
   ein Foto neben dem Bett; Toiletten-Schild, Zimmernummer, persönliche Kleidung neben/auf dem Bett
2. **zeitlichen Orientierung:**
   auf den Kalender gucken, auf die Uhr gucken, Mahlzeiten (Frühstück, Mittagessen, Abendessen)
3. **persönlichen Orientierung:**
   die Pflegebedürftigen mit Namen anreden/begrüßen, den eigenen Namen sagen, freundliche Zuwendung, freundliche Unterhaltung, die Hand geben/nehmen/halten, sich einhaken, freundlich und klar reden
4. **situativen Orientierung:**
   die Pflegebedürftigen mit Namen anreden/begrüßen, freundlich und klar reden, Verständnis für die Situation zeigen, den Pflegebedürftigen die Angst nehmen

9

Erinnern Sie sich an mich? / Können Sie sich an mich erinnern?

Wissen Sie, wie viel Uhr es ist? / Können Sie mir sagen, wie viel Uhr es ist?

Wissen Sie, welcher Tag heute ist? / Können Sie mir sagen, welcher Tag heute ist?

Möchten Sie gerne meinen Arm nehmen und sich einhaken?

Soll ich Sie stützen? / Möchten Sie, dass ich Sie stütze?

10

1 e; 2 c; 3 f; 4 b; 5 d; 6 a

11

Es gibt verschiedene Erkrankungen des **Nervensystems**. Dazu gehören **Demenz, Morbus Parkinson** und der **Schlaganfall**. Bei einer Demenz können sich die Pflegebedürftigen an vieles nicht erinnern. Es gibt verschiedene Formen. Am häufigsten ist die **Alzheimer-Demenz**. Man weiß nicht genau, wie diese **Erkrankung** entsteht. Die häufigsten Symptome sind Gedächtnis-Störungen (die Menschen können sich nicht erinnern) und Orientierungs-Störungen (die Menschen haben keine Orientierung, sie finden nicht den richtigen Weg). Auf einem MRT-Bild (Bild vom Gehirn) kann man eine Demenz erkennen: Die Teile des Gehirns für das Gedächtnis sind viel kleiner als bei **gesunden** Menschen.

Morbus Parkinson nennt man auch die Schüttellähmung. Denn die Pflegebedürftigen können sich nicht mehr gut bewegen (sie sind „teilweise gelähmt"), aber bewegen gleichzeitig ihre **Hände**. Entweder mit kleinen schüttelnden Bewegungen (*Rigor*) oder mit größeren langsamen Bewegungen (*Ruhetremor*). Man erkennt Parkinson-**Patienten** gut: Der Oberkörper ist nach vorne gebeugt, sie gehen mit kleinen Schritten („Tippelschritte"), und sie können die Muskeln in ihrem **Gesicht** nicht gut bewegen („Maskengesicht").

Einen Schlaganfall nennt man auch **Apoplex**. Man kann einen Schlaganfall bekommen, wenn das Gehirn nicht mit Blut versorgt wird (*Ischämischer Schlaganfall*) oder wenn es zu einer Blutung im Gehirn kommt (**Hirnblutung**). Ein Schlaganfall kann verschieden Folgen haben. Die Pflegebedürftigen können oft eine ganze Körperhälfte nicht mehr bewegen (*Hemiparese*). Das bedeutet: Das halbe Gesicht ist gelähmt (ohne Bewegung), der Ellbogen und die Finger sind gebeugt, der Fuß wird nachgezogen (in Form von einem Halbkreis).

12

Q	Z	P	W	N	U	A	I	H	D	S	V	M	P
Y	E	P	F	L	E	G	E	B	E	T	T	T	F
F	U	F	I	Q	B	T	Z	U	K	I	E	C	T
E	J	L	E	S	E	L	A	M	P	E	A	U	R
R	I	E	Q	X	R	Y	N	B	R	W	L	O	E
N	V	G	W	A	B	U	D	S	G	S	H	B	N
S	F	E	G	H	E	R	X	V	B	T	C	U	N
E	I	W	T	Z	T	C	B	G	R	U	E	Q	V
H	N	A	C	H	T	T	I	S	C	H	K	J	O
E	R	G	I	M	T	B	N	F	G	L	O	U	R
R	V	E	G	P	I	L	M	N	D	G	I	H	H
N	K	N	G	F	S	C	H	R	A	N	K	D	A
R	T	I	O	K	C	W	X	F	Z	B	S	O	N
Y	V	L	I	C	H	T	R	U	F	I	E	X	G

alphabethische Liste: das Buch / Bücher; das Fenster / Fenster; der Fernseher / Fernseher; der Infusionsständer / -ständer; die Leselampe / -lampen; der Lichtruf / -rufe (auch: Patienten-/Schwesternruf); der Nachttisch / -tische; das Patientenbett / -betten; der Pflegewagen / -wagen; der Schrank / Schränke; der Stuhl / Stühle; der Tisch / Tische; der Trennvorhang / -vorhänge (mobil: die Trennwand / Trennwände); der Überbetttisch / -tische; die Uhr / Uhren; die Vase / Vasen (die Blumenvase); die Wand / Wände; die Zeitung / Zeitungen

14

Mit den **Ohren** kann man **hören** .

Mit den **Fingern** kann man **fühlen**.

Mit der **Zunge** kann man **schmecken**.

Mit den **Augen** kann man **sehen** .

Mit der **Nase** kann man **riechen**.

15

1 c; 2 d; 3 b; 4 d

16

1 a und c; 2 c; 3 b und c

17

1 a; 2 a; 3 a; 4 a; 5 b

18

	Wo ist Reza? Er ist …	**Wohin** geht/fährt Reza? Er geht/fährt …	**Woher** kommt Reza? Er kommt …
Personen	**bei** Cristina. dem Pfleger. der Ärztin.	**zu** Cristina. dem Pfleger. der Ärztin.	**von** Cristina. dem Pfleger. der Ärztin.
Gebäude, Räume (Ausnahme: Plätze)	**in** dem OP. der Teeküche. (aber: zu Hause, am Alexanderplatz!)	**zu** (➤ Kap. 11) dem OP. der Teeküche. (aber: nach Hause, zum Alexanderplatz!)	**von/aus** dem OP. der Teeküche. (aber: von zu Hause, vom Alexanderplatz!)
Städte, Länder	**in** Köln. Deutschland. (aber: dem Iran, der Türkei, den USA!)	**nach** Köln. Deutschland. (➤ Kap. 11)	**aus** Köln. Deutschland. (aber: aus dem Iran, der Türkei, den USA!)

19

1. Um 7:30 Uhr fahre ich **zur** Arbeit.
2. An der Haltestelle warte ich **auf den** Bus.
3. Ich komme um 8 Uhr **im** Krankenhaus an.
4. Zuerst gehe ich **zu** Frau Kiesling, meiner Praxisanleiterin.
5. Dann haben wir eine Besprechung **mit den** Kollegen.
6. **In der** Mittagspause treffe ich einen Freund. Er heißt Reza.
7. Er kommt **aus dem** Iran. Wir essen zusammen.
8. Nachmittags bin ich oft **bei den** Pflegebedürftigen und unterhalte mich.
9. Um 5 Uhr fahre ich dann **nach** Hause.
10. Dort erzähle ich meinem Mann **vom** Tag.

20

Wo arbeitest du lieber / Wo möchtest du lieber arbeiten: auf der Intensivstation oder im OP?

Wo machst du lieber Pause / Wo möchtest du lieber Pause machen: in der Teeküche oder im Park?

<u>Wohin</u> gehst du lieber / <u>Wohin</u> möchtest du lieber gehen: zum / zu einem Mitarbeiterfest oder zur / zu einer Kinderparty?

Wo bist du lieber / Wo möchtest du lieber sein: auf/bei der Arbeit oder zu Hause?

Wo wohnst du lieber / Wo möchtest du lieber wohnen: im Erdgeschoss oder in der 6. Etage?

Wo isst du lieber / Wo möchtest du lieber essen: in der Küche oder im Wohnzimmer?

Wo machst du lieber Urlaub / Wo möchtest du lieber Urlaub machen: in Spanien oder in den USA?

Wo schläfst du lieber / Wo möchtest du lieber schlafen: im Bett oder auf dem Sofa?

21

1. Ich möchte wissen, *wann wir heute Pause machen.*
2. Können Sie mir sagen, *ob die Einmalhandschuhe im Stationszimmer sind?*
3. Könnten Sie mir bitte erklären, *wie ich zur Information im Erdgeschoss komme.*
4. Ich habe gefragt, *ob Sie sich an mich erinnern können.*
5. Weißt du, *wie viel Uhr es ist?*
6. Ich weiß nicht, *welches Datum wir heute haben.*
7. Ich bin nicht sicher, *ob heute der 23. oder der 24. Juni ist.*

Das Quiz (Kap. 7)

1 – Mögliche Lösung: ➤ Aufgabe 2, ➤ Aufgabe 3, ➤ Aufgabe 4

2 – Mögliche Lösung: ➤ Aufgabe 5 und ➤ Aufgabe 12

3 – Mögliche Lösung: ➤ Aufgabe 5, ➤ Aufgabe 7, ➤ Aufgabe 9, ➤ Aufgabe 10

4 – Mögliche Lösung: ➤ Aufgabe 16

5 – Lösung: *aus, bei, mit, nach, seit, von, zu;* 7.5 Grammatik – Lokale Präpositionen mit Dativ

Kapitel 8

1 (Beispiele)

Da/Das ist eine Pflegerin / ein älterer Mann.

Er sitzt im Rollstuhl. / Sie sitzen vor einem Haus. Vielleicht ist das eine Klinik / ein Altenpflegeheim.

Ich sehe eine Pflegerin / einen alten Mann im Rollstuhl.

Wir gehen zusammen spazieren / kochen zusammen / sehen uns auf Familienfesten / sehen zusammen fern / kümmern uns um andere Verwandte / spielen zusammen ...

Ich finde es wichtig, dass man geduldig und freundlich ist / viel mit den Menschen redet / sich viel mit ihnen beschäftigt / ihnen zuhört ...

3

	ledig, alleinstehend	**verheiratet**	**geschieden**	**verwitwet**	**alleinerziehend**	**verlobt**
Elisabeth				✗		
Jonna			✗			
Kristian	✗					
Eva		✗				
Sabine					✗	
Manuel						✗

1. Elisabeth Korhonen wohnt ~~bei~~ ihrer Tochter. **in der Nähe von**
2. Sie hat ihren Ehemann Heimo in ~~Finnland~~ kennengelernt. **Deutschland**
3. Wenn Sabine und Stephan heiraten, ist Sabine ~~Jonnas~~ Stiefmutter. **Leonies und Manuels**
4. Eva, Maria und die Kinder sind eine „~~Patchworkfamilie~~“. **Regenbogenfamilie**
   (oder: **Sabine, Stephan** und die Kinder sind eine „Patchworkfamilie“.
5. Diego ist adoptiert, und ~~Eva~~ hat Valentina bekommen. **Maria-Fernanda**
6. Für Elisabeth ist ~~eine klassische lange Ehe~~ am wichtigsten. **, dass ihre Kinder glücklich sind.**

4

1 d; 2 g; 3 e; 4 f; 5 b; 6 c; 7 a

7

1. die Jugend; 2. das Säuglingsalter; 3. die Kindheit; 4. das Alter; 5. das Erwachsenenalter

8

1. Reza Ahmadi muss Frau Korhonen **stützen** .
2. Frau Korhonen kann nicht mehr gut stricken. Denn sie hat **Rheumatoide Arthritis** .
3. Ihr ist oft **schwindelig** . Besonders, wenn sie nicht genug isst und trinkt.
4. Frau Korhonen möchte keine Demenz bekommen. Deshalb macht sie Übungen und trainiert ihr **Gedächtnis**.
5. Reza hat gelernt, dass Altern ein natürlicher **Veränderungsprozess** ist.

9

1 e; 2 h; 3 c; 4 j; 5 g; 6 i; 7 d; 8 a; 9 f; 10 b

11

richtig ✓	**falsch ✗**
„Ich glaube, ich brauche ein Hörgerät.“ „Es ist nicht immer leicht, alt zu werden.“ „Früher war man stolz, wenn man es geschafft hat, alt zu werden.“ „Jeder Abschnitt im Leben hat Vorteile und Nachteile.“ „Ich habe sehr viele tolle Menschen kennengelernt.“	„Ich glaube, ich brauche einen Gehstock.“ „Ich möchte nie wieder jung sein.“ „Haben Sie mein Hörgerät gesehen?“ „Nur die Jugend hat Vorteile.“ „Mein Leben war nicht schön.“

12

	richtig	**falsch**
In Rezas Land hat man großen Respekt vor älteren Menschen.	✓	☐
Rezas Großvater ist der Chef der Familie.	☐	✗
Frau Korhonen hat oft Beschwerden. Aber sie freut sich, dass sie so ein stolzes Alter erreicht hat.	✓	☐

14

Aussehen

A	attraktiv, alt, altmodisch, angenehm, athletisch, auffallend, außergewöhnlich
B	blond, braunhaarig, brünett, blass, behaart
C	charismatisch, chaotisch
D	dünn, dick, dunkelhäutig, durchtrainiert
E	elegant, eitel, eingebildet, edel, einzigartig
F	festlich, fantastisch, frisch, fett, faltig
G	groß, grauhaarig, gepflegt, geschminkt, gebräunt, gepierct, gestylt
H	hübsch, hässlich, hellhäutig,
I	interessant, individuell
J	jung, jugendlich
K	klein, kurzhaarig, kräftig, künstlich
L	langhaarig, lässig
M	modern, muskulös, mollig, mager, männlich, makellos
N	nett, normal, natürlich, niedlich, nachlässig
O	ordentlich, ordinär
P	perfekt
Q	rothaarig, riesig
R	schlank, schön, schwarzhaarig, sportlich, schwach, stark, schick,
S	seriös, schmal, schmächtig, stämmig
T	tätowiert
U	unsportlich, untergewichtig, übergewichtig, ungepflegt,
V	vorteilhaft, verführerisch
W	weiblich, wild, winzig, wunderschön
XY	
Z	zart, zierlich, zerbrechlich

Charakter

A	ausgeglichen, aktiv, arrogant
B	bescheiden, böse, beliebt
C	charmant, charismatisch, chaotisch
D	direkt, doof, dumm, diszipliniert
E	ernst, engagiert, energisch, eitel, eingebildet, egoistisch, extrovertiert
F	freundlich, fleißig, faul, frech
G	gemütlich, geduldig, großzügig, geizig, gewissenhaft
H	höflich, hilfsbereit, hässlich, humorvoll
I	intelligent, interessant, impulsiv, introvertiert
J	jähzornig
K	klug, komisch, kompetent, kalt, kühl, kultiviert, konservativ, konsequent
L	lustig, langweilig, laut, launisch, locker
M	melancholisch, motivierend
N	nett, nervös, naiv, neugierig
O	optimistisch, offen, oberflächlich
P	perfektionistisch, pflichtbewusst, phantasievoll, pessimistisch
Q	quirlig
R	ruhig, romantisch, rücksichtsvoll, rastlos
S	schüchtern, selbstbewusst, schlau, sympathisch, schön, stolz, spontan, sicher, stark, sensibel
T	tolerant, treu, temperamentvoll
U	unsympathisch, unkompliziert, unsicher, ungeduldig, *(un-….)*
V	verträumt, vorsichtig, verantwortungsbewusst, vergesslich
W	warmherzig, witzig, weltoffen, willensstark, weise
XY	
Z	zuverlässig, zurückhaltend, zielstrebig

Zustand/Gefühl

A	arrogant, ängstlich, aufgeregt, ausgeruht, ärgerlich, aufmerksam
B	böse, betrunken, besorgt, beleidigt
C	charmant
D	distanziert, durcheinander, deprimiert
E	ernst, entspannt, enttäuscht, erleichtert, einsam, erschöpft, erschrocken, erstaunt
F	fleißig, faul, froh, fröhlich, frech, fit, frustriert
G	gesund, gleichgültig, glücklich, gestresst, genervt, gereizt
H	hungrig, höflich, heiter, hysterisch, hilflos
I	interessiert, irritiert, intolerant, ironisch
J	
K	krank, kränklich, kindisch, kompetent, kritisch
L	lustig, lieb, laut, leise, leidenschaftlich, langsam
M	müde, mutig, motiviert, munter
N	nervös, naiv, nüchtern, neugierig, neidisch
O	offen, orientierungslos
P	pünktlich, philosophisch, panisch
Q	quengelig, quirlig
R	respektlos, ratlos, reserviert
S	skeptisch, sorglos, satt, schlapp, schockiert, sauer
T	traurig, teilnahmslos, trotzig
U	uninteressiert, unhöflich, überrascht, unglücklich, überzeugend
V	verträumt, verwirrt, verliebt, verärgert, verzweifelt
W	wach, wütend, widerwillig, weinerlich
XY	
Z	zärtlich, zurückhaltend, zufrieden, zornig, zuversichtlich

15

Sie hat lange braune Haare und **Locken**. Und sie trägt eine **Brille**. Sie hat auch eine **Tätowierung** am Arm.

Er hat braune Augen und keine Haare (eine **Glatze**). Und er hat einen **Bart** und einen **Schnäuzer**.

Sie hat lange rote Haare und **Zöpfe**. Und sie hat blaue Augen und viele **Sommersprossen**.

19

	wohnt …	Vorteil	Nachteil
Herr Gabaschwili	im Pflegeheim	muss sich um nichts kümmern; viele tolle Angebote; immer etwas zu tun	Kosten; aber Rente ist ok und Krankenkasse zahlt einen Teil
Frau Stehr	bei Tochter und ihrer Familie	verbringen oft Zeit zusammen und unternehmen viel; die Enkel halten sie jung	bei 3 Generationen und vielen Personen auch Konflikte; man muss Verständnis haben und rücksichtsvoll sein

	wohnt ...	Vorteil	Nachteil
Herr Rebmann	in einer altersgerechten Wohnung in Komplex für betreutes Wohnen	man kann Hilfe bekommen, wann man will; wenn man etwas braucht, kann man das buchen	ist viel alleine, weil keine Kinder und wenig soziale Kontakte
Frau de Vries	in riesigem Haus; in Wohngemeinschaft mit 4 Mitbewohnern über 70	man ist nie allein; alle sind gleich alt	man muss viele Kompromisse machen, z. B. mit Ordnung/ Sauberkeit

20

1. Wertschätzung
2. Respekt
3. Zeit nehmen
4. Informationen klar und verständlich erklären
5. Behinderungen beachten (z. B. Schwerhörigkeit, Sehbehinderung etc.)
6. Fragen stellen, so können die Pflegebedürftigen ihre Wünsche nennen
7. Autonomie respektieren
8. Trauer akzeptieren und zuhören, wenn Pflegebedürftige ein Gespräch wünschen

22

1 a; 2 a; 3 a; 4 b; 5 a

23

1 b; 2 d; 3 a; 4 c

24

schnell – schneller – am schnellsten; schlecht – schlechter – am schlechtesten; alt – älter – am ältesten; viel – mehr – am meisten; groß – größer – am größten; gerne – lieber – am liebsten; dünn – dünner – am dünnsten; fleißig – fleißiger – am fleißigsten; teuer – teurer – am teuersten; gut – besser – am besten

25

Frau Gärtner: „... Mein Rücken ist heute wieder schlimmer **als** gestern!"

Cristina López: „Moment, Frau Gärtner! Ich komme so schnell **wie** möglich!"

Frau Gärtner: „Immer muss ich länger warten **als** die anderen..."

Cristina López: „..., bei Ihnen bin ich genauso aufmerksam **wie** bei allen anderen!"

Frau Gärtner: „Die Jugend ... ist nicht mehr so hilfsbereit **wie** wir früher..."

Cristina López: „Ach, ich denke, sie ist einfach anders **als** Ihre Generation. Keine ist besser oder schlechter **als** die andere. Und Ihre Enkel sind sicher genauso nett **wie** Sie!"

Frau Gärtner: „... Hoffentlich fühle ich mich morgen besser **als** heute!"

Cristina López: „... Da geht es Ihnen direkt wieder so gut **wie** nie zuvor!"

Das Quiz (Kap. 8)

1 – Mögliche Lösung: ➤ Aufgabe 3 und 4

2 – Mögliche Lösung: ➤ Aufgabe 6 und 10

3 – Mögliche Lösung: ➤ Aufgabe 6 und 10

4 – Mögliche Lösung: ➤ Aufgabe 22

5 – Lösung: gern – lieber – am liebsten / hoch – höher – am höchsten / gesund – gesünder – am gesündesten / nah – näher – am nächsten / jung – jünger – am jüngsten / dunkel – dunkler – am dunkelsten; ➤ Aufgabe 23 und 24

Kapitel 9

1 (Beispiele)

Da/Das ist eine Pflegefachfrau / eine Pflegehelferauszubildende an einem Patientenbett.

Ich sehe das Bein und den Fuß von einem Patienten in einem Bett.

Die Pflegehelferauszubildende / Die Pflegefachfrau zieht dem Pflegebedürftigen Strümpfe / *Medizinische Thromboseprophylaxestrümpfe* (MTS) an.

Ja, ich kenne diese Situation. Ich habe auch schon mal MTS angezogen.

Nein, ich kenne diese Situation (noch) nicht.

Es ist wichtig, dass die MTS richtig passen. Sie dürfen nicht zu eng und nicht zu weit sein.

Es ist wichtig, dass die MTS gut sitzen und keine Falten da sind. Sonst kann es Druckstellen geben.

Ich denke, das ist eine Prophylaxe für Thrombose / eine Thrombose-Prophylaxe.

Ja, ich habe schon mal MTS angezogen.

Natürlich, ich ziehe den Patienten jeden Tag diese Strümpfe an.

Nein, ich habe noch nie MTS angezogen.

2

1. Die Pflegehelferin links hat ein T-Shirt, einen Rock und einen Mundschutz an.
2. Der Arzt links trägt einen Arztkittel, ein Hemd, eine Hose und eine Brille.
3. Die Pflegefachfrau rechts trägt einen Kasack, einen Rock und eine Haube.
4. Der OP-Assistent rechts hat einen OP-Kittel, eine Haube und einen Mundschutz an.

3

☐ die Sandale / Sandalen	☑ der Turnschuh / -schuhe	☐ der Halbschuh / -schuhe	☐ der Stiefel / Stiefel
☐ der Flip-Flop / Flip-Flops, der Schlappen / Schlappen	☐ der Absatzschuh / -schuhe	☑der Kunststoffschuh / -schuhe → **am besten ohne Löcher!**	☐ der knöchelhohe Schuh / Schuhe

Gute Arbeitsschuhe für das Krankenhaus sollten: 1 a; 2 a; 3 b; 4 a; 5 b; 6 a; 7 b

Was ist noch wichtig bei der Arbeitskleidung? Was sollte man beachten? (Beispiele)

- Kleidung waschen, wenn schmutzig, mindestens jeden zweiten Tag!
- Man soll private Kleidung nicht sehen (kurze Ärmel, keine langen)!
- Kleidung nicht mit nach Hause nehmen!

4

der	die	das	die (PL.)
Bademantel / -mäntel (auch: Morgenmantel) Mantel / Mäntel Jogginganzug / -anzüge Pullover / Pullover Rock / Röcke Strumpf / Strümpfe Gürtel / Gürtel Schal / Schals Slip / Slips BH / BHs (= Büstenhalter) Schmuck (immer SG.)	Unterwäsche (immer SG.) Unterhose / -hosen Hose / Hosen Jogginghose / -hosen (Strick-)Jacke / Jacken Bluse / Blusen Strumpfhose / -hosen Socke / Socken Mütze / Mützen Brille / Brillen	Nachthemd / -hemden Hemd / Hemden Unterhemd / -hemden Top / Tops T-Shirt / T-Shirts Kleid / Kleider	Leggings Jeans Shorts

Was tragen Sie, wenn …? (Beispiele)

1. T-Shirt, Top, (kurze) Hose, Rock, Sandalen, Badeanzug, Badehose
2. (Winter-)Jacke, (Woll-)Pullover, Schal, Mütze, Handschuhe, (Winter-)Stiefel
3. (bequeme) Hose, Jogginghose, T-Shirt, Morgenmantel, Strickjacke
4. (Abend-)Kleid, Rock, Kostüm, Bluse, Anzug, Jackett, Hemd, Fliege, Krawatte

7

A) die Dekubitusprophylaxe
B) die Kontrakturenprophylaxe
C) die Sturzprophylaxe
D) die Thromboseprophylaxe

8

1 i; 2 d; 3 g; 4 a; 5 c; 6 h; 7 b; 8 m; 9 k; 10 p; 11 e; 12 f; 13 o; 14 j; 15 n; 16 l

10

1. Bei einem Dekubitus bildet sich ein Geschwür durch Druck auf eine Hautstelle. Ein Dekubitus ist also ein **Druckgeschwür**.
   Für eine Dekubitusprophylaxe können Pflegende …
   - die Bewegung der Pflegebedürftigen fördern.
   - öfter einen Positionswechsel machen.
   - gefährdete Körperstellen frei lagern (**Freilage**).
   - den Druck auf die Haut reduzieren, zum Beispiel durch eine **Wechseldruckmatratze**.
2. Wenn Pflegebedürftige stürzen/fallen, können sie sich verletzen. Das ist besonders gefährlich für alte Menschen. Ein Sturz kann viele Gründe haben: Die Pflegebedürftigen rutschen im Bad aus, weil

der Boden nass und **rutschig** ist oder weil sie nur Socken anhaben. Sie **stolpern** über ihre Schnürsenkel, über einen Teppich oder ein Kabel. Verwirrte Menschen fallen auch oft aus dem Bett.

Für eine Sturzprophylaxe können Pflegende ...

- kontrollieren, ob die Pflegebedürftigen die richtigen Schuhe tragen.
- im Bad rutschfeste Matten hinlegen (zum Beispiel in die Dusche).
- schauen, dass der Boden nicht nass ist.
- beachten, dass nichts im Weg ist (Schnürsenkel, Teppich, Kabel etc.)
- Pflegebedürftige in ein **Niederflurbett** betten, wenn möglich.

3. Bei einer Kontraktur kann man Gelenke nicht mehr gut bewegen. Diese Situation bleibt – man hat für immer eine Einschränkung in der Bewegung. Eine Kontraktur ist also eine bleibende **Bewegungseinschränkung** . Der Grund ist oft zu wenig Bewegung.

   Für eine Kontrakturenprophylaxe können Pflegende ...

   - die Beweglichkeit von den Gelenken fördern (zum Beispiel durch **Bewegungsübungen**).
   - öfter kleine Positionswechsel machen.
   - Pflegebedürftige gut beobachten: Gibt es ein Risiko für eine Kontraktur?
   - besonders bettlägerige Pflegebedürftige regelmäßig mobilisieren.

4. Bei einer Thrombose bildet sich ein Pfropf von geronnenem Blut (*Thrombus*) in der Blutstrombahn (Arterie oder Vene). Eine Thrombose ist also eine **Blutpfropfbildung** . Das ist sehr gefährlich, weil der Blutpfropf die Blutstrombahn verstopfen kann, und so das Blut nicht mehr fließt.

   Für eine Thromboseprophylaxe können Pflegende ...

   - eine **Venenkompression** durchführen, zum Beispiel MTS anziehen oder die Beine wickeln.
   - eine Frühmobilisation durchführen.
   - Bewegungsübungen machen und die Pflegebedürftigen informieren.
   - **Medikamente** geben, zum Beispiel Heparin injizieren (Achtung: nur nach schriftlicher Anordnung/Anweisung vom Arzt!).

Weitere Prophylaxen: Pneumonieprophylaxe; Aspirationsprophylaxe; Obstipationsprophylaxe; Intertrigoprophylaxe; Deprivationsprophylaxe; Prophylaxe der Bettlägerigkeit; Prophylaxe der Mangelernährung; Soor- und Parotitisprophylaxe …

11

	Sturzprophylaxe	**Dekubitusprophylaxe**	**Thromboseprophylaxe**
kontrollieren: Kleidung faltenfrei*?		✗	
nicht auf Socken laufen	✗		
MTS anziehen			✗
feste Schuhe mit Gummisohle** tragen	✗		
prüfen: <u>leichter</u> Druck auf dem Bein?			✗
Kleidung glattziehen*, wenn nötig		✗	
beachten: Passen die Strümpfe?			✗
knöchelhohe Schuhe anziehen	✗		
Kleidung aus Naturfasern tragen		✗	

Bei einer **Sturzprophylaxe** sollten Pflegebedürftige nicht auf Socken oder Strümpfen laufen, sondern feste Schuhe mit Gummisohle anziehen, weil sie sonst ausrutschen könnten.

Sie sollten knöchelhohe Schuhe tragen, weil man da nicht so leicht umknicken kann.

Man sollte bei einer **Dekubitusprophylaxe** kontrollieren: Ist die Kleidung faltenfrei?

Wenn nötig, sollte man sie besonders am Rücken und Gesäß glattziehen, denn sonst bekommt der Pflegebedürftige Druckstellen und vielleicht einen Dekubitus.

Der Pflegebedürftige sollte Kleidung aus Naturfasern tragen, weil das ein luftdurchlässiges Material ist, und die Haut besser atmen kann. (Man sollte fragen: „Ist alles angenehm für Sie? Oder drückt etwas?")

Bei einer **Thromboseprophylaxe** sollte der Pflegebedürftige MTS (Medizinische Thromboseprophylaxestrümpfe) anziehen, denn das Blut kann manchmal nicht so gut fließen.

Man sollte prüfen: Ist ein <u>leichter</u> Druck auf dem Bein? Denn dann fließt das Blut besser.

Man sollte beachten: Passen die Strümpfe? Wenn sie zu groß sind, gibt es keinen Effekt. Wenn sie zu klein sind, drücken sie zu sehr, das schmerzt dann.

12

Cristina López: „Hallo, Frau Melnikow. Nächste Woche wird Ihr Bruder entlassen. Er freut sich sehr, aber er ist noch schwach, und das Gehen fällt ihm schwer. Er hat Angst, dass er **stürzt** . Das ist sehr gefährlich!"

Frau Melnikow: „Ja, das stimmt. Ich möchte ihm gerne helfen. Was kann ich als **Angehörige** denn machen? Wie kann ich ihn unterstützen?"

Cristina López: „Das ist sehr nett von Ihnen. Sie können sehr viel machen. Wichtig ist, dass sie verschiedene Maßnahmen für eine Sturzprophylaxe kennen. Die sind zur **Prävention**, denn Ihr Bruder darf nicht stürzen."

Frau Melnikow: „Ok. Und welche Maßnahmen sind das?"

Cristina López:	„In der Dusche oder Badewanne kann es oft sehr **rutschig** sein. Es gibt spezielle Anti-Rutsch-Matten. Die legen Sie in die Dusche oder Badewanne rein, dann rutscht man nicht so schnell aus."
Frau Melnikow:	„Natürlich, die kenne ich. Unsere Mutter hatte auch eine!"
Cristina López:	„In einer Wohnung kann man schnell stürzen. Zum Beispiel über Teppiche . Tun Sie die weg, wenn möglich! Oder Kabel, zum Beispiel von Fernseher, Computer oder Telefon. Es sollten keine Kabel auf dem Boden liegen."
Frau Melnikow:	„Das mache ich! Vielleicht können wir auch sein Bett an einen anderen Platz stellen, dann kann er besser zur Toilette gehen. Jetzt ist der Weg vom Schlafzimmer zum Badezimmer sehr lang."
Cristina López:	„Das ist eine gute Idee. Aber reden Sie bitte vorher mit Herrn Atayev. Es ist sehr wichtig, dass Sie ihm helfen, aber nicht für ihn entscheiden. Auch wenn er Hilfe braucht, sollte er **autonom** sein und für sich selbst entscheiden. Er sagt, was er möchte und was nicht. Wir können nur **beraten** ."
Frau Melnikow:	„Ok, keine Sorge. Haben Sie noch einen Tipp für mich?"
Cristina López:	„Er sollte immer genug trinken ! Das ist sehr wichtig, auch für die Sturzprophylaxe. Wenn er nicht genug trinkt, dann wird ihm **schwindelig** . Und dann ist die Gefahr groß, dass er stürzt."
Frau Melnikow:	„Vielen Dank, Frau López. Ihre Beratung hat mir sehr geholfen."

13

Sie möchten einem Patienten Heparin injizieren/spritzen. Hallo. Darf ich Ihnen Heparin injizieren/spritzen? Das ist wichtig, denn Sie sollen keine Thrombose bekommen.

Sie möchten einem Patienten Schuhe anziehen. Entschuldigen Sie, passt es Ihnen, wenn ich Ihnen jetzt die Schuhe anziehe? Das ist wichtig, denn sie dürfen nicht stolpern/stürzen/fallen.

Sie möchten mit einem Patienten Bewegungsübungen machen. Guten Morgen. Ist es Ihnen recht, wenn ich mit Ihnen Bewegungsübungen mache? Das ist wichtig, weil Sie keine Kontrakturen/Thrombose bekommen sollen.

Sie möchten mit einem bettlägerigen Patienten einen Positionswechsel machen. Guten Abend. Ist es ok für Sie, wenn ich mit Ihnen einen Positionswechsel mache? Das ist wichtig, denn Sie dürfen keinen Dekubitus / keine Kontrakturen bekommen.

Sie möchten bei einem Patienten an einer roten Hautstelle an der Ferse einen Fingerdrucktest machen. Hallo. Sind Sie einverstanden, wenn ich einen Fingerdrucktest an Ihren Fersen mache? Das ist wichtig, weil Sie keinen Dekubitus bekommen dürfen.

14

1 e; 2 b; 3 a; 4 c; 5 j; 6 g; 7 i; 8 f; 9 d; 10 h

15 (Beispiele)

- weil sie sich dann schneller wieder besser/normaler/gesünder fühlen.
- weil sie nicht denken sollen: „Schlafanzug = mein Platz ist im Bett!".
- weil eigene Kleidung ein Teil/Ausdruck vom Charakter ist.

Was sollten diese Pflegebedürftigen tragen? Was raten Sie?

1. Herr Franz: Regenjacke, feste Schuhe (mit Gummisohle), evtl. Schal, Mütze …
2. Heidi: bequeme Sachen, die man einfach an-/ausziehen kann, z.B. T-Shirt, Strickjacke, Jogginganzug, evtl. Nachthemd, Krankenhaushemd …
3. Herr O'Donnell: Krankenhaushemd, Unterwäsche, Socken/Strümpfe, evtl. (Strick-) Jacke …
4. Frau Hayek: feste Schuhe (mit Gummisohle), ihren Schmuck (wenn das ihr Wunsch ist), sonst was sie will …

16

1 b; 2 a; 3 a; 4 b; 5 a

17

1 d; 2 g; 3 f; 4 h; 5 b; 6 c; 7 i; 8 a; 9 e

18

1. Ich gratuliere Ihnen **zu** der neuen Stelle!
2. Miro nimmt **an** einem Deutschkurs in Bonn teil.
3. Der Chirurg diskutiert **mit** seinen Kollegen über die Patienten.
4. Träumst du manchmal **von** der Arbeit?
5. Wann Sie aufstehen dürfen? Das hängt **von** der Heilung ab.
6. Wir laden Sie herzlich **zu** unserem Informationsabend ein!
7. Die Ärztin telefoniert **mit** Frau Niemayers Angehörigen.
8. Die Patientin fragt **nach** einer Schmerztablette.
9. Erzählen Sie mir etwas mehr **von** dem Sturz. Wann ist das passiert?

19

1	Es gibt Verben, die (fast) immer reflexiv sind. Hier hat das Reflexivpronomen oft keine Bedeutung.	→ sich ausruhen, sich beeilen, sich erholen, sich fühlen, sich konzentrieren, sich langweilen, sich verlaufen …
2	Es gibt Verben, die manchmal reflexiv sind und manchmal nicht (dann mit Akk.-Objekt!).	(sich) waschen: Ich wasche mich. ↔ Ich wasche den Mann. (sich) anziehen: Du ziehst dich an. ↔ Du ziehst das Kind an. → (sich) bewegen, (sich) verletzen, (sich) bilden …

Regel		Beispiele
3	Viele reflexive Verben haben auch eine Präposition.	sich erinnern an (+ Akk.): Erinnerst du dich an Eva? sich kümmern um (+ Akk.): Die Pflegekraft kümmert sich um die Pflegebedürftigen. Akk. → sich entscheiden für, sich ärgern über … Dat. → sich beschäftigen mit, sich beschweren bei …
4	Manchmal bedeutet das Reflexivpronomen auch, dass zwei Personen gegenseitig etwas tun.	sich küssen: Magda und Arthur küssen sich. (= Sie küsst ihn, und er küsst sie.) sich treffen: Treffen wir uns um 3 Uhr? (= Ich treffe dich, und du triffst mich.) → sich kennen(lernen), sich unterhalten, sich verlieben …

20

1. Wenn Sie grade eine Operation hatten, müssen Sie **sich** danach erholen.
   Erholen Sie sich!
2. Wenn ihr am Morgen zu spät aufsteht, müsst ihr **euch** beeilen.
   Beeilt euch!
3. Wenn Sie spazieren gegangen sind, sollten Sie **sich** erstmal ausruhen!
   Ruhen Sie sich (erstmal) aus!
4. Wenn du mehr schläfst, kannst du **dich** besser konzentrieren.
   Schlaf (mehr)! Konzentrier dich (besser)!

21

Herr Jablonski hat einen schweren Dekubitus und kann **sich** nur schlecht bewegen. Reza Ahmadi wäscht — ihn heute.

Reza: „Bitte setzen Sie **sich** hin, dann kann ich — Sie besser waschen. Zuerst ziehen wir — den Schlafanzug aus. Moment, ich stelle **mich** mal hierhin, dann geht es besser. Jetzt wasche ich — Ihren Rücken. Das war es schon. Können Sie **sich** alleine anziehen, oder soll ich — Ihnen helfen? *(Herr Jablonski stöhnt.)* Ok, kein Problem.

So, jetzt haben wir — es geschafft. Bald fühlen Sie **sich** sicher wieder besser! Kevin, was machst du denn hier? Hast du **dich** verlaufen?"

Kevin: „Nein, ich wollte **mich** einfach mal ein bisschen bewegen!"

Reza: „Bitte geh — zurück in dein Zimmer, und leg **dich** wieder hin! Beeil **dich**! Aufstehen ist gar nicht gut für die Heilung! Und wenn du **dich** langweilst, beschäftige **dich** mit einem Buch oder Spiel. Oder melde **dich** bei uns, dann helfen wir —!"

22

1. Jessica hat sich um eine Stelle beim ambulanten Pflegedienst beworben.
   Jessica hat sich beim ambulanten Pflegedienst um eine Stelle beworben.
   Jetzt bereitet sie sich auf das Vorstellungsgespräch vor.
2. Ich werde heute 40! Über die tollen Geschenke freue ich mich sehr!
   Aber noch mehr freue ich mich auf die Geburtstagsparty am Samstag!
   Aber auf die Geburtstagsparty am Samstag freue ich mich noch mehr!
3. Gestern habe ich mich wieder mit meinem Mann über das Kochen gestritten.
   Er beschwert sich immer über das Essen, aber er kocht nie selbst! / aber nie kocht er selbst! / aber selbst kocht er nie!
   Später hat er sich aber bei mir für sein Verhalten entschuldigt und etwas gekocht.
   Später hat er aber etwas gekocht und sich bei mir für sein Verhalten entschuldigt.

23

Lara und Johnny lernen sich kennen. – Sie treffen sich oft im Park und unterhalten sich stundenlang. – Sie verlieben sich, und … – … sie küssen sich. Drei Monate später heiraten sie.

Das Quiz (Kap. 9)

1 – Mögliche Lösung: > Aufgabe 2, 3 und 4

2 – Mögliche Lösung: > Aufgaben 7 und 9

3 – Mögliche Lösung: > Aufgaben 6 und 17

4 – Mögliche Lösung: > Aufgabe 9

5 – Lösung: *sich erinnern an* (+ Akk.) – *sich freuen über/auf* (+ Akk.) – *warten auf* (+ Akk.) – *teilnehmen an* (+ Dat.) – *sich kümmern um* (+ Akk.) – *achten auf* (+ Akk.); 9.5 Grammatik – Verben mit Präpositionen, Reflexive Verben

Kapitel 10

1 (Beispiele)

Da sind zwei Personen.

Ich sehe einen pflegebedürftigen Menschen in einem Bett.

Der Pflegebedürftige hat die Augen geschlossen und den Mund offen.

Ich sehe eine zweite Person / einen Angehörigen / eine Pflegefachperson.

Der Angehörige / die Pflegefachperson hält die Hand von dem Pflegebedürftigen.

Vielleicht möchte der Angehörige /die Pflegefachperson dem Pflegebedürftigen helfen.

Ja, ich kenne diese Situation.

Ja, ich habe schon mal einem sehr kranken / sterbenden Menschen die Hand gehalten.

Nein, ich habe noch nie einem sehr kranken / sterbenden Menschen die Hand gehalten.

Diese Situation ist wichtig, weil sehr kranke Menschen oft nicht mehr reden können. Dann können Berührungen sehr wichtig sein, zum Beispiel die Hand halten.

2

	richtig	falsch
Im Hospiz werden die Leute auch wieder gesund.	☐	☑
Die Angehörigen von den Pflegebedürftigen sind oft Tag und Nacht da.	☑	☐
Die Pflegebedürftigen erzählen nur von persönlichen Ereignissen.	☐	☑
Arun war ein Jahr alt, da sind seine Eltern nach Kambodscha geflüchtet.	☐	☑

Was hilft Arun, wenn ihn etwas belastet? z.B.: Es hilft ihm, wenn er mit seinen Kollegen spricht. Sie unterstützen sich. Und es gibt auch Psychologen, Sozialarbeiter und Theologen hier, mit denen man sprechen kann.

Was gefällt Arun an seiner Arbeit? z.B.: Pfleger sind ein wichtiger Ansprechpartner. Zuhören, Verständnis zeigen und eine gute Beziehung sind wichtig, und er macht das gern. Durch seine Pflege kann er den Menschen ihre letzten Tage so angenehm wie möglich machen, das findet er schön. Und er hört auch gerne den Geschichten aus dem Leben der Pflegebedürftigen zu. Das findet er spannend. Und bei all den Herkunftsländern und Kulturen lernt er auch sehr viel.

3 (Beispiele)

- *„Land, Landesteil oder Ort, in dem man [geboren und] aufgewachsen ist oder sich durch ständigen Aufenthalt zu Hause fühlt"* (www.wikipedia.de)
- Heimat ist kein Ort, sondern ein Gefühl.
- Heimat ist da, wo meine Familie ist.

4

Sichtbar z.B.: Sprache/Schrift, Essen/Trinken, Literatur, Mimik/Gestik, Architektur, Kleidung, Musik/Kunst/Film, Freizeitangebote

Unsichtbar z.B.: Emotionen, Religion, Bildung/Erziehung, Politik/Geschichte/Wirtschaft, Traditionen/Rituale, Höflichkeit, Hierarchien, Zeitgefühl, Humor, Philosophie, Werte/Ziele, Denkweise/Interpretation, Konfliktverhalten, Gesellschaftsordnung

Was zeigt das Eisberg-Modell? z.B.: Das Eisberg-Modell zeigt, dass es in einer Kultur viele Dinge gibt, die man nicht direkt (auf den ersten Blick) sehen/erkennen kann. Sie sind unsichtbar/versteckt.

Was sollte man beachten, wenn man Kontakt mit einer fremden Kultur hat? z.B.: Beim Kontakt mit einer fremden Kultur sollte man beachten, dass man viele Dinge nicht direkt sehen/erkennen kann. Man sollte tolerant, geduldig und verständnisvoll sein, auch wenn man Dinge/Aktionen vielleicht zuerst nicht versteht.

Erst wenn man alle Aspekte kennt (sichtbare und unsichtbare), kann man eine Kultur verstehen.

Welche Arten von Kultur gibt es? z.B.: regionale Kultur, religiöse Kultur, familiäre Kultur, Erziehungskultur, Schulkultur, Kultur bei Freunden, innerhalb von Gruppen, Genderkultur (Mann/Frau), Alterskultur, Kultur innerhalb von sozialen Klassen, Vereinskultur, Clubkultur, Arbeits-/Firmenkultur, Medienkultur, Essenskultur

6

Pflegefachpersonen mit Palliative-Care-Weiterbildung, Palliativmediziner, Musiktherapeuten, Kunsttherapeuten, Physiotherapeuten, Sozialarbeiter, ehrenamtliche Helfer

7

Fieber ist keine Krankheit, es ist ein **Symptom.**

Bei der **Symptomkontrolle** fragen die Pflegenden zum Beispiel, ob die Pflegebedürftigen Schmerzen haben. Sie fragen nach Symptomen.

Oft haben sehr kranke Menschen einen trockenen Mund. Sie leiden unter **Mundtrockenheit** .

Auf der internistischen Station sollen die Menschen wieder gesund werden. Hier steht die **kurative** Pflege und Medizin im Mittelpunkt.

Durch Medikamente werden Schmerzen oft weniger, und es geht dem Menschen besser. Die Medikamente **lindern** die Schmerzen.

Wenn sich Menschen übergeben müssen, haben sie **Übelkeit** . Das ist ein Symptom dafür, dass im Körper etwas nicht stimmt.

Wenn jemand keine Luft bekommt / nicht atmen kann, dann nennt man das ***Dyspnoe*** . Das ist der Fachbegriff für Atemnot.

Cristina fragt Frau Russo, ob sie Schmerzen hat. Sie **kontrolliert**, ob sie Schmerzen hat.

Bevor man stirbt, lebt man den letzten Teil vom Leben, also die „Endphase" im Leben oder die „letzte **Lebensphase**" .

Frau Russo freut sich sehr, dass sie ihre Katze nochmal sieht. Das war ein großer **Wunsch** von ihr.

10

INNEREMEDIZIN FIEBER DEKUBITUS SCHMERZEN CHIRURGIE ÜBELKEIT PATIENTEN BETT STATIONSZIMMER DYSPNOE ATEMNOT MITTAGESSEN MUNDTROCKENHEIT APPETITLOSIGKEIT PULLOVER

Fieber, Schmerzen, Übelkeit, Dyspnoe, Atemnot, Mundtrockenheit, Appetitlosigkeit

11

In der kurativen Pflege und Medizin steht im Mittelpunkt, dass kranke Menschen wieder gesund werden, also dass man sie heilt. Aber in der palliativen Pflege und Medizin ist am wichtigsten, dass kranke Menschen nicht leiden müssen.

12

	richtig	falsch
Der Geruch von Lavendel beruhigt.	☑	☐
In der palliativen Pflege ist es sehr wichtig, dass man sich Zeit für die Pflegebedürftigen nimmt.	☑	☐
Die kurative Pflege steht bei Frau Russo im Mittelpunkt.	☐	☒

13

der Arzt

1. Der Arzt sieht täglich Fälle, die tödlich enden. ☐
2. Man bringt die Leiche oft in die Notaufnahme. ☐

die Pflegebedürftige in der Endphase des Lebens

3. Die Pflegebedürftige wird bald sterben und ist traurig. ☐
4. Sie glaubt, dass die Seele nach dem Tod in den Himmel kommt. ✓

die Krankenpflegerin

5. Krankenpfleger sollten die Hinterbliebenen unterstützen. ✓
6. Wenn sie trauern, sollte man trösten und Beileid aussprechen. ✓

die Angehörige

7. Die Beerdigung soll nächste Woche auf dem Friedhof stattfinden. ✓
8. Im Testament steht: Die Schwester erbt/bekommt das Haus. ☐

14

	Buddhismus	Christentum	Hinduismus	Islam	Judentum
Gefühle zeigen	zeigen Trauer meistens ganz offen			normalerweise trauert man nicht offen (so zweifelt man an Gottes Entscheidung)	
Begräbnis/ Zeremonie	• Familie bahrt Toten einige Tage auf • dann Verbrennung	• Familie bahrt Toten vor Begräbnis auf • Leiche: Augen schließen, waschen, schminken, schick anziehen • Beerdigung: Friedhof	• am Todestag reinigt man Leiche • dann Verbrennung (ohne Fremde!) • Asche: spätestens nach drei Tagen in Fluss oder Meer streuen • am bekanntesten dafür: Stadt Varanasi am Fluss Ganges	• Tote innerhalb von 24 Stunden begraben, mit Gesicht Richtung Mekka • Leiche waschen & in Weiß kleiden	• Tote innerhalb von 24 Stunden begraben • Verbrennen nicht erlaubt • im Tod alle gleich, deshalb Toter in simplem weißem Tuch und in einfachem Holzsarg
Sonstige Rituale, Trauerzeit	Räucherkerzen anzünden	• „Leichenschmaus": Essen, wo man sich erinnert & tröstet • Trauerzeit: meistens ein Jahr	• Rituale zum Reinigen der Leiche	• traditioneller Islam: Männer & Frauen trauern getrennt • Teile Ägyptens: „Klageweiber" (Frauen, die laut weinen/klagen) • Schiiten: Trauermonat *Muharram*	• keine Blumen auf Grab, sondern Steine • wichtigstes Ritual: *Schiwa* („sieben") *sitzen*: Nach Beerdigung kommen sieben Tage lang Besucher zu Familie; trösten und bringen Essen • Totengebet: *Kaddisch* (11 Monate jeden Tag beten)
Trauer-Farbe, Kleidung	Weiß	Schwarz	Weiß	Weiß	Weiß
Leben nach dem Tod	• Wiedergeburt (Reinkarnation) → mit Tod beginnt neues Leben in anderem Körper. • abhängig von guten oder schlechten Taten im Leben, als was man wiedergeboren wird • höchstes Ziel: Kreislauf stoppen & *Nirwana* erreichen	• mit Tod endet Leben auf der Erde • Seele kommt zu Gott in den Himmel & lebt dort ewig • schlechte Menschen: nicht in Himmel, sondern in Hölle	Wiedergeburt (Reinkarnation) → Tod nicht Ende, sondern Neubeginn • höchstes Ziel *Moksha:* Befreiung aus Kreislauf und Frieden für Seele.	• Leben und Tod gehören zusammen • Leben ist Vorbereitung auf Paradies • Tod für gute Menschen: Heimkehr zu Gott, schlechte kommen in Hölle	verschiedene Vorstellungen, was nach Tod passiert, z. B. dass Seele Körper verlässt und auffährt

15

1 b; 2 b; 3 a; 4 b; 5 a; 6 b

16

1 a; 2 a; 3 b; 4 a; 5 b

17

Neue Heimat

„Ich **wurde** 1930 in Palästina **geboren**, in Bethlehem. Meine Eltern *sind* im Jahr 1920 aus Ägypten *eingewandert*. Ich *bin* auch in Bethlehem *aufgewachsen* und *habe* dort meine Kindheit *verbracht*. Sie **war** sehr schön. Wir *haben* in einem guten Viertel *gewohnt*, und meine kleine Schwester und ich **hatten** viele Freunde.

1947 **gab** es dann Krieg, und eine Bombe *hat* unser Haus *getroffen*. Gott sei Dank *ist* nichts *passiert*! Aber meine Eltern *haben* schnell *entschieden*, dass wir nach Deutschland auswandern, weil dort mein Onkel *gelebt hat*. So *bin* ich nach Bremen *gekommen*. Der Anfang **war** wirklich schwer für uns. Wir *haben* kein Deutsch *verstanden*, und meine Eltern **konnten** nicht **arbeiten**. Ich **hatte** solches Heimweh, und ich *habe* meine Großmutter sehr *vermisst*, die in Bethlehem *geblieben ist*. Es **ging** mir nicht gut, und ich *habe* mich lange fremd und einsam *gefühlt* …

Aber dann *haben* wir alle ziemlich schnell Deutsch *gelernt*. Zuerst meine Schwester und ich, und wir *haben* dann meinen Eltern *geholfen*. Wir *haben* uns mit der Zeit an das Leben in Deutschland *gewöhnt*. Meine Mutter *hat* eine Stelle als Köchin *gefunden*, und mein Vater *hat* bei der Post *gearbeitet*. Meine Schwester und ich **durften studieren**. Ich *habe* Medizin *studiert* und **wurde** Ärztin, sie **war** Lehrerin. Bei der Arbeit *habe* ich dann meinen Mann *kennengelernt*. Er **hieß** Arthur und *ist* leider schon vor 15 Jahren *gestorben*. Wir *haben geheiratet* und 4 Kinder *bekommen*. Heute habe ich 12 Enkel, die sind mein ganzer Stolz. Ich finde, ich **hatte** ein schönes Leben."

Hilfsverben: wurde (geboren), war, hatte/hatten

Modalverben: konnte (arbeiten), durften (studieren)

Sonstiges Präteritum: (es) gab, (es) ging, hieß

Perfekt trennbare Verben: sind eingewandert, bin aufgewachsen, habe kennengelernt

Perfekt untrennbare Verben (*be-, emp-, ent-, er-, ge-, ver-, zer-*): habe verbracht, haben entschieden, haben verstanden, habe vermisst, haben bekommen

Perfekt mit *-ieren*: <u>ist</u> passiert, habe studiert

Sonstiges Perfekt: haben gewohnt, hat gelebt, bin gekommen, <u>ist</u> geblieben, habe gefühlt, haben gelernt, haben geholfen, haben uns gewöhnt, hat gefunden, hat gearbeitet, ist gestorben, haben geheiratet

18

blieb – **bleiben**	gab – **geben**	starb – **sterben**
bekam – **bekommen**	lief – **laufen**	traf – **treffen**
brachte – **bringen**	saß – **sitzen**	trank – **trinken**
fing an – **anfangen**	schlief – **schlafen**	verbrachte – **verbringen**
fuhr – **fahren**	stand auf – **aufstehen**	zog um – **umziehen**

20

Frau Hatoum-Wellinger **wurde** 1930 in Palästina geboren, in Bethlehem. Ihre Eltern **wanderten** im Jahr 1920 aus Ägypten **ein**. Sie **wuchs** auch in Bethlehem **auf** und **verbrachte** dort ihre Kindheit. Die **war** sehr schön. Sie **wohnten** in einem guten Viertel, und ihre kleine Schwester und sie **hatten** viele Freunde.

1947 **gab** es dann Krieg, und eine Bombe **traf** ihr Haus. Gott sei Dank **passierte** nichts! Aber ihre Eltern **entschieden** schnell, dass sie nach Deutschland auswandern, weil dort ihr Onkel **lebte**. So **kam** sie nach Bremen. Der Anfang **war** wirklich schwer für sie. Sie **verstanden** kein Deutsch, und ihre Eltern **konnten** nicht **arbeiten**. Sie **hatte** solches Heimweh, und sie **vermisste** ihre Großmutter sehr, die in Bethlehem **blieb**. Es **ging** ihr nicht gut, und sie **fühlte** sich lange fremd und einsam …

Aber dann **lernten** sie alle ziemlich schnell Deutsch. Zuerst ihre Schwester und sie, und sie **halfen** dann ihren Eltern. Sie **gewöhnten** sich mit der Zeit an das Leben in Deutschland. Ihre Mutter **fand** eine Stelle als Köchin, und ihr Vater **arbeitete** bei der Post. Ihre Schwester und sie **durften** studieren. Sie **studierte** Medizin und **wurde** Ärztin, ihre Schwester **war** Lehrerin. Bei der Arbeit **lernte** sie dann ihren Mann **kennen**. Er **hieß** Arthur und **starb** leider schon vor 15 Jahren. Sie **heirateten** und **bekamen** 4 Kinder. Heute hat sie 12 Enkel, die sind ihr ganzer Stolz. Sie findet, sie **hatte** ein schönes Leben.

21

Nach Koma: Koreaner spricht fließend Deutsch

Unglaublich, was am Samstagmorgen in Seoul, Korea) **passierte**! Der Koreaner Jonghyun Park **lag** nach einem Autounfall zwei Wochen im Koma. Als er **aufwachte**, **vergaß** er seine Muttersprache Koreanisch, dafür **sprach** er aber fließend Deutsch! Als Erstes **fragte** er die erstaunte Pflegerin nach einem Bier, danach **versuchte** er, mit seiner Familie zu sprechen, die ihn aber leider nicht **verstand**. Jonghyun **lernte** zwar in seiner Jugend ein bisschen Deutsch, **konnte** die Sprache aber nie fließend.

Weltweit **gab** es schon einige Fälle wie den von Park, immer **kam** die Muttersprache nach einigen Tagen zurück. Wir berichten!

Das Quiz (Kap. 10)

1 – Mögliche Lösung: ➤ Aufgabe 15 und 16

2 – Mögliche Lösung: ➤ Aufgabe 6

3 – Mögliche Lösung: ➤ Aufgabe 11

4 – Mögliche Lösung: ➤ Aufgabe 12

5 – Lösung: *gehen – er ging; denken – er dachte; kommen – er kam; wissen – er wusste; bringen – er brachte; geben – er gab; sterben – er starb;* 10.5 Grammatik – Präteritum

Kapitel 11

1 (Beispiele)

Da sind drei Personen: eine Pflegefachfrau, eine Ärztin und ein Patient.

Ich sehe ein Patientenzimmer und ein Patientenbett. Der Patient liegt im Patientenbett.

Die Ärztin redet mit dem Patienten.

Der Patient redet mit der Ärztin.

Die Pflegefachfrau schreibt/dokumentiert.

2

der Laptop / Laptops	der PC, der Computer / Computer	das Tablet / Tablets	das Handy, das Smartphone / Smartphones	das (Festnetz-) Telefon / Telefone
der Drucker / Drucker	der Fernseher / Fernseher	das Radio / Radios	die (Digital-) Kamera / Kameras	der MP3-Player / Player

4

Cristina López:	„Krankenhaus Brück, Station für Gynäkologie, Cristina López hier. Guten Tag!"
Frau Dr. Schmittgen:	„Ja hallo Frau – ääh – egal. Hier ist Dr. Schmittgen aus der Chirurgie. Ich versuche schon die ganze Zeit, Frau Dr. Fomin zu **erreichen** , aber auf der Durchwahl ist immer **besetzt**, oder sie geht nicht ran! Und ich will nicht auf den AB, also den Anrufbeantworter sprechen. Können Sie ihr etwas **ausrichten**?"
Cristina López:	„Ähm, entschuldigen Sie, aber ich verstehe nicht ganz. Meinen Sie, ich soll Frau Dr. Fomin etwas sagen?"
Frau Dr. Schmittgen:	„Ja genau! Ich möchte ihr eine **Nachricht** hinterlassen. Sie soll mich bitte schnellstmöglich zurückrufen, es ist **dringend**!"
Cristina López:	„Ok, sie soll Sie anrufen. Ich sage ihr Bescheid. Entschuldigung, wie war Ihr Name?"
Frau Dr. Schmittgen:	„Sehr gut, vielen Dank! Mein Name ist Frau Dr. Schmittgen. Ich **buchstabiere**: S-C-H-M-I-T-T-G-E-N. Ich lege dann jetzt auf! Auf Wiederhören!"
Cristina López:	„Danke und auf Wiederhören!"

7

1. Ein Kurvenkardex ist ein System für **Pflegedokumentationen**.
2. Die Telefonnummern von den Angehörigen schreibt man in das **Stammblatt**.
3. Den Blutdruckwert schreibt man in das **Kurvenblatt**.
4. Der Kurvenkardex muss auf dem Stationsflur geschlossen sein. Das ist wichtig für den **Datenschutz**.
5. Am Computer schreibt Reza in die elektronische/computergestützte **Dokumentationsmappe**.

8

„Wer schreibt, der bleibt!" ist ein Sprichwort. Es bedeutet, wenn man etwas aufschreibt, dann kann man es immer lesen. Es bleibt also. Aber wenn man nur über etwas redet, dann sind das nur gesprochene Worte. Wenn man sie vergessen hat, dann sind sie weg. Für die Pflege bedeutet das: Am besten, man schreibt alles für die Dokumentation direkt auf. Es ist schlecht, wenn man etwas vergisst (zum Beispiel: Hat die Patientin ihre Medikamente genommen oder nicht?).

9

1 f; 2 k; 3 g; 4 b; 5 d; 6 i; 7 a; 8 j, 9 c; 10 e; 11 h

11

Informationen an Kollegen weitergeben; Pflicht durch das Gesetz erfüllen; Informationen übersichtlich ordnen; Nachweise für die Pflegeleistungen sammeln; Nachweise für die Abrechnung sammeln; Pflegediagnosen stellen

12

1. Pflegende sammeln jeden Tag **Informationen**.
2. Durch die Informationen können Pflegende erkennen, beschreiben und **beurteilen**.
3. Das Beurteilen von Informationen nennt man **diagnostizieren**.
4. Pflegende stellen und dokumentieren **Pflegediagnosen**.
5. Dokumentation ist Pflicht. Das steht im **Krankenpflegegesetz**.

13

Die Patientin Frau K. hat heute gesagt, dass **ihr schwindelig ist**.

Es ist auffällig, dass **sie wenig trinkt und Probleme beim Gehen hat**.

Es könnte sein, dass / Es besteht die Gefahr, dass **sie dehydriert**.

Die Pflegenden erklären Frau K., dass **sie mehr trinken muss**, sonst **dehydriert und stürzt sie**.

14

Anamnesebogen; Patientenakte; Pflegeberichtsbogen; Fieber-/Blutdruckkurve; Pflegeplanung; Medikamentenverordnung; Ernährungsplan; Dienstübergabeformular

16

1. eine E-Mail senden oder schicken
2. der Anhang: eine Datei anfügen oder anhängen
3. der Papierkorb
4. der Absender
5. der Empfänger
6. der Betreff: das Thema der E-Mail
7. eine Datei in einem Ordner speichern
8. jemanden auf Cc setzen
9. die Anrede
10. die Grußformel

17

	offiziell	persönlich
Anrede	Sehr geehrte Damen und Herren, Sehr geehrte Frau Dr. Fomin, Sehr geehrt**er** Herr Ahmadi,	Hallo Sarah, Liebe Cristina, / Liebe**r** Reza,
Beginn	Vielen Dank für Ihre E-Mail/Nachricht. Ich schreibe Ihnen/dir/euch, weil… Hiermit möchte ich (Ihnen mitteilen, dass … / fragen, ob … / Ihnen … senden / …	Wie geht es dir/euch? Mir geht es … Ich habe mich sehr über deine/eure E-Mail gefreut! Ich schreibe Ihnen/dir/euch, weil …
Schluss/Ende	*Vielen Dank im Voraus.*	Ich freue mich, wenn du dich / ihr euch bald wieder bei mir meldet! Schreib/Schreibt mir bald wieder!
Grußformel	Mit freundlichen Grüßen (auch: MfG) Freundliche/Schöne Grüße	Liebe/Viele Grüße (auch: LG/VG)

18

1. Schmerz-Assessment; 2. Schmerz-Assessment für Neugeborene ; 3. Ernährungszustand-Assessment

20

1 a; 2 b; 3 b; 4 b; 5 a

21

Auf eine Frage mit „Wo?" folgt immer ein **Dativ** , auf eine Frage mit „Wohin?" ein **Akkusativ**, zum Beispiel:

Wo bist du? – Ich bin **im** Krankenhaus / **auf der** Station …

Wohin gehen Sie? – Ich gehe **in** das Krankenhaus / **auf die** Station …

22

Wo ist Cristina? Sie ist …	**Wohin geht Cristina? Sie fährt …**	**Woher kommt Cristina? Sie kommt …**
beim Arzt.	**zum** Arzt.	**vom** Arzt.
im Pflegeheim.	**zum/ins** Pflegeheim.	**vom / aus dem** Pflegeheim.
in der Wäscherei.	**zur / in die** Wäscherei.	**von/aus der** Wäscherei.
am / auf dem Marktplatz.	**zum** Marktplatz.	**vom** Marktplatz.
zu Hause.	**nach** Hause.	**von zu** Hause.
im Libanon.	**in den** Libanon.	**aus dem** Libanon.

24

Der Ordner steht im/~~ins~~ Regal.	Ich stelle den Ordner ~~im~~/ins Regal.	Er stellt sich neben ~~der~~/die Pflegebedürftige.
Die Dokumente liegen auf dem/~~den~~ Tisch.	Ich lege die Dokumente auf ~~dem~~/den Tisch.	Frau Müller legt sich ~~im~~/ins Bett.
Das Kind sitzt auf der/~~die~~ Bank.	Ich setze das Kind auf ~~der~~/die Bank.	Sie setzen sich an ~~dem~~/den Computer.

25

☑ **DAT.** ☐ AKK.	☐ DAT. ☑ **AKK.**	☐ DAT. ☑ **AKK.**
stehen (stand – hat gestanden)	stellen (stellte – hat gestellt)	**sich stellen** (stellte sich – hat sich gestellt)
liegen (lag – hat gelegen)	**legen** (legte – hat gelegt)	sich legen (legte sich – hat sich gelegt)
sitzen (saß – hat gesessen)	setzen (setzte – hat gesetzt)	**sich setzen** (setzte sich – hat sich gesetzt)

26 (Beispiele)

Der Hubschrauber steht auf dem Dach.

Der Krankenwagen steht vor dem Krankenhaus.

Der Hund sitzt neben dem Tisch.

Der Kellner stellt die Flasche auf den Tisch.

Das Bild hängt an der Wand.

Die Lampe hängt an der Decke.

Die Vögel fliegen über das Krankenhaus.

Das Quiz (Kap. 11)

1 – Mögliche Lösung: > Aufgabe 2 und 3

2 – Mögliche Lösung: > Aufgabe 10

3 – Mögliche Lösung: > Aufgabe 11

4 – Mögliche Lösung: > Aufgabe 18

5 – Lösung: Präpositionen mit Dativ: **aus, bei, mit, nach, seit, von, zu**; Präpositionen mit Akkusativ: **durch, für, gegen, ohne, um;** Wechselpräpositionen: **in, an, auf, über, unter, vor, hinter, neben, zwischen;** 11.5 Grammatik

Kapitel 12

1 (Beispiele)

Ich sehe Hände und die Haut von einem Pflegebedürftigen.

Da ist eine Pflegefachfrau/Pflegefachperson/Pflegehelferauszubildende.

Die Pflegefachperson spritzt/injiziert einem Pflegebedürftigen ein Arzneimittel.

Das ist eine subkutane Injektion.

Ja, ich habe schon mal jemandem / einem Pflegebedürftigen eine Spritze/Injektion gegeben.

Natürlich, ich mache das jeden Tag.

Nein, ich habe noch nie etwas injiziert/gespritzt.

2

	richtig	falsch
1. Reza und Cristina möchten mehr Deutsch lernen und fragen Tayo nach Tipps.	✓	☐
2. Tayo hat im Deutschkurs richtig gut sprechen gelernt.	☐	✗
3. Er hat viele Freunde im Sport-Verein kennengelernt.	✓	☐
4. Seine Frau Malia hat direkt eine feste Stelle in einem sozialen Nachbarschafts-Projekt für Geflüchtete bekommen.	☐	✗
5. In den Einrichtungen gibt es genug medizinisches Personal.	☐	✗
6. Cristina und Reza fragen, ob Tayo mit ihnen den Verbandswechsel bei großen Wunden üben kann.	✓	☐

Macht euch keine Sorgen, das wird schon!

Ihr solltet auf jeden Fall auch privat viel Deutsch sprechen!

An eurer Stelle würde ich einen Verein suchen!

Wie wäre es, wenn ihr das auch mal probiert?

Schaut doch mal im Internet!

3 (Beispiele)

1. **„Ich fühle mich nicht wohl. Mir ist übel."**
   An deiner Stelle würde ich im Bett bleiben.
   Wie wäre es, wenn du eine Tablette nimmst?
2. **„Ich habe 39 Grad Fieber und fühle mich schwach."**
   Du solltest mehr schlafen.
   Bleib doch im Bett!
3. **„Mein Hals tut weh, und ich habe Husten."**
   Wenn ich du wäre, würde ich einen Tee mit Honig trinken.
   Geh doch mal zum Arzt!
4. **„Ich habe starke Rückenschmerzen."**
   Wie wäre es, wenn du dich mehr bewegst?
   Wenn ich du wäre, würde ich mehr Sport machen.
   Lass doch die Stelle mal röntgen!
5. **„Ich leide an Migräne."**
   Nimm doch eine Tablette!
   An deiner Stelle würde ich zum Arzt oder ins Krankenhaus gehen.

4

1 d; 2 f; 3 b; 4 a; 5 g; 6 h; 7 c; 8 e

5 (Beispiele)

Wenn man eine Schnittwunde am Finger hat, sollte man (vielleicht) …

ein Pflaster draufkleben / die Wunde versorgen / die Wunde desinfizieren …

Wenn man eine allergische Reaktion nach einem Insektenstich hat, sollte man (vielleicht) …

Erste Hilfe leisten / Fieber mit dem Thermometer messen / eine Spritze geben …

Wenn man eine Verletzung am Kopf hat, sollte man (vielleicht) …

Erste Hilfe leisten / einen Verband anlegen / die Wunde versorgen / eine Mullbinde um (den Kopf) wickeln / Fieber mit dem Thermometer messen / die Wunde desinfizieren ...

Wenn man eine die Platzwunde am Knie nach einem Unfall hat, sollte man (vielleicht) …

einen Verband anlegen / die Wunde versorgen / ein Pflaster auf die Wunde (drauf)kleben / eine Mullbinde um (das Knie) wickeln / die Wunde desinfizieren …

7

	richtig	falsch
Einen *Ulcus cruris* nennt man auch ein „geschlossenes Bein".	☐	✗
Frau Shirvani hat einen Dekubitus an der Ferse.	✓	☐
Reza klebt einen Polyurethanschaumverband auf die Ferse.	☐	✗
Welche Verbände kennt Reza schon? Reza kennt schon: Wundschnellverbände, Steristrips, Tapeverbände, Hydrokolloidverbände und Polyurethanschaumverbände.		

8

1 d; 2 a; 3 b; 4 c

9

A) Es gibt Verbände, die wie Pflaster sind. Das sind Verbände zum **Aufkleben**.

B) Eine Wundversorgung kann ein Verband sein oder etwas anderes Heilendes, das man auf die Wunde legt. Das nennt man eine **Wundauflage**.

C) Wenn die Wunde (noch) nicht sauber ist, sind oft gelbe oder dunkle **Beläge** darauf.

D) Die Wunde ist feucht oder nass. Sie **glänzt** / ist glänzend.

11

A 3; B 1; C 2

12

1 c; 2 a; 3 c

13

1. **Tayo** schlägt vor, dass sie sich am Mittwochabend treffen.
2. Aber dann vereinbaren sie den **Mittwochnachmittag.**
3. Sie verabreden sich um **halb 5** in Tayos Garten.
4. Cristina und Reza sollen **nichts** mitbringen.
5. Tayo wohnt in der Rosenstraße **5**, Haltestelle Irisweg.
6. Cristina und Reza wollen zusammen **mit der Bahn** dorthin fahren.

	Tayo	Cristina	Reza
Mittwochabend passt mir gut.	☐	✓	☐
Da bin ich schon verabredet.	☐	☐	✓
Nachmittags habe ich noch nichts vor.	☐	☐	✓
Ich kann auch.	☐	✓	☐
Geht vielleicht auch ein bisschen später?	☐	✓	☐
Einverstanden?	✓	☐	☐
Lass uns zusammen hinfahren!	☐	✓	☐

14

?? etwas vorschlagen	☺ zusagen/ etwas vereinbaren	→ verschieben	✗ absagen
Einverstanden? Lass uns zusammen (hinfahren)! Gehen wir (morgen) zusammen (zur Schule)? Kommst du mit (zum Pausenraum)? Sollen wir am Wochenende (zusammen lernen)? Hast du Lust auf (einen Kaffee nach der Arbeit)? Wir könnten uns (bei mir) treffen. Ich schlage vor, dass wir uns (um 3) treffen.	(Mittwochabend) passt mir gut. (Nachmittags) habe ich noch nichts vor. Ich kann auch. Ja gerne, ich freue mich schon! Ok, einverstanden! Das ist eine gute Idee! Dann sehen wir uns (am Samstag um 2)! Das klingt gut! Dann also (am Dienstag um 7)!	Da bin ich schon verabredet. Geht vielleicht auch (ein bisschen später?) Können wir unser Treffen auf (Montag) verschieben? Ich schaffe es (heute) erst (um 3 Uhr). Ist das ok?	Tut mir leid, ich muss leider absagen. Ich schaffe es leider (heute) nicht. Ich kann leider doch nicht kommen.

16

Frau Kölsch bekommt heute eine subkutane **Injektion (3)** und eine **Infusion (1)**. Reza darf die subkutane Injektion geben. Er hat ein **Spritzentablett (4)** vorbereitet. Auf dem Tablett sind ein Abwurfbehälter, ein Hautdesinfektionsmittel, Handschuhe, Tupfer, eine Spritze und eine Ampulle mit dem Arzneimittel. Reza **zieht das Arzneimittel aus der Ampulle in die Spritze auf (9)**. Dann fragt er Frau Kölsch, ob er ihr die Spritze geben darf. Die Patientin nickt mit dem Kopf. Zuerst **desinfiziert er eine Hautstelle an ! Frau Kölschs Oberschenkel (7)**. Dann macht er mit einer Hand **eine Hautfalte (2)**. Mit der anderen Hand **gibt er die Spritze (6)**. „Gut gemacht!", sagt Frau Kölsch. „Das hat nicht weh getan!" Jetzt bekommt die Patientin noch die Infusion. Sie bekommt Flüssigkeit, weil sie nicht genug trinkt. An der Hand hat Frau Kölsch schon eine **Venenverweilkanüle (5)**. Man kann die Infusion also direkt anschließen. Reza nimmt den **Infusionsschlauch und drückt ihn in die Infusionsflasche (8)**. Jetzt lässt er die Luft aus dem Infusionsschlauch. Das ist sehr wichtig! Er füllt den Schlauch mit der Infusionslösung. Jetzt kann Reza **die Infusion bei Frau Kölsch befestigen (10)**. Frau Kölsch bedankt sich. Reza lächelt und räumt alle Materialien auf.

17

1 a; 2 a; 3 a; 4 b; 5 b

18

würde … (+ Infinitiv)	**wäre**	**hätte**	**müsste** … (+ Infinitiv)
ich würde du würdest er/sie/es würde wir würden ihr würdet sie/Sie würden	ich wäre du wärst (wärest) er/sie/es wäre wir wären ihr wärt (wäret) sie/Sie wären	ich hätte du hättest er/sie/es hätte wir hätten ihr hättet sie/Sie hätten	ich müsste du müsstest er/sie/es müsste wir müssten ihr müsstet sie/Sie müssten
könnte … (+ Infinitiv)	**sollte** … (+ Infinitiv)	**wollte** … (+ Infinitiv)	**dürfte** … (+ Infinitiv)
ich könnte du könntest er/sie/es könnte wir könnten ihr könntet sie/Sie könnten	ich sollte du solltest er/sie/es sollte wir sollten ihr solltet sie/Sie sollten	ich wollte du wolltest er/sie/es wollte wir wollten ihr wolltet sie/Sie wollten	ich dürfte du dürftest er/sie/es dürfte wir dürften ihr dürftet sie/Sie dürften

19

1. Ratschlag	Du solltest dich mehr bewegen.
2. Vorschlag	Wir könnten uns bei mir im Garten treffen!
3. Höflichkeit	Könnten/Würden Sie mir den Tupfer geben?
4. Wunsch	Ich würde gerne / lieber / am liebsten als Ärztin arbeiten.
5. irreale Situation	Wenn ich du wäre, würde ich die Wunde desinfizieren.

20

Beeilt euch!	Würdet/Könntet ihr euch bitte beeilen?
Hilf mir!	Würdest/Könntest du mir bitte helfen?
Lassen Sie mich vorbei!	Würden/Könnten Sie mich bitte vorbeilassen?
Bring mir den Verband!	Würdest/Könntest du mir bitte den Verband bringen?
Seid leiser!	Würdet/Könntet ihr bitte leiser sein?
Geben Sie mir die Kompresse!	Würden/Könnten Sie mir bitte die Kompresse geben?

21

1. Er wäre gerne Pfleger.
2. Er würde lieber im Krankenhaus arbeiten.
3. Er würde gerne mehr Geld verdienen.
4. Er hätte lieber ein Auto.
5. Er wäre lieber verheiratet.
6. Er würde gern perfekt Deutsch sprechen.

Das Quiz (Kap. 12)

1 – Mögliche Lösung: > Aufgabe 2 und 3

2 – Mögliche Lösung: > Aufgabe 6

3 – Mögliche Lösung: > Aufgabe 10 und 11

4 – Mögliche Lösung: > Aufgabe 16

5 – Lösung: *haben* – ***hätte*** *(würde haben), arbeiten* – ***würde arbeiten***, *können* – ***könnte***, *sein* – ***wäre***, *müssen* – ***müsste***, *sollen* – ***sollte***, *sagen* – ***würde sagen***; > Aufgabe 18

Kapitel 13

1 (Beispiele)

Da ist / Ich sehe eine Pflegefachfrau an einem Schrank.

In dem (Medikamenten-)Schrank sind verschiedene Medikamente/ Arzneimittel.

Die Pflegefachfrau nimmt ein Medikament/Arzneimittel aus dem Schrank.

Ja, ich kenne die Situation von meinem Arbeitsplatz / aus meiner Ausbildung.

An meinem Arbeitsplatz gibt es auch einen Medikamentenschrank.

Nein, ich kenne die Situation nicht.

An meinem Arbeitsplatz / In meiner Ausbildung darf ich schon beim Richten/Sortieren/Stellen von Medikamenten/Arzneimitteln helfen.

Ich darf schon den Pflegebedürftigen ihre Medikamente/Arzneimittel bringen und verabreichen.

An meinem Arbeitsplatz / In meiner Ausbildung darf ich noch nicht mit Medikamenten/Arzneimitteln arbeiten.

2

eine faule Banane = **Biomüll**

ein Becher mit abgelaufenem Joghurt = **Joghurt: Biomüll, Becher: Verpackungen**

eine Packung mit saurer Milch = **Milch: Abfluss oder Biomüll, Packung: Verpackungen**

ein Kaffeefilter mit Kaffeesatz = **Biomüll**

faule Eier im Eierkarton = **Eier: Biomüll, Karton: Altpapier**

eine Flasche mit abgelaufenem Ketchup = **Ketchup: Biomüll, Flasche: Altglas**

eine kaputte Tasse = **Restmüll**

ein alter Putzschwamm = **Restmüll**

eine leere Cola-Dose = **Pfand**

alte Zeitungen = **Altpapier**

Sonstige Sachen:

Verpackungen (gelb): alles aus Kunststoff/Aluminium, z.B. Milch- und Saftkartons, Folie, Plastiktüten, Getränke- oder Konservendosen, Süßigkeiten-Papier …

(Alt-)Glas (weiß/grün/braun): alles Glas ohne Pfand; nicht: Porzellan, Trinkgläser …

(Alt-)Papier (blau, manchmal grün): Papier/Pappe, (Eier-)Kartons, Zeitungen, Bücher …

Biomüll (braun, manchmal grün): Gemüsereste, Kaffeesatz, Bananenschalen, Teebeutel, Garten-/Pflanzenabfälle …

Restmüll (schwarz): Hygieneartikel (Windeln, Watte, Damenbinden, Verbände, Pflaster, Zahnbürsten), Glühlampen und Halogenlampen (nicht: Energiesparlampen!), kaputtes Geschirr & Trinkgläser, Zigarettenkippen, Feuerzeuge, alte Textilien, Stifte, abgekühltes Öl, Stoffreste …

Pfand: alle Flaschen und Dosen, die man recyceln kann …

Sondermüll (extra entsorgen!): medizinische Abfälle (Blutbeutel, Infusionen, Spritzen etc.), Medikamente, Batterien, Altkleider, Elektronikschrott, LED- und Energiesparlampen, Sperrmüll …

3

1 b; 2 a; 3 b; 4 a; 5 b

4

38–50 Punkte: **Der Profi** – Herzlichen Glückwunsch, Sie sind ein echter Umweltschutz-Profi! Recycling, Energie sparen, Dinge wiederverwerten – Sie tun eine Menge für die Umwelt und das Klima. Machen Sie weiter so!

24–37 Punkte: **Der Bemühte** – Sie geben sich sehr viel Mühe und möchten die Umwelt wirklich schützen. Wenn es nur nicht so anstrengend wäre … Ein bisschen etwas für die Umwelt tun ist ja ok, aber wenn Sie aus Ihrer Komfortzone raus müssen, hört das Verständnis auf. Aber Sie sind auf einem guten Weg!

10–23 Punkte: **Der Gleichgültige** – Umweltschutz? Interessant, aber im normalen Alltag nicht möglich. Sie kaufen Plastiktüten und Einweg-Becher und mögen einfach gerne Fleisch. Und eigentlich ist Ihnen ziemlich egal (gleichgültig), ob es in 100 Jahren noch Eisbären gibt … Seien Sie umweltbewusster!

6

	richtig	falsch
Auf den Dispensern steht der Name und die Telefonnummer von den Pflegebedürftigen.	☐	☒
In die Dispenser kommen nur Tropfen und Injektionslösungen.	☐	☒
Zum Halbieren braucht man einen Tablettenteiler.	☑	☐
Warum ist das beim Richten und Stellen von Arzneimittel so wichtig? *Es ist sehr gefährlich, wenn Pflegebedürftige die falschen Arzneimittel/ Medikamente bekommen. Hier dürfen keine Fehler passieren. Deshalb sollten Pflegeauszubildende immer die Pflegefachpersonen fragen, wenn sie unsicher sind!*		

7

1 d; 2 a; 3 f; 4 k; 5 i; 6 e; 7 j; 8 g; 9 b; 10 c

8

1 c; 2 e; 3 i; 4 g; 5 a; 6 h; 7 b; 8 d; 9 f; 10 j

10

1. Name des Arzneimittels
2. Dosierung des Arzneimittels
3. Arzneimittelform
4. Chargennummer (Ch.-B.)
5. Verfallsdatum (verwendbar bis)
6. Hinweis „verschreibungspflichtig"
7. Zulassungsnummer (Zul.-Nr.)
8. Inhalt nach Stückzahl

11

1. Das Zäpfchen verabreicht man **rektal** .
2. Das Transdermale System verabreicht man **kutan/transdermal** .
3. Die Salbe verabreicht man **kutan** .
4. Die Nasentropfen verabreicht man **nasal** .
5. Das Insulin verabreicht man **subkutan (s. c.)** .
6. Die Tabletten verabreicht man **oral** .

12

1. **R**ichtiger Patient
2. **R**ichtiges Arzneimittel
3. **R**ichtige Dosierung
4. **R**ichtige Applikationsform
5. **R**ichtiger Zeitpunkt
6. **R**ichtige Dokumentation

14

Herr Atayev: *Entschuldigung, was sind das für Tropfen?* (Laxantien – Obstipation)

Pflegender: *Das sind Laxantien. Diese Tropfen wirken gegen Obstipation. Sie fördern die Stuhlausscheidung.*

Frau Kölsch: *Einen Moment, bitte. Können Sie mir sagen, was für eine Tablette das ist? Die habe ich noch nie genommen.* (Antiemetika – Übelkeit/Erbrechen – sich übergeben)

Pflegender: *Die Tablette gehört zur Arzneimittelgruppe Antiemetika. Sie wirkt gegen Übelkeit und Erbrechen. Die Tabletten sollen Sie nehmen, weil Sie sich übergeben.*

Herr Schmitz: *Ich habe eine Frage: Was für eine Spritze ist das, die Sie mir jeden Tag geben?* (Thromboseprophylaxe – Heparin – Antikoagulatien – Blutgerinnung)

Pflegender: *Die Spritze ist wichtig für die Thromboseprophylaxe. Das Arzneimittel heißt Heparin. Es gehört zur Arzneimittelgruppe Antikoagulantien. Antikoagulantien hemmen die Blutgerinnung.*

15

Was möchte Cristina López Frau Russo geben?

Sie möchte ihr die Tabletten und ein Glas Wasser geben.

Warum soll Frau Russo die Antiemetika nehmen?

Sie soll die Antiemetika nehmen, weil ihr oft schlecht/übel ist, und sie sich übergeben muss.

Cristina López will ihre Kollegen etwas fragen. Was?

Sie möchte ihre Kollegen fragen, welches Arzneimittel Frau Russo intravenös bekommen soll.

16

1. Herr Fuchs findet, er nimmt fast keine **Arzneimittel.**
2. Wenn es **kalt** ist und **schneit**, bekommt Herr Fuchs Grippe und nimmt Fiebertabletten, Nasentropfen und Hustensaft.
3. Bei hoher Luftfeuchtigkeit, also wenn es viel **regnet** oder **gewittert**, bekommt er Atem-Probleme und nimmt Asthma-Spray.

4. Wenn das Wetter schnell **wechselt** (Regen, Sonne, **Wolken**), hat er Migräne und nimmt starke Kopfschmerztabletten.
5. Wenn es **heiß** ist und die Sonne **scheint**, nimmt er Antihistaminika gegen seine Sonnenallergie und Herztabletten gegen seine Herz-Rhythmus-Störungen.

17

- scheint; 2. regnet; 3. Wolken; 4. gewittert; 5. schneit; 6. kalt/kühl; 7. heiß; 11. wechselt

18

1 b; 2 a; 3 b; 4 b; 5 a

19

	Hauptsatz Verb = Position 2 (Konjunktion = 0)	Hauptsatz Verb = Position 2, (Konjunktion = 1/3)	Nebensatz Verb = Ende
kausal	**denn**	**deshalb, deswegen, daher, darum, aus diesem Grund**	**weil**
konzessiv	—	**trotzdem**	**obwohl**

Grund	**(erwartete) Folge**
Weil es heute regnet,	bleibt Max zu Hause.
Es regnet heute.	*Deshalb bleibt Max zu Hause.*
Gegen-Grund	**(nicht erwartete) Folge**
Obwohl es heute regnet,	geht Max spazieren.
Es regnet heute.	*Trotzdem geht Max spazieren.*

20

Ioana ist schon seit einigen Tagen erkältet, …

1. **weil** sie ohne Jacke draußen war und gefroren hat.
2. **obwohl** sie ein gutes Immunsystem hat.
3. **obwohl** sie viele Medikamente einnimmt.
4. **weil** sie nicht im Bett bleibt und sich nicht genug ausruht.
5. **obwohl** ihre Freundin ihr den ganzen Tag Ingwer-Tee kocht.

21

Herr Schmitz hat *Diabetes mellitus Typ 2,*

1. deshalb muss er regelmäßig Insulin spritzen. / er muss deshalb regelmäßig Insulin spritzen.
2. trotzdem darf er ab und zu Süßigkeiten essen. / er darf trotzdem ab und zu Süßigkeiten essen.
3. trotzdem bewegt er sich nicht genug und macht keinen Sport. / er bewegt sich trotzdem nicht genug und macht keinen Sport. / trotzdem macht er keinen Sport … / er macht trotzdem keinen Sport …
4. deshalb fühlt er sich oft müde und schwach. / er fühlt sich deshalb oft müde und schwach.

22

1. Viele Menschen müssen regelmäßig Medikamente einnehmen, **weil** sie chronisch krank sind.

   Viele Menschen müssen regelmäßig Medikamente einnehmen, **denn** sie sind chronisch krank.

   Viele Menschen sind chronisch krank. **Deshalb** müssen sie regelmäßig Medikamente einnehmen. / Sie müssen **deshalb** …
2. Frau Reiber nimmt keine Salbe, **obwohl** sie eine starke Verbrennung an der Hand hat.
   Frau Reiber hat eine starke Verbrennung an der Hand. **Trotzdem** nimmt sie keine Salbe. / Sie nimmt **trotzdem** …
3. Cristina fragt oft ihre Kollegen, **weil** es gefährlich ist, wenn jemand das falsche Medikament bekommt.
   Cristina fragt oft ihre Kollegen, **denn** es ist gefährlich, wenn jemand das falsche Medikament bekommt.

   Es ist gefährlich, wenn jemand das falsche Medikament bekommt. **Deshalb** fragt Cristina oft ihre Kollegen. / Cristina fragt **deshalb** oft …
4. Monica quatscht mit ihrer Kollegin, **obwohl** sie eigentlich die Medikamente verteilen soll.
   Monica soll eigentlich die Medikamente verteilen. **Trotzdem** quatscht sie mit ihrer Kollegin. / Sie quatscht **trotzdem** …

23

Ein Pech-Tag

Gestern war wirklich ein Pech-Tag. Zuerst habe ich verschlafen, **weil** mein Wecker nicht geklingelt hat. Ich bin schnell zur Bushaltestelle gelaufen, aber **trotzdem** habe ich den Bus verpasst. **Deshalb** war ich dann zu spät in der Berufsschule. Meine Lehrerin war ein bisschen böse, **obwohl** ich sonst immer pünktlich komme! Dann haben wir einen Test über Arzneimittelkunde geschrieben. Ich wusste leider ziemlich wenig, **obwohl** ich das ganze Wochenende gelernt habe!

In der Mittagspause gab es mein Lieblingsessen – Spaghetti! Ich habe **trotzdem** nichts gegessen, **weil** mir übel war … Es wurde auch nach der Pause nicht besser, **deshalb** bin ich dann irgendwann nach Hause gegangen. Dort habe mich wieder ins Bett gelegt, **obwohl** ich gar nicht müde war. Ich hoffe, heute wird ein besserer Tag!

Das Quiz (Kap. 13)

1 – Mögliche Lösung: ➤ Aufgabe 3

2 – Mögliche Lösung: ➤ Aufgabe 9

3 – Mögliche Lösung: ➤ Aufgabe 8

4 – Mögliche Lösung: ➤ Aufgabe 13 und 15

5 – Lösung: Ich arbeite gerne in der Pflege, **obwohl** der Job oft anstrengend ist.

Der Job ist oft anstrengend. **Trotzdem** arbeite ich gerne dort. / Ich arbeite **trotzdem** …

Ich arbeite gerne in der Pflege, **weil** ich die Arbeit mit Menschen mag.

Ich arbeite gerne in der Pflege, **denn** ich mag die Arbeit mit Menschen.

Ich mag die Arbeit mit Menschen. **Deshalb** arbeite ich gerne in der Pflege. / Ich arbeite **deshalb** …

➤ 13.5 Grammatik

Kapitel 14

1 (Beispiele)

Da/Das ist ein Notfall / eine Notfallsituation.

Ich sehe zwei Frauen.

Eine Frau liegt auf dem Boden. Sie ist bewusstlos.

Die andere Frau ist bei Bewusstsein. Sie hilft der bewusstlosen Frau.

Die Frau hat einen Defibrillator. Sie verbindet das Gerät mit der bewusstlosen Frau.

Das Gerät benutzt man, wenn ein Mensch einen Herzstillstand hat. / wenn ein Mensch keine Lebenszeichen mehr hat (keinen Puls, keine Atmung, keinen Herzschlag).

Ja, ich kenne diese Situation. Ich habe schonmal einen Defibrillator benutzt.

Nein, zum Glück musste ich noch nie einen Defibrillator benutzen.

Aber ich kenne dieses Gerät. Ich habe es schon in einer Bank, am Bahnhof, in der Schule ... gesehen.

2

110 = die Polizei; **112** = der Rettungsdienst, die Feuerwehr

3

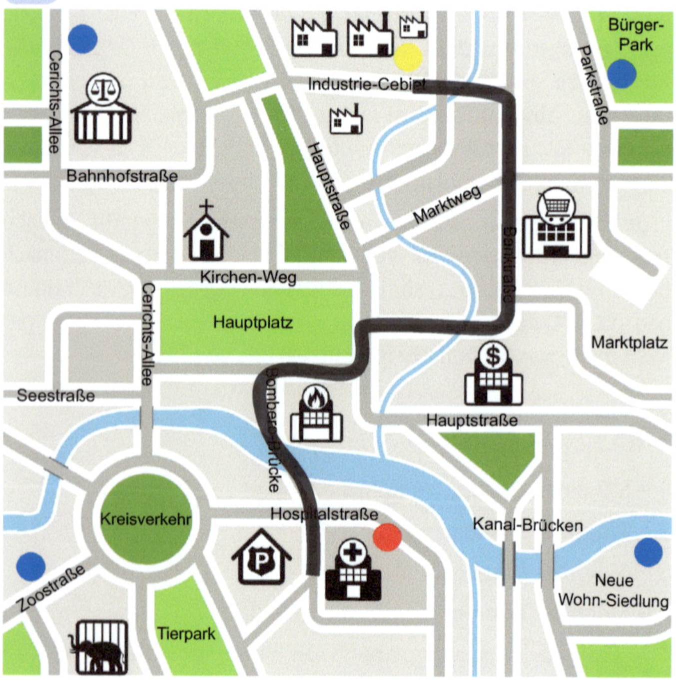

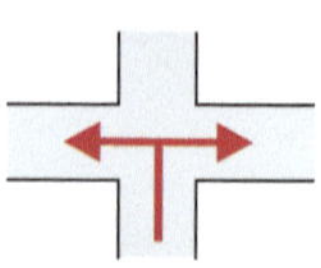

(nach) links/ rechts fahren/ abbiegen

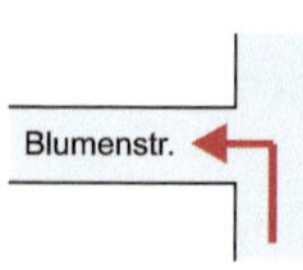

links in die Blumenstraße

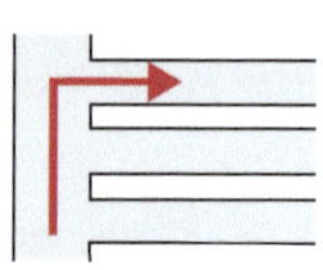

die dritte (Straße) rechts

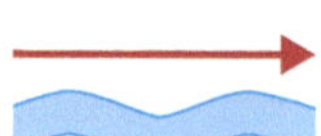

den Fluss / die Straße entlang

durch den Park

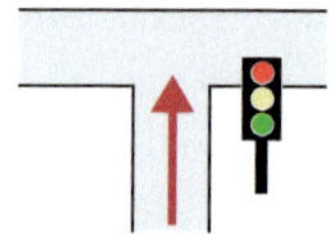

bis zur Ampel

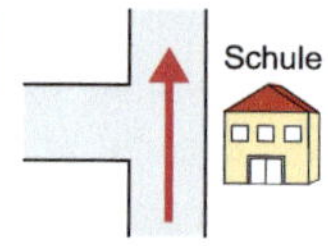

an der Schule vorbei

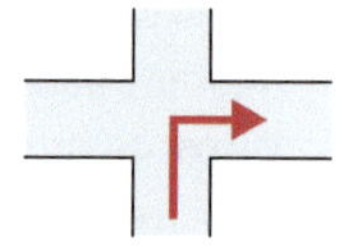

an der Kreuzung rechts

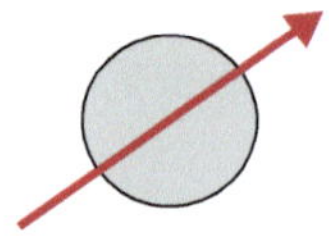

über den Platz

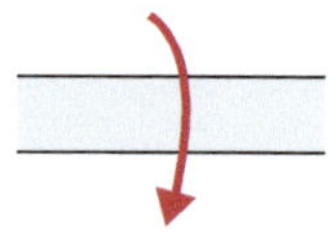

über die Straße/ Kreuzung/Brücke

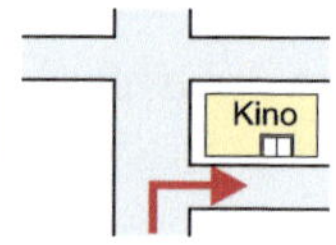

vor dem Kino rechts

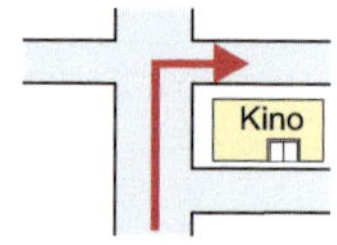

hinter dem Kino rechts

5 (Beispiele)

das Krankenhaus, die Feuerwehr, die Bank, die Apotheke, die Bäckerei, die Metzgerei/Fleischerei, der Supermarkt, der Frisör(salon), das Möbelhaus, der Gemüseladen, das Restaurant, das Café, die Kneipe, die Bar, der Club / die Disco, der Biergarten, der/das Kiosk, das Parkhaus, der Parkplatz, das Museum, das Theater, das Kino, die Oper, das (Fußball-)Stadion, der Park, der Spielplatz, das Schwimmbad, die Schule, das Rathaus, das Gericht, das Gefängnis, die Kirche, die Moschee, die Synagoge …

7

Frau Kiesling hilft Frau Shirvani mit dem Heimlich-Griff.	☑	☐
Cristina drückt auf die Patientenklingel und holt Hilfe.	☐	☒
Bei einer Aspiration kommen feste oder flüssige Dinge in die Luftröhre.	☑	☐
Warum weint Cristina nach der Situation? Was glauben Sie? *Cristina weint, weil sie nicht helfen konnte. Das tut ihr sehr leid. Aber sie hatte sehr große Angst und Panik. In der Theorie kann Cristina schon sehr viel, aber in der Praxis sind solche Situationen sehr schwer.*		

8

1 c; 2 h; 3 a; 4 g; 5 b; 6 d; 7 f; 8 e

9

1. Frau Shirvani hat etwas aspiriert. Das ist **lebensgefährlich** .
2. Frau Kiesling weiß sofort, was sie machen muss. Sie hat sehr viel **Erfahrung** . Sie ist eine **erfahrene** Pflegefachfrau.
3. Die **Hauptsache** ist, dass es Frau Shirvani wieder besser geht.
4. Wenn man Fehler macht, dann muss man sich nicht **schämen** . Aber man sollte aus den Fehlern lernen.
5. Die Arbeit in der **Praxis** ist manchmal anders als die **Theorie** in der Schule.
6. Sonja und Tristan sind noch Medizinstudenten. Sie arbeiten als **Assistenzärzte** auf der internistischen Station.
7. Wenn man zu schnell trinkt, kann man sich **verschlucken** .

11

☑ Eine Pflegebedürftige liegt bewusstlos im Badezimmer auf dem Boden.

☑ Ein Pflegebedürftiger hat sich beim Essen sehr stark verschluckt und kann nicht atmen.

☐ Einem Patienten schmeckt das Essen nicht.

☑ Eine Patientin ist bewusstlos, und Sie können keinen Puls fühlen.

☐ Eine Pflegebedürftige weint, weil sie traurig ist.

☑ Ein Bewohner stürzt und hat eine blutende Platzwunde.

☐ Einer Bewohnerin ist schwindelig, weil sie nicht genug trinkt.

☑ Eine Patientin mit *Diabetes mellitus* ist plötzlich sehr verwirrt.

☑ Ein Patient ist plötzlich bewusstlos und hat eine Lippenzyanose.

13

 = Gespräch **2**  = Gespräch **1**

Gespräch 1 – mögliche Lösungen:

Wurde (jemand / das andere Kind auch …) verletzt?

Nein, dem anderen Kind geht es gut.

Wo ist der Unfall passiert? Wo sind Sie?

Der Mann ist Lehrer von der Realschule Seestraße, das ist in der Nähe vom Krankenhaus. Dort ist der Unfall passiert.

Können Sie (die Person / das Kind …) hier vorbeibringen?

Der Praktikant bringt den Jungen mit dem Auto, denn der Lehrer kann nicht weg.

Wurden (die Angehörigen / die Eltern …) schon informiert?

Ja, die Eltern wurden informiert und kommen sicher auch bald.

Entschuldigung, wie war nochmal Ihr Name?

Philipp Sandler.

Gespräch 2 – mögliche Lösungen:

Was genau ist passiert?

Der Mann von Frau Katsaros ist die Treppe runtergefallen / ist gestürzt.

Ist (die Person / er …) leicht verletzt oder schwer verletzt?

Sie glaubt, er ist bestimmt schwer verletzt. Er ist ein oder zwei Stufen runtergefallen.

Ist (die Person / er …) bewusstlos oder bei Bewusstsein?

Er ist nicht bewusstlos.

Blutet (die Person / er …) leicht oder stark? Ist die Wunde groß oder eher klein?

Er blutet am Kopf. Die Wunde ist nicht so groß. Frau Katsaros hat ein kleines Pflaster draufgeklebt.

Was macht (die Person / Ihr Mann …) gerade, wo ist er/sie?

Der Mann sitzt vor dem Fernseher, trinkt Bier und meint, es ist alles ok.

Wo ist der Unfall passiert? / Wo wohnen Sie?

Sie wohnen in der Hospitalstraße 20, direkt neben dem Krankenhaus.

Könnten Sie selbst mit (der Person / Ihrem Mann …) hierhin kommen?

Ja, sie kommen selbst und sind gleich da.

15

„Zuerst muss ich nachsehen, ob die bewusstlose Person atmet. Dann lege ich einen Arm auf die Seite. Die Handinnenfläche zeigt nach oben. Den anderen Arm lege ich über die Brust. Und den Handrücken an die Wange der bewusstlosen Person. Dann hebe ich ein Bein der bewusstlosen Person und ziehe sie zu mir. Die bewusstlose Person liegt jetzt auf der Seite."

16

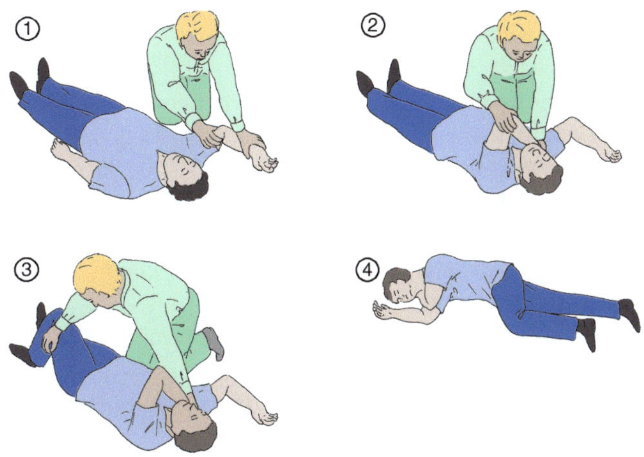

18

Was ist Ihnen passiert? Können Sie mir sagen, was passiert ist? Haben Sie Schmerzen/Verletzungen? Haben Sie sich verletzt? Ist Ihnen schwindelig? Können Sie aufstehen? Können Sie sich bewegen? Kann ich Ihnen helfen? Brauchen Sie Hilfe? Einen Moment, ich rufe sofort meine Kollegen! Warten Sie, ich hole sofort Hilfe!

19

1 a; 2 b; 3 a; 4 a; 5 a

20

1. Man bildet das Passiv mit einer konjugierten Form von *„werden"* + ***Partizip II***.
2. Das Akkusativ-Objekt im Aktiv-Satz wird **Nominativ-Subjekt** im Passiv-Satz:
3. Wenn man im Passiv-Satz doch sagen möchte, wer die Aktion macht, benutzt man ***„von"* + *Dativ.***
4. Das Passiv mit Modalverb bildet man so: ***konjugiertes Modalverb*** (Position 2) + *Partizip II* + *werden* (Ende).

21

1. Ein Radfahrer wird von einem Auto angefahren.
2. Er wird schwer verletzt.
3. Die Sanitäter werden schnell gerufen.
4. Der Mann wird ins Krankenhaus gefahren.
5. Dort wird er erfolgreich operiert.
6. Nach der OP wird er auf die Intensivstation gebracht.
7. Die Angehörigen werden informiert(,) und (sie werden) beruhigt.

22 (Beispiele)

Das Stationszimmer muss aufgeräumt werden. – Die Pflanzen müssen gegossen werden. – Die Fenster müssen geschlossen werden. – Der Müll muss weggeworfen werden. – Die Stühle müssen ordentlich hingestellt werden. – Die Mülleimer müssen geleert werden. – Die Kaffeemaschine muss geputzt werden.

23

1. Wer wurde 2005 zur ersten deutschen Bundeskanzlerin gewählt?
   Angela Merkel wurde 2005 zur ersten deutschen Bundeskanzlerin gewählt.
2. Wie lange wurde der Kölner Dom gebaut?
   Der Kölner Dom wurde über 600 Jahre gebaut (1248–1880).
3. Wann wurden Ost- und Westdeutschland offiziell wiedervereinigt?
   Ost- und Westdeutschland wurden am 03.10.1990 offiziell wiedervereinigt (= deutscher Nationalfeiertag).
4. In welchem Land wurden die Röntgen-Strahlen entdeckt?
   Die Röntgen-Strahlen wurden (1895 von Wilhelm Conrad Röntgen) in Deutschland entdeckt.
5. Wie oft wurde die Fußball-Weltmeisterschaft von Deutschland gewonnen?
   Die Fußball-WM wurde viermal von Deutschland gewonnen: 1954, 1974, 1990, 2014.
6. Von wem wurde der Buchdruck erfunden?
   Der Buchdruck wurde (circa 1440) von Johannes Gutenberg (in Deutschland) erfunden.

24

1. Das Auto verletzte den Mann sehr schwer.
   Der Mann wurde (von dem Auto) sehr schwer verletzt.
2. Man transportierte das Unfallopfer im Rettungswagen.
   Das Unfallopfer wurde im Rettungswagen transportiert.
3. Die Sanitäter mussten regelmäßig die Herzfrequenz überprüfen.
   Die Herzfrequenz musste regelmäßig (von den Sanitätern) überprüft werden.
4. Die Ärztin muss den Patienten mit Blutkonserven versorgen.
   Der Patient muss (von der Ärztin) mit Blutkonserven versorgt werden.
5. Drei Chirurgen führen die Operation erfolgreich durch.
   Die Operation wird (von drei Chirurgen) erfolgreich durchgeführt.
6. Gute Nachrichten: Die Pfleger können den Mann nun auf die Intensivstation bringen!
   Der Mann kann nun (von den Pflegern) auf die Intensivstation gebracht werden!
7. Man soll ihn dort noch circa 3 Wochen pflegen.
   Er soll dort noch circa 3 Wochen gepflegt werden.

Das Quiz (Kap. 14)

1 – Mögliche Lösung: ➤ Aufgabe 3 und 4

2 – Mögliche Lösung: ➤ Aufgabe 6

3 – Mögliche Lösung: ➤ Aufgabe 11

4 – Mögliche Lösung: ➤ Aufgabe 19

5 – Lösung: *Die Angehörigen wurden (von dem Pfleger) über den Gesundheitszustand informiert.*

Der Patient muss zuerst (von der Chirurgin) untersucht werden.

➤ 14.5 Grammatik – Passiv Präsens & Präteritum